西南交通大学研究生院　　编

西南交通大学学位与研究生教育
质量保障工作手册

概况、管理体制（第 1 册）

周先礼　陈志伟　张薇◎编著

西南交通大学出版社
·成　都·

图书在版编目（CIP）数据

西南交通大学学位与研究生教育质量保障工作手册. 第1册，概况、管理体制 / 西南交通大学研究生院编；周先礼，陈志伟，张薇编著. —成都：西南交通大学出版社，2022.10

ISBN 978-7-5643-8911-6

Ⅰ. ①西… Ⅱ. ①西… ②周… ③陈… ④张… Ⅲ. ①西南交通大学 – 研究生教育 – 教育质量 – 手册 Ⅳ. ①G643-62

中国版本图书馆 CIP 数据核字（2022）第 188715 号

Xinan Jiaotong Daxue Xuewei yu Yanjiusheng Jiaoyu Zhiliang Baozhang Gongzuo Shouce

西南交通大学学位与研究生教育质量保障工作手册（1—6册）

西南交通大学研究生院　**编**

- （第 1 册）概况、管理体制：周先礼　陈志伟　张薇　**编著**

（第 2 册）招生、奖助体系：邹洋　赵毅　黄亚楠　**编著**

（第 3 册）过程培养：华宝玉　乐佳　刘颖　**编著**

（第 4 册）导师、课程、创新实践、学术素养：朱志武　万浩　刘波　**编著**

（第 5 册）学位论文：陈怡露　宛小强　郭海霞　**编著**

（第 6 册）学位点建设：艾长发　郑海涛　张静　**编著**

责任编辑	左凌涛
助理编辑	张地木
封面设计	曹天擎
出版发行	西南交通大学出版社 （四川省成都市金牛区二环路北一段 111 号 西南交通大学创新大厦 21 楼）
邮政编码	610031
发行部电话	028-87600564　028-87600533
官网	http://www.xnjdcbs.com
印刷	成都蜀通印务有限责任公司
成品尺寸	185 mm × 260 mm
总印张	37.5
总字数	929 千
版次	2022 年 10 月第 1 版
印次	2022 年 10 月第 1 次
套价	158.00 元（全 6 册）
书号	ISBN 978-7-5643-8911-6

《西南交通大学学位与研究生教育质量保障工作手册》

编 委 会

主　　编：周先礼

副 主 编：朱志武　艾长发　陈志伟

编　　委：邹　洋　华宝玉　陈怡露　郑海涛　赵　毅

乐　佳　万　浩　宛小强　张　薇　黄亚楠

刘　颖　刘　波　郭海霞　张　静

本册作者：周先礼　陈志伟　张　薇

目　录

第一部分　概　况

一、高等教育发展的新常态：质量与内涵

（一）从“以量谋大”到“以质图强”

自 20 世纪 50 年代始，世界范围内的各国高等教育纷纷进入高速发展的“快车道”：根据联合国教科文组织（以下简称“UNESCO”）数据显示，自 1970 年至 2010 年前后，全球高等教育入学人数从 3260 万增长至 1.822 亿，其中 46% 的学生来自东亚和南亚地区。[①]2011 年，UNESCO、经济合作与发展组织、世界银行联合召开了“联合国教科文组织全球论坛：高等教育排名与问责制”，在开幕致辞中时任 UNESCO 总干事伊琳娜·博科娃指出：“全球高等教育的需求量急剧扩大，据统计，2000 年全球高等教育的入学人数不到 1 亿，而到 2025 年这个数字将会超过 2.5 亿。”[②]纵观我国，1949 年我国普通高等学校在校学生数仅 11.7 万人，1978 年恢复高考后增长至 85.6 万人，2020 年我国普通高等学校在校学生数达 3285.3 万人，毛入学率由 0.26% 上升至 54.4%[③]。根据马丁·特罗对高等教育发展阶段的划分，我国高等教育已经进入了“普及化”阶段。教育部发展规划司司长刘昌亚表示，到“十四五”末，我国高等教育毛入学率力争提升到 60%。

从精英化走向大众化再走向普及化，我国高等教育已经成为世界上最大规模的高等教育体系。但是，高等教育的发展不仅是数量的增长，还包括结构优化、质量提升和效益增长，即高等教育规模、结构、质量、效益的协同发展。过去二十年间，高等教育发展的价值取向是以规模扩张为主，“以量谋大”的发展主题带来高速度数量增长和规模扩张的同时也造成优质教育资源紧缺、质量危机等问题。因此，“以质图强”，以提高质量为核心，推动内涵式发展成为高等教育发展的新常态、新主题。

（二）主要矛盾的演变提出了高等教育高质量发展的新动力

2017 年，习近平总书记在十九大报告中指出，中国特色社会主义进入新时代，我国社会主要矛盾已经从“人民日益增长的物质文化需要与落后的社会生产之间的矛盾”转化为“人民日益增长的美好生活需要和不平衡不充分的发展之间的矛盾”。在国家经济社会发展体系中，高等教育作为关键环节之一，主要矛盾也逐渐从“数量性矛盾”转化为“结构性矛盾”，

---

① United Nations Educational, Scientific and Cultural Organization (UNESCO). Higher Education in Asia: Expanding Out, Expanding Up[M]. UNESCO Institute for Statistics, 2014: 16. http://uis.unesco.org/sites/default/ files/ documents/ higher- education-in-asia-expanding-out-expanding-up-2014-en.pdf

② 袁潇.美国公立高等院校内部问责制研究[D]. 重庆：西南大学,2013(3).

③ 2020 年全国教育事业发展统计公报[EB/OL]. http://www.moe.gov.cn/jyb_sjzl/sjzl_fztjgb/202108/t20210827_555004.html.

具体表现为高等教育质量与政府希望、百姓期盼及经济社会发展需求不相适应的矛盾[①]。因此，构建公平、优质、均衡发展的高等教育体系，推动高等教育公平公正高质量发展，缓解人民群众对高等教育的焦虑感、不安感，提升人民群众对高等教育的获得感，成为高等教育发展的新动力。

（三）高等教育国际化趋势增加了教育的不确定性

迈入21世纪以后，随着政治经济全球化趋势的加强，高等教育全球化变革加剧，学科知识的国际转移日益频繁且深入，出现了诸如远程教育、跨国（境）教育以及国家间互相承认学历和学分等各种教育形式,高等教育的合作与交流已经成为各国教育全球化战略的核心。同时，由于市场机制的介入，各国高等教育在声誉和资源上竞争日趋激烈，监控和维护成本增加。此外，在教育全球化的进程中，尽管有的国家自身建立了高等教育质量保障机制，但却难以对高校在境外开展的项目及其质量进行监控，再加上各国高等教育质量水平本身的差异，极大地增加了教育的不确定性，导致高等教育国际化趋势以不可逆转的速度冲击着原本已极限的传统质量保障机制的承受能力[②]。现阶段正是中国高等教育改革与发展的关键时期，如何更好地规避跨境教育带来的质量风险，重构符合国际教育发展趋势且兼具中国特色的高等教育质量保障体系成为我国教育国际化进程中必须解决的问题。

（四）教育理念的嬗变推动了质量观的重构

20世纪中后期以来，“终身教育”“全民教育”等崭新的教育理念一经提出，便迅速吸引了全世界的关注，其原因之一即是传统教育弊病日益凸显，大众与传统教育之间的矛盾与日俱增，爆发的中心聚焦在教育质量层面。同时，随着社会的进步，权利与公平的理念逐渐渗透到教育领域并对教育做出了全新的诠释，提出最深层次的教育公平在于教育成功机会和教育效果的相对均等，这就要求社会要为不同群体提供相对均等的高质量的教育。在此背景下，2015年9月，联合国可持续发展峰会将教育作为会议议程的中心要点，提出“2030年教育仁川宣言”，明确了今后十五年世界新的教育愿景，其宗旨为“确保包容和公平的优质教育，让全民终身享有学习机会”。该宣言从终身学习的角度，彰显了质量在各个教育阶段的中心地位，突出了质量在教育目标中的重要性，更从权利层面，强调“受教育权的一个组成部分是确保教育具备足够的质量”[③]。教育质量提升已经成为未来世界教育改革发展的关键。

二、研究生教育的时代诉求：使命与担当

（一）我国研究生教育的现状与出路

随着世界政治多极化、经济全球化趋势日益明显，国际竞争加剧，当前世界各国都将科

① 赵庆年，李玉枝．我国高等教育发展方式的演进历程、逻辑及展望[J]．现代教育管理，2021（8）：34-42.

② 赵立莹，司晓宏．国际化背景下高等教育质量保障发展趋势及中国选择[J]．高等教育研究，2015，36（6）：32-48.

③ UNESCO.2030年教育行动框架：仁川宣言和可持续发展目标4:30[EB/OL]. https://unesdoc.unesco.org/ark:/48223/pf0000245656_chi.

学技术和高层次人才竞争作为国际竞争的核心层面。作为高等教育的最高层次，研究生的教育承担着为国家培养高水平创新人才和优秀专门人才的重要责任，其培养质量反映了一个国家的综合国力水平。我国研究生教育尽管起步较晚，但自 20 世纪 90 年代末以来，特别是 2003 年实行扩招后，研究生的教育规模飞速发展：根据《全国教育事业发展统计公报》显示，1998 年全国招收研究生 72 508 人，其中招收博士生 14 962 人，硕士生 57546 人[①]；2020 年，研究生招生达到 110.66 万人，其中招收博士生 11.6 万人，硕士生 99.05 万人[②]，研究生教育规模增长超过了 15 倍。与高等教育发展历史轨迹一致，我国研究生教育规模的扩大也导致质量问题随之而来，已经发展到了亟须战略转型的关键时期。

从发展历程来看，我国对研究生教育质量的关注由来已久。早在 1986 年，原国家教育委员会在颁布的《关于改进和加强研究生工作的通知》中就提出要“保证质量，稳步发展”，并对硕士研究生和博士研究生的培养规模和质量进行了分别规定。[③]1993 年提出“要努力探索与社会主义市场经济体制相适应的、有中国特色的研究生教育和学位制度”[④]。2013 年，教育部、国家发展改革委、财政部联合发布《关于深化研究生教育改革的意见》(教研〔2013〕1 号)，明确我国研究生教育要“坚持走内涵式发展道路，以服务需求、提高质量为主线。”[⑤]2017 年，在《学位与研究生教育发展“十三五”规划》中，再次强调要“全面提升研究生教育水平和学位授予质量，加快从研究生教育大国向研究生教育强国迈进”[⑥]。

（二）我国研究生教育发展开启新篇章

党的十八大以来，以习近平同志为核心的党中央，对我国教育事业进行了全新的战略部署，重构了新时期教育改革与发展的顶层设计。2015 年习近平主持召开中央全面深化改革领导小组第十五次会议，审议通过《统筹推进世界一流大学和一流学科建设总体方案》，强调推动一批大学和学科跻身世界一流，提升我国高等教育综合实力和国际竞争力，培养一流人才，产出一流成果[⑦]。2016 年，在全国高校思想政治工作会议上，进一步明确了我国高等教育的使命是培养德智体美全面发展的社会主义事业建设者和接班人。2018 年，在中央政治局第九次集体学习中，习近平总书记强调教育工作要围绕提升我国科技创新能力、实施创新驱动发展战略进行改革，这也是提高人才培养质量的路径选择。[⑧]同年，在全国教育大会上，习近平总书记提出了“九个坚持”，进一步强调立德树人的根本任务，强调教育要肩负服务中华民

① 1998 年全国教育事业发展统计公报[EB/OL]. http://www.moe.gov.cn/s78/A03/ghs_left/s182/moe_633/tnull_842 .html.

② 2020 年全国教育事业发展统计公报[EB/OL]. http://www.moe.gov.cn/jyb_sjzl/sjzl_fztjgb/202108/t20210827_555004.html.

③ 国家教育委员会. 关于改进和加强研究生工作的通知[J]. 学位与研究生教育，1987（1）：1-4.

④ 国家教育委员会，国务院学位委员会. 关于学位与研究生教育改革和发展的若干意见[J]. 学位与研究生教育，1993（3）：8-9.

⑤ 教育部，国家发展改革委，财政部. 关于深化研究生教育改革的意见[EB/OL]. http://old.moe.gov.cn/publicfiles/business/ htmlfiles/moe/A22_zcwj/201307/154118.html.

⑥ 教育部国务院学位委员会关于印发《学位与研究生教育发展“十三五”规划》的通知[EB/OL]. 2017. http://www. moe.gov.cn/srcsite/A22/s7065/201701/t20170120_295344.html.

⑦ 中央全面深化改革领导小组第十五次会议召开[EB/OL]. http://www.gov.cn/xinwen/2015-08/18/content_2915043.htm.

⑧ 习近平主持中共中央政治局第九次集体学习并讲话[EB/OL]. http://www.gov.cn/xinwen/2018-10/31/content_5336251.htm.

族伟大复兴的使命担当。①

2020年，全国研究生教育会议的召开，开启了新时代研究生教育发展新篇章。习近平强调，研究生教育在培养创新人才、提高创新能力、服务经济社会发展、推进国家治理体系和治理能力现代化方面具有重要作用，要加快推动研究生教育适应党和国家事业发展需要，加快培养国家急需的高层次人才。为全面贯彻落实全国研究生教育会议精神，教育部、国家发展改革委、财政部联合发布《关于加快新时代研究生教育改革发展的意见》，明确了新时代研究生教育改革发展的指导思想、战略目标和改革举措，提出"以立德树人、服务需求、提高质量、追求卓越为主线，到2035年，初步建成具有中国特色的研究生教育强国"，标志着中国研究生教育发展迈上新台阶、进入快车道。

当前，是中华民族伟大复兴和世界百年未有之大变革的重大历史关头，研究生教育发展的战略性、紧迫性和重要性尤其突出。从肩负的责任和使命来看，研究生教育是我国实现创新驱动发展、促进经济提质增效、增强国家综合实力的关键支撑。我国正处于全面建成小康社会的决定性阶段，各种不平衡、不协调、不可持续的问题和矛盾仍然突出，再加上支撑发展的要素正发生着深刻的变化以及国内外环境的复杂莫测，都增加了发展的不确定性。作为培养高层次创新型人才的主要实现手段，研究生教育必须主动服务国家需求，面向世界科技竞争前沿，面向经济社会发展主战场，面向人民群众新需求，面向国家治理大战略，兼顾培养人才的质与量，确保有效实施创新驱动发展战略、建设高等教育强国、实现中华民族伟大振兴。

三、高校内部研究生教育质量保障体系：特点与趋势

已有经验表明，外部因素，如教育资源的投入、外部问责和评估等，并不能必然地提升教育质量，高等教育内部教学质量促进才是解决问题的根本途径②③。2014年国务院学位委员会、教育部颁布的《关于加强学位与研究生教育质量保证和监督体系建设的意见》（学位〔2014〕3号）标志着我国今后研究生教育工作的重点将转移到构建以高校为第一质量主体的研究生教育质量保证和监督体系上来。④从目前高校内部研究生质量保障体系构建情况来看，呈现出以下特点与趋势。

（一）内部保障和外部保障相结合的同时谋求质量保障的内部突破

不论是国际组织还是发达国家的高等教育质量保障体系，都将内部质量控制和外部质量评估有机结合起来，内部质量保障是基础，外部质量保障是手段，以此促进高等教育质量提升，从而有效保障人才培养质量。以现代研究生教育为代表的美国为例，美国研究生教育质

① http://www.moe.gov.cn/jyb_xwfb/s6052/moe_838/201809/t20180910_348145.html.
② 王超逸，等. 大学生学习情况调查分析[J]. 中国管理信息化，2014，17（21）：100-102.
③ 吕林海，ShenChen. 大学优秀教师的教学特征及启示——基于对澳大利亚纽卡斯尔大学8位教学优秀教师的实证研究[J]. 中国大学教学，2010（3）：85-89.
④ 国务院学位委员会，教育部.《关于加强学位与研究生教育质量保证和监督体系建设的意见》[EB/OL]. http://old.moe.gov.cn//publicfiles/business/htmlfiles/moe/s7065/201403/xxgk_165554.html.

量保障体系是“以市场为主导”，包括三大部分，即联邦政府质量保障、州政府质量保障和社会组织或机构质量保障，突出的特点是政府主要负责宏观调控，而社会第三方中介组织负责评价高校教育质量，在美国的研究生教育质量保障体系中发挥了主导作用，该种模式被称为社会中介主导式。联合国教科文组织（NUESCO）、经合组织（OECD）和欧盟（EU）作为具有国际影响力的重要机构，分别制定了高等教育质量保障的规则标准、框架体系和行动指南。[①]欧盟尤其强调内部质量保障的重要性，认识到“高等教育质量保障的主要责任在于每个机构本身”，制定《欧洲高等教育质量保证标准和指南》（ESG）强化高校高等教育质量保障标准。

纵观我国研究生教育发展历程，政府已不再作为研究生质量保障的唯一主体，各高校作为研究生质量保障的主体地位愈发凸显，广大社会机构也逐步参与其中。对于高校而言，其希望通过走内涵式发展道路实现对研究生教育的质量保障，而政府则将相关工作的重点放在开展外部评价、监督和引导方面。但从现实情况来看，虽然将高校纳入研究生质量保障的范围内，但由于起步较晚等原因，很多高校的研究生质量保障意识和能力比较薄弱，主要表现在：以被动接受上级评估检查为主，关注评估检查结果而忽视过程预防，缺乏服务学生需要的意识，忽视了学生的价值需要和现实基础[②]。高校内部还未完全形成完整的研究生内部质量保障体系，以国家政策为导向的保障制度仍处于主导地位。

（二）三元主体多元参与的协同参与促进质量保障行为组织化

我国基本建立起了以政府、社会中介、学位授予单位为主体的多层次全方位的具有中国特色的研究生教育质量保障体系，从制度和组织上为研究生教育质量的提高奠定了基础。[③]以市场为中间桥梁和媒介，政府、高校、社会三元主体均在研究生教育质量保障模式中发挥一定作用。其中，政府机构发挥质量监测和保障主导作用，已经形成了稳定的职能组织机构开展质量评估、质量认证等工作；社会通过高等教育评估中介组织对高等学校的人才培养质量和办学水平进行评价，并向社会反馈信息，在提高社会参与度的同时构建社会参与机制，从而发挥对教育质量的支持、监督和评价作用。回归高校本身，我国研究生教育内部质量保障的组织化尚待发展。以英国的高等教育现状为例，英国的高等教育形成了比较成熟的“学术主导型”研究生教育质量保障体系。这套体系拥有完整清晰的质量保障分工，其中大学自发的质量意识构成了内部质量保障的核心，外部评估力量的介入促成了内部质量保障的组织化。以剑桥大学为例，内部形成了一个专门负责研究生质量保障的组织体系，参与主体多元化且由上而下涵盖校、院、系或所各个层次，包括了教学、师生联络、学位、学业、研究生事务等方方面面，涉及行政管理人员、教师、学生，且任何相关组织或个人都有机会和渠道反馈意见和建议，他们相互协调共同保证了高质量的教育质量和水平。

---

① 陈新忠，李保忠.比较视域下高等教育质量保障的国际经验与启示——基于UNESCO、OECD、EU政策文本分析[J]. 现代教育管理，2021，4（1）：113-120.

② 王旭. 我国研究生教育质量保障体系的历史审视与现实反思[J]. 高等农业教育，2014，4（4）：87-89.

③ 李明磊. 探索质量保障理论深化质量保障实践——全国“完善研究生教育质量保障体系”学术研讨会综述[J]. 学位与研究生教育，2011，4（10）：72-74.

（三）文化机制与制度机制相融合的同时寻求质量文化内化成共识

高校内部研究生质量保障体系发挥作用必须做到以下两点：一是从制度层面入手，建立完善的能够对接国内外标准且符合高校实际的质量保障制度体系；二是将大学的建设目标内化为学校所有群体共同的价值观，创设达成共识的质量文化和情境，实现文化机制和制度机制的相互补充与融合，提高师生的参与度，充分调动各主体的积极性、主动性和创造性，形成质量文化，真正构建全员参与的内部研究生质量保障体系。实际上，我国高校的研究生内部质量保障在学校这一层级已经做了大量工作，从另外一个角度来看是管得过多、过细，在增加自身工作量的同时，导致下级院系、专业缺少足够的发展空间，丧失了自我发展的内驱力，造成了部分校内责任主体的缺位，这也违背了全员参与这一内部质量保障体系建立的本质要求。

（四）研究生培养模式多样化对内部质量保障体系建设提出新要求

1980 年颁布的《中华人民共和国学位条例》中，最早规定了我国研究生的培养目标，但它仅仅只在硕士层次和博士层次两大类上做了简单区分。为了更好地满足经济社会发展需求，从2009年起，全国普通高等院校开始招收全日制专业学位硕士研究生。①根据数据统计显示，2020年，我国专业学位研究生招生规模已经超过研究生招生总量的一半，培养模式持续改进，培养质量得到了社会认同，有力满足了社会主义现代化建设对高层次应用型专门人才的需要。专业学位研究生已经成为我国研究生教育体系的重要组成部分，在培养高层次应用型专门人才方面发挥着重要作用。从应然的角度来讲，对于不同类别研究生的培养质量要求应该有所差异和侧重，但实际情况是专业型研究生的目标定位相对模糊，与学术型研究生培养模式和目标趋同，尤其在应用能力和实践能力培养方面，普遍存在流于形式等问题，难以实现专业型研究生培养的初衷。在此背景下，我们需要建立和完善覆盖不同人才培养模式的内部研究生质量保障体系。

（五）基于以“研”为中心的理念建构研究生教育质量观

质量观是人们对质量的根本看法，是一系列关于质量的认识、想法和观念的集合。②反映在教育领域，质量观影响着人们的教育实践，这包括教学、评价等方方面面。随着大学本科教学范式由以“教”为中心向以“学”为中心的转变与确立，社会对教学质量的关注重点也由资源的占有程度转为学生学习的效果。分析国外的研究生质量保障体系构建情况可以发现，重视研究生在其培养过程中的主体地位，将研究生在培养过程中的体验和反馈纳入质量保障体系之中已经成为欧美研究生教育发达国家的普遍做法。③近年来，我国高等教育界也开始逐渐提升学生在高等教育质量保障体系建设的参与度，但还主要集中在本科层面，对研究生阶段的学生缺乏足够关注。下一阶段，应基于以“研”为中心的研究生质量保障理念，重构教育质量观，突出研究生在质量保障体系中的主体地位。

---

① 刘传清，王志明. 基于目标的专业学位研究生培养模式探析[J]. 南京工程学院学报（社会科学版），2013，13（2）：60-64.

② 高久群，郑华，戚兴华. 全面质量观下的高校研究生教育质量保障体系构建[J]. 高教论坛，2015（10）：105-108.

③ 金帷. 以“学”为中心的研究生教育质量评价——基于英、美、澳三国的比较分析[J]. 高教探索，2017（3）：86-90.

（六）高校内部质量保障体系建设的重要性

高等教育承担着培养高级专门人才、发展科学技术文化、促进现代化建设的重大任务。高等教育的质量问题早已成为世界高等教育普遍关注的问题。1999 年，教育部出台的《面向 21 世纪教育振兴行动计划》拉开了中国高校扩招的历史序幕，目前已成为世界上高等教育规模最大的国家，高等教育规模与质量的矛盾日益凸显，使得高等教育质量成为社会关注的焦点之一，“提高教育质量”的呼声越来越强。2010 年颁布的《国家中长期教育改革与发展规划纲要》明确提出提高质量是高等教育发展的核心任务，是建设高等教育强国的基本要求。提高质量是高等教育的生命线！如何保障学校的内部质量，成为所有高校在探索教育质量的提升路径过程中必须明确的首要问题。

教育部、国家发展改革委、财政部联合发布《关于加快新时代研究生教育改革发展的意见》（教研〔2020〕9 号）中，“质量”一词前后共出现 26 次，“提高质量”更是提升为研究生教育的发展主线。坚定走内涵式发展道路，服务需求、提高质量是今后学位与研究生教育改革发展的主题。在新的历史时期，如何有效构建符合我国国情和研究生教育发展规律的质量保证与监督体系，是保证研究生教育健康发展、不断提高质量的迫切需要。

从发达国家研究生教育实践经验看，建立长效质量保障体系，是促进研究生教育质量提高的有效途径，也是世界各国研究生教育发展和质量保障的共同经验。

（七）研究生内部质量保障体系设计探索

由于研究生教育的多样性、复杂性、发展性，对研究生教育质量的评价显得较为灵活多变。学界已从学术、效益、就业、过程等视角，提出了“外部质量、内部质量”[①]“绝对质量、相对质量”[②]“微观质量、宏观质量”[③]“结构质量、系统质量”[④]等多重概念，也提出了诸如质量保障机制六大关键要素：生源质量、课程教学质量、科研质量、导师指导、学位论文质量、管理体制机制；质量管理保障体系的六大系统：质量决策与指挥系统、质量目标与标准系统、教学资源管理系统、教学过程管理系统、质量监测与评价系统、质量反馈与改进系统[⑤]等研究成果。制度建设是质量保障体系运行的重要基础,也是治理的首要任务。研究生质量保障体系构建必将关注制度的调整与改革，并以制度作为桥梁连接质量保障体系的理念和运行载体。通过制度确定研究生质量保障体系的运行基础,通过质量标准体系建立奠定研究生教育质量的制度基础，通过监督与评价调动研究生利益相关者的责任和担当，通过提供服务和支持实现良性的保障局面[⑥]。

---

① 王孙禺，袁本涛，赵伟. 我国研究生教育质量状况综合调研报告[J]. 中国高等教育，2007（2）：32-35.
② 杨卫. 研究生教育动力学——理论框架初探[J]. 学位与研究生教育，2006（2）：1-9.
③ 中国学位与研究生教育学会进展报告编写组. 中国研究生教育研究进展报告（2012）[M]. 北京:高等教育出版社，2013.
④ 孙健. 论研究生教育的系统质量观[J]. 江苏高教，2011（5）：58-60.
⑤ 张安富，张华. 高校教育质量治理：质量保障体系设计与运行[J]. 中国大学教学，2020（9）：65-71.
⑥ 何亚群，张建伟. 整体性治理：我国研究生教育质量保障体系构建的理性选择[J]. 学位与研究生教育，2017（2）：29-34.

四、西南交通大学重构研究生教育质量保障体系：思路与展望

（一）西南交通大学研究生教育质量保障体系重构的原因与目的

1. 西南交通大学研究生教育存在的主要问题

西南交通大学已建立学科门类齐全、学科特色鲜明、学位类型多样、结构不断优化的学位与研究生教育体系，是中国高层次创新人才特别是轨道交通领域拔尖创新人才培养的重要基地之一。已涵盖工、理、管、经、文、法、农、医等 13 个学科门类，拥有 2 个一级学科国家重点学科，10 个二级学科国家重点学科，以工见长、理工交叉、医工结合、文理渗透，形成了工科、理科、人文社科和生命学科“四大学科板块”，交通运输工程一级学科排名稳居全国第一，测绘科学与技术、土木工程、电气工程、机械工程、管理科学与工程等学科位居全国前列。共有 18 个一级学科博士学位授权点、3 个博士专业学位授权类别，41 个一级学科硕士学位授权点，22 个硕士专业学位授权类别，在校研究生人数 2 万余名。学校按照“工科卓越、理科强基、文科优新、生医拓展、智能引领、交叉融合”的思路优化学科布局，进一步强化人才培养中心地位。

多年来，西南交通大学对研究生教育质量提升进行了一系列卓有成效的探索和实践，取得了一系列卓有成效的成绩。但通过对现有的研究生教育现状的研究与分析，发现在研究生培养中，尚有以下问题需要引起重视：

① 专业型硕士：与学术型研究生培养区分度不高，没有面对真实情境学习，学生实践、创新能力培养不足。

② 学术型硕士：培养过程中学术性体现不够，创新性成果少，研究水平偏低，大部分学生缺乏从事科学研究的兴趣。

③ 博士：进入研究状态慢，第一项研究成果普遍比较晚，出成果平均时间较长，四年按时毕业授位率低，6 年仍达不到授位要求的博士比例偏高。

④ 工程博士：刚刚起步，许多问题亟待解决，毕业授位问题是第一要务。

此外，在研究生质量保障及其研究生管理的相关方面，也尚有一些不足之处，主要表现在以下几个方面：

① 对研究生教育质量提升进行了一系列卓有成效的探索和实践，但还未建立一整套系统的质量保证体系。

② 原有的管理文件缺乏整体设计，相关规章制度较为零散，系统性不够，既没有涵盖教学的所有环节，也不够具体深入，相互之间缺乏呼应和清晰逻辑关系，未形成循环闭合的流程。

③ 质量保障体系是学位与研究生教育发展过程中建立起来的，一些制度和措施带有因急性，缺乏经验。

④ 在研究生培养过程中，质量保障责任不够明晰，学校层面、研究生培养单位层面、导师以及学生等在质量保障中的责任地位没有得到明确。

2. 西南交通大学研究生教育质量保障体系的构建目的

针对研究生培养和原有教育质量保障体系存在的问题，西南交通大学顺应国际高等教育

发展趋势，面向国家重大需求和区域社会经济发展多元需求，立足交大独特校情，紧密围绕立德树人根本任务，坚持以“研”为中心的教育理念，以促进“学生学习与发展”为总目标，以人才产出与培养目标的契合度、过程管理与保障体系的匹配度、质量跟踪与反馈机制的有效度为评估依据，重点关注学生学习成效，把思想价值引领贯穿教育教学全过程和各环节，构建与“价值塑造、人格养成、能力培养、知识探究”“四维一体”培养模式相适应的学术创新与应用创新的研究生培养体系，继承和发扬“严谨治学、严格要求”的光荣传统，构建与“一流大学，一流人才培养”相适应的研究生教育质量全链条保障体系，确保研究生培养体系的各个环节环环有人管、环环有创新、环环有监管、环环有反馈、环环有保障，把学校建设成为拔尖创新人才的培养高地。

在明确教育质量保障责任的基础上，西南交通大学成立“西南交通大学研究生教学工作委员会”（以下简称“教工委”）、“西南交通大学教学质量保障工作委员会”（以下简称“质工委”），从学校、学位培养点、导师三个层面，明确评价主体、责任主体和工作主体，确定涵盖生源、培养、学位以及学生学习与发展支持四个质量保障环节，建立质量标准，制定评价指标体系与实施方案，完善评估结果的反馈机制，注重持续改进效果的跟踪，构建“培养目标—过程管理—质量跟踪—资源配置”四位一体的研究生质量教育保障体系，全面提升研究生的学术竞争力、科技创造力和思想影响力。

（二）西南交通大学研究生教育质量保障体系重构的探索与实践

西南交通大学致力于提供确保一流人才培养质量的高等教育教学环境。为实现这一目标，学校建立起明确而严格的质量保障体系，采用西南交通大学的方法来评估和保障学校研究生教育教学，最终目的在于提高学生学习成效。

教育部、国家发展改革委、财政部《关于加快新时代研究生教育改革发展的意见》（教研〔2020〕9号）明确指出，要健全内部质量管理体系，压实培养单位主体责任，完善质量控制和保证制度。走内涵式发展道路，服务需求、提高质量是今后学位与研究生教育改革发展的主题。2017年6月，学校制定了《西南交通大学加强研究生教育质量保证与监督体系建设总则》，明确提出“分类型、分层次”的研究生培养目标，以“求真理、重实践、能创新、有担当”的研究生人才培养目标作为理论指导和实践载体，全方位推进高层次人才培养模式改革。颁布了《西南交通大学质量保障工作委员会章程》，成立质量保障的专项工作机构，明确组织与成员、职责与工作机制，促进学校内部质量保障工作的良性运行，评估和保障学校的研究生教育教学质量，最终目的在于为学生提供有效的学习环境和有意义的学习经历，确保学生获得有效的学习成果。

1. 西南交通大学研究生教育质量保障原则

西南交通大学研究生教育质量保障遵循全面性原则、差异性原则、效率与效益原则、发展与问责导向原则。

① 全面性原则：立足现代全面质量管理理念，体现研究生教育质量管理的全面性、全

过程性和全员参与性，体系覆盖和贯穿研究生教育的各个质量控制环节和关键点。

② 差异性原则：兼顾高等教育多样性特征和研究生教育层次、学位类别和专业特点的不同，制定差异化的质量标准。

③ 效率与效益原则：兼顾学校教育资源的使用效率和社会效益，建立可持续发展的研究生教育质量保障体系。

④ 发展与问责导向原则：坚持发展导向与问责导向，确保研究生教育质量保障各项工作的规范性、科学性、前瞻性和可持续发展性，确保实现持续改进。

2. 西南交通大学研究生教育质量保障责任划分

在学校研究生教育质量内部保障过程中，学校、研究生培养单位、导师与学生应全员参与，并肩负相应的责任：学校学术委员会负责学校教学质量保障学术标准的审定，同时授权学校教学质量保障工作委员会开展研究生质量保障的过程实施；学校与研究生培养单位管理者、其他校内服务人员致力于建设和提供良好的教育教学环境；导师为研究生教育的第一责任人，导师有责任对研究生进行学科前沿引导、科研方法指导和学术规范教导、思想政治教育等能够促进学生有效学习；研究生有责任全身心参与学习和科研过程。

3. 西南交通大学研究生教育质量保障工作机制

依据《西南交通大学研究生教育质量保障指导意见》中对于研究生质量保障工作的责任划分，西南交通大学研究生质量保障体系分为三级：学校、研究生培养单位、导师（如图1所示）。

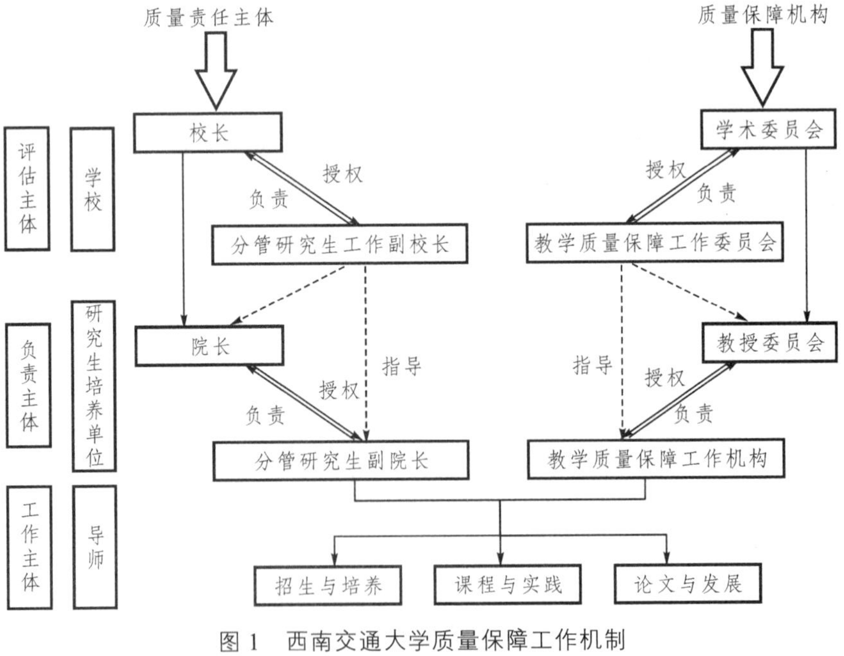

图1 西南交通大学质量保障工作机制

① 学校为研究生教育质量保障的评估主体。学术委员会授权教工委及质工委全面主导学校层面的研究生教育质量保障工作，根据国家政策和要求，制定符合学校实际的研究生教育发展规划和培养目标，开展对各研究生培养单位的研究生教育质量保障和生源质量、培养

质量、学位质量以及学生学习与发展质量四个环节的评估。

② 研究生培养单位为研究生教育质量保障的责任主体。研究生培养单位负责研究生教育管理具体组织工作，执行国家和学校相关政策和规定，对研究生教育管理过程进行控制，并制订具体管理措施与考核评估方案，指导各学科和导师参与研究生教育与管理工作。学校对培养单位研究生工作的考评重点应放在内部质量保障体系的建设与运行上，对研究生培养单位实施年度建设与评估，指导并支持其建立健全内部质量保障体系，开展院级评估，接受校级及以上的各类评估，反馈评估结果，鼓励教师追求卓越。

③ 导师为研究生教育质量保障的工作主体。导师是研究生培养教育的第一责任人，在招生与培养、课程与实践、论文与发展等方面不断提高研究生的质量，整体参与研究生培养的全过程，包括学生的学习、研究和成长。

4. 西南交通大学研究生教育质量保障环节

西南交通大学研究生教育质量保障环节包括以下内容：

（1）管理体制保障

主要包含研究生教育机制建设与管理、研究生奖助体制建设两个方面。在研究生教育机制建设与管理方面，现行管理基本都由专门工作团队负责，形成了明确的工作办法、监督机制以及评价机制、目标机制等，职责清晰；在研究生奖助体制建设方面，我校按照“导向突出、方式多元、以奖代助、公正阳光”的思路，结合国家培养机制改革要求，科学构建了符合国家政策、支撑学校发展、解决现实问题的国家奖学金—学业奖学金—国家助学金—扬华新秀奖—“三助”五个层级的多元奖助体系。从而，形成研究生管理体制保障文件体系（如图 2 所示）。

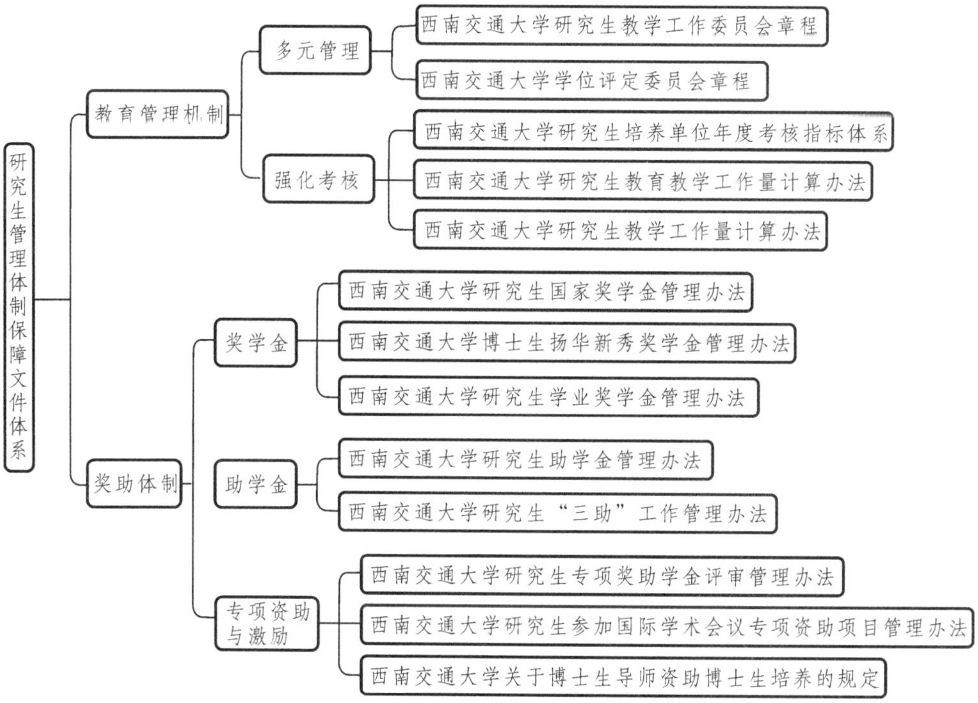

图 2 西南交通大学研究生管理体制保障文件体系

（2）生源质量保障

生源质量保障主要包括优质生源培育、生源选拔、招生指标动态调整、优化环节等四个环节。其中，优质生源培育含三个方面，分别为：如何接收推荐免试研究生、如何选拔优秀硕士研究生以硕博连读方式攻读博士学位研究生、如何选拔优秀应届本科毕业生直接攻读博士研究生。生源选拔重点在于保障生源质量，和做好研究生招生考试自命题工作的管理。招生指标动态调整特指学校的博士研究生招生指标分配办法。优化环节指学校的硕士研究生招生复试及拟录取工作实施办法。最终，形成西南交通大学研究生生源质量保障文件体系（如图3所示）。

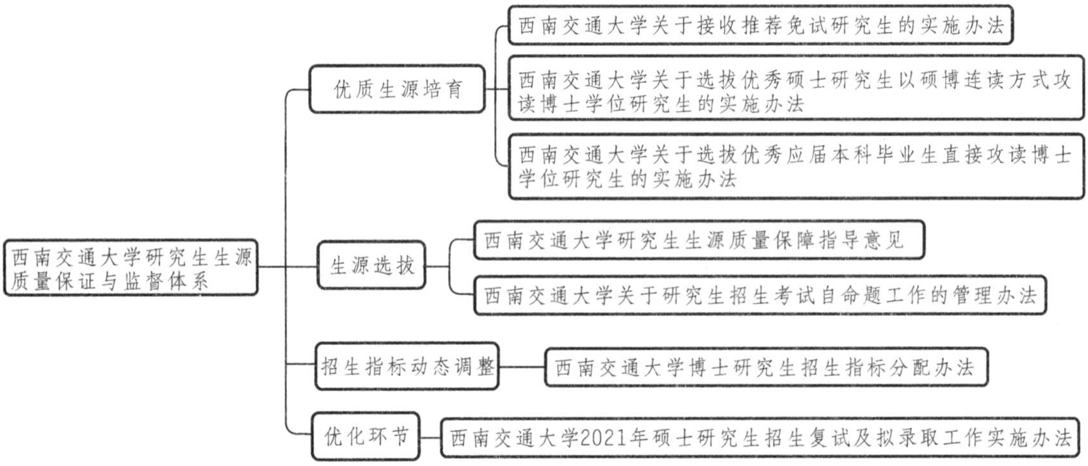

图3　西南交通大学研究生生源质量保障文件体系

（3）导师队伍建设质量保障

近年来，我校对研究生导师队伍建设管理文件梳理重构，正式发布《西南交通大学研究生指导教师岗位管理办法》，建立了“遴选—聘任—考核—退出”全过程岗位管理制度，明确研究生导师的岗位职责和岗位权利，保障导师在研究生招生、指导、评价和管理等环节的权利，规范导师指导行为；建立了多元多维的导师评价标准体系，坚持以立德树人为导向，注重对导师爱岗敬业奉献度、学生培养质量指导投入度、代表性科研与创作成果贡献度等的考查。

（4）过程培养质量保障

主要包含研究生培养、课程质量建设以及创新实践能力培养三大方面。在研究生培养方面，我校不断深化以“研”为中心的研究生培养理念，重构培养体系，强化过程督导，建立分流淘汰机制，重塑专业学位研究生培养模式，深化改革；在课程质量建设方面，大力推进研究生课程体系重构工作，大幅减少研究生课程开设数量，提升课程质量，加强研究生精品课程、精品教材和优秀教学团队建设，提升学校研究生课程的质量与水平；在创新实践能力培养方面，致力于构建以“创新实践”能力培养为主的专业学位研究生育人模式，加强产教融合。从而，形成研究生培养过程质量保障文件体系（如图4所示）。

（5）科研学术质量保障

科研与学术质量保障主要包括研究生学术素养提升、学位申请与学位论文质量保障两个环节。在学术素养提升方面，我校从2013年起组织实施“研究生学术素养提升计划”，旨在创新形式、构建范式、系统推进，不断加强研究生学术基本功和科研能力；在学位申请与学位论文质量保障方面，我校围绕学位论文全过程要素和环节建立全方位、全过程、全员参与的质量保障体系，明晰质量管理对象、目标、流程，明确各环节的考核时间、方式和处理办法，不断强化学位论文质量监管过程中的主体责任意识。最终，形成研究生科研学术质量保障文件体系（如图 5 所示）。

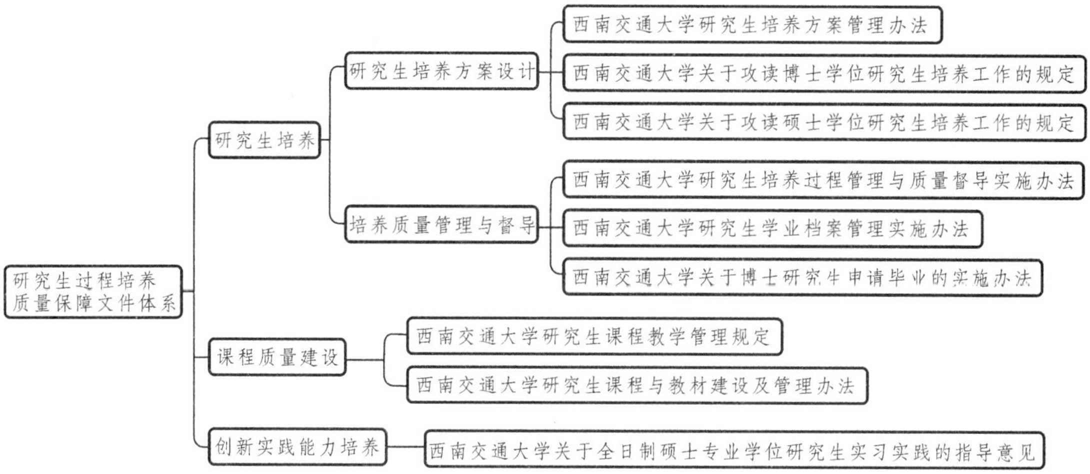

图 4　西南交通大学研究生过程培养质量保障文件体系

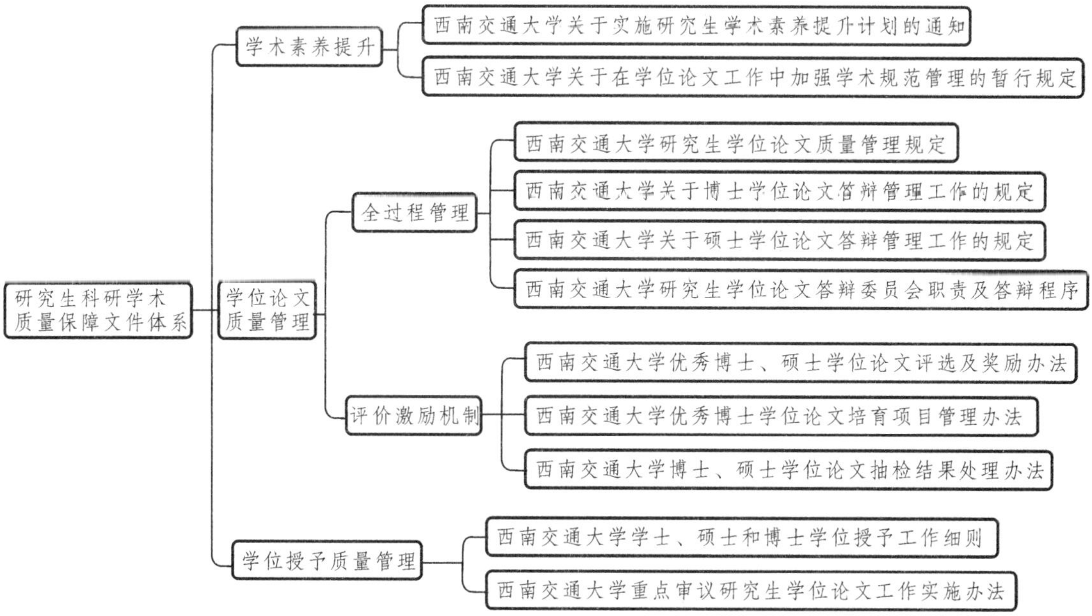

图 5　西南交通大学研究生科研学术质量保障文件体系

（6）学位点建设质量保障

学位授权点是高校学科建设的基础，是实现人才培养、科学研究和社会服务的基本单元。[①]学位点评估与建设工作是检验高校培养学生质量的重要一关，是问诊把脉、清除路障

① 车录彬. 学位授权点自我评估分类管理的思考与探索——基于湖北师范大学的实践[J]. 湖北师范大学学报（哲学社会科学版），2018，38（4）：122-126.

的重要环节，进行学位点评估,是保证研究生培养质量，强化学科、学位点建设的重要举措，直接影响“双一流”建设进程的推进。我校在学位点建设和评估工作中，将责任落实到人头，确定学位点评建负责人，制定工作方案、组建专家组、保持积极沟通等，在上一轮学位点合格评估中完成了自我评估、专家现场评估等工作，所有参评学位点均通过评估。在此过程中，形成了学位点建设质量保障体系（如图6所示）。

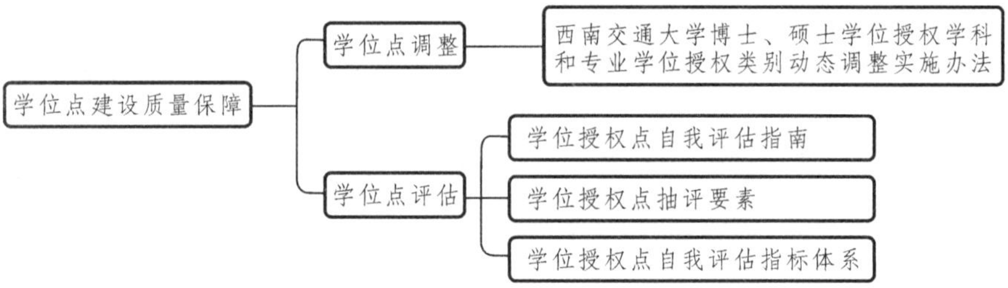

图6 西南交通大学硕士博士学位授权点质量保障文件体系

5. 西南交通大学研究生教育质量保障文件体系及编号规则

依据重构研究生教育质量保障体系的思路与总体安排，西南交通大学将建立涵盖生源、培养、学位以及学生学习与发展支持四个质量保障环节的评估指导意见、实施办法、质量标准和指标体系等的研究生教育质量保障体系文件框架。西南交通大学教工委和质工委将所有文件编制成研究生教育质量保障工作手册，分成概况、研究生培养单位、生源、培养、学位以及学生学习与发展支持等分册，并对每个文件进行编号。

西南交通大学研究生教育质量保障体系文件编号由两部分构成，每部分之间用“-”连接：

第一部分，采用“西交研质保”的首字母 XJYZB 表明文件属性。

第二部分，由4位阿拉伯数字构成。第1位阿拉伯数字表明质量手册序号，“1”为概况，由总体性文件构成。第2位阿拉伯数字表明文件类型。其中“1”为指导意见类文件；“2”为质量标准类文件；“3”为实施办法类文件；“4”为评估工具类文件；“5”为指导与解读类文件；“6”为报告模板类文件。第3、4位阿拉伯数字表明该文件在此类型中的序号。

如，《西南交通大学研究生教徒质量保障指导意见》为总体性文件中“指导意见”类的第一个文件，目前为第一个版本，则编号为“XJYZB-1101”。

五、西南交通大学研究生教育质量保障体系总体性文件

表1 西南交通大学研究生教育质量保障体系总体性文件

文件类型	文件标题	文件编号	附录编号
指导意见	西南交通大学研究生教育质量保障指导意见	XJYZB-1101	1-1
	西南交通大学教学质量保障工作委员会章程	XJYZB-1102	1-2

六、附录

附录 1-1　西南交通大学研究生教育质量保障指导意见

编号	XJYZB-1101

西南交通大学

研究生教育质量保障指导意见

为深入贯彻落实党中央、国务院关于建设世界一流大学和一流学科的重大战略决策部署和全国高校思想政治工作会议精神，全面提升我校研究生教育质量，完善具有交大特色的分类培养框架下学术创新与应用创新的研究生培养质量保证体系，加快推进我校“复兴交大、创建一流大学”奋斗目标的实现，根据《中共中央国务院关于加强改进新形势下高校思想政治工作的意见》、国务院《统筹推进世界一流大学和一流学科建设总体方案》，以及《国务院学位委员会、教育部关于加强学位与研究生教育质量保证和监督体系建设的意见》和《教育部 国家发展改革委 财政部关于深化研究生教育改革的意见》等文件精神，立足学校具体实际，就加强研究生教育质量保证与监督体系建设提出以下意见。

一、指导思想与建设目标

1. 指导思想

高举中国特色社会主义伟大旗帜，全面贯彻党的十九大和十九届三中、四中全会精神，以马克思列宁主义、毛泽东思想、邓小平理论、“三个代表”重要思想、科学发展观、习近平新时代中国特色社会主义思想为指导，深入学习贯彻习近平总书记系列重要讲话精神和治国理政新理念新思想新战略，全面贯彻党的教育方针和全国高校思想政治工作会议精神，坚持社会主义办学方向，扎根中国大地办大学，以立德树人为根本，坚持创新、协调、绿色、开放、共享的发展理念，全面推进内涵发展，以服务需求、提高质量为主线，把寓教于研、激励创新作为根本要求，把分类改革、机制创新作为主要驱动，尊重高等教育规律和学生成长成才规律，以造就“有社会担当和健全人格、有职业操守和专业才能、有科学素养和人文情怀、有历史眼光和全球视野、有创新精神和批判思维”的“五有交大人”为主旨，落实和强化学院培养主体地位和导师第一责任人的责任，优化顶层设计，明确责任体系，完善制度体系，充分激发学院、导师和研究生对标一流、追求卓越的积极性、主动性和创造性，为建设交通特色鲜明的综合性研究型一流大学提供强有力的支撑，谱写实现中华民族伟大复兴中国梦的交大篇章。

2. 建设总体目标

顺应国际高等教育发展趋势，面向国家重大需求和区域社会经济发展多元需求，立足交大独特校情，紧密围绕立德树人这一根本任务，坚持“研”为中心的教育理念，把思想价值引领贯穿教育教学全过程和各环节，构建与“价值塑造、人格养成、能力培养、知识探究”“四维一体”培养模式相适应的学术创新与应用创新的研究生培养体系，继承和发扬“严谨治学、严格要求”的光荣传统，构建与“一流大学，一流人才培养”相适应的研究生教育质量全链条保障体系，确保研究生培养体系的各个环节环环有人管、环环有创新、环环有监管、环环有反馈、环环有保障，把学校建设成为拔尖创新人才的培养高地。

3. 建设具体目标和标准

明晰研究生教育发展目标。面向共建“一带一路”倡议和高铁“走出去”等国家重大战略需求和区域经济社会发展的需求，立足轨道交通行业发展大趋势和“双一流”建设的总体要求，确定与学校战略目标相匹配的研究生教育层次、类型、规模和结构等方面的发展目标。落实研究生以“研”为中心的教育理念，培育和践行社会主义核心价值观，构建以培养德才兼备、全面发展的创新型人才为核心的特色人才培养体系。大力提升研究生就业质量，推进研究生教育质量达到一流大学水平。

完善分类培养框架下学术创新与应用创新的研究生培养模式。优化人才培养战略布局，合理确定研究生教育规模与学科结构；以“目标导向育人、科教融合育人、校企协同育人、国际合作育人”四机制同驱动的育人理念为指导，建立学术学位与专业学位协调发展、各具特色的分类培养体系；探索建立学科交叉的人才培养机制和跨学科培养特区；完善科教融合机制和常态化的国际交流与合作机制；深化校企合作，构建行业企业全面参与人才培养全过程的长效机制；持续改进培养方案，优化课程体系，强化培养过程，严把学位论文质量关，完善质量监控与保障体系，实施“学术素养提升计划”，全面提升研究生的学术竞争力、科技创造力和思想影响力。

构建科学灵活的研究生多元评价体系。根据不同层次、不同类型研究生的人才培养目标，建立层次与类别明晰、评价指标科学合理、评价方法与手段具有时代特点的内外部相结合的多元评价体系。

完善学位授予标准。在国家关于博士、硕士学位基本要求基础上，根据学校实际，按学科门类和专业学位类别，以质量提升为核心，坚持高标准、严要求，进一步完善学校的博士、硕士学位授予标准。学术学位注重学术创新能力评价，专业学位注重应用实践能力和应用创新能力评价。

健全完善学科专业设置与调整办法。基于工科登峰、理科振兴、文科繁荣、生命跨越“四大学科行动计划”，合理布局学位点。基于学位授权点合格评估与专业认证结果，综合考虑生源质量、就业率及社会评价，探索建立健全学校主导的学科专业结构动态调整与退出机制。明确标准，规范程序，优化结构，发展特色。

二、招生质量管理

1. 优化完善研究生招生指标配置方式

探索建立与学科布局相适应、以提高质量为导向、各学科专业之间体现良性竞争的研究生招生指标配置办法，优化生源结构，提升生源质量。通过增量安排和存量调控，扶优扶需扶特扶新，推进学术创新和应用创新。

2. 完善研究生招生选拔机制

在充分考虑学院、学科意见基础上，推进按一级学科招收研究生。建立适应培养目标的录取机制，完善研究生招生计划的分类指导和动态调整机制。深化研究生招生制度改革，探索完善学术学位与专业学位硕士研究生分类考核模式，增大复试权重，充分发挥导师在研究生招生选拔中的作用，探索实施结构化面试考核方式，建立与培养目标相匹配的考查办法和方式。加大“硕博连读研究生”的选拔力度，推进博士研究生“申请—考核”招生机制。加强对考生思想品德、专业素养、研究能力和创新潜质的综合考察，发现优秀人才。

3. 完善生源质量评价机制

构建完善的研究生生源质量评价体系，有针对性地评估研究生生源质量。做好优质生源评价，在重点推进整体性评价的基础上，深入研究个体性评价和反馈性评价等评价方式，探索对考生的知识结构、能力结构、综合素质等方面进行个体评估，以及根据研究生入学之后的表现情况重新对生源质量进行评估。

三、培养过程与学位授予质量管理

1. 实现研究生培养方案再造

构建以培养学术型创新人才为主要目标的本硕博贯通式学术学位研究生培养体系，以提升科研创新能力为重点，再造与本科大类招生相衔接的培养方案，扩大联合培养博士生出国留学规模。完善“习—学—用”理论与实践贯通融合的高层次应用创新人才培养模式及“人才＋平台＋项目”三位一体的拔尖创新人才培养模式。构建以培养应用型创新人才为主要目标的专业学位研究生培养体系，以提升应用创新能力和应用实践能力为导向，拓展高质量的联合培养基地，推行校所、校企协同培养模式，推广订单式培养。积极推进跨学科专业交叉联合培养。探索与国内著名大学联合培养学生的新模式，推进教师互聘、学生互换、课程互选、学分互认。探索设立学科（专业）交叉培养项目，鼓励学科交叉和专业（方向）交叉，推进学术创新和应用创新。

2. 优化研究生课程体系

探索建设跨学科课程体系，增加学科前沿类课程。以立德树人为根本，以核心课程建设为牵引，优化研究生课程体系。增强学术学位研究生课程内容前沿性、系统性，通过高质量课程学习强化研究生的科学方法训练和学术素养培养。构建符合专业学位特点的课程体系，改革教学内容和方式，加强案例教学，探索不同形式的实践教学。加强课程研讨环节，构建学习共同体，推进探究式、合作式、项目式学习。设立专项基金，探索基于 MOOCs 等教学形式的课程改革，实现课堂研讨与在线学习的深度融合。建设一批融创新意识、创新思维、创新能力、创业实践于一体的特色课程群。

3. 完善课程教学监控体系

建立研究生课程授课资格认证制度，实施“银发工程”，组建研究生课程建设督导组，同时发挥好研究生教学工作委员会的积极作用，加强课程教学动态督导，完善以学生为主体的授课质量评价体系，引入第三方评价系统，大幅提升课程教学质量。构建研究生课程竞争性淘汰机制，对于督导和评价中问题突出的课程及时进行整改甚至淘汰。开展“最受研究生欢迎”的研究生课程评选活动，加大支持奖励力度。实施专业学位研究生实践教学质量的监督与评价，保证实践教学质量。

4. 坚持实施研究生创新能力提升工程

积极承办博士生学术论坛等全国性研究生学术活动，搭建高水平学术交流平台。强化“创源大讲堂”研究生学术讲座品牌效应。以“建侯课堂”为载体，开展建侯暑期学校、建侯书斋、建侯慕课、建侯竞赛季等探究式、开放式学术活动。积极组织研究生参加高水平科技竞赛活动，并与其他高校联合发起系列全国性赛事。

5. 完善中期考核与淘汰机制

健全和规范博士研究生资格考核、研究生中期考核的制度和程序，不断提升研究生培养各环节监管的科学有效性和具体针对性。不断完善研究生学业信息管理系统，建立研究生教育质量信息分析和预警机制。完善涵盖研究生培养全过程的分流—淘汰—退出机制，完善各类研究生的学位退出及梯度授予机制。探索建立博士研究生中期分流名额补充机制。

6. 完善学位论文开题及评阅制度

进一步规范研究生学位论文开题的程序和要求。进一步规范学位论文评审程序，探索建立学位论文网上评审平台；加大博士生学位论文匿名评审力度，探索国际同行评审。组织督察组专家对论文开题、中期报告、答辩进行随机抽查；按学科门类建设学位论文标准。

7. 完善论文答辩和学位授予制度

进一步优化完善学位论文答辩制度、学位评定委员会评议制度、交叉学科学位论文评议制度、学位论文跟踪制度等，保证学位授予质量。充分发挥校院两级学位评定委员会对学位论文质量的把关作用，继续实施学位论文重点审议。推广预答辩制度，实现学位论文事前控制。规范答辩评分标准，减少评价的随意性。探索建立研究生学位论文答辩巡视制度。定期委托第三方专门机构抽样评估博士学位论文质量。完善答辩救济制度和学位争议处理制度。

8. 将思想政治工作融入研究生教育全过程

坚持全员全过程全方位育人，把思想价值引领贯穿教育教学全过程和各环节，培育和践行社会主义核心价值观，形成教书育人、科研育人、实践育人、管理育人、服务育人、文化育人、组织育人长效机制。推进思政课程向课程思政转型。深入开展青年学生研究，巩固阵地建设，创新方法路径，提高学生党建的科学化水平，增强日常思想政治教育的针对性和实效性。广泛开展社会实践和志愿服务活动，着力增强研究生服务国家、服务人民的社会责任感。积极推进艺术教育和体育教育模式改革，激发学生对艺术和体育运动的兴趣。构建研究生心理健康教育和心理危机防御体系。

9. 完善科学道德与学术规范教育制度

在研究生培养过程中安排必修环节，对研究生进行科学精神、科学道德、学术规范、学术伦理和职业道德教育，传承学校“严谨治学、严格要求”的优良传统。严格执行《西南交通大学学术道德规范》，完善对学术不端行为的调查、处置制度，严惩学术不端行为，研究生导师对研究生的学术不端行为负连带责任。

四、导师岗位质量管理

1. 推进导师遴选制度改革

推进导师遴选权力下放至二级学院，学校根据学科版块统一划定导师基本上岗资格条件，学院一级教授委员会负责在上岗资格条件基础上确定导师招生资格，具有招生资格的导师须不多于研究生年度招生名额。优先保证优秀师资的导师招生资格，并逐步推进招生指标适度向优秀师资倾斜、集中。

2. 科学构建导师工作责任体系

导师是研究生培养的第一责任人，负有对研究生进行学科前沿引导、科研方法指导和学术规范教导的责任，同时负有对研究生思想政治教育的责任。全面落实教师职业道德规范，提高师德水平，加强师风建设，发挥导师对研究生思想品德、科学伦理的示范和教育作用。加大对行为失范导师的处罚力度，对培养质量出现问题的导师，采取约谈、限招、停招等处理。

3. 健全导师考核评价办法

建立学术学位和专业学位研究生导师分类考核评价制度。改进导师指导研究生工作的绩效评价办法，把学业指导、学术交流、师德师风和研究生培养质量等纳入导师评价体系，强化质量因素，淡化数量指标。加大对优秀导师和优秀研究生培养工作者的激励力度，对研究生培养质量突出、教学成果显著的优秀导师进行表彰奖励。对导师在校研究生人数总量进行控制，保证导师在研究生培养上的人均投入。建立责权利统一的研究生导师动态岗位机制，创造有利于青年导师和优秀导师脱颖而出的良好学术环境。

4. 加大导师交流与培训力度

健全完善导师国内外学术交流与合作制度，支持导师学术交流、访学和参与行业企业实践，选派更多青年导师到企业或相关行业单位兼职、挂职，为导师提高学术和实践能力提供平台。加强新导师培训，交流推广优秀导师的指导经验，借鉴国际经验，不断提高导师队伍整体指导能力。鼓励组建导师团队共同指导研究生，加强校所、校企之间人才交流与共享，建设专兼结合的导师队伍，完善校所、校企双导师制度。探索实行学术休假制度。

五、研究生管理与服务体系建设

1. 完善研究生奖助政策体系

贯彻“全面提高研究生培养质量”的工作主线，构建并不断完善与“一流研究生教育体系”相匹配的“一流的研究生奖助工作体系”，探索建立奖助工作与优质生源工程、导师队伍建设、拔尖创新人才培养、创新创业、学风建设等工作的对接与协同机制，充分发挥奖助政策的导向、激励和杠杆作用。将研究生奖助纳入学校筹资工作进行统筹，健全以教育部和学校拨款投入为主、多渠道筹措研究生教育经费的经费保障机制。完善学校、学院、导师共同分担研究生教育成本的工作机制，强化导师质量意识与责任意识。完善“三助”管理办法，加大“三助”岗位设置和津贴资助力度。

2. 完善研究生权益保护机制

完善研究生培养过程中的正当利益诉求和权利救济机制，加强对研究生的权益保护。加强研究生会等学生组织建设，引导各类研究生组织务实有效地服务学生全面发展、合理有序地表达和维护学生正当权益，实现学生的自我服务、自我管理、自我教育。

3. 构建科学化、规范化、精细化的研究生事务服务体系

以学生成长发展为根本，完善多部门联动机制，建设研究生事务服务中心，根据学生学习与生活需求，对学生进行分类支持与主动服务。搭建学业发展平台、职业发展平台、个性发展平台、跨文化视野发展平台，促进研究生成长成才。健全研究生就业市场和信息服务体系，加强研究生创业教育，鼓励研究生自主创业和面向基层就业。

六、条件保障与质量监督

1. 构建责权明晰、科学高效的治理模式

深化校院两级管理体制改革，实现由“校办院”向“院办校”的根本转变，进一步强化学院办学主体地位。学校层面负责研究生质量保障与监督的顶层规划与设计，做好学位点布局和研究生教育资源合理配置，并做好学院研究生培养质量的监督与评价；学院做好与学科发展相适应的研究生教育体制、评价体系、实施办法的制定及具体实施。建立健全涵盖学科与专业的各级学术组织，逐步形成具有共同学术愿景和发展目标的导师团队、课程团队等教学共同体，科学界定各级组织在教育教学中的责任与权力。

2. 构建学科学位点动态调整机制

学科学位点动态调整更加突出绩效导向，形成激励约束机制，坚持扶优扶强扶特扶新。健全优化淘汰机制、调控机制和监督机制，形成科学合理的学科生态。

3. 健全自我评估制度

立足校情建立科学合理的研究生教育质量评价体系，建立分层分类评价标准和评价方法。完善研究生教育质量自我评估制度，定期对学位授权点和研究生培养质量进行诊断式评估，发现问题，提出改进措施。开展优势学科的国际评估和国际教育质量认证。

4. 健全质量跟踪和反馈制度

建立毕业生发展质量跟踪调查和反馈制度，构建学校与用人单位之间的信息沟通机制，定期听取用人单位意见。定期开展人才培养质量和发展质量分析，分析结果作为学位点建设和研究生教育资源配置的重要依据。

5. 建立质量信息公开制度

建立研究生教育质量信息公开制度，主动公开研究生培养质量和发展质量信息，主动公开各学院、学科质量评价结果、存在问题及整改措施等信息，督促学院、学科整改提升；定期发布学校研究生教育发展质量报告，主动接受社会监督。

七、质量管理体系与质量文化

1. 完善质量管理体系

积极构建以研究生院为主体，党委学生工作部、科学技术发展研究院、资产与实验室管理处、国际合作与交流处、信息化与网络管理处、后勤保障处（后勤集团）等多部门协同联动，各学院（中心等）积极参与的研究生质量管理体系。明确管理体系中各成员单位以及学术委员会、学位评定委员会等组织的职责与权限。规范研究生培养过程信息与档案管理。

2. 营造质量文化

通过质量制度建设、规范研究生教育过程管理，加强导师、研究生和管理人员的质量意识，形成体现学校发展定位、办学传统与特色的质量文化。

八、附　则

（1）学院（中心、重点实验室）可根据本意见结合自身实际，制定本单位具体实施细则。
（2）本意见经校长办公会议审议报党委常委会议审定后执行，解释权归研究生院。

附录 1-2　西南交通大学教学质量保障工作委员会章程

编号	XJYZB-1102

西南交通大学

教学质量保障工作委员会章程

西南交通大学教学质量保障工作委员会章程

第一章　总　则

第一条　为全面提高我校本科和研究生教育教学质量，促进学校内涵发展，依据《西南交通大学学术委员会章程（修订）》有关规定，结合我校实际，特成立西南交通大学教学质量保障工作委员会（以下简称“质工委”），为便于该委员会开展工作，制定本章程。

第二条　质工委是保障学校教育教学质量的工作机构，属于学校学术委员会的专项委员会之一，向学校学术委员会负责。质工委受学术委员会委托开展对学校教育教学质量的评估、反馈和指导，并受理师生关于教育教学质量的投诉与申诉工作。

第二章　组织与成员

第三条　质工委委员应是长期从事教育教学和教学管理工作的专家，应熟悉教育教学规律和人才培养工作，教育教学或教学管理等相关工作经验丰富，品行端正，热心教育事业且具有高度责任心。

第四条　质工委由25名委员组成，包括：

本科教学工作委员会委员4名；

研究生教学工作委员会委员4名；

非学术委员会专家8名，由教务处、研究生院推荐；

学生委员3名（1名来自本科生学生会、1名来自研究生会、1名为留学生代表）；

主管教学副校长；

教务处处长；

研究生院常务副院长；

学生处处长；

实验室及设备管理处处长；

教师发展中心主任。

委员会设主任委员1名，副主任委员2名。

第五条　委员会下设三个分委会，由各位委员兼任，每位委员兼任的分委会不超过2个。

本科教学质量保障分委会（12名委员）

研究生教学质量保障分委会（10名委员）

教学质量投诉与申诉分委会（3 名委员）

第六条　主任委员通过质工委选举产生；副主任委员由主任委员提名，全体委员选举产生。分委会成员由主任会议提名，全体委员会议批准。

第七条　质工委委员有下列情形之一的，可经委员会半数以上委员同意，报请学校学术委员会主任会议批准，取消其委员资格，重新遴选：

（一）本人主动申请辞去委员职务的；

（二）本人因身体等原因连续半年以上不能参加委员会工作的；

（三）因其他原因不能或不宜担任委员职务的。

第八条　质工委委员空缺需增补时，参照本章程第四条规定办理。

第九条　质工委设秘书 2 名，分别来自教务处和研究生院，由主任聘任。

第十条　质工委下设办公室，挂靠学校教务处和研究生院,负责处理委员会的日常工作。

第三章　职　责

第十一条　质工委具体职责为：

（一）以学校整体办学目标和人才培养目标为前提，针对本科与研究生教学质量保障各环节，包括专业与学位点、课程、实习实践、学生学习支持与发展、毕业设计与学位论文等，制订相应的政策规定与评估实施程序，并为师生提供政策解读与指导；

（二）与各教学单位、学术委员会其他下属委员会、主管教学工作副校长、相关职能与业务部处合作，制订并发布适用于教学质量评估的定性与定量的方法工具。同时，推动、监管和审查这些评估方法工具的使用；

（三）与教务处和研究生院合作，积极推进专业与学位点的评估工作，并主导学校层面的评估过程；

（四）与教务处和研究生院合作，积极推进课程、实习、毕业设计、学位论文等评估工作，并主导学校层面的教学过程评价；

（五）与教务处和研究生院合作，参与制订教学单位年度教学工作考核指标与实施办法，主导其中针对教学单位教学质量保障工作的考核；

（六）将学校层面的教学质量考核评价结果向校学术委员会、学院、相关职能与业务部处反馈、提供改进建议，并跟踪其持续改进情况；

（七）在学术委员会授权下，负责受理师生关于教育教学质量纠纷的投诉与申诉；

（八）负责编制并发布学校教育教学年度质量报告。

第四章　工作机制

第十二条　质量评估事务开展。建立评估工作专家库，成员由教学单位推荐，质工委审批，其中校外专家不少于 20%。各分委会根据分工，从专家库中组织若干专家及不少于 1 名分委会委员组成工作小组，定期开展教学单位、专业和校级教学团队三个层面，涵盖专业、课程、实习实践、毕业设计（论文）、学生学习与发展等五个环节的教学质量评估工作，并形成工作报告。

第十三条 日常管理工作事务实施。由主任会议与办公室共同推进质量保障工作实施。

第十四条 重大事项采用投票表决的方式决定，并实行少数服从多数的原则。投票表决须有 2/3 以上委员出席会议，方为有效；超过出席会议委员人数 2/3（不含）和应到委员人数 1/2（含）的得票即为表决通过。

第十五条 对质工委做出的重大决定若有重大异议或分歧，在相应的异议期内，可由 1/3 以上委员联名提交委员会主任会议审议。经主任会议审议同意，提交学校学术委员会复议。学校学术委员会的复议决定为最终决定。

第五章　附　则

第十六条 修改本章程，须经学校质工委主任会议同意，并经委员会 2/3 以上委员通过，报学校学术委员会批准。

第十七条 本章程由学校质工委办公室负责解释。

第十八条 本章程自学校学术委员会批准之日起生效。

第二部分　管理体制

研究生的培养不应仅仅依赖于高校研究生院、各培养单位，更需要发挥涵盖研究生培养全过程的相关其他方面的作用。研究生教育教学质量标准的制定、管理制度的落实、教育教学质量评价的实施等都需要相应的组织机构来完成和完善，并需要相关的管理部门提供必要的条件支持和资源保障，尤其是研究生教育资源管理，对实施研究生培养过程及其管理起到直接的条件保障作用。因此，在对各教学环节进行不同程度的质量监督与管理之外，还要全面考察研究生质量保障活动的各个要素和要素关系，使研究生培养各环节得到有效控制，形成一个相互联系的有机整体。

随着研究生教育的不断壮大发展，新形势下，研究生教育管理体制运行机制受到广泛重视。现行研究生教育管理中，基本都由专门工作团队负责，有明确的工作办法、监督机制以及评价机制、目标机制等，职责清晰，呈现出“运行具备规律性、参与者突显自主权、管理形式相对封闭”的特征。如何优化研究生管理体制，进而推进新时代高等教育发展已成为热点议题。

一、切实发挥质量保障工作委员会作用

学校为质量保障的评估主体，学术委员会授权质量保障工作委员会（以下简称“质工委”）全面主导学校层面的研究生质量保障工作，主要对教学单位质量保障及生源质量、培养质量、学位质量、发展质量等环节进行评估。质工委的最重要作用，就是通过评估研究生培养单位质量保障体系的建设与运行情况，推动全校研究生质量的不断提升。评估包括两个部分，一是专家通过审阅研究生培养单位质量保障自评估报告及各种文档材料，访谈研究生培养单位负责人、导师、学生、课程评估专家等，形成对研究生培养单位质量保障情况的评估结果；二是通过每个学期（学年）对各研究生培养单位部分培养单位、研究生招生、教学与管理、学位论文及授权管理、导师队伍建设、非全日制专业学位研究生教学管理、综合管理方面等开展评估，形成评估结果。应该注意质工委工作的主要目标不是解决某环节中存在的问题，而是通过在评估中发生的问题考察研究生培养单位的质量保障工作，进而推动研究生培养单位建立起持续改进的质量保障机制。

二、构建多元主体的内部控制机制

研究生教育管理体制包括了多元化的主体，培养单位、相关院系、研究生教育管理部门、研究生导师、任课老师、管理人员、研究生等主体之间相互制约、相互作用，最终有效保障培养质量。[①]以剑桥大学为例，学校内部形成了一个专门负责研究生质量保障的组织体系，

---

① 梁传杰，毕姗姗．论研究生教育内部质量保障机制之构建[J]．武汉理工大学学报（社会科学版），2015，28（5）：977-983.

参与主体多元化且由上而下涵盖校、院、系或所各个层次约12个各司其职的委员会或理事会，包括了教学、师生联络、学位、学业、研究生事务等方方面面，涉及行政管理人员、教师、学生，且任何相关组织或个人都有机会和渠道反馈意见和建议，他们相互协调共同保证了高质量的教育质量和水平①。

导师为质量保障最重要的工作主体，在招生与培养、课程与实践、论文与发展等方面不断提高研究生的质量。在我校质量保障体系框架中，导师是质量保障的工作主体，应该在质量保障方面发挥最重要作用。因此导师工作的主要目标就是建立并实施完善的培养与课程内部质量保障机制。导师应该能够完成以下三个方面的质量保障工作：一是以通用质量标准为基础，根据学科、专业及科研项目特点，建立补充质量标准，服务于学科专业、科研项目建设和评估；二是逐步建立完善学科专业、科研项目的自评估方法，有效开展学科专业、科研项目自评估，及时发现学科专业、科研项目问题并提出改进建议；三是形成持续改进的闭环系统，即根据校级、院级以及自评估结果，不断改进培养机制，保障研究生质量不断提升。

围绕现有的管理权限和体制，除研究生院各职能部门外，学校还设置了学术委员会、校学位评定委员会、研究生教育工作指导委员会、招生工作指导委员会等委员会，保障研究生教育工作监督管理到位；同理，二级院系单位也设置了相应的学术委员会、教授委员会、学位评定分委员会等，建立健全规章制度，明确职责和议事范围。

此外，研究生教育作为高等教育的最高层次，对研究生教育管理队伍的整体素质提出了更高要求，因此要打造一支学者型、专家型的职业化、专业化的研究生管理工作团队，具体人员如研究生院管理人员、院系教学秘书等。随着研究生招生规模的扩大，研究生教育管理队伍面临管理工作复杂、二级院系单位重视程度不够、队伍不稳定等诸多难题和挑战。②

三、重视研究生思想教育管理

随着互联网的飞速发展和网络上多元化意识形态的渗透，高校研究生思想意识建设与管理的重要性愈发突出。然而，国内研究生教育管理工作多重理论而轻思想，以研究生为主体开展的特色研究项目因过于重视理论研究，导致其在综合能力的培养中出现明显短板。此外，思想教育课程开设时间被压缩，导致人才流失情况严重。

新时期，研究生党员面临着新的变化，如何培育研究生社会主义思想道德观念，做好研究生管理工作具有深远意义。研究生的管理以学术管理为主，班级管理弱化，党支部管理机制流于形式，学校对于研究生思想政治教育的重视程度不足。且研究生党支部主要以专业、班级的形式存在，而想实际情况导师负责制度下研究生主要以实验室、导师为中心开展学术研究及其他活动，党建、班级凝聚力较低。③因此，可设置辅助团队，优化原有管理体制，以此保证重视理论研究的同时，不会忽略研究生的思想政治教育。通过聘请专业思想政治教

① 岳英．英国研究生教育内部质量保障体系的运行特征——以剑桥大学为例[J]．比较教育研究，2014，36（10）：67-72.

② 欧阳光华，杜剑涛．研究生培养过程预警机制：内涵、意义、问题与对策[J]．高教探索，2020（10）：28-34.

③ 于晨晨．新时期研究生“党建、团建、班建”三位一体管理模式探析[J]．科学咨询（科技·管理），2021（1）：17-18.

师、专家教授思想政治教育课程，课程内容需要在完成思想政治教育内容的基础上，融合研究生就业、学习、创新思想，在此过程中，研究生教育管理团队需发挥监督职能，根据实际情况可及时做出优化调整。

四、深化“校—院”两级管理模式

2019 年教育部办公厅发布《关于进一步规范和加强研究生培养管理的通知》，着力引导高校规范研究生培养过程，研究生二级管理模式是在不断实践探索中产生的适合研究生教育发展的教育管理模式。培养单位研究生主管部门对研究生培养过程制定相关政策和制度，进行宏观管理，二级管理部门在研究生招生调剂、研究生复试、研究生日常教学运行、研究生开题和中期检查、研究生答辩工作等具体工作中进行直接管理，进一步提高管理质量和管理效率。但是，在此管理模式中，行政约束与学术自由、组织目标与自主管理、长远目标与现实问题之间的矛盾普遍存在①，甚至存在管理范围空缺情况，即管理职责不明确，甚至相互推诿责任，导致管理质量降低，不利于学生日常学习质量。随着“放管服”改革工作的深入开展，如何真正实现责权利的最优匹配，激发二级学院的积极性、主动性和创造性，二级学院如何承接学校研究生院下移的各项工作、权力和责任，主动对接相关部门充分发挥管理效能，成为难点之一。②

研究生培养单位作为研究生质量保障的责任主体，起到承上启下的作用，主要应该发挥五个方面的作用：一是构建适合研究生培养单位实际的基层组织框架，为其发挥质量保障作用奠定组织基础；二是指导并支持学位培养点建立完善内部质量保障体系，包括生源质量、培养质量、学位质量、发展质量；三是实施研究生招生、教学与管理、学位论文及授权管理、导师队伍建设、非全日制专业学位研究生教学管理、综合管理方面开展院级评估，并提供持续改进意见；四是接受研究生招生、教学与管理、学位论文及授权管理、导师队伍建设、非全日制专业研究生教学管理、综合管理方面校级评估，并反馈校级评估结果，同时评估研究生招生、教学与管理、学位论文及授权管理、导师队伍建设、非全日制专业研究生教学管理、综合管理方面的改进情况；五是通过机制体制建设，营造质量保障的氛围。

因此，学校开展了院系研究生培养单位质量保障工作年度考评，实施年度建设与评估，考察各院系单位建立了什么样的机制体制，采取了什么措施，鼓励、帮助和支持其不断改进培养制度，指导并支持其建立健全内部质量保障体系，提升培养质量，进而提高研究生的质量。包括每个年度针对研究生培养单位工作进行考评，指标体系包括研究生招生、教学与管理、学位论文及授位管理、导师队伍建设、非全日制专业学位研究生教学与管理、综合管理等六个方面。

考评方法分成三类：第一类是数据统计，直接根据统计结果计算得到。第二类是专家评分，评分依据包括调阅自评估报告及各种文档材料，访谈研究生培养单位负责人、导师、学

① 王宗德，杨光耀，周水平，陈尚钘，赖晓莲．二级学院矩阵式研究生管理体制研究[J]．教育教学论坛，2020（48）：24-26.

② 张艳平．“放管服”背景下高校管理改革研究——以研究生管理为例[J]．咸阳师范学院学报，2021，36（2）：89-92.

生、课程评估专家等。第三类是抽评结果，即针对按比例抽取的部分培养单位、研究生招生、教学与管理、学位论文及授权管理、导师队伍建设、非全日制专业学位研究生教学管理、综合管理方面的评估结果。

五、西南交通大学研究生教育管理机制及年度考核文件体系

目前，根据质量保障体系建设相关工作的总体部署，已完成包括考核办法、指标体系在内的文件如下所示。

表1　西南交通大学研究生教育管理机制培养单位年度考核系列文件

文件类型	文件标题	文件编号	附录编号
管理办法	西南交通大学研究生教学工作委员会章程	XJYZB-1103	1-3
	西南交通大学学位评定委员会章程	XJYZB-1104	1-4
评估工具	西南交通大学研究生培养单位年度考核指标体系	XJYZB-1405	1-5
	西南交通大学研究生教学工作量计算办法	XJYZB-1406	1-6

六、附　录

附录 1-3　西南交通大学研究生教学工作委员会章程

编号	XJYZB-1103

西南交通大学

研究生教学工作委员会章程

第一章　总　则

第一条　为加强研究生教育教学工作，进一步推动研究生教育教学改革，提高研究生的培养质量，根据《西南交通大学学术委员会章程（修订）》有关规定，结合我校实际，制定本章程。

第二条　研究生教学工作委员会是学校研究生教育教学工作的学术决策和咨询机构，是学校学术委员会的专项学术委员会之一，向学校学术委员会负责。

第二章　组织与成员

第三条　学校研究生教学工作委员会设立办公室，挂靠学校研究生院,负责处理委员会的日常工作。

第四条　学院研究生教学指导工作归口其教授委员会。

第五条　学校研究生教学工作委员会主要由具有教授或相当专业技术职称的专任教师和管理专家组成。

第六条　学校研究生教学工作委员会由25名委员组成，其中设主任1名,副主任3名。委员由学院教授委员会通过民主程序推荐或选举产生。主任委员和副主任委员通过委员会民主程序推荐或选举产生。委员会另设秘书一名，由主任聘任。

第七条　委员会根据需要可设各专业学位研究生教学指导分委员会。

第八条　学校研究生教学工作委员会委员经学校学术委员会主任会议批准后聘任，每届任期与学术委员会委员任期同步，最多可连任2届。

第九条　学校研究生教学工作委员会委员在任期内退休或离开学校岗位连续一年以上需进行委员更替。更替人选参照本章程第六条规定的方式产生。

第三章　职　责

第十条　学校研究生教学工作委员会职责为：

一、审定学位与研究生教育的发展规划和实施计划等；

二、审定学位与研究生教育教学改革项目；

三、审定各学科研究生培养方案和课程教学大纲；

四、评定研究生教学成果奖；

五、审定研究生的教材建设立项项目；

六、指导研究生教育、教学研究及改革；

七、指导研究生教育质量的检查与评估；

八、监督研究生教风、学风建设；

九、博士研究生毕业授予的评定；

十、研究生教学与培养事故的认定与处理；

十一、审议各专业学位研究生教学指导分委员会成员组成；

十二、授权各专业学位研究生教学指导分委员会开展专业学位研究生教育研究与改革工作，并予以学术指导。

第十三条　学校研究生教学工作委员会向学校学术委员会提交年度工作报告，或根据需要作专项工作报告，负责对学校学术委员会提出的有关质询进行解释和说明。

第四章　议事规程

第十四条　学校研究生教学工作委员会实行例会制，每学期召开 1 ~ 2 次全体会议，由委员会主任召集（委员会主任因故可委托副主任召集）。根据工作需要，由委员会主任或 1/3 以上委员提议，可以临时召开全体会议。

第十五条　委员会主任可根据需要召开主任会议，主任会议由主任、副主任等相关人员组成，商讨、决定委员会日常工作。

第十六条　学校研究生教学工作委员会实行少数服从多数的原则，决定重大事项采用投票表决的方式。投票表决须有 2/3 以上委员出席会议，方为有效，超过出席会议委员人数 2/3 的得票即为表决通过。

第十七条　对学校研究生教学工作委员会做出的重大决定，若有重大异议或分歧，在相应的异议期内，1/3 以上委员可联名提交委员会主任会议审议。经主任会议审议同意，提交学校学术委员会复议。学校学术委员会的复议决定为最终决定。

第五章　附　则

第十八条　修改本章程，须由学校研究生教学工作委员会主任会议同意，经委员会 2/3 以上委员通过，并报学校学术委员会备案。

第十九条　本章程由学校研究生教学工作委员会办公室负责解释。

第二十条　本章程自学校研究生教学工作委员会通过之日起生效。

附录 1-4　西南交通大学学位评定委员会章程

编号	XJYZB-1104

西南交通大学
学位评定委员会章程

第一章　总　则

第一条　根据《中华人民共和国学位条例》《中华人民共和国学位条例暂行实施办法》，以及《西南交通大学学术委员会章程》的有关规定，结合学校实际，制定本章程。

第二条　学位评定委员会是学校学位评定工作的决策机构，根据国家相关法律法规的授权，在学校学术委员会的指导下相对独立地开展工作。

第二章　组织与成员

第三条　学位评定委员会由 25 名委员组成，含主席 1 名，副主席 2 ~ 3 名。另设秘书 1 名。任期 2 ~ 3 年。

第四条　学位评定委员会主席由学校具有教授、副教授或相当职称的主要负责人（校长或主管教学、科学研究和研究生工作的副校长）担任。

学位评定委员会副主席、委员主要应由学校副教授、教授或相当职称的教学、研究人员担任。应有半数以上的教授或相当职称的专家。

第五条　学位评定委员会中的 1 名副主席由研究生院主要负责人担任，另外 1 ~ 2 名副主席候选人由 3 名以上委员提名，通过学位评定委员会全体会议无记名投票方式选举产生。

学位评定委员会中的 1 名委员由教务处负责人担任，其余由分委员会主席和杰出学术带头人担任。

学位评定委员会设秘书 1 名，由主席聘任。

第六条　学位评定委员会设立办公室，挂靠学校研究生院，负责处理委员会的日常工作。

第七条　学位评定委员会按学科组设置分委员会。各分委员会由 7 ~ 15 名（应为单数）委员组成，其中含主席 1 名，副主席 1 ~ 2 名。另设秘书 1 名。任期 2 ~ 3 年。

分委员会主席必须由学位评定委员会委员担任。

分委员会副主席、委员主要应由相关单位副教授、教授或相当职称的教学、研究人员担任。确定人选时应兼顾到学科面。

第八条　学位评定分委员会主席由 3 名以上委员提名，通过分委员会全体会议无记名投票方式选举产生。1 ~ 2 名副主席由主席提名（但应兼顾学科面），通过无记名投票产生。

学位评定分委员会委员由院（系）主管研究生、本科教学负责人，博士点和硕士点学术带头人，经民主选举产生。

分委员会秘书由分委员会主席和相关院（系）负责人共同从相关院（系）人员中聘任。

第九条　学位评定分委员会成员名单，由学校审批。学位评定委员会成员名单，由学校报教育部批准，教育部转报国务院学位委员会备案。

第三章　职　责

第十条　学位评定委员会根据国务院批准授权，履行以下职责：

一、遴选招收硕士研究生指导教师和招收博士研究生教导教师。

二、审查通过接受申请硕士学位和博士学位的人员名单。

三、确定硕士学位的考试科目、门数和博士学位基础理论课和专业课的考试范围，审批主考人和论文答辩委员会成员名单。

四、通过学士学位获得者的名单。

五、作出授予硕士学位的决定。

六、审批申请博士学位人员免除部分或全部课程考试的名单。

七、作出授予博士学位的决定。

八、通过授予名誉博士学位的人员名单。

九、作出撤销违反规定授予学位的决定。

十、研究和处理授予学位的争议和其他事项。

第十一条　学位评定委员会应向学校学术委员会提交年度工作报告，或根据需要作专项工作报告，负责对学校学术委员会提出的有关质询进行解释和说明。

第十二条　学位评定分委员会协助学位评定委员会工作。

第四章　议事规程

第十三条　学位评定委员会和学位评定分委员会实行例会制，每学期召开一次全体会议，由主席负责召集（主席因故缺席可委托副主席召集）。根据工作需要，主席可以临时召开全体会议。

学位评定委员会和学位评定分委员会召开全体会议时，须有2/3以上委员出席，方为有效。一般采用无记名投票方式进行表决，作出决议时，出席会议委员人数2/3以上的得票为通过（通过的票数，应达到全体委员的过半数）。

第五章　附　则

第十四条　修改本章程，须经学校学位评定委员会主席同意，并经委员会2/3以上委员通过，报学校学术委员会批准。

第十五条　本章程解释权归学校学位评定委员会。

第十六条　本章程自学校学术委员会会议批准之日起生效。

附录 1-5　西南交通大学研究生培养单位年度考核指标体系

编号	XJYZB-1405

西南交通大学

研究生培养单位年度考核指标体系

西南交通大学研究生培养单位年度考核指标体系　　（单位：　　　　　　）

一级指标	二级指标	评分标准	分值	自评分	复核分
研究生招生（10分）	招生宣传（2分）	完成年度基本招生宣传任务	2		
	过程管理（2分）	招生过程严格规范，无任何违规行为（无故出现不能按时命题、阅卷、提交招生相关材料等，一次扣减1分，直至扣完本项得分；其他违规行为视情节轻重扣除相应分值）	2		
	生源质量（6分）	R* 6/0.7，R为优质生源率（注1）。满分为6分	6		
	一票否决项	若招生过程中出现违纪违法行为或重大责任事故，采用一票否决方式，即此项一级指标得零分	一级指标得零分		
教学与管理（38分）	教育教学研究与改革（5分）	有学位与研究生教育教学改革项目（1分），并能按期完成（1分）	2		
		申报各级专业学位研究生教育教学改革项目≥1项	1		
		在公开刊号发表研究生教学研究论文且导师及教学管理相关人员人均发表≥0.05篇	2		
	教学管理（12分）	已成立院级研究生教育督察小组，积极开展教学检查工作（有学年工作计划、工作总结）	1		
		教务员、教学秘书岗位配备人员齐全，无专职人员扣0.1～0.2分	1		
		教学管理文件齐备、规范；教学管理人员熟悉研究生管理各项规章制度，做好政策解释工作	1		
		按时审核研究生学籍异动申请、严格落实学籍清查工作	1		
		按要求完成研究生毕（结）业信息上报工作和毕（结）业证书的发放工作	1		
		按时提交课程考核成绩，未完成率超过50%扣1分；按时审核成绩异动申请	1		
		按时完成并报送其他各类教学相关文档	1		
		“研究生教学成果奖”人均申报项目数≥0.02（项）	—		
		按教学计划认真完成排课工作；擅自调停课扣1分，调课比例＞开课课程门数的20%扣1分	2		
		博士毕业率≥60%、硕士毕业率（注2）≥80%（每项1.5分，若仅有硕士学位授权点，则按指标满分折算分数）	3		

续表

一级指标	二级指标	评分标准	分值	自评分	复核分
教学与管理（38 分）	学术交流与讲座（2 分）	校内外专家学术讲座次数≥20（其中校外专家学术讲座次数≥8）	-		
		研究生参加国际学术会议人均≥0.03 次	2		
	课程建设（6 分）	全英文课程或双语课程≥所开课程的 20%	2		
		承担研究生核心课程或示范性课程或实验教学课程或 MOOCs 课的建设数量≥1 门	2		
		有校级研究生教材/专著建设立项项目（1 分），并能按期完成（1 分）	2		
	科研/实践平台（基地）建设与管理（7 分）	积极开展校企对接，成功申报联合培养实践基地、积极参与研究生人才培养专项等	3		
		构建或挂靠管理校内实践基地，且实际接收研究生实践活动	4		
	实践教学组织与实施（6 分）	与校外科研/实践基地联系密切，校企教师合作指导专业实践	1		
		开发、新增案例文本、案例视频教学等项目	2		
		进入实践基地进行专业实践的研究生占应进行专业实践研究生比例＞50%	3		
学位论文及授位管理（23 分）	学位论文开题（3 分）	研究生学位论文按期开题率（注 3）≥90%	3		
	学位论文答辩（4 分）	学位论文答辩程序完善（成绩审核、答辩委员会成员审核、答辩记录等）并严格执行	3		
		硕士学位论文采取“双盲评审”和“统一答辩”	1		
	授位管理（8 分）	授位信息材料报送及时、完整、准确	2		
		研究生学位档案材料存档及时、完备	2		
		规定学制年限内博士授位率≥60%、硕士授位率≥80%（每项 2 分，若仅有硕士学位授权点，则按指标满分折算分数）	4		
	学位论文质量管理（8 分）	积极组织校级优秀学位论文评选，推荐篇数符合比例，推荐论文满足校级优秀学位论文评选相关规定	3		

续表

一级指标	二级指标	评分标准	分值	自评分	复核分
学位论文及授位管理（23分）	学位论文质量管理（8分）	高度重视并认真开展学位论文重点审议工作，按照学位论文质量高低原则，重点审议质量较好的前10%（博士）/5%（硕士）和质量较差的后10%（博士）/5%（硕士），形成审议记录	3		
		积极配合完成研究生学位论文校级抽检相关工作	2		
导师队伍建设（13分）	导师遴选（4分）	加强导师遴选制度建设，程序完善	1		
		切实履行职责，按要求组织导师遴选，材料规范、完备、准时	3		
	导师发展（9分）	举办形式多样的研究生培训，积极组织导师学习研究生培养和导师队伍建设相关的各类文件	3		
		新增导师100%参加学校组织的培训活动	2		
		积极探索导师团队指导模式，有相对稳定的导师指导团队	2		
		导师外出参加导师交流或指导能力培训等活动≥1次	2		
		如出现导师师德失范行为，“导师发展”项为0分	—		
综合管理（8分）	奖（助）学金评选（4分）	有专门的的奖助学金工作联络人	0.5		
		评选公开、公正、合理，被投诉经调查属实本项分值为0	1.5		
		评选及时，上报资料准确、齐全，数据拖延及报错视情节每次扣0.5～1分	2		
	科学道德与学风建设	每年定期举办形式多样的建侯学信讲堂≥2次（活动前需到研究生院综合办备案、有新闻宣传、有活动总结）	—		
	学术素养提升计划	按要求实施研究生学术素养提升计划，按时提交活动计划和总结；积极参加学校组织的各项活动	—		
	参与研究生院活动（1分）	分管副院长、导师、教务员、教学秘书等按要求参加研究生院组织的各项会议或活动，无故缺席扣0.2分/次	1		
	研究生欠费管理（3分）	欠费率≥30%或2010级以后欠费率≥10%（0分）	3		
		20%≤欠费率＜30%或5%≤2010级以后欠费率＜10%（1分）	1		
		10%≤欠费率＜20%或2010级以后欠费率＜5%（2分）	2		
		研究生欠费率＜10%或2010级以后欠费率为0（3分）	3		

续表

一级指标	二级指标	评分标准	分值	自评分	复核分
总分（92分）		基本项考核得分			
以下为加分项（累计不超过20分）					
加分项目	优质生源	优质生源率 > 70%，每超过5%，加1分，累计不超过2分	0～2		
	实践和竞赛	研究生在基地的实践成果申请专利（排名可在导师之后）或获得省部级以上奖励	3		
		研究生科创竞赛获省级一等奖及以上奖励	3		
	教学获奖	校级教学成果奖教师人均获奖数≥0.01项	2		
		省部级教学成果奖≥1项	3		
		国家级教学成果奖≥1项	4		
	教改项目	承担省部级研究生教育教学改革项目≥1项	2		
		承担国家级研究生教育教学改革项目≥1项	3		
	管理工作	积极主动的为研究生院的工作出谋划策、提出好的建议被采纳	0.05～0.2		
	研究生论文	获国家一级学会博士学位论文优秀奖/提名奖≥1篇	3		
	学位点优化调整	紧跟国家、经济社会和学校发展需求，完成学位点优化调整工作	3		
累计加分	累计不超过20分				
总　分	考核总分=基本项（满分92分）+加分项（满分20分）				

注：

1. 优质生源率 *R*=本单位优质生源数 *Y*/本单位全日制研究生招生总人数 *Z*。
   本单位优质生源数 *Y*=本单位录取的本科或硕士毕业于"双一流"大学、最新一轮学科评估为 B+及以上学科及免试推荐的全日制硕士、博士研究生人数。
   本单位全日制研究生招生总人数 *Z*=本单位录取的全日制硕士、博士研究生总人数。
2. 毕业率=当年毕业人数÷应该毕业的在册总人数。
3. 按期开题通过率=实际开题研究生数÷应开题研究生数。
4. 自2021年起，年度基本招生宣传任务包括举办暑期学术夏令营；校内研究生招生宣讲不少于2次；校外研究生招生宣讲不少于4次。
5. 2020年因疫情原因，暂不对校内外专家学术讲座活动、学信讲堂和学术素养提升计划等进行考核。

附录 1-6　西南交通大学研究生教学工作量计算办法

编号	XJYZB-1406

西南交通大学

研究生教学工作量计算办法

一、研究生教育教学"量"部分的工作量

研究生教学年度工作量由研究生课程教学工作量、研究生培养管理工作量和研究生培养突出成果奖励工作量三部分构成。即：研究生培养单位研究生教学工作量总量（G_s）= 研究生课程教学工作量（G_c）+ 研究生培养管理工作量（G_m）+ 研究生培养突出成果奖励工作量（G_e）。

研究生教学工作量以教分为单位进行计算；1 教分的基本量为：完成 1 个 30 人教学班、16 学时的课程教学工作。

（一）研究生课程教学工作量计算方法（G_c）

1. 计算范围

研究生课程教学工作量认定范围包含三部分内容。即：$G_c = G_{c1} + G_{c2} + G_{c3}$

（1）课堂授课课程部分（G_{c1}）

各研究生培养单位学科培养方案中为全日制硕士、博士研究生开设的公共类课程、素养课程、前沿交叉课、专业类课程等；非全日制专业学位研究生的公共类课程；各研究生培养单位为留学生开设的研究生课程。

（2）专业实践教学部分（G_{c2}）

专业学位硕士研究生专业实践的教学工作量。校内实践基地和校企联合实践基地的年度教学工作量全部计入校内相关的研究生培养单位的年度总体工作量中，"实践基地"须是各研究生培养单位在学校备案的研究生实践基地。

（3）个性化教学部分（G_{c3}）

各研究生导师年度完成研究生的学术活动、课题组研讨活动、文献阅读与评述、国内外学术会议（博士）等教学工作，认定为导师的年度个性化教学工作。

其他说明：非全日制专业学位研究生专业课程工作量及 MPA、MBA 课程教学工作量由本单位自行独立核算，不纳入学校整体绩效计算范围。

2. 计算方式

（1）课堂授课课程工作量计算方式 G_{c1}

$$G_{c1} = \sum (a/16)\times[0.4+0.3\times m+0.3\times(n/30)]\times T_1\times T_2$$

其中：

a 为学时数；

（0.4 为备课因子，0.3 为课堂因子，0.3 为答疑、作业、命题和评卷因子）

m 为任课教师开设同一门课程多个教学班调节因子；

n 为选课总人数；

T_1 为团队教学调节系数：以课程教学团队方式开展课程教学的 T_1 = 团队教师数，T_1 最大值不超过 3；

T_2 为课程类型调节系数：面向全校研究生开设的公共类课程 $T_2 = 1.2$，双语授课课程教学 $T_2 = 1.5$，全英文授课课程、研究院认定的课程精品类课程 $T_2 = 2$。

（2）专业实践教学工作量计算方式 G_{c2}

校内实践基地的专业实践工作量：$G_{c2} = 6 \times (n/30)$

校企联合实践基地的专业实践工作量：$G_{c2} = 6 \times (n/20)$

其中：

6 为学分数；

n 为年度参与本单位校内或校企联合实践基地专业实践的研究生总人数。

（3）个性化教学工作量计算方式 G_{c3}

硕士研究生导师：每位导师年度完成本人指导的 2 名在读硕士研究生的学术活动、课题组研讨活动、文献阅读与评述等个性化教学工作，则学校认定为 1 学分、16 学时的《创新能力及创新实践》教学工作，工作量认定为 1 教分。在读硕士研究生人数每增加 1 名则学分认定增加 0.5，教分认定增加 0.5，年度最高认定学分不超过 4 学分，工作量不超过 4 教分。

博士研究生导师：每位导师年度完成本人指导的 2 名在读硕士研究生或 1 名博士的学术活动、课题组研讨活动、文献阅读与评述、国内外学术会议（博士）工作，则学校认定为 1 学分、16 学时的《创新能力及创新实践》教学工作，工作量认定为 1 教分。在读硕士研究生人数每增加 1 名则学分认定增加 0.5，教分认定增加 0.5；在读博士研究生人数每增加 1 名则学分认定增加 1，教分认定增加 1；年度最高认定学分不超过 6 学分，工作量不超过 6 教分。

（二）研究生培养管理工作量计算方法（Gm）

1. 博士研究生培养管理基本工作量：博士按照学制进行计算，导师每年度指导 1 名博士生，则计 2 教分的培养管理基本工作量；硕士研究生培养管理基本工作量：硕士按照学制进行计算，导师每年度指导 1 名硕士生，则计 1 教分的培养管理基本工作量；留学研究生培养管理基本工作量：按国内同层次研究生工作量的 3 倍计算。（非全日制专业学位研究生、MPA、MBA 研究生培养管理工作量由本单位自行独立核算，不纳入学校整体绩效计算范围。）

2. 答辩及论文评阅：校内教师作为硕士生答辩委员参加答辩的 10 人次或作为博士生答辩委员参加答辩 5 人次的按 1 教分计。评审专家评阅硕士生学位论文 6 篇或评阅博士生学位论文 3 篇的按 1 教分计。

3. 担任学校研究生教学工作委员会委员/担任学校学位委员会委员/担任研究生学术道德委员会委员/教学质量保障委员会委员，其中，担任主任、副主任的每人每年按 2 教分计，一般委员每人每年按 1 教分计。

4. 培养单位组织创源大讲堂 1 次按 1 教分计，作为创源大讲堂主讲嘉宾讲座 4 人次按 1 教分计。

5. 参加学校青年教师讲课比赛进入复赛的每人按 1 教分计，参加学校青年教师讲课比赛进入决赛的每人按 2 教分计，不重复计算。

6. 培养单位组织校级学科竞赛：50 人以下：5 教分；50 ~ 100 人：8 教分；100 ~ 200 人：10 教分；200 人及以上：15 教分（承办国家级学科竞赛按此标准上浮 10% 计算；如承办国家级学科竞赛 50 人以下按 5.5 教分计）。教师指导竞赛，按指导一个参赛队 0.5 教分计。

7. 担任研究生课程期末考试辅监、硕士或博士研究生的入学考试监考（巡考）5 人次，按 1 教分计。

8. 硕士、博士研究生入学考试自命题的阅卷工作，按照每阅卷 1 份计算 0.006 教分来计算工作量。硕士、博士研究生入学考试自命题命制工作，每门科目试卷按 0.5 教分计。

9. 培养单位主持由学校组织立项的研究生课程、教材、课程教学团队建设、教育教学改革项目，每 1 项按 5 教分计。

10. 其他参与全校研究生培养工作产生的教学工作量根据具体情况认定。

（三）研究生培养突出成果奖励工作量（Ge）

1. 获校级研究生精品类课程、精品类教材（专著）、优秀教学团队、优秀教学成果奖一等奖（含特等奖）的每项按 4 教分计、二等奖的每项按 3 教分计、三等奖的每项按 2 教分计。

2. 获校级优秀硕士学位论文的每篇给予指导教师计 1 教分；获校级优秀博士学位论文的每篇给予指导教师计 2 教分；获校级优秀导师奖的每项按 4 教分计；获得校级优秀导师团队奖的每项按 10 教分计。

3. 获一级学会优秀博士学位论文奖的每篇给予指导教师计 4 教分；获一级学会优秀博士学位论文提名奖的每篇给予指导教师计 2 教分；获省级教书育人名导师奖的每项按 8 教分计。

4. 研究生参加国家级学科竞赛获三等奖的，每项给予指导教师计 2 教分；参加省部级学科竞赛获一等奖及以上级别的每项给予指导教师计2教分、获二等奖的每项给予指导教师计1教分。

5. 其他在研究生培养方面的突出成果奖励工作量根据具体情况认定。

二、研究生教育教学“质”部分的工作量

<table>
<tr><th>类别</th><th colspan="4">项　目</th><th>教分</th></tr>
<tr><td>教学成果奖</td><td>省级</td><td colspan="3">二等奖</td><td>35</td></tr>
<tr><td rowspan="14">质量建设奖</td><td rowspan="4">一流课程</td><td rowspan="2">国家级</td><td colspan="2">线上、线下、线上线下混合式、社会实践一流课程</td><td>100</td></tr>
<tr><td colspan="2">课程思政示范课程</td><td>100</td></tr>
<tr><td rowspan="2">省级</td><td colspan="2">线上、线下、线上线下混合式一流课程</td><td>20</td></tr>
<tr><td colspan="2">课程思政示范课程</td><td>20</td></tr>
<tr><td>教材建设奖</td><td colspan="3">省级优秀教材</td><td>10</td></tr>
<tr><td rowspan="4">人才培养基地</td><td rowspan="2">国家级示范基地</td><td rowspan="2">全国示范性专业学位研究生联合培养基地</td><td>获批</td><td>140</td></tr>
<tr><td>评估优秀</td><td>60</td></tr>
<tr><td rowspan="2">国家级示范中心</td><td rowspan="2">课程思政示范中心</td><td>获批</td><td>140</td></tr>
<tr><td>评估优秀</td><td>60</td></tr>
<tr><td rowspan="2">教学团队</td><td rowspan="2">示范团队</td><td colspan="2">国家级</td><td>70</td></tr>
<tr><td colspan="2">省级</td><td>20</td></tr>
<tr><td rowspan="3">重大竞赛获奖（本科、研究生）</td><td rowspan="3">国家级</td><td colspan="2">特等奖</td><td>35</td></tr>
<tr><td colspan="2">一等奖</td><td>20</td></tr>
<tr><td colspan="2">二等奖</td><td>15</td></tr>
</table>

续表

类别	项目			教分
教学改革奖	教改项目	国家级	重大项目	35
			重点项目	20
			其他项目	10
		省级	重大项目	20
			重点项目	10
教学水平奖	教学比赛获奖	国家级	一等奖	70
			二等奖	35
			三等奖	20
		省级	一等奖	20
			二等奖	15
			三等奖	10
	教学名师	国家级		70
		省级	天府名师	20
			教书育人名师	10

注：

1. 全国高教仪器设备奖是指中国高等教育博览会设奖。
2. 国家级重大竞赛获奖是指大学生竞赛评估列表中的A类竞赛。
3. 教学水平奖中的教学比赛是指全国教师教学创新大赛以及纳入中国高等教育学会教师教学竞赛状态数据统计的项目。其中全国高校教师教学创新大赛、全国高校青年教师教学竞赛和全国高校思想政治理论课教学展示活动在同等级奖励的基础上乘以1.5。

三、研究生教育教学高端奖励项目

奖励项目			奖励标准（万元）	奖励单位（万元）	备注
教教学成果奖	国家级特等奖		150	20	我校参与且排名前10的，一等奖奖励2万元，二等奖奖励1万元
	国家级一等奖		75	15	
	国家级二等奖		45	10	
	省级特等奖		20	10	
	省级一等奖		10	5	
	中国学位与研究生教育学会成果奖	特等奖	30	15	
		一等奖	20	10	
		二等奖	10	5	
教教材建设奖	国家级规划教材		10	5	
	全国教材建设先进集体		20		
	全国教材建设先进个人		10		
	全国优秀教材	特等奖	60	10	
		一等奖	35	8	
		二等奖	15	5	

西南交通大学研究生院　　编

西南交通大学学位与研究生教育
质量保障工作手册

招生、奖助体系（第2册）

邹洋　赵毅　黄亚楠◎编著

西南交通大学出版社
·成　都·

图书在版编目（CIP）数据

西南交通大学学位与研究生教育质量保障工作手册. 第2册，招生、奖助体系 / 西南交通大学研究生院编；邹洋，赵毅，黄亚楠编著. —成都：西南交通大学出版社，2022.10
ISBN 978-7-5643-8911-6

Ⅰ. ①西… Ⅱ. ①西… ②邹… ③赵… ④黄… Ⅲ. ①西南交通大学 - 研究生教育 - 教育质量 - 手册 Ⅳ. ①G643-62

中国版本图书馆 CIP 数据核字（2022）第 188711 号

Xinan Jiaotong Daxue Xuewei yu Yanjiusheng Jiaoyu Zhiliang Baozhang Gongzuo Shouce

西南交通大学学位与研究生教育质量保障工作手册（1—6册）

西南交通大学研究生院　编
（第1册）概况、管理体制：周先礼　陈志伟　张薇　**编著**
•（第2册）招生、奖助体系：邹洋　赵毅　黄亚楠　**编著**
（第3册）过程培养：华宝玉　乐佳　刘颖　**编著**
（第4册）导师、课程、创新实践、学术素养：朱志武　万浩　刘波　**编著**
（第5册）学位论文：陈怡露　宛小强　郭海霞　**编著**
（第6册）学位点建设：艾长发　郑海涛　张静　**编著**

《西南交通大学学位与研究生教育质量保障工作手册》

编 委 会

主　　编：周先礼

副 主 编：朱志武　艾长发　陈志伟

编　　委：邹　洋　华宝玉　陈怡露　郑海涛　赵　毅
乐　佳　万　浩　宛小强　张　薇　黄亚楠
刘　颖　刘　波　郭海霞　张　静

本册作者：邹　洋　赵　毅　黄亚楠

目　录

第一部分　招　生

研究生生源作为研究生教育的首要环节，对研究生的培养起着举足轻重的作用，从一定程度上来讲它关系到研究生教育的全局。近年来，随着研究生招生规模的不断扩大，研究生生源质量呈下滑趋势，各高校在生源方面的竞争愈加激烈，并纷纷把提升生源质量作为内部研究生教育质量保障机制的关键突破口。研究生招生工作在新时期呈现出新的历史特点，如何针对影响生源质量的各种因素改善研究生招生制度，建立和完善研究生生源质量保障体系是高校亟待解决的关键问题。

一、我国研究生招生工作总体形势

（一）招生规模急剧扩大

自 1978 年我国恢复研究生教育以来的 40 多年间，研究生学位授予数量大幅增长，从 1981 年到 2017 年学位授予总量超过 800 万，而近 10 年研究生教育进入高速发展阶段，硕士研究生招生规模年均增幅达到 6%，博士研究生增幅在 5.5% 左右[①]，学位授予量占总量近 8 成[②]。2019 年，国务院学位委员会对 2018 年学位授权点审核结果进行了公示，共有 147 个单位新增了学位授权点，其中新增博士学位授权点 19 个，新增硕士学位授权点数量 149 个。[③]2010 年，在《国家中长期教育改革和发展规划纲要（2010—2020）》中提出的我国研究生教育事业发展目标为：到 2020 年实现我国研究生在校生规模达到 200 万。[④]根据教育部最新统计数据显示，1997—2017 年间，我国研究生招生由 59 279 人上升至 806 103 人，在校生数由 163 209 人上升至 2 639 561 人，增长倍数均超过 10 倍[⑤]，提前完成了既定目标，我国研究生教育已经走上了规模化发展的道路。

---

① 中国教育在线. 2021 年全国研究生招生调查报告[EB/OL]. https://www.eol.cn/e_ky/zt/report/2021/content02.html.

② 中国教育在线. 2019 年全国研究生招生调查报告[EB/OL]. http://www.eol.cn/e_ky/zt/2019/report/.

③ 国务院学位委员会. 关于下达 2018 年动态调整撤销和增列的学位授权点名单的通知[EB/OL]. http://www.moe.gov.cn/s78/A22/A22_gggs/A22_sjhj/201905/t20190524_383151.html.

④ 国家中长期教育改革和发展规划纲要（2010—2020 年）[EB/OL]. http://www.moe.gov.cn/srcsite/A01/s7048/201007/t20100729_171904.html.

⑤ 中华人民共和国教育部. 1997—2017 年教育统计数据[EB/OL]. http://www.moe.gov.cn/s78/A03/moe_560/jytjsj_2017/.

（二）招生竞争日趋激烈

2013 年，教育部、国家发展改革委、财政部联合下发《关于深化研究生教育改革的意见》（教研〔2013〕1 号），提出要“大力推进研究生招生制度改革，建立健全科学公正的研究生招生选拔办法，深化招生计划管理改革，逐步建立研究生教育规模、结构、布局与经济社会发展相适应的动态调整机制”①。同年 9 月，教育部办公厅颁布《关于进一步加强推荐优秀应届本科毕业生免试攻读研究生工作的通知》（教学厅〔2013〕8 号），首次提出加强推免生校际交流，所有推免生均可以报考其他招生单位，并且将招生单位招收推免生的比例扩大到本校当年招生计划的 50%，要求不得限制本校推免生报考其他单位。②从 2014 年起，教育部规定不再设置推免生留校限额，这一方面增加了推免生的自主选择权，另一方面也给一般招生单位的留取优秀生源能力带来了极大的考验。③数据显示，2017 年“双一流”建设高校研究生招生占据了全国六成以上硕士研究生、八成以上博士研究生招生。报考政策约束的放宽促进了生源的增加，使得招生单位的生源选择范围更大，对研究生优质生源的竞争更加激烈。

（三）生源结构愈加复杂

作为研究生教育的起点和重要组成部分，研究生招生工作是培养高质量人才的前提和保障，研究生的生源质量直接关系到学校的社会声誉、人才培养的质量，影响着科研产出和学科建设水平，高质量的研究生生源对提高研究生培养质量具有积极而重要的意义。④我国硕士研究生生源结构主要表现在以下几个方面：① 近年来，硕士研究生生源数量逐年递增，根据中国研究生招生信息网的数据显示，2019 届全国普通高校毕业生预计达 834 万人，三分之一的毕业生选择了考研，成为硕士研究生报考数量增加的主要因素⑤；② 近几年的招生数据显示，专业硕士报考人数赶超学术硕士⑥；③ 不同学科间的生源数量不均衡，受社会需求、就业趋势、学校办学条件、师资力量等因素的影响，不同学科间的生源数量和生源质量差异较大⑦；④ 因招生单位受高校知名度、学科实力、办学水平和导师队伍等因素的影响，高等院校所在地域之间的差异，导致了高校生源数量的极度不均衡⑧；⑤很多往届生对目前的职业状况不满意，想通过读研来增强自身的知识储备和创新能力，导致往届生生源数量呈逐年增加的态势。

---

① 教育部，国家发展改革委，财政部. 关于深化研究生教育改革的意见[EB/OL]. http://old.moe.gov.cn/publicfiles/business/htmlfiles/moe/A22_zcwj/201307/154118.html.

② 教育部办公厅关于进一步加强推荐优秀应届本科毕业生免试攻读研究生工作的通知[EB/OL]. https://baike.baidu.com/item/.

③ 王秦辉，马佳男，蔡元沛. 新形势下高等学校提高研究生生源质量有效途径的研究与探索[J]. 教育现代化，2018，（51）：153-155.

④ 郑华，王峰. 研究生生源质量提升途径思考[J]. 中国高等医学教育，2020，4（4）：128-129.

⑤ 中国教育在线. 2019 年全国研究生招生调查报告[EB/OL]. http://www.eol.cn/e_ky/zt/2019/report/section4.html#sc_4.

⑥ 王会钧，沈亚男.学术学位与专业学位硕士研究生的招生现状分析[J]. 管理观察，2016，4（1）：140-142.

⑦ 刘光连，李劼，陈立章. 全国硕士研究生招生考试现状和改革建议[J]. 现代大学教育，2016（4）：85-93.

⑧ 张宇. 地方高校提高研究生招生生源质量的探索与实践[J]. 科教文汇，2019（7）：1-4.

二、国内外研究生招生制度

（一）美国研究生招生制度

在美国，应用范围最广泛的研究生入学考试是GRE考试，考试内容包括语言推理、定量推理以及分析写作三部分。①GRE考试成绩保留五年且一年内有多次考试机会，主要测试考生的语言能力、数学能力、分析能力等，注重考查考生的各项综合能力。其次，院校注重录取标准多元化，申请者需向有关院校提供两类材料：一类是考评认知能力的材料，如本科学位证书、学业成绩单与标准化入学考试成绩；一类是考评非认知能力的材料，如推荐信、入学申请书与个人简历等。不同院校对于这两类材料的重视程度有所不同，但大部分院校偏重考查认知能力的材料。②国家一般只通过立法及拨款影响研究生的招生，行政权力和行政干预很少，有关研究生招生的制度，都是在教育行业内制定的，招生院校具有较大自主权，招生录取工作自行组织。政府、专业机构、招生院校"三位一体"，较好地保障了招生制度的实施。③

（二）英国研究生招生制度

英国没有全国统一的标准化研究生入学考试，招生院校根据招生特色、研究生类型、专业需求等自身情况，自行决定硕士研究生的录取标准。因此，通常以论文计划、面试等审核方式代替考试进行招生，侧重考查申请者的整体素质与能力。④在录取标准方面，招生院校较重视申请者本科就读的学校层次及本科成绩，通过组织导师进行面试来考查申请者的素质与能力来决定申请者的录取与否。英国政府对于高等教育实行的是国家宏观调控、微观开放的模式，而招生院校是具有独立法人地位和公共性质的自治机构，在法律和政府监督评估的约束下，各个招生院校根据各自的条件和特色，制定本校的招生规定。⑤

（三）日本研究生招生制度

日本和英国一样，没有全国统一的标准化研究生入学考试。日本各招生院校根据自身特色与招生需求，自行组织考核。考核一般进行笔试和口试，笔试包括外语、专业科目考试。外语考试用于检测学生的外语能力，专业科目考试侧重于专业基本知识与技能。在录取标准方面，招生自主权充分下放至各个招生院校。各招生院校自主命题组织考试进行选拔，同时强调学生的论文水平与科研潜力。考试分数的高低作为录取的主要参考，而辅以参考申请者提交的大学毕业成绩单和推荐信。日本政府明确招生院校享有极大的招生自主权，不设置全国统一的研究生招生机构，研究生招生计划管理是由各招生院校自主进行。⑥

---

① GRE-Revised General Test-About the Test-Test Content and Structure[EB/OL]. http://www.ets.org/gre/revised_general/about/content.html，2016.

② 孙健. 美国研究生招生制度的特点及其对我国的启示[J]. 中国农业教育，2018（4）：68-72+95-96.

③ 张秀三. 美国研究生招生选拔机制研究及启示[J]. 高教探索，2015（8）：99-104.

④ 朱鹏宇，马永红，林莉萍，白丽新.英美研究生招生制度对我国的启示[J]. 研究生教育研究，2018（3）：84-89.

⑤ 贾建锋，马可心，潘梦佳. 研究生招生制度改革:他国经验的借鉴与启示——基于美英日的案例研究[J]. 辽宁经济管理干部学院. 辽宁经济职业技术学院学报，2016（4）：102-106+111.

⑥ 朱原，王旭燕. 学术型研究生招生制度比较研究[J].研究生教育研究，2016（3）：85-90.

三、我国研究生招生存在的问题与挑战

（一）统一计划管理集权制与高校自主权的“较量”

现行的研究生招生制度是一种高度集中的管理方式，从招生计划的审批、招生专业目录编制、研究生报考条件、报名时间、考试科目、考试时间、初试录取分数线的划定等都是在教育主管部门的直接管理下严格执行。[①]政府主导的招生管理方式造成招生单位自主权偏低，无法根据市场需要和招生单位的实际情况来招生，人才选拔重分数轻能力，使招生单位的自主权非常有限，其学科、专业特色和优势不能充分体现，这不利于研究生教育的健康发展。

（二）各学科生源数量差异日趋加大

近年来，随着研究生规模的总体扩大和招生类型的日益多元，各学科研究生生源数量差异日趋加大，主要体现在两个方面：一是随着就业压力的增大，考生在报考专业时，就业前景成为多数考生考虑的首要因素。根据中国教育在线研究生志愿采集系统数据显示，报考热度最高的专业中，工商管理、法律（非法学）、会计、金融等与市场结合紧密度较高的专业在各高校中出现频率较多[②]；二是各高校优势学科与弱势学科之间的招生数量呈扩大化趋势。吕营等（2018）通过整理分析2015—2017年研究生报名数据与实际录取数据发现，优势学科生源充足，弱势学科生源则主要以调剂生为主，有些高校还出现了未能完成研究生招生任务的状况。此外，许多高校出现了弱势及新型学科上线人数未达到招生计划的现象，难以招收到符合其要求的研究生生源。[③]

（三）逐步走向应试教育，不利于创新人才的选拔

随着我国高等教育的发展，大学由原来的精英教育逐步走向大众教育，本科的扩招也带来了研究生的扩招，研究生教育也逐步走向大众化。现行的研究生考试方式，即笔试加面试，更注重笔试成绩，对死啃书本、死记硬背，适应应试考试的考生有利，招生单位只能在上线生源中选拔，不利于对创新素质人才的选拔。2020年我国的硕士研究生招生规模接近110万人，考生逐步像参加高考一样参加研究生招生考试，只注重初试公共基础课科目，专业课考试由于是高等院校自主命题，往往有一定的渠道投机取巧，使得本来是选拔具有高素质专业创新能力的研究生招生考试变成了应试教育，那些在专业上可能具有一定潜能的人才可能会由于外语或数学成绩不好而错失接受研究生教育的机会。[④]

---

① 周红燕.现行推免制度对地方高校研究生招生的影响及对策思考[J]. 才智，2016（2）：6-7+9.

② 中国教育在线. 2019年全国研究生招生调查报告[EB/OL]. http://www.eol.cn/e_ky/zt/2019/report/section3. html#sc_3_3.

③ 吕营，陈佩赓，宋若桢，杨进涛.浅谈研究生优质生源招生的影响因素及应对策略[J]. 北京化工大学学报（社会科学版），2018，（2）：111-114.

④ 季晶晶. 我国硕士研究生招生考试制度改革探析[J]. 科技经济导刊，2016（30）：185-186.

（四）研究生招生选拔制度的效度和公平受到质疑

在招生选拔的过程中，制度本身的效度和公平问题是关注的核心，其中效度主要指能够客观有效正确地考察出考生相关的知识和能力素养，而针对研究生选拔的公平则是主要确保入学机会的公平。从恢复研究生教育招生 40 年以来，研究生招生选拔模式不断变革并呈现出两大趋势：一是统考和推免成为主流，二是推免模式占比扩大，但这两大趋势却在不同程度上影响着选拔程序的公平公正和选拔的效度[①]：从效度层面来看，统考生的选拔侧重认知性知识能力素养，而推免生则偏重非认知性知识能力素养，如何有效平衡二者考察内容、选拔出高质量的研究生是各大高校面临的主要困境之一；二是从公平层面来看，目前部分“双一流”建设高校招生接收推免生比例已经超过半数，而推免生源中“双一流”建设高校占比超过九成，接近八成考生认为推免比例提升对于考生不公平，仅有两成左右的考生认为推免比例提升对考生公平。[②]

（五）生源质量评价体系的科学性和合理性有待探讨

研究生生源质量的评价结果直接影响着高校研究生招生政策，制定一套科学、有效的研究生生源质量评价体系对提升研究生生源质量具有重要意义。现有的评价指标主要以反映研究生生源的构成信息为主，如报考、录取人数，初始、复试成绩，生源分布等，这些指标可操作性强，在一定程度上可以从宏观角度评价与把握高校研究生生源的基本情况，因此这也是很多高校采取的主要评价研究生生源质量的途径。[③]但是研究生生源质量的评价不仅仅包括反映生源构成的指标，生源素质指标也是重要的构成维度。由于生源素质指标的缺失或是不足，评价指标体系不能很好地反映生源的总体质量，失去了评价的价值和意义。再加上研究生生源质量概念本身的多维与复杂性以及各学校、各学科、各专业之间的差异性，导致各高校在构建研究生生源质量的评价体系时难以确保构建的科学性与合理性，致使评价结果的有效性失去保证。

（六）招生与就业的联动机制未能有效建立

根据考研动机调查显示，考生报考研究生的首要动机为就业压力大，期望通过研究生教育，提高就业竞争力。[④]从实际情况来看，2007 年至 2014 年我国就业人群中研究生占比从 0.2% 上升到 0.55%，同比美国在该时期就业人群中的研究生占比由 12%上升至 14%，从这一角度看，我国研究生教育在就业人群中的总体占比仍有较大的发展空间。[⑤]周涛等（2019）对我国高校研究生招生计划计算模型梳理发现，目前我国高校“主要以各招生单位历史招生计划为基准，综合考量科研平台、人才队伍、教学科研成果以及科研经费等教学培养能力因

① 陈小红，孙志远. 改革开放 40 年研究生招生选拔模式的变革与趋势[J]. 郑州师范教育，2019，8（1）：8-13.

② 中国教育在线. 2019 年全国研究生招生调查报告[EB/OL]. http://www.eol.cn/e_ky/zt/2019/report/section4.html#sc_4.

③ 俞园园，彭新建. 高校研究生生源质量提升研究[J]. 教书育人·高教论坛，2019（1）：27-29.

④ 中国教育在线. 2019 年全国研究生招生调查报告[EB/OL]. http://www.eol.cn/e_ky/zt/2019/report/section2.html#sc_2_5.

⑤ 中国教育在线. 2019 年全国研究生招生调查报告[EB/OL]. http://www.eol.cn/e_ky/zt/2019/report/section1.html#sc_1_4.

素，均没有把研究生的就业情况、为社会服务的水平作为考量指标，无法形成就业状况与招生计划联动的反馈机制，招生、培养与就业相互促进的良性循环未能建立”[①]。

四、研究生生源质量提升的途径探索

（一）多措并举，培育和吸引优质生源

研究生招生主要面临两个主要问题：如何吸引外校优秀生源报考和怎样留下本校优秀毕业生继续留校读研。从招生举措来看，各大高校均建立了完备的招生宣传机制，充分利用各类宣传平台，从学生的角度出发，构建了包括学校—教学单位—导师—学生等共同参与的、多层面的研究生招生宣传体系，有计划、分阶段地开展形式多样的招生宣传工作，多方面为校内外各类学生群体提供了解学校情况的渠道，积极搭建了学校与学生进行良好交流和互动的平台。同时，学校应带着明确的目标和措施，有针对性地加大宣传力度，到一流大学或某一特定区域进行宣传，吸引考生。此外，牛少轩（2019）认为，对于西部高校来说，本校优秀毕业生留校读研是研究生优质生源的最大保障。因此，建议西部高校尤其需要注重通过在思想认识上增强母校认同促进本校优秀毕业生留校读研人数的增加，从而提高生源整体质量。[②]

有数据研究发现，在考生报考研究生的多种目的中就业因素的目的占很大比例，其中第一大目的是增加就业竞争力，第二大目的是暂时不想就业。从长远来看，我国研究生教育作为最高层次的教育要保持其纯学术性与科研的严谨性，不应为解决社会临时出现的问题而忽略了质量的保证，因此，对考生入学动机的考察十分有必要。[③]我们可以通过某些手段侧面掌握学生的入学动机。比如考生在报名考试时，网上资格审查中加入考生报考的动机、对所报专业的认知情况、未来专业学术、科研发展规划等内容，作为复试参考内容，目的是减少盲目报考与动机不纯的考生，使得生源上的质量保障具有现实可操作性。

（二）强化内涵，增强生源吸引力

从研究生招生结果来看，优质生源的主要流向为知名度和美誉度高的院校和学科，因此，只有不断强化学校内涵建设，加强学科和专业建设，提高学校、学科、专业的社会认可度和影响力才能保证对优质生源持续的吸引力[④]。各高校都将学科专业发展作为学校内涵建设的核心，能够综合考虑国家战略需求和区域经济社会发展需要，立足学校的办学定位与特色，兼顾夯实传统优势学科基础和学科交叉融合与特色创新，基于学位授权点合格评估与专业认证结果，综合考虑生源质量、就业率及社会评价，统筹考虑本硕博各层次及各学科专业的学生规模，调整方向、优化结构、重组资源，增强招生吸引力。洪煜等（2012）提出，在学科

① 周涛，万丽娟，彭涛，罗杨，兰中文，汪利辉. 基于就业质量的硕士研究生招生计划动态调节机制研究[J]. 研究生教育研究，2019（3）：29-35.

② 牛少轩. 西部高校研究生生源质量问题探析[J]. 高等教育，2019（2）：169-171.

③ 王杰. 高校招生工作中提高生源质量的方法研究[J]. 教育现代化，2016，3（26）：150-151.

④ 李珊，黄佳莹，汤桂红，程舟，朱云国. 提高研究生招生质量的思考与实践[J]. 科教文汇，2019（458）：1-3.

建设中，还需加强对社会需要的适切性，引导学校科学规划，优先发展与国家、社会、经济发展急需的学科。[①]

近几年，各高校采取多种方式来吸引优质生源。例如，高校纷纷推出了符合自身学科特色的暑期夏令营活动，其目的不仅是为了促进学术交流，而且承担着考核参与者是否符合学科的培养需求，是否具备学科培养潜力，能否激发学科创新能力的任务。[②]通过生源评价体系，有针对性地挑选出有培养潜力的生源，并辅以各种奖励政策，与考生签订协议，提前将优秀的生源纳入招生范围内。应当加强校际交流，形成常态化的互动机制。例如，多所高校之间互相推荐推免硕士研究生、调剂硕士研究生和直博生等。同时广泛宣传，促使更多高校加入到校际交流中，在最大范围内实现共同提高硕士研究生生源质量的目标。

师资力量是决定研究生培养质量的重要因素。现在高校大部分实行的是导师和学生的双选机制，在实际情况中，往往在本专业领域具有较高学术能力的导师会吸引众多学子慕名而来，这就说明师资力量建设对于优质生源招生很有必要。如果某一学科具有一批能力突出又具有影响力的导师，该学科就会在优质生源招生方面有很大优势。同时，高校要依据自身的办学目标引进人才，加强学科特色建设及实效性，切忌单纯比拼 SCI 论文而忽视了解决实际问题。高校人才引进在考虑学位的同时也要重视企业实践经验，一个刚从大学毕业缺乏实践的学生又走进大学培养新人，必然造成脱离现实的结果。

（三）优化环节，提高生源选拔质量

研究生选拔制度合理性的标准体现在两个方面：一是在一定的选拔范围内能够选出相对优秀的研究生候选人，二是选拔过程对全体候选人是公平合理的。[③]提高生源质量，优化环节是重点。近年来，各大高校逐渐加大研究生招生制度改革力度，优化环节，增大复试权重，加大“硕博连读研究生”的选拔力度，探索博士研究生“申请—考核”招生机制，给予研究生导师更多更大的自主权，同时基于人才多样性的考虑，在选拔过程中除考核一般性的知识和技能外还开始尝试设置一些相对个性化的考核评价方式，吸纳了更多真正具有学术潜力和创新能力的优秀人才。下一阶段，在扩大高校和导师自主权的同时，需进一步完善研究生入学选拔的程序和标准，实行信息公开，主动接受广大师生和全社会的监督，形成外部监督和自我约束相结合的良性机制，确保公平公正。通过严格标准、规范程序、明确责任、完善服务、保证质量，使创新管理贯穿于研究生招生工作的全过程。

我国现下实施的招生计划制度是由上而下的制定方式，教育部根据上一年度各高校的实际招生规模，加上平均的增长幅度，从而得出当下年度的招生计划数，然后下达给各招考单位[④]。这样的招生计划的制定脱离了实际情况，也造成了硕士研究生招生数量激烈上增，导致其毕业后就业困难，对硕士研究生的教育质量起到负面的影响。要改变招生计划制定的方式，加大高校及导师的自主权，需要创立由下而上的招生规模制定模式。由导师根据相关规

① 洪煜，钟秉林，赵应生，张筱茜. 我国研究生教育制度的历史沿革，现存问题与改革方向[J]. 2012（7）：41-46.

② 李祎. 培养单位研究生教育质量报告编制原则探析[J]. 课程教育研究，2018（49）：210.

③ 何秀荣，常莉萍，李梅，李冬梅，张红. 研究生选拔制度设计与选拔质量[J]. 北京航空航天大学学报（社会科学版），2007，20：16-20.

④ 刘光连，李劼，陈立章. 全国硕士研究生招生考试现状和改革建议[J]. 现代大学教育，2016（4）：85-93.

定结合自身的学术能力、课题强度、研究方向确定最为合理的招生数，高校予以指导与监督，最终汇总招生限额情况，上报至教育部，教育部根据发展规划司所掌握的现实状况对上报的招生限额数做系统评估，最终确定当年招生计划数，这样的招生计划制定方式更为科学合理化，也有待于进一步的细致研究，以待真正予以实施。

在硕士研究生生源选拔过程中，存在多个影响生源质量的要素，根据要素性质的不同，可分为定量分析要素和定性分析要素。通过建立生源质量评价体系，招生单位不仅可以考察生源的知识、技能等基本素质，还可以考察生源的价值观、学习动机等深层次的综合素质，保证选拔生源的科学性、公平性、合理性。与传统的生源选拔方式相比，生源质量评价体系具有逻辑关联性强、定义明确、行为指标详细等特点，使生源特征更加形象化、具体化，易于识别。且便于招生单位的评估，进一步强化了招生单位、硕士研究生导师和硕士研究生生源的主体作用。此外，提高生源质量评价体系的公信度，公布生源质量评价体系的考核标准，发布评价报告和评估结果，接受考生和社会的监督。

（四）完善机制，支撑保障生源选拔

完善的机制是研究生招生选拔工作的支撑和保障：一是建立和完善不同类别研究生的招生机制，坚持学术型研究生和专业型研究生并重发展，优化研究生生源结构，强化不同类别研究生的招生质量监控，现阶段尤其要进一步认识专业型研究生的重要性，在选拔标准上予以区别，在招生名额、经费投入等方面予以保障；二是坚持以就业质量为目标导向，根据就业质量高低对招生计划进行直接反馈，建立招生—培养—就业有效联动的研究生教育机制；三是建立和完善研究生教育质量保障体系，设置科学合理的质量标准，制定评价指标体系与实施方案，完善评估结果的反馈机制，注重持续改进效果的跟踪，加强研究生招生管理的调控反馈机制，坚持多方评价，构建相互促进、相互协调的研究生教育质量保障体系。

进一步探索复试制度与破格录取制度。我国现有录取制度包括普通录取制度与破格录取制度两种。普通录取制度是各招考单位根据考生的初试成绩与复试成绩进行加权计算得出录取最终分数，最终决定对该考生是否予以录取的制度；破格录取制度属于新创制度，指对初试成绩未达到参加复试的基本要求，但某单科业务能力强、专业成绩相对突出，只是总分或某一单科成绩略低于复试要求的考生实行录取的制度，破格录取的名额极少，只有少数全国重点高校才有有限的破格录取名额。[①]我国的破格录取制度探索时间不长，规范化不够，也会被质疑，但有必要在质疑中发展，丰富破格录取数据库，做到有例可循和勇于创新，为真正的特殊人才选拔提供路径。

（五）强化特色，提高毕业生就业质量

毕业生的就业质量是影响考生报考的重要因素，这就要求高校研究生就业管理部门要与用人单位及时交流，积极主动寻求适合本校各专业的单位和岗位，而不是被动接待。学校还可以建立毕业生就业访制度，对毕业生在用人单位的表现进行调查回访，获取企业人事部门

① 肖文英，孙秋红，孙乐平，薛伟. 硕士研究生入学考试复试中科学性与公平性问题研究[J]. 学位与研究生教育，2015（2）：56-60.

对毕业生的评价，发现学生培养过程中出现的问题，转变观念，培养满足企业需要的人才。[①]同时毕业生维护也至关重要，在毕业生的回访中，与优秀校友进行就业对接，寻找更多对口的就业机会。良好的毕业生就业质量会进一步提高学校的知名度和声誉，给招生工作做好铺垫，以此形成良性循环，各方面得以共同提升。

五、西南交通大学研究生生源质量保障文件体系

目前，学校建立了以创新能力和实践能力提升为核心的招生选拔机制。加大招生复试环节中的面试权重，实行以能力考核为核心的选拔方式，破解"高分低能"问题；逐步采取了"直接攻博""硕博连读""申请—考核"等招生考试方式，2021年全面推行博士研究生"申请—考核"制，精准选拔具有科研培养潜质的优秀创新人才，实施"全额资助博士研究生专项招生计划"，加大对科学研究、工程研发的支持力度；出台招生指标分配管理文件，建立"基准规模 + 动态调整"的计划分配办法，突出绩效导向，推动指标分配向优势学科、优势平台、重大科研项目与成果及优秀人才培养等方面倾斜；不断拓展招生宣传内涵，采取"走出去，请进来"的方式，拓宽优秀生源选拔渠道。

西南交通大学研究生生源质量保障系列文件

文件类型	文件标题	文件编号	附录编号
实施办法	西南交通大学关于接收推荐免试研究生的实施办法	XJYZB-2301	2-1
	西南交通大学关于选拔优秀硕士研究生以硕博连读方式攻读博士学位研究生的实施办法	XJYZB-2302	2-2
	西南交通大学关于选拔优秀应届本科毕业生直接攻读博士学位研究生的实施办法	XJYZB-2303	2-3

① 李珊，黄佳莹，汤桂红，程舟，朱云国. 提高研究生招生质量的思考与实践[J]. 科教文汇（中旬刊），2019，4（5）：1-3+7.

六、附　录

附录 2-1　西南交通大学关于接收推荐免试研究生的实施办法

编号	XJYZB-2301

西南交通大学
关于接收推荐免试研究生的实施办法

西南交通大学肇建于1896年，是中国近代建校最早的高等学府之一，素有“中国铁路工程师的摇篮”和“东方康奈尔”之称；是进入国家“211工程”“特色985工程”建设和设有研究生院的全国重点高校，已经发展成为一所以工科为主，工、理、管、经、文、法等多学科协调发展的多科性大学。学校热忱欢迎全国各高水平大学推免生攻读我校研究生！

为进一步加强和完善推荐免试研究生（以下简称“推免生”）的接收、复试和拟录取工作，不断提高我校研究生生源质量，根据教育部和四川省的有关文件精神，结合我校实际情况，特定本实施办法。

一、申请条件

我校每年公布的硕士研究生招生简章中除项目管理、工程管理、工商管理（MBA）和公共管理（MPA）等报考条件中有年限要求的专业外均可接收推免生。推免生须符合以下申请条件：

1. 拥护中国共产党的领导，具有良好的思想品德和政治素质，遵纪守法，身心健康。

2. 在校期间各方面表现良好，学术研究兴趣浓厚，有较强的创新意识、创新能力和专业能力，具备作为研究生培养的潜质和基础。

3. 申请人在校期间前三年（五年制前四年）学习成绩优异，诚实守信，学风端正，无任何考试作弊、剽窃他人学术成果以及其他违法违纪受处分记录。

4. 申请人应为经教育部批准具有推免资格的高校应届本科毕业生，并取得所在学校硕士研究生推荐免试资格（在教育部研招网推免服务系统完成注册）。

二、奖励措施

1. 被录取的推免生，我校将按照学校研究生奖助学金办法给予奖励。

2. 理、工、农、医等学科门类的学术学位推免生可按照《西南交通大学关于选拔优秀应届本科毕业生直接攻读博士学位研究生的实施办法（试行）》（西交校研〔2011〕23号文件）的要求直接攻读博士学位研究生，享受博士学位研究生的相应待遇。

3. 我校每学期按照《西南交通大学关于选拔优秀硕士研究生以硕博连读方式攻读博士学位研究生的实施办法（修订）》（西交校研〔2017〕68号）的要求，开展一次硕博连读研究生选拔。

三、申请、复试及拟录取流程

教育部“全国推荐优秀应届本科毕业生免试攻读研究生信息公开暨管理服务系统”（以下简称“推免服务系统”，网址：http://yz.chsi.com.cn/tm），作为推免工作统一的信息备案公开平台和网上报考录取系统，推免生（含推免硕士生和直博生）资格审核确认、报考、录取以及备案公开等相关工作均须通过“推免服务系统”进行，工作流程图如下。

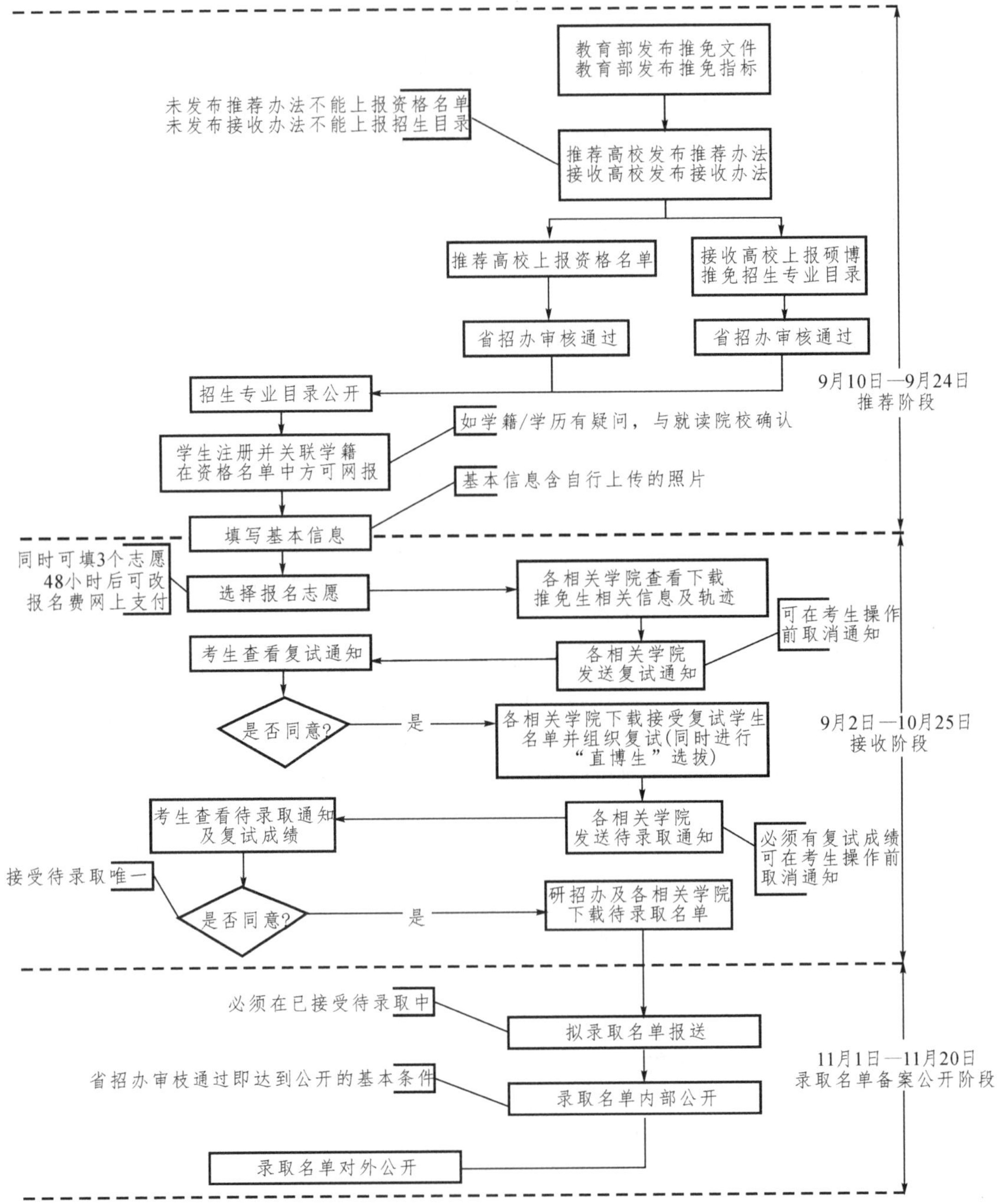

具体程序及要求：

1. 推免生在规定时间内通过“推免服务系统”申请填报我校。

2. 经各相关学院审核后择优确定复试名单（推免生以接收到“推免服务系统”的复试通知为准，并在收到通知后 24 小时内予以答复，逾期则视为主动放弃）。

3. 推免生按照各相关学院的通知参加复试

（1）申请人复试时须提交

① 学生证、身份证原件。

② 本人学术成果、表彰奖励等证明材料原件或复印件一份。

（2）复试的基本内容

① 专业素质和能力：大学阶段学习情况及成绩；对本学科专业理论知识和应用技能的掌握程度，利用所学理论发现、分析和解决问题的能力，对本学科发展动态的了解以及在本专业领域发展的潜力；外语听力和口语；创新精神和能力、专业兴趣和素养等。

② 综合素质及能力：思想政治素质和道德品质等；本学科专业以外的学习、科研、社会实践（学生工作、社团活动、志愿服务等）或实际工作表现等方面的情况；事业心、责任感、纪律性、协作性和心理健康情况；人文素养；举止、表达和礼仪等。

（3）复试的形式

复试的具体形式由各学院根据学科专业的实际需要确定。

（4）复试成绩：待录取推免生必须有复试成绩（满分 100 分），复试成绩由各项测试成绩组成（各项测试成绩所占权重由各学院根据各学科专业特点确定）；所有拟录取考生的复试成绩必须不低于 60 分，复试成绩不合格者（低于 60 分）不予录取。

（5）复试的实施

复试（含“直博生”的选拔）由各相关学院及相应学科专业组织实施；复试的具体方案以各学院及相应学科专业的安排为准；各学院可根据申请学生情况及时遴选，发送复试通知，分批次组织复试，所有复试工作必须在每年 10 月 24 日之前完成。

4. 拟录取

① 各学科专业接收推免生的总人数不得超过我校当年全日制硕士研究生招生人数的 50%。

② 各招生学科专业要在本单位研究生招生工作领导小组的领导下，遵循德、智、体全面衡量的原则，根据推免生成绩（含本科阶段推免成绩和复试）、结合其平时的学习情况、科研创新潜质等业务素质、思想政治表现及身体健康状况确定拟录取名单。

③ 各相关学院向拟录取推免生发送待录取通知（推免生以接收到“推免服务系统”的待录取通知为准，并在收到通知后 24 小时内予以答复，逾期则视为主动放弃）。

四、关于“直博生”和“硕博连读研究生”的选拔

1. 各相关学院在接收推免生复试及拟录取工作的同时，要按照《西南交通大学关于选拔优秀应届本科毕业生直接攻读博士学位研究生的实施办法（试行）》（西交校研〔2011〕23 号文件）的规定，完成“直博生”的选拔。

2. 各相关学院应按照《西南交通大学关于选拔优秀硕士研究生以硕博连读方式攻读博士学位研究生的实施办法（修订）》（西交校研〔2017〕68 号）的规定进行“硕博连读研究生”的选拔，其中每年下半年的选拔工作应在当年 11 月 15 日前完成。

五、其他规定

1. 我校将于每年 5—6 月对拟录取的推免生进行资格复查或再次复试，复查合格并经教育部录取检查通过后，予以发放正式录取通知书。

2. 被我校录取的推荐免试生，不得办理出国手续，不得列入就业计划，并不得再次报名参加当年硕士生招生统考。

3. 申请者应提供真实、准确的材料。如有弄虚作假，一经发现立即取消录取资格。

4. 拟录取的推免生，要进一步加强大学最后一年级的课程学习及毕业设计，力争各门课程和毕业设计达到优秀评价标准，同时应提前介入并积极参与拟录取研究生导师相关的课题、科研工作，如出现以下情形之一将取消推免资格：① 思想政治审查不合格；② 考试作弊或受刑事、行政处分；③ 毕业设计（论文）、实践实习等成绩达不到要求；④ 应届毕业时无法获得毕业证书和学士学位证书。

六、监督和复议

1. 实行责任制度：各学院研究生招生工作领导小组要对复试及拟录取过程的公平、公正和拟录取结果全面负责；研究生导师和相应学科专业复试专家组是确保生源质量的第一责任人。

2. 实行监督制度：研究生院、纪检监察部门要对复试工作进行全面、有效监督，学校设立举报方式如下：

举报电话：028-66367560、66367129、66366444

举报平台：学校主页 http://www.swjtu.edu.cn 中“监督举报平台”

受理部门：西南交通大学研招办、纪委（监察处）

通信地址：四川省成都市高新区西部园区西南交通大学

3. 实行公开制度：复试办法、拟录取名单等信息要及时公布，其中对于拟录取名单（含姓名、复试成绩等）公示期均不得少于 10 天，公示期间公示内容不得修改，如有变动，须对变动部分做出说明，并对变动内容另行公示 10 天。

4. 实行复议制度：各学院要提供举报电子信箱、电话号码、受理举报部门及其通信地址，保证考生举报、投诉、申诉和监督渠道的畅通，受理投诉和申诉应规定时限；对投诉和申诉问题经调查属实的，由相应学院进行复议。

七、联系方式

1. 通信地址：四川省成都市高新区西部园区西南交通大学综合楼 231

邮政编码：611756

2. 咨询电话：028—66367136

西南交通大学电话号码查询电话：028—87600114

3. 电子邮箱：yzb@swjtu.edu.cn

4. 查询及资料下载网站：http://yz.swjtu.edu.cn

本办法解释权归西南交通大学研究生院，如遇与国家和教育部文件不一致的，以国家和教育部的文件为准。

附录 2-2　西南交通大学关于选拔优秀硕士研究生以硕博连读方式攻读博士学位研究生的实施办法

编号	XJYZB-2302

西南交通大学

关于选拔优秀硕士研究生以硕博连读方式攻读博士学位研究生的实施办法

为适应国家拔尖创新人才培养的需要，吸引优秀博士研究生生源，改善我校博士研究生生源结构，提高博士研究生培养质量，规范硕士—博士学位连读（以下简称硕博连读）研究生的选拔工作，根据教育部有关文件精神，并结合我校实际情况，制订本办法。

一、硕博连读的含义

教育部文件规定，硕博连读是指招生单位从本单位已完成规定课程学习且成绩优秀，具有较强创新精神和科研能力的在学硕士研究生中择优遴选博士研究生的招生方式。拟按硕博连读方式选拔的学生需根据招生单位的规定提出申请，并通过招生单位组织的博士生入学考试或考核，被录取后才能进入博士阶段的学习。

二、基本原则

1. 硕博连读是博士研究生选拔的重要组成部分，我校只在校内选拔硕博连读研究生，且录取后必须在本校攻读博士研究生。

2. 坚持“德、智、体全面衡量，素质优先，择优录取，宁缺毋滥”和“公正、公平、公开”的原则。

3. 获得硕博连读资格的研究生须同参加普通招考的考生一样，参加博士研究生入学复试。

4. 为提高生源质量，学校每年招收硕博连读研究生的具体人数由相关学院根据本单位学科、专业的建设发展需求，师资力量及硕博连读研究生申请者具体情况等确定。硕博连读研究生的招生指标全部包含于本单位当年博士研究生招生总规模中，各学院应统筹考虑本单位每年招收硕博连读、直接攻博、申请考核及普统招考博士研究生人数的比例。

5. 可在一级学科范围内跨专业选拔硕博连读研究生，原则上不允许跨一级学科选拔硕博连读研究生。

三、开展硕博连读的基本条件

1. 开展硕博连读选拔工作的学科、专业，应是我校具有博士学位授予权的学科、专业。

2. 开展硕博连读选拔工作的学科、专业应有较强的师资队伍，有较好的可供研究生进行学习和科研训练的条件,已建立起从硕士生到博士生培养的完整课程体系和完善的管理制度。

3. 招收硕博连读研究生的导师应具有国家级重大或重要科研项目及足够的科研经费。

四、申请硕博连读的条件（以下各条必须同时满足）

1. 拥护中国共产党的领导，具有坚定正确的政治方向，热爱祖国，愿为社会主义现代化建设服务，品德良好，遵纪守法，在校期间未受任何纪律处分。

2. 学习目的明确，态度端正，学风严谨，已修课程成绩优秀，具有较强的创新精神和科研能力。

3. 本校全日制在读学术型硕士研究生，通过单独命题考试入学的硕士研究生不在选拔范围之内。

4. 攻博专业及课题与硕士阶段的专业及课题密切相关。

5. 经本专业硕士生指导教师推荐和拟接收博士生指导教师同意。

6. 定向和委托培养的硕士研究生须经定向或委托培养单位同意。

7. 身体健康状况符合所在培养单位及学科、专业规定的体检要求。

五、硕博连读研究生选拔工作程序

1. 学校每年春季学期和秋季学期各进行一次硕博连读研究生的选拔，选拔范围由相关学院根据本学院在读硕士研究生的实际情况确定。经春季学期选拔获得硕博连读资格的研究生须在当年履行博士研究生报考、录取及入学相关手续，纳入当年博士研究生招生计划；经秋季学期选拔获得硕博连读资格的研究生须在次年履行博士研究生报考、录取及入学相关手续，纳入次年博士研究生招生计划。

2. 符合以上条件的硕士研究生向所在学院递交以下材料：

（1）《西南交通大学硕博连读研究生申请表》。

（2）两名原硕士相关专业教授（研究员或相当职称）推荐意见——《西南交通大学硕博连读研究生专家推荐书》。

（3）硕士研究生在读期间发表的论文复印件（本人签名并注明日期）。

（4）硕士研究生在读期间获得的奖励证书复印件（本人签名并注明日期）。

（5）硕士研究生在读期间参加科研情况简述（导师审查并签字）。

（6）学生证复印件（本人签名并注明日期）。

（7）身份证复印件（军人须提供军官证复印件和居民身份证复印件）（本人签名并注明日期）。

3. 各学院对申请硕博连读的研究生进行资格审核，并对资格审核合格的申请人名单通过网络或公告栏张贴等方式公示七个工作日，公示无异议的申请人方可获得硕博连读研究生复试资格。

4. 各学院按照普通招考博士研究生入学复试的有关要求，对获得硕博连读研究生资格的申请人进行复试，做好详细复试记录，并按录取原则择优确定拟录取名单。

5. 各学院将拟录取的硕博连读研究生的所有材料及名单汇总表报研究生院招生办公室（电子稿发至：yzb@swjtu.edu.cn）。

6. 拟录取的硕博连读研究生要按照研究生招生办公室的统一安排在规定时间内进行博士研究生入学网上报名和现场确认。

7. 硕博连读研究生在收到博士生入学通知书后，按要求办理相关手续，并按博士研究生的培养要求完成学业。

六、学籍与学位

在读硕士研究生获得硕博连读研究生资格后，按照学校硕博连读研究生及博士研究生相关文件和规定进行培养管理，不再进行硕士研究生阶段的学习，不得进行硕士研究生毕业答辩。转博后因故无法完成博士学习者，可申请转为相应专业的硕士研究生，经批准后其学籍与学位按照硕士研究生相关文件和规定进行管理。

七、其他规定

1. 各相关学院可根据本办法及本单位各学科、专业实际情况制定具体的硕博连读研究生选拔办法，并将学校关于硕博连读研究生的培养管理政策告知硕博连读研究生。

2. 有下列情形之一，一经查实，予以取消硕博连读资格：

（1）考核过程中有弄虚作假行为的。

（2）违反校纪校规，受纪律处分的。

3. 硕博连读研究生在录取为博士研究生前须全部交清硕士研究生阶段应交的学费，并从取得博士研究生学籍后开始享受与普通招考博士研究生同样的待遇。若在博士研究生期间因故无法完成学业而转入硕士研究生学习的，须全额退还博士研究生期间所获得的奖（助）学金，并按照学校有关规定缴纳博士学习阶段及转硕后硕士研究生学习相应的学费。

八、附　则

1. 本实施办法解释权属于西南交通大学研究生院，如遇与国家和教育部文件不一致的，以国家和教育部文件为准。

2. 本办法自发布之日起实施，原《西南交通大学关于选拔优秀硕士研究生以硕博连读方式攻读博士学位研究生的实施办法（试行）》（西交校研〔2011〕25 号）同时废止。

附录 2-3 西南交通大学关于选拔优秀应届本科毕业生直接攻读博士学位研究生的实施办法

编号	XJYZB-2303

西南交通大学
关于选拔优秀应届本科毕业生
直接攻读博士学位研究生的实施办法

为适应国家高素质创新人才培养的需要，吸引优秀博士研究生生源，改善我校博士研究生生源结构，提高博士研究生培养质量，规范优秀应届本科毕业生直接攻读博士研究生（以下简称“直博生”）的选拔工作，根据教育部有关文件精神，并结合我校实际情况，制订本办法。

一、直接攻博的含义

教育部规定，直接攻博是指允许特定学科和专业的应届本科毕业生直接取得博士研究生入学资格的招生方式。直接攻博方式仅限在设立研究生院的普通高校试行；生源应为取得学术型推荐免试硕士研究生资格的优秀应届本科毕业生；招生专业一般为理、工、农、医等学科门类；招生人数原则上不超过本单位当年博士生招生规模的20%。

二、基本原则

1. 坚持“德、智、体全面衡量，素质优先，择优录取，宁缺毋滥”和“公正、公平、公开”的原则。

2. 为提高生源质量，学校每年招收直博生的具体人数由相关学院根据本单位学科、专业的建设发展需求、科研情况、师资力量、直博生申请者的具体情况等确定，直博生的招生指标全部包含于本单位当年博士研究生招生总规模中，各学院应统筹考虑本单位每年招收统考、硕博、直博及在职博士研究生人数的比例。

3. 可在一级学科范围内跨专业选拔直博生，原则上不允许跨一级学科选拔直博生。

三、开展直接攻读博士学位研究生的基本条件

1. 开展招收直博生的学科、专业，应是我校具有博士学位授予权的理、工、农、医学科门类的学科、专业。

2. 开展招收直博生的学科、专业应有较强的师资队伍，有较好的可供研究生进行学习和科研能力培养的条件，已建立起从本科生到博士生的完整课程体系和完善的管理制度。

3. 招收直博生的导师应有重大或重要的科研项目及足够的科研经费。

四、申请直接攻读博士学位研究生的条件（以下各条件必须同时满足）

1. 具有高尚的爱国主义情操和集体主义精神，社会主义信念坚定，社会责任感强，遵纪守法，积极向上，身心健康。

2. 优秀应届本科毕业生，并获得所在学校的学术型推荐免试硕士研究生资格；外校申请者原则上应是实施“211工程”“985工程”建设或设有研究生院的全国重点大学优势学科的推免生。

3. 勤奋学习，刻苦钻研，成绩优秀；学术研究兴趣浓厚，有较强的创新意识、创新能力和专业能力倾向。

4. 品行表现优良，诚实守信，学风端正，无任何考试作弊和剽窃他人学术成果记录，无任何违法违纪受处分记录。

5. 申请人在校期间前三年（五年制前四年）学习成绩优异，大学英语六级考试成绩不低于 510 分（外语为小语种的申请者必须获得该语种国内公共外语相当于英语六级考试合格证书），没有不及格或重修科目，学习综合成绩排名须为本专业同年级学生总数的 5% 以内。

6. 能按期毕业，并获得本科毕业证书和学士学位证书。

7. 经拟接收博士生指导教师同意。

8. 身体健康状况符合国家规定的体检标准。

五、直接攻读博士学位研究生选拔工作程序

1. 符合以上条件的本科生在获得学术型推荐免试硕士研究生后向所在学院递交以下材料：

（1）《西南交通大学直接攻读博士学位研究生申请表》[XJYZB-3603-1.0]。

（2）两名原本科相关专业教授（研究员或相当职称）推荐意见——《西南交通大学直接攻读博士学位研究生专家推荐书》[XJYZB-3604-1.0]。

（3）本科在读期间获得奖励证书复印件（本人签名并注明日期）。

（4）本科在读期间参加科研情况简述。

（5）所申请学科（专业）科技发展综述性报告和攻读博士学位研修计划（本人签名并注明日期）。

（6）学生证复印件（本人签名并注明日期）。

（7）身份证复印件（军人须提供军官证复印件和居民身份证复印件）（本人签名并注明日期）。

2. 各学院对申请人进行资格审核，对资格审核合格的申请人名单通过网络或公告栏张贴等方式公示七个工作日，公示无异议的申请人方可获得直接攻读博士研究生复试资格。

3. 各学院按照参加统一考试招生的博士入学复试有关规定，对获得直接攻读博士学位研究生资格的申请人进行复试，做好详细复试记录（见《西南交通大学直接攻读博士学位研究生博士入学复试登记表》），并按录取原则择优拟录取。

4. 各学院将拟录取的直接攻读博士学位研究生的所有材料及名单汇总表（见附件四）报研究生院招生办公室（电子稿发至：yzb@swjtu.edu.cn）。

5. 经研究生院审核并报学校招生工作领导小组批准后，以校文形式在全校公布选拔录取结果。

6. 拟录取的直博生按照研究生院招生办公室的统一安排在规定时间内进行博士研究生入学网上报名和现场确认。

7. 直博生在收到博士研究生入学通知书后，按要求办理相关手续，并按博士研究生的培养要求完成学业。

六、直博生课程设置和学分要求

直博生课程学习的总学分不得低于 36 学分，其中博士生课程学分不低于 16 学分。

直博生的专业课程，可在全校各专业内选课。直博生须参加不少于 8 次学术报告或专题讲座（国内、外），其中本人主讲不少于 1 次。研究生参加学术报告或专题讲座后须写出书面收获和体会，研究生本人主讲提纲须经导师阅签。

直博生课程设置：

中国马克思主义与当代（博士生必修课程）	2 学分
马克思主义经典著作选读（博士生选修课程）	不计学分
第一外国语	3 学分
专业外语	2 学分
现代数学类课程（博士生课程）	2 学分
公共课程基础课程	≥6 学分
专业课程（其中博士生课程不低于 8 学分）	≥18 学分
形势与政策	0 学分
前沿性学术专题（不少于 4 个，每个 4 ~ 10 学时）	2 学分
学术报告（至少参加 8 次，本人主讲 1 次）	1 学分

七、学籍与学位

直博研究生入学报到后按照学校直博研究生和博士研究生的相关文件和规定管理，直博研究生须按照博士研究生的培养要求，按时完成学业，方可获得博士研究生毕业证书和博士学位证书。

八、其他规定

1. 各相关学院可根据本办法和本单位各学科、专业实际情况制定具体的直博生选拔办法，并将学校有关直博生的培养管理政策告知直博生。

2. 有下列情形之一，一经查实，予以取消直接攻读博士研究生资格：

（1）考核过程中有弄虚作假行为的。

（2）违反校纪校规,受纪律处分的。

3. 申请直接攻读博士学位研究生的本科生在学校确定当年硕士研究生录取名单前有权放弃直博资格或推免硕士资格，选择按照硕士研究生学习或按照本科生毕业；放弃直博资格或推免硕士资格时由本人向所在学院书面申请、学院签署意见后经学校批准后执行。

4. 直博生因故无法完成博士研究生学习的，须全额退还博士研究生学习期间所获奖（助）学金，并按照学校有关规定缴纳博士学习阶段的学费。

本办法解释权属于西南交通大学研究生院，如遇与国家和教育部文件不一致的，以国家和教育部的文件为准。

第二部分　奖助体系

从现实来看，我国研究生教育的支撑保障环节还存在诸多问题：作为研究生培养机制重要抓手的研究生奖助体系，尽管近年来我国对研究生的教育投入逐年增加，但总体来说不能满足实际需求，研究生教育投入机制仍存在诸如培养经费供需矛盾突出、成本分担机制不健全、奖助政策体系不完善等问题①。教育公平是社会公平的重要基础，促进教育公平是国家基本教育政策。研究生资助政策是政府制定的保障研究生在校期间基本生活所需，调动其科研积极性和主动性,促进研究生教育健康发展的一系列政策。在完善研究生奖助政策体系之前，国家已经建立了覆盖学前教育、义务教育、普通高中教育、中等职业教育和高等教育等各教育阶段的资助政策。但在高等教育阶段，国家主要针对本专科学生建立了较为完善的资助政策体系，研究生奖助政策体系相对不完善。只有建立完善的研究生奖助政策体系，才能真正健全高等教育国家资助政策体系，使得国家资助政策覆盖所有普通高等教育阶段，国家资助政策才能实现真正意义上的全覆盖，才能切实维护广大研究生的利益，进一步促进教育公平。②

一、国外高校研究生奖助政策体系及经验借鉴

美国研究生资助政策体现了美国政府为了实现教育经费的再平衡，历来遵循的“高资助”原则，其实施成效主要体现在资助规模、资助来源和资助配比三个方面③，具有以下几个特点：第一，建立健全了以贷款为基础的多元混合资助体系，资金来源多样。第二，资助体系注重奖励优秀与支持贫困相结合。研究生一般靠劳动、学习和科研而获得各种资助，贫困但不够优秀的研究生也可以通过“三助”、减免学费或贷学金等得到资助。第三，实行奖励学习与资助科研相结合，如设立研究生资助金资助研究生的科研活动等。第四，资助方式多、形式多样，额度大、范围广。通过资助在很大程度上解决了人们因经济收入上的差距悬殊而导致的接受研究生教育的机会不均等问题。一般情况而言，研究生不仅可以依靠各种资助缴纳或抵消部分学费，而且还能补偿部分生活费用。我国建立健全研究生教育资助体系除了应增大资助额度、扩大资助范围和增加资助方式之外，还应注意借鉴美国如下几个方面的做法：设立研究生科研资助项目，使奖励学习与资助科研并重；加大研究生贷学金资助力度，使之成为资助体系的基础；实行奖优、酬劳和支贫相结合，消除资助的负面影响；建立分层次、

① 延婷，姜立国. 研究生奖助体系与研究生发展的相关性研究——以中国石油大学（北京）为例[J]. 开封教育学院学报，2016，36（5）：125-126.

② 中国政府网. 财政部、发展改革委、教育部关于完善研究生教育投入机制的意见[EB/OL]. http://www.gov.cn/zwgk/ 2013-03/04 /content_2344351.htm.

③ 吴薇，崔亚楠. 美国研究生资助政策实施成效和发展趋势探析[J]. 教育科学，2018，34（4）：82-89.

分类别、分专业的符合研究生教育特征的立体化资助体系等。[①]

英国大学生资助政策 20 多年的演进过程，从 2006 年 9 月起开始实施新的“混合资助体系”下的缴费标准及资助政策，主要体现在两个方面：“先上学，后付费”和“差异收费”的学费政策，以及“按收入比例还款”的助学贷款政策。[②]科学而完善的研究生资助体系，既保障了研究生的学习，也激励了研究生的科学研究，极大促进了英国高校研究生培养体系的完善与发展，科学技术的进步和社会经济的发展。[③]亦给我国研究生资助体系带来一定的启示：如政府可以对社会回报高、个人回报小，即社会急需、工作艰苦的专业给予奖励和津贴，鼓励大学生学习此类专业，并从事相关行业或者到相关地区去就业；助学贷款的还款方式和资金回收机制是助学贷款政策成功与否的关键等。

日本整个助学体系均由政府牵头组织领导，建立了包括各类奖学金和教育贷款在内的多元化、多渠道的学生资助体系，以保证资助体系的公平、高效。奖学金主要包括学生支援机构奖学金、大学奖学金、企业奖学金、民间组织奖学金以及都道府县奖学金。以日本博士研究生资助体系为例，包括了支援机构贷学金，教学、科研助理（TA/RA），学术振兴会的科研资助。[④]奖助体系实施过程中，因为拥有多样化的资助类型，严格而公平的选拔机制，大而有别的资助力度，科学有效的管理运营机制，保障了制度的长期稳定性和资助实施的高效性，为日本高级科学技术研究人才的培养做出了巨大贡献[⑤]，也给我国研究生资助体系完善带来启示和借鉴意义。

总体来看，我国地方高校在改革研究生资助制度时可借鉴以下优秀经验：一是资助政策法制化，发挥政府主体作用。开展研究生的资助工作，应有相应的法律法规作为依据；二是明确高校责任，发挥高校研究生资助自主权和灵活性，目前国内很多试点高校根据各校自身特点来制定奖学、助学、贷学机制，并就不同的学科或重点而有所侧重；三是引入多方资源，拓宽资助经费来源渠道。教育成本分担理论、多元混合的资助理念使美国研究生的资助呈现出资助机构多层次、项目多元化的局面；四是规范研究生贷款项目，扩大贷款比例，建立以贷款主，勤工助学和奖学金为一体的资助体系，是从根本上提高我国目前高等教育经费使用效益的有效途径；五是完善勤工助学机制，增强研究生实践能力；六是加强研究生资助方式的人性化，形成良性竞争机制。

二、我国高校研究生奖助政策体系的发展

中华人民共和国成立 70 多年来，我国研究生资助政策不断变革、日趋成熟，经历了政府承担全部资助经费、政府与部分个体承担资助经费及研究生教育的相关利益者共同承担资助经费三个阶段，在资助主体与资助方式上体现出从一元化到多元化、资助目的上凸显了重

① 刘继安，杨楚翘，叶慧．美国研究生资助的变化趋势、新特征及其启示[J]．中国高教研究，2016（2）：74-79.

② 马强，蔡茂华，鲍金勇．国外高校研究生资助体系及其对地方院校教育管理的启示[J]．教育与职业，2013（27）：96-98.

③ 方晓乐，刘春荣，邱化民．英国研究生资助体系对我国的启示[J]．北京教育（高教），2017（6）：90-93.

④ 李冠男．日本博士研究生资助体系及对我国的启示[J]．黑河学院学报，2018，9（2）：20-21.

⑤ 徐国兴．日本博士研究生科研资助制度研究[J]．学位与研究生教育，2012（6）：67-70.

公平到重激励的转变[①]，最终建立了以“奖、助、贷、免、补”为主体的多元化研究生资助体系。

第一阶段的时间跨度为1949—1983年，这一阶段为我国研究生奖助制度的探索阶段，我国研究生教育采用单一国家财政模式，政府是高等教育投资的唯一主体，研究生无须缴纳任何学杂费、住宿费，无偿享受国家的生活补助，这就是早期的单一“人民助学金”形式。[②]第二阶段的时间跨度为1984—2005年，是研究生奖助制度建立和发展的阶段，逐渐建立包含奖学金、助学贷款、勤工助学、特殊困难补助、学费减免政策等在内的多元化高校资助政策体系。第三阶段的时间跨度为2006年至今，是研究生奖助政策的完善和改进阶段。这一阶段国家不断加大奖助经费投入和捐助力度，完善了多元奖助政策体系，主要包括国家奖学金、学业奖学金和助学金等，有效提高了研究生待遇水平。在辅助资助政策上，从1991年首次提出研究生兼任助教、助研、助管的“三助制度”，到2014年明确研究生兼任辅导员工作，高校研究生辅助资助政策由“三助”发展为“三助一辅”，取得了长足的发展和进步。另一方面，也在具体实施过程中暴露了一系列问题和不足。如困难学生的认定[③]，存在着对贫困生的认定考核机制不健全；对贫困生资助不全面，物质扶贫与精神扶贫存在落差，消减了资助育人成效[④]；各科专业奖助标准同一、评定指标单一，管理制度落后等问题[⑤]；新资助体系下研究生奖学金制度可能会导致学术失范、团队合作弱化、研究生思想政治工作难度增加、导师与研究生关系异化等问题[⑥]。

总体而言，我国高校研究生奖助政策改革多措并举，不断完善，力争建立长效、多元的奖助政策体系，呈现出“建设起步较晚，政府投入不断增加，奖助类型逐渐丰富，资助主体愈发多元”等特征。放眼未来，建立导师项目资助制度将成为研究生奖助改革的核心环节。以导师科研工作为依托，利用科研立项等专项资金为所培养的研究生提供资助，实现导师科研攻关、学生参与研究、经费反哺学生的深度互动和良性循环，对强化长效保障和内在激励机制有着重大意义。

三、我校研究生奖助政策体系

我校按照“导向突出、方式多元、以奖代助、公正阳光”的思路，结合国家培养机制改革要求，科学构建了符合国家政策、支撑学校发展、解决现实问题的国家奖学金—学业奖学金—国家助学金—扬华新秀奖—“三助”五个层级的多元奖助体系，出台系列管理办法。围绕过程管理、制度保障、信息化建设、投入保障等四个方面，逐步建立与奖助工作配套的服务与管理体系，优化管理流程，提升协同工作水平。具体如：制定了国家奖学金答辩制度。

---

① 贺云飞．建国以来我国硕士研究生资助政策的发展历程探究——以高等教育成本分担理论为视角[J]．山东高等教育，2020，8（3）：10-16.

② 邹东升，类延村．研究生奖助体系的政策变迁与机制完善[A]．载牟延林编.深化改革提高质量重庆市学位与研究生教育论文选[C]．重庆：重庆大学出版社，2014.

③ 潘邦飞．影响高校助学精准化因素分析与应对策略[J]．高教学刊，2015，（5）：51-52.

④ 牛磊磊．激励经济困难学生的新视角：资助与自助的结合[J]．南方论刊，2014，（11）：73-74.

⑤ 魏红梅，邓黎颜．我国研究生奖助制度:问题与改进—基于美国的经验[J]．教育发展研究．2014（9）.

⑥ 许丽红．研究生培养机制改革下新资助体系的问题及对策[J]．学位与研究生教育，2008（7）.

将奖助评选作为优秀研究生展示、榜样树立的重要环节，强化奖助体系的培养功能。具体做法是对申报者进行成果展示，评审专家对其申报材料进行审查和排序；入围的申请者均参加公开答辩，其他研究生进行观摩；研究生院派出工作人员，到各学院观摩、督导。制作研究生风采榜，通过新媒体手段搭建获奖学生风采展示平台。推出研究生奖学金官方信息化认证平台，为广大研究生提供便捷服务。加大基本科研业务费对研究生培养的支持力度，设立了拔尖创新人才培养基金、博士创新基金（最高 3 万元/人），支持符合条件的研究生特别是博士生开展自主研究。

总体而言，研究生奖助政策体系的实施，为学校研究生培养质量的提升形成了有力的保障支撑。一是引导研究生潜心学术研究，激发研究生主动学习、深度学习、探究学习，助力研究生创新能力提升；二是助推了导师队伍建设，引导优秀学生与优秀导师对接，激发导师提升学术水平、增强责任心、确保资助学生项目经费充足；三是支撑了学科发展，差异化激励机制、“重质量、轻数量”的成果认定办法，激发了学术创新力和学术影响力的提升，激发了学院活力，支持管理重心下移与资源配置优化，加大学院研究生培养的自主权，突出了学院在办学中的主体地位。

在新的历史条件下，支持和保障研究生的成长和发展不能简单停留在发补助、搞活动、喊口号上，我们既要看到面临前所未有的机遇，又要认识到这一问题的系统性和复杂性，既要结合当前的研究生成长的时代特点，又要与人才培养、高等教育等普遍规律相适应，深入了解今天的研究生需要哪些要素支持，这些要素如何形成支持机制，这些机制又如何有效作用于研究生，我们应当如何优化和调整对研究生支持投入的力度和方向。

四、研究生奖助体系质量保障文件体系

文件类别	文件标题	文件编号	附录编号
管理办法	西南交通大学研究生国家奖学金管理办法	XJYZB-2304-1.0	2-4
	西南交通大学博士生扬华新秀奖学金管理办法	XJYZB-2305-1.0	2-5
	西南交通大学研究生学业奖学金管理办法	XJYZB-2306-1.0	2-6
	西南交通大学研究生助学金管理办法（试行）	XJYZB-2307-1.0	2-7
	西南交通大学研究生“三助”工作管理办法	XJYZB-2308-1.0	2-8
	西南交通大学研究生参加国际学术会议专项资助项目管理办法	XJYZB-2309-1.0	2-9
	西南交通大学关于博士生导师资助博士生培养的规定	XJYZB-2310-1.0	2-10

五、附　录

附录 2-4　西南交通大学研究生国家奖学金管理办法

编号	XJYZB-2304

西南交通大学
研究生国家奖学金管理办法

第一章 总 则

第一条 为进一步推进研究生培养机制改革，提高研究生培养质量，国家在各高校设立研究生国家奖学金。根据《财政部 教育部 人力资源社会保障部 退役军人部 中央军委国防动员部关于印发〈学生资助资金管理办法〉的通知》（财教〔2021〕310 号）文件精神，结合我校实际情况，特制定本办法。

第二条 研究生国家奖学金每年评审一次。博士生国家奖学金奖励标准为每生每年 3 万元；硕士生国家奖学金奖励标准为每生每年 2 万元。

第二章 国家奖学金的申请

第三条 研究生国家奖学金基本申请条件：

（一）具有中华人民共和国国籍；

（二）热爱社会主义祖国，拥护中国共产党的领导；

（三）遵守宪法和法律，遵守高等学校规章制度；

（四）诚实守信，道德品质优良；

（五）学习成绩优异，科研能力显著，发展潜力突出。

第四条 研究生国家奖学金面向我校全日制在读研究生（人事档案转入我校的全脱产学习者）。

第五条 硕博连读生在注册为博士生之前，或通过攻读博士学位资格考试前，按照硕士生身份申请国家奖学金；注册为博士生的当年，既可以按博士生身份申请，也可以按硕士生身份申请，由研究生自行确定；从注册为博士生的次年开始，按照博士生身份申请国家奖学金。直博生按照博士生身份申请国家奖学金。

第六条 研究生在学制期限内可以重复申请并获得国家奖学金，但获奖成果不能重复使用。

第七条 获得国家奖学金的研究生，可以同时获得研究生学业奖学金、研究生国家助学金，但同一学年不能兼得其他各类专项奖学金。

第八条 以下研究生不能申请国家奖学金：

（一）在参评学年内，违反国家法律、校纪校规受到纪律处分者；

（二）在参评学年内，出现培养方案所规定课程不及格者；

（三）违反《西南交通大学学术道德规范》的相关规定，存在剽窃、作假、提供虚假信息等学术失范行为者；

（四）参评学年学籍状态处于休学、保留学籍者；

（五）超过规定学制年限者；

（六）由于因私出国留学、疾病、创业等原因未在校学习者。

第九条　在学制期限基本修业年限内，因国家和单位公派出国留学或校际交流在境外学习的研究生，仍具备研究生国家奖学金参评资格。

第三章　国家奖学金的指标分配

第十条　国家奖学金指标原则上 60% 用于基础性分配，根据各培养单位招生规模同比例下达指标；国家奖学金指标原则上 40% 用于奖励性及激励性分配。每年在财政部、教育部下达国家奖学金指标后，研究生院根据上述原则制定校内指标分配方案，提交学校审定后下达给各培养单位。

第十一条　研究生国家奖学金指标，向培养质量较高的单位、学校特色优势学科、基础学科和国家亟需学科予以适当的倾斜。各培养单位应充分考虑学科特点，统筹使用奖学金名额，合理分配不同类型研究生的获奖指标。

第四章　国家奖学金的评选

第十二条　学校成立研究生奖助工作领导小组，由分管学位与研究生教育工作的校领导、分管学生工作的校领导担任组长，由研究生院、学生处、计财处等部门领导和研究生导师代表任成员，负责审定研究生国家奖学金评选管理办法、审定名额分配方案、审定评选结果、处理学生申诉等，统筹领导、协调、监督各培养单位评选工作。研究生院综合管理办公室为学校研究生奖助工作领导小组的日常工作机构。

第十三条　各培养单位成立研究生奖助工作委员会，由单位主要领导担任主任委员，分管学位与研究生教育工作的领导担任第一副主任委员，分管学生工作的领导任副主任委员，导师代表、教务员或辅导员代表、研究生代表任委员，负责国家奖学金的申请组织、初步评选、申诉处理等工作。

第十四条　研究生获得国家奖学金，必须参加培养单位组织的公开答辩，实行差额评选。

第十五条　研究生国家奖学金的评审，重点突出对研究生创新、科研、学术等方面的考核，适当考虑研究生课程学习成绩的权重。

第十六条　各培养单位应以研究生的道德品质和学习成绩为基本条件，科学合理地制定研究生国家奖学金评审指标体系。对学术型研究生，评审标准应偏重考察其科研创新能力和体现创新能力的科研成果；对专业学位研究生，评审标准应偏重考察其专业实践能力和适应专业岗位的综合素质。

第十七条 各培养单位根据实际情况，按照本规定的要求，制订相应的评选工作实施细则，在本单位网站公示、公开，并报研究生院备案。

第十八条 符合条件的研究生认真填写“研究生国家奖学金申请审批表”，向所在单位研究生奖助工作委员会提出申请。研究生如经查实伪造个人信息，将取消申请资格，并按照《普通高等学校学生管理规定》及学校相关规定予以处理。

第十九条 各培养单位研究生奖助工作委员会根据本单位评选实施细则认真进行评选，确定拟获奖名单和后备人选名单，并在公示5个工作日后报研究生院。学校研究生奖助工作领导小组对各培养单位的推荐名单进行审定，并在全校公示5个工作日。

第二十条 研究生国家奖学金于每年12月31日前一次性发放给获奖学生，并颁发国家统一印制的荣誉证书，同时将审批后的登记表载入学生档案。

第二十一条 研究生获得国家奖学金后如发现在评审中弄虚作假，一经核实，取消获奖资格，收回已颁发奖励证书和奖金，并按学校有关规定给予纪律处分。

第五章 异议处理

第二十二条 对国家奖学金评审结果有异议者，可在公示期内，向本单位研究生奖助工作委员会提出书面申诉。培养单位应在接受申诉后2个工作日内做出答复。

第二十三条 研究生及相关人员如对培养单位的答复仍有异议，可在校级公示阶段向学校研究生奖助工作领导小组（研究生院综合管理办公室）提出书面申诉。学校审核后提出处理意见，并通知研究生本人及所在单位。此意见为学校最终处理意见。

第六章 附 则

第二十四条 负责研究生国家奖学金评选、发放的工作人员，应按照教育部的规定和本办法的要求，不得挪用、挤占、截留国家下达的奖学金专项资金，并接受学校纪检、监察、审计部门的监督。

第二十五条 本办法自发布之日起施行，由研究生院负责解释。以往有关规定与本办法不一致的，以本办法为准。

附录 2-5　西南交通大学博士生扬华新秀奖学金管理办法

编号	XJYZB-2305

西南交通大学

博士生扬华新秀奖学金管理办法

第一章　总　则

第一条　为全面推进实施西南交通大学人才强校战略，学校决定设立“博士生扬华新秀奖学金”（以下简称扬华奖学金）。

第二条　扬华奖学金的奖励对象，为全日制脱产学习的优秀博士生新生，其人事档案应在规定时间内转入我校。

第三条　扬华奖学金的奖励标准，为每生 2.5 万元。扬华奖学金的评选，依照“坚持标准、宁缺毋滥”的原则进行，每年不超过 60 名。

第二章　申请基本条件

第四条　申请人应拥护中国共产党的领导，品行端正，具有扎实的基础理论和专业知识、严谨的治学态度、良好的科学道德和创新精神、科研能力突出。

第五条　扬华奖学金对硕博连读生、普通博士生参评学术成果的认定，坚持“重质量、轻数量”的原则。申请扬华奖学金的硕博连读生、普通博士生，应提供近三年内，本人为第一作者（或导师为第一作者、本人为第二作者）的高水平学术成果。获得国家发明专利或省部级及以上奖励者（拥有证书），也可以申请扬华奖学金。

来自本校的直博生，在本科阶段如有高水平成果，经本学科领域 3 名专家（正高职称）联名推荐，可以申请扬华奖学金；来自其他高水平大学的直博生，如本科阶段的学习成绩名列所在高校所在专业前 10%，也可以申请。“高水平大学”由各培养单位根据学科情况自行认定。

第六条　扬华奖学金和国家奖学金可以兼得，但获奖成果不能重复使用。

第七条　以下研究生不能申请扬华奖学金：

（一）在参评当年内，违反国家法律、法规或受到校级警告及以上处分者；

（二）违反学术道德规范的相关规定，存在学术失范行为者；

（三）不按时注册者。

第三章　评选程序

第八条　扬华奖学金每年 9 月初开始申请，符合条件的博士生提交申请至所在培养单位奖助工作委员会。

第九条　各培养单位根据学校下达的指标数，对符合条件的申请者进行评选，依据其成绩（直博生）或学术成果的实际水平，依次确定拟获奖人选和后备人选名单，并在公示 5 个工作日后报学校审定。学校研究生奖助工作领导小组对各培养单位的评选结果进行审定，并在校内公示 5 个工作日。

第十条　对学校下达的扬华奖学金指标，各培养单位可根据实际情况，统筹安排用于直博生、硕博连读生和普通博士生。根据已公布的评选标准，各培养单位如无符合条件的博士生入选，其扬华奖学金的指标名额应及时退回学校。

第十一条　扬华奖学金经校院两级公示后，一次性发放奖学金和荣誉证书。

第十二条　研究生获得扬华奖学金后如发现在评审中弄虚作假，一经核实，取消获奖资格，收回已颁发奖励证书和奖金，并按学校有关规定给予纪律处分。

第四章　异议处理

第十三条　对扬华奖学金评审结果有异议者，可在公示期内，向本单位研究生奖助工作委员会提出书面申诉。培养单位应在受理申诉后 2 个工作日内做出答复。

第十四条　研究生及相关人员如对答复仍有异议，可在校级公示阶段向学校研究生奖助工作领导小组（研究生院综合管理办公室）提出书面申诉。学校审核后提出处理意见，并通知研究生本人及所在单位。此意见即为学校最终处理意见。

第五章　附　则

第十五条　各培养单位应根据本办法，制定相应的扬华奖学金评审实施细则，并报学校奖助工作领导小组（研究生院综合管理办公室）备案。

第十六条　本办法自发布之日起施行，由研究生院负责解释。以往有关规定与本办法不一致的，以本办法为准。

附录 2-6　西南交通大学研究生学业奖学金管理办法

编号	XJYZB-2306

西南交通大学
研究生学业奖学金管理办法

第一章　总　则

第一条　为激励研究生勤奋学习、潜心科研、勇于创新、积极进取，更好地支持研究生顺利完成学业，根据《财政部 教育部 人力资源社会保障部 退役军人部 中央军委国防动员部关于印发〈学生资助资金管理办法〉的通知》（财教〔2021〕310 号）文件精神，学校设立研究生学业奖学金。

第二条　研究生学业奖学金的评选，坚持管理重心下移、增强各培养单位自主权的工作原则，突出表彰优秀学生的质量导向，贯彻严谨规范、公正公开的管理要求。

第二章　设奖要求

第三条　学校按照博士生和硕士生一定的生均标准，依据各培养单位学制内档案在校的研究生规模（不含 MBA、MPA），将学业奖学金的经费额度划拨至各培养单位，并向基础学科、国家亟需学科（专业、方向）和培养质量好的各培养单位予以适当倾斜。学校鼓励各培养单位通过校友捐助和自筹经费，进一步扩充学业奖学金的经费总量。

第四条　各培养单位研究生学业奖学金的最高标准，博士生每年原则上不超过 1.8 万元/生，硕士生每年原则上不超过 1.2 万元/生。各培养单位应确保博士生获奖的覆盖面为 100%，硕士生获奖的覆盖面原则上不低于 75%。

第五条　各培养单位根据研究生学业奖学金总经费额度（含学校拨款、自筹、校友捐赠等），结合发展目标与实际情况，自行确定研究生学业奖学金的覆盖面、等级、奖励标准。

第六条　一年级博士生的学业奖学金，原则上不实行差异化评审。二年级及以上博士生的学业奖学金，实施差异化评审。硕士生自入学起，其学业奖学金均实施差异化评审。

第七条　“少数民族高层次骨干人才计划”和“高层次人才强军计划”的研究生纳入专项学业奖学金计划，奖励额度与学费标准一致。

西南交通大学研究生学业奖学金参考标准　　　　单位：元/年

类别	等级	学业奖额度
博士生	一等	1.8 万
	二等	1.4 万
	三等	1.0 万
硕士生	一等	1.0 万
	二等	0.8 万
	三等	0.4 万

第三章　参评要求

第八条　研究生学业奖学金奖励对象为我校纳入全国研究生招生计划的全日制非定向在读研究生，且人事档案在规定时间内转入我校。

第九条　研究生参评基本要求：

（一）具有中华人民共和国国籍；

（二）热爱社会主义祖国，拥护中国共产党的领导；

（三）遵守宪法和法律，遵守学校规章制度；

（四）诚实守信，品学兼优；

（五）积极参与科学研究和社会实践。

第十条　以下研究生不能参评学业奖学金：

（一）参评学年内，违反法律或受到校级警告及以上纪律处分者；违反《西南交通大学学术道德规范》的相关规定，存在学术失范行为者。

（二）参评学年内，培养方案所规定课程不及格者，或休学、退学者；超过规定学制年限者。

（三）档案未按时转入我校者、不按时注册者、无故拖欠学费者及免研辅导员（含兼职辅导员）、研究生支教团成员。

第十一条　硕士生评定和发放年限为 3 年，普通博士生评定和发放年限为 4 年（学制内）；直博生评定和发放年限为 5 年，按博士生身份参与评定和发放；硕博连读生根据当时研究生身份参与评定和发放。

第十二条　获得学业奖学金的研究生，可以申请国家奖学金、国家助学金等其他国家奖助政策以及校内其他奖助政策的资助。

第十三条　研究生获得学业奖学金后如发现在评审中弄虚作假，一经核实，取消获奖资格，收回已颁发奖励证书和奖金，并按学校有关规定给予纪律处分。

第四章　评选管理

第十四条　学校成立研究生奖助工作领导小组，由分管学位与研究生教育工作的校领导、分管学生工作的校领导担任组长，研究生院、学生处、计划财务处等部门领导和研究生导师代表为成员，负责制定我校研究生学业奖学金评审管理办法，审定拨款分配方案，统筹领导、协调和监督学校评审工作，并裁决有关申诉事项。

研究生院综合管理办公室为学校研究生奖助工作领导小组的日常工作机构。

第十五条　各培养单位成立研究生奖助工作委员会，由单位主要领导担任主任委员，分管学位与研究生教育工作的领导担任第一副主任委员，分管学生工作的领导任副主任委员，研究生导师代表、行政管理人员代表和研究生代表任委员，负责制定评审实施细则、组织初步评审等工作。

第十六条　各培养单位确定拟获奖学生名单后，公示时间不少于5个工作日；学校审定后的获奖名单，公示时间不少于5个工作日。

对评审结果有异议者，可在各培养单位公示阶段，向所在单位奖助工作委员会提出申诉，奖助工作委员会应在2个工作日内予以答复。如申诉人对本单位的答复仍存在异议，可在学校公示阶段，向研究生院综合管理办公室提交书面申诉材料。

第十七条　各培养单位所制定的研究生学业奖学金评审实施细则，应报学校奖助工作领导小组（研究生院综合管理办公室）备案。

第十八条　研究生学业奖学金在每年9月份评选。

第五章　附　则

第十九条　本办法自2022级及之后入学的研究生开始执行，由研究生院负责解释。

附录 2-7　西南交通大学研究生助学金管理办法

编号	XJYZB-2307

西南交通大学
研究生助学金管理办法

第一章　总　则

第一条　为完善研究生奖助体系，进一步促进学校研究生教育高质量发展，根据《财政部 教育部关于进一步提高博士生国家助学金资助标准的通知》（财科教〔2017〕5号）、《财政部 教育部 人力资源社会保障部 退役军人部 中国军委国防动员部关于印发〈学生资助资金管理办法〉的通知》（财科教〔2019〕19号）和《教育部 国家发展改革委 财政部关于加快新时代研究生教育改革发展的意见》（教研〔2020〕9号）等有关文件精神，结合我校实际情况，制定本办法。

第二条　我校研究生助学金，用于资助纳入全国研究生招生计划的在读全日制研究生（无固定工资收入且档案在规定时间内转入我校），补助研究生基本生活支出。获得资助的研究生须具有中华人民共和国国籍。

第二章　组成与标准

第三条　助学金主要由国家财政拨款和学校自筹经费组成。

第四条　我校硕士研究生助学金资助标准为500元/月。

第五条　我校博士研究生（以下简称“博士生”）助学金资助标准详见下表。

<table>
<tr><th>博士年级</th><th>助学金资助标准</th><th>备注</th></tr>
<tr><td>第一学年</td><td rowspan="2">3000元/月</td><td>第一学年未担任助教者，其助学金为2000元/月。</td></tr>
<tr><td>第二、三、四学年
（含直博第五学年）</td><td>从第五学期开始（直博生从第六学期开始），若未通过博士开题，其助学金为1500元/月。</td></tr>
</table>

（一）博士生担任助教有关要求：

博士生需在博士第一学年担任助教，其中担任公共类课程助教时间原则上不超过一个学期。在博士生第一学年期间，未通过助教遴选者、上一学期助教考核不合格者、不愿或不能担任助教者，其当前学期助学金资助标准为2000元/月。

（二）博士生开题有关要求：

博士生学位论文开题工作参照《西南交通大学关于攻读博士学位研究生培养工作的规定》执行。从第五学期开始（直博生从第六学期开始），未按时开题或开题未通过的博士生，其当前学期助学金资助标准为1500元/月。学校每学期初根据博士生开题通过情况调整博士生助学金资助标准。未在学期初资助标准核定节点前完成开题者，其该学期的博士生助学金资助标准不变，以学期初核定的资助标准进行发放。

（三）导师有权根据博士生培养环节完成情况和科研工作开展情况对其学校助学金资助

部分进行核减。经导师提出、培养单位研究生奖助工作委员会审批同意、报研究生院备案后，对博士生的学校助学金资助部分做相应核减。

第三章　发放与管理

第六条　研究生院负责研究生助学金的日常管理及发放。

（一）助学金在学制年限内发放，每学年发放 12 个月。“硕博连读生”按当时研究生身份和年限发放。超过规定学制年限的延期毕业生不再享受研究生国家助学金。

（二）研究生在学制期限内，由于出国、疾病等原因办理保留学籍或休学等手续的，暂停对其发放助学金，待其恢复学籍后再行发放。

（三）硕博连读生或直博生转为硕士研究生，自申请通过后次月停止发放博士研究生助学金，按硕士学制及标准发放。

（四）转学、退学的研究生，自批准后次月停止发放助学金。

（五）档案未在入学第一学期按时转入我校、未按时注册的研究生，原则上不予发放助学金。

第七条　违反校纪校规情节严重者及存在剽窃、作假等学术失范行为者，停发其学校助学金资助部分。其他不予发放助学金的情况由学校认定。

第八条　研究生助学金实行专款专用，不得截留、挤占、挪用、非法套取。

第四章　附　则

第九条　本办法自发布之日起施行，由研究生院负责解释，2021 级及之后入学的研究生按照本办法执行。

附录 2-8　西南交通大学研究生“三助”工作管理办法

编号	XJYZB-2308

西南交通大学

研究生“三助”工作管理办法

第一章　总　则

第一条　为进一步推动研究生培养机制改革，完善研究生资助体系，提升研究生综合素质，切实提高我校研究生待遇，根据教育部有关文件精神，结合我校实际情况，特制定本办法。

第二条　研究生“三助”是指研究生担任教学助理、科研助理和管理助理工作（分别简称“助教”“助研”“助管”）。“三助”工作由研究生院具体组织实施，包括制定实施细则、总体要求和年度工作方案，审定“三助”工作岗位分配方案，检查“三助”工作执行情况，进行年度总结。

第三条　研究生兼任“三助”工作，是我校研究生培养机制改革的重要内容之一。各设岗单位要坚持“谁设岗、谁管理、谁考核、谁负责”的原则，须安排专人负责此项工作。设置“三助”岗位的单位和导师，应对从事“三助”工作的研究生严格要求，按照岗位职责加强指导和考核。

第二章　选用条件

第四条　从事“三助”工作的研究生，必须政治思想品德优良，拥护中国共产党的领导，践行社会主义核心价值观，能模范遵守学校各项规章制度，工作责任心强，学有余力。应避免出现研究生因从事“三助”工作而影响正常学习、研究甚至延长学习年限等情况。

第五条　“三助”岗位面向全日制在校研究生（有固定工资收入的除外）设立，每位研究生原则上只能申请一个由学校提供酬金的“三助”岗位。已担任本科助教的一、二年级博士生，其助学金已涵盖助教相应津贴，不得同时申请“三助”中的助教岗位。来华留学生原则上不能申请由学校提供酬金的“三助”岗位，如有特殊情况，须按照《西南交通大学留学生勤工助学管理规定》要求进行相应审批报备。

第六条　同等条件下优先考虑家庭经济困难的研究生。

第三章　岗位职责

第七条　研究生“助教”岗位：研究生承担本科、研究生的公共课、专业基础课的辅导、答疑、批改作业和指导实习、试验环节等基础教学工作。

第八条　研究生“助研”岗位：研究生承担项目组或导师分配的与本专业相关的科学研究、科技开发和专业设计、调研等工作。

第九条 研究生“助管”岗位：研究生承担学校、学院的各类教学管理、科研管理、行政管理的辅助工作。

第四章 岗位设置

第十条 研究生“三助”岗位设置，应遵循“按需设岗、自愿申请、按岗付酬、定期考核、重在培养”的原则。

第十一条 敏感岗位、危险岗位、涉密岗位等特殊岗位不能设置“三助”岗位。

第十二条 研究生“三助”岗位数量，由研究生院根据当年学校财政预算情况总体掌握。各教学科研和行政单位根据工作需要和实际设置的“三助”岗位数量，组织本单位“三助”岗位的研究生选拔、培训、日常考核和平时指导等工作。

第十三条 研究生“助教”岗位，由研究生院根据当年“三助”工作总岗位数，结合各教学单位的实际需要进行调配。各教学单位根据实际情况，设置相应的“助教”岗位。

第十四条 研究生“助研”岗位，由项目组或导师根据课题研究需要自主设置，具体方案报研究生院备案。

第十五条 研究生“助管”岗位，以“项目申报、综合测算、机动共享”的方式进行岗位设置。“助管”岗位以硕士研究生为主。

第十六条 学校鼓励各单位自筹经费设置研究生“三助”岗位；全体研究生导师应积极创造条件为研究生设立“助研”岗位。

第五章 岗位酬金

第十七条 岗位酬金标准：

“助教”：不超过 500 元/月，原则上每周实际教学工作量不低于 6 个学时。

“助研”：工作量和酬金以及发放方式，由项目组或导师根据研究生工作情况确定，但需报研究生院备案。

“助管”：不超过 450 元/月，原则上每月工作量为 30 ~ 36 小时。

第十八条 酬金支付方式：

“助教”“助管”岗位酬金：由学校支付。

“助研”岗位酬金：由项目组或导师支付。

第十九条 “助教”“助管”岗位酬金按每学期 5 个月发放。“助研”酬金可以按每学期 6 个月发放。酬金发放要足额、及时，不得弄虚作假，不得克扣研究生的“三助”经费。

第六章　岗位申请

第二十条　“助研”岗位由研究生直接向设岗导师申请，经导师和研究生培养单位审批同意后，报研究生院备案。“助研”岗位根据科研项目需要选用。

第二十一条　研究生“助教”“助管”岗位公布后，由各设岗单位受理研究生的岗位申请。“助教”“助管”岗位按学期选用。

第二十二条　“助教”“助管”选用结果由各用岗单位进行公示。所有岗位申请工作应在规定时间内完成。“三助”岗位一般不办理临时申请，特殊情况需经研究生院同意。

第二十三条　“三助”岗位人员上岗前应签署协议，协议中应明确甲（“三助”设岗单位）、乙（上岗研究生）双方的权利、责任与义务。

第七章　岗位考核

第二十四条　“三助”岗位严格按照设岗要求进行考核。一个选用周期考核一次。“助教”岗位考核，主要听取设岗单位、主讲老师和听课学生的意见；“助研”岗位根据研究生科研工作态度、成果产出情况和工作量等，由导师和课题组考核；“助管”岗位由设岗部门根据研究生工作态度、工作能力、工作量等给予考核。“三助”岗位考核结果需报研究生院备案。

第二十五条　对岗位考核不合格者终止选用，停止发放岗位酬金，并报研究生院备案。对选用期间受到行政处分或法律处罚的研究生，学校将取消该研究生的“三助”资格。

第八章　附　则

第二十六条　本办法自 2019 年 9 月 1 日起执行。原《西南交通大学研究生“三助”工作管理办法（试行）》同时废止。

第二十七条　本办法由研究生院负责解释。

附录 2-9 西南交通大学研究生参加国际学术会议专项资助项目管理办法

编号	XJYZB-2309

西南交通大学

研究生参加国际学术会议专项

资助项目管理办法

为加快我校研究生教育国际化进程，开拓研究生国际视野，鼓励在读研究生出国出境参加高水平国际学术会议，进一步提高研究生培养质量，设立研究生参加国际学术会议专项资助项目。

一、资助对象及要求

1. 申请者原则上应为我校品学兼优且学习年限在学制范围内的在校博士研究生（不含委培生、定向生、联合培养研究生、来华留学生）。

2. 拟参加的国际会议主题应与申请者就读学科领域紧密相关，且拟参加的国际会议会期应在申请者完成论文答辩之前。

3. 拟参加的国际学术会议应为在国外或境外举办的本学科领域较高级别的、有重要影响的国际学术会议，原则上出版正式会议论文集并由国际知名索引机构检索。

4. 申请者应以论文第一作者（或导师为第一作者，学生为第二作者）或通讯作者身份在会议上做口头报告或张贴论文。论文的第一署名单位必须是西南交通大学。

5. 申请者应具有扎实的专业基础、较强的科研能力和参加国际学术交流的语言能力。

二、申请流程

1. 申请者在系统填报《西南交通大学研究生国际学术会议专项资助项目申请表》和《西南交通大学学生使用校内经费出国（境）交流审批表》。

2. 导师对会议级别进行核准并签署意见，学院分管研究生领导审核。

3. 申请者将以下材料提交至研究生院培养办审批：

（1）《西南交通大学研究生国际学术会议专项资助项目申请表》和《西南交通大学学生使用校内经费出国（境）交流审批表》。

（2）会议正式征文通知（Final Call for Paper），包括会议的起止时间及相关费用说明。

（3）会议主办方的论文正式录用通知及邀请函（应包括论文录用情况、参会形式等的详细说明），并提供会议官方网址。

（4）发表论文或会议摘要。

（5）外语水平等级证书或成绩证明。

三、结题流程

1. 申请者回国后十五个工作日内，须在学院或本学科领域范围内做一次公开的学术报告。

2. 申请者在研究生院系统填写《西南交通大学资助研究生参加国际学术会议结题表》，导师和学院分管研究生领导审核。

3. 将国际会议申请表、结题表以及申请人校内学术报告等相关材料，提交至研究生院培养办公室审核。

4. 研究生院培养办公室审核后通知申请者办理报账等后续手续。

5. 国际会议结题报账事宜须于回国后三十个工作日内完成，逾期者取消资助资格。

四、资助标准

每篇论文限资助 1 人。

1. 赴欧美国家或地区，最高额度不超过 1.5 万元人民币。

2. 赴我国港、澳、台地区，最高额度不超过 0.6 万元人民币。

3. 赴其他国家或地区，最高额度不超过 1 万元人民币。

五、其他事项

1. 每位博士生在学期间原则上只能受本项目资助一次。

2. 同一次会议，同一导师所指导的研究生限资助一人。

3. 同一次会议，同一学院的研究生限资助三人。

4. 曾享受国家留学基金资助出国留学及正在境外学习的人员不在此资助范围内。

5. 获得资助的研究生必须购买境外人身保险，学校不负责受资助人在国（境）外期间的医疗费用以及发生意外所涉及的各项费用。

6. 出入境/国时间原则上应为会议召开时间的前后 1 ~ 2 天以内。

本办法由研究生院负责解释。

本办法自 2020 年 8 月 28 日起执行。原《西南交通大学研究生参加国际学术会议专项资助项目管理办法》同时作废。

附录 2-10　西南交通大学关于博士生导师资助博士生培养的规定

编号	XJYZB-2310

西南交通大学

关于博士生导师资助博士生培养的规定

为进一步提高博士生培养质量，优化博士生生源配置，现对我校博士生导师给予博士生的资助费用做出如下规定：

一、博士生导师每年招收博士生原则上不超过 2 名。

二、博士生导师应对所招收的博士生进行资助，不同学科的导师招收博士生按照不同标准出资。出资费用根据招生数进行递增，不区分类别。其中，招收 1 名博士生免出资，对招收的第 2 名博士生开始出资，招收第 3 名及以上的博士生，其资助费用在上一名的基础上翻倍（详见附表），资助时间均为 4 年（直博生 5 年，硕博连读生自取得博士生学籍至规定学制内）。

三、按照“收支两条线”的原则，博士生导师应在每年博士生录取确定之后，将其所录取博士生的全年导师出资费用，一次性转入计财处规定的账号或经费卡，纳入学校研究生培养基金统筹安排。

四、少数民族骨干计划博士生资助费用由学校统筹，其导师免除资助费用。

五、本规定自 2014 级博士生开始执行。2013 级及以前博士生按照原规定执行。

六、本规定由研究生院负责解释。

博士生导师出资标准汇总表　　单位：元/年

学科	第一个学生	第二个学生	第三个学生
工学	0	5000	10 000
其他学科	0	3000	6000

西南交通大学研究生院　　编

西南交通大学学位与研究生教育
质量保障工作手册

过程培养（第3册）

华宝玉　乐佳　刘颖◎编著

西南交通大学出版社
·成　都·

图书在版编目（C I P）数据

西南交通大学学位与研究生教育质量保障工作手册. 第 3 册，过程培养 / 西南交通大学研究生院编；华宝玉，乐佳，刘颖编著. —成都：西南交通大学出版社，2022.10
ISBN 978-7-5643-8911-6

Ⅰ. ①西… Ⅱ. ①西… ②华… ③乐… ④刘… Ⅲ. ①西南交通大学 - 研究生教育 - 教育质量 - 手册 Ⅳ. ①G643-62

中国版本图书馆 CIP 数据核字（2022）第 188713 号

Xinan Jiaotong Daxue Xuewei yu Yanjiusheng Jiaoyu Zhiliang Baozhang Gongzuo Shouce

西南交通大学学位与研究生教育质量保障工作手册（1—6 册）

西南交通大学研究生院 **编**

（第 1 册）概况、管理体制：周先礼 陈志伟 张薇 **编著**

（第 2 册）招生、奖助体系：邹洋 赵毅 黄亚楠 **编著**

•（第 3 册）过程培养：华宝玉 乐佳 刘颖 **编著**

（第 4 册）导师、课程、创新实践、学术素养：朱志武 万浩 刘波 **编著**

（第 5 册）学位论文：陈怡露 宛小强 郭海霞 **编著**

（第 6 册）学位点建设：艾长发 郑海涛 张静 **编著**

《西南交通大学学位与研究生教育质量保障工作手册》

编 委 会

主　　编：周先礼

副 主 编：朱志武　艾长发　陈志伟

编　　委：邹　洋　华宝玉　陈怡露　郑海涛　赵　毅

乐　佳　万　浩　宛小强　张　薇　黄亚楠

刘　颖　刘　波　郭海霞　张　静

本册作者：华宝玉　乐　佳　刘　颖

目　录

第一部分　培养模式与培养方案

为了适应国家社会的发展需要，中国研究生教育培养不断改革，回顾近几年的研究生教育改革情况，发展历程大致是从分类培养到按照一级学科制定培养方案再到按照一级学科招生，而按照一级学科培养综合型创新人才是研究生培养发展的趋势。现阶段我国研究生的教育发展正处于从数量扩张到内涵提升的转型关键阶段，研究型大学中研究生培养改革面临的核心问题在于"依靠质量监管来确保规模迅速扩张的研究生教育的质量，并围绕研究能力培养这一核心，加强对研究生的考核和引导分流。"①

一、国内外研究生培养实施情况

（一）欧洲地区注重联合培养

1．跨学科联合培养

随着跨学科时代的到来，利用跨学科教育模式培养高层次人才已成为世界一流大学战略发展的重要举措，欧洲国家和高校利用独特的地理优势和制度优势在跨学科人才培养上制定了一系列的举措，主要包括开设跨学科课程、合作举办学术会议、研讨会、实施跨学科的实践项目等。

首先是开设跨学科课程，欧洲地区研究生课程选择较为灵活，研究生可根据研究方向制定个人课程计划，自由选择一些跨学科的课程，受课程计划的限制较少，②如德国博士研究生对于课程学分没有明显要求，因此选课十分灵活；③在培养过程中，高校会整合不同学院的资源开设一些联合课程。其次是合作举办学术会议和研讨会，大部分的高校或学院都会以其优势学科向外交叉扩展，使学生有机会接受来自多个学科优秀教师的共同教育和指导，参与跨学科研讨交流，在潜移默化中培养了其跨学科素养，形成了跨学科思维方式。如牛津大学格林坦普顿学院与纳菲尔德学院联合了两个学院的医学、人口健康、人类学、全球公共卫生等领域的师生，举办全球肥胖问题研讨会④；最后是跨学科的实践项目，欧洲一些高校会采取组织跨学科的实践项目、共同成立实验室等方式来培养研究生，提升研究生跨学科的学术研究思维与能力。

---

① 徐岚，陶涛，吴圣芳．以学制改革为切入点的研究生培养方案修订——厦门大学的行动研究[J]．高等教育研究，2017，38（1）：37-47.

② 郝玉玲，刘婉婷，林萱．中欧博士生培养模式比较分析与思考[J]．教育教学论坛，2020（31），11-13.

③ 赵晶，苏云飞．德国博士生培养特点及启示[J]．高教论坛，2019（7），121-124.

④ 陈翠荣，杜美玲．英国牛津大学跨学科培养研究生的理念、路径及趋势分析[J]．黑龙江高教研究，2021，39（02），75-81.

2. 跨国跨校联合培养

由于欧盟社会的特殊性，其制定的一系列政策也鼓励跨国跨校联合课程的开发。如欧洲最出名的交流计划——伊拉斯谟系列计划，鼓励从全球视角开发课程、多校提供各自优势课程联合培养学生、设置跨学科交叉课程，其硕士或博士联合培养项目由至少 3 个欧盟国家的 3 所高校共同设立，其中 1 所高校为主办方，另外几所高校也各自承担一定的课程，项目中的研究生课程都为联合课程，由欧盟不同国家、不同高校联合设置课程的教学内容，通过建立 100 个跨大学的“欧洲硕士专业”点和提供近万个奖学金和访问学者名额的方法，加强欧盟成员国大学之间的学术联系；①与之相同的还有荷兰植物学研究生的培养实现了跨校联合，因此其课程资源丰富，课程形式多样；②另外，还有德国结构化国际联合培养项目，该项目致力于依托德国国内高校，结合国外高校和科研机构共同完成特定科研项目，与此同时联合培养博士人才。③

3. 校企联合培养

许多高校为了培养应用型人才、提升学生的实践能力，纷纷与企业签署协议，共同培养专业领域的研究生。如意大利马兰戈尼设计与诸多国际知名企业签有合作协议，如 Giorgio Armani、Louis Vuitton、Prada 等，企业每年提供给学院一些真实的设计项目，学院以此作为主要的教学内容，课程中的创意以及方案企业可以采纳，校企合作，让课程教学实现了“项目化”。④校企合作的模式除了能锻炼学生的实践能力，也使得研究经费有所保障，一般情况下，研究经费由政府、学校、企业三方共同提供，如法国的“校企合作培养博士生”项目，私营企业会提供一份三年期的工作合同并支付工资，与此相对应的是，企业可以从政府获得补助，并可享受一定额度的科研免税。⑤

（二）美国研究生注重多样化培养

目前美国已形成了多样化的培养方式，研究生的培养类型主要有专业型和学术型两种。随着科学信息技术的发展，美国研究生培养除了传统的全职（Full-time）、兼职（Part-time）形式，还有在线学习研究生培养形式（Online），罗格斯大学的在线 MPA 学位项目等，整体呈现出以专业式为基础，兼具协同化、跨学科的特点。

1. 以专业化培养为基础

美国是专业学位研究生教育的发源地，最早可追溯至 20 世纪 20 年代，并且美国的研究生学位大多是专业型学位，逐渐形成了专业化的培养模式：以培养符合行业特征的应用型、

① 陈晓清，孙雯. 欧盟伊拉斯谟系列计划中的研究生联合培养模式研究[J]. 江苏高教，2018（4），98-103.
② 张艳华，张强，方炎明，陈斌. 世界一流植物学科的研究生培养：荷兰瓦格宁根范式[J]. 中国林业教育，2018，36（3），64-72.
③ 张宇. 德国博士生国际联合培养的结构化范式研究[J]. 教育理论与实践，2017，37（36），6-8.
④ 曹田. 意大利马兰戈尼设计学院“模块化”教学模式的启示[J]. 山东工艺美术学院学报，2018（3），90-96.
⑤ 汪小会，吉丹如. 法国校企联合培养博士项目（CIFRE）的国际化及启示[J]. 扬州大学学报（高教研究版），2017，21（5），32-36.

开发型高级专门人才为目标。[①]专业学位的学术要求不高，学制较短，一般为 1～2 年，更强调专业能力和水平的培养。在此种模式下，美国学术型硕士学位逐渐转变成进修博士学位的过渡性或者是补偿性学位。[②]

2. 协作/协同培养方式并行

协作模式源于 20 世纪 50 年代斯坦福大学开创的大学和企业合作培养研究生的实践，是基于大学与企业合作教育基础上进行的联合培养。在不断的发展中，逐渐形成了"产学研"为最大特点的协同培养模式，培养过程更加系统化，这种模式的培养目标是造就应用型与开发型研究人才。在这种培养模式下，导学关系不仅是指导与被指导的关系，也是一种科研合作与生产协作的关系，它克服了研究生培养与生产实践脱节的弊端[③]。以麻省理工作为例，其研究生教育实践重视协同培养，主要形态包括：① 科系合作，主要为跨系研究生计划；② 校企协同，重视"科学与实践并重"；③ 校所联合，主要是以某项目为契机与研究所开展联合培养；④ 校际联盟，不同区域不同高校之间的联合授予学位的模式。[④]

3. 跨学科培养渐成主流

进入 21 世纪，伴随知识经济的迅速发展以及科学的综合化趋势，为解决愈发复杂的现实问题，美国研究生跨学科、交叉学科的培养环境与机制日渐成熟，主要目标是为未来培养能够解决综合性重大科技和社会问题的多学科复合型创新人才。美国宾夕法尼亚州立大学建立了跨学科交叉研究生培养模式，斯坦福大学也通过开设跨学科课程、实施跨学科项目、提供轮换实验室等方式培养跨学科专业人才，设置了实质性交叉融合的跨学科学位项目形成的研究生跨学科培养模式，体现了"问题解决为本、多元力量参与、学研体系综合、组织形式灵活"的鲜明特点，使得培养出来的人才能够迅速适应未来社会或科学领域的发展变化与挑战。[⑤]同时，美国博士生教育改革也逐渐向跨学科靠拢，哈佛大学教育学 PhD 项目便是跨学科学位的典型项目之一，所有 PhD 项目都是跨学院、跨学科设计的，呈现出跨学科的培养目标、跨学科的课程设置、跨学院的师资共享与联合培养等特征，使得跨学科学位项目制度化。[⑥]

（三）国内研究生培养现状

1. 实施学术型与专业型分类培养

目前，我国研究生的类别分为学术型研究生和专业型研究生，按照不同的培养目标进行人才培养。自从 2013 年教育部发布文件提出对研究生进行分类培养之后，各高校开始对研究生培养方案进行修改，按照分类培养的方针，分类设计各类研究生的培养目标，分类设计课程体系、分类设置学分。部分高校对专业学位硕士研究生培养较为重视，各高校研究生院出

① 史利平. 中美专业学位研究生培养模式比较研究[J]. 国家教育行政学院学报，2015，213（9）：89-94.
② 赵松芳. 基于多维学术观的中美硕士研究生学术能力培养比较研究[D]. 青岛：中国海洋大学，2015.
③ 施鹏，张宇. 美国研究生教育中导学关系的特点与启示[J]. 学位与研究生教育，2016，287（10）：67-72.
④ 刘娜. 麻省理工学院研究生协同培养模式研究[D]. 长春：吉林大学，2015.
⑤ 万鑫娟. 跨界与融合：美国斯坦福大学研究生跨学科培养模式研究[D]. 武汉：华中师范大学，2020.
⑥ 薛李，李云鹏. 美国哈佛大学教育学 PhD 项目的跨学科特点及启示[J]. 黑龙江高教研究，2021，39（4）：67-73.

台相关文件，规范专业学位研究生培养方案的修订过程：学术学位研究生的培养方案主要实施以课程学分、科研素质学分和创新能力学分为核心的学分体系；专业学位研究生培养方案主要实施以课程学分、实践环节学分和专业能力学分为核心的学分体系。

2. 以能力培养需求为主线确立培养目标

随着国内研究生培养高校、学科、专业领域的增多，研究生培养逐渐呈现多元化趋势，多元化的影响因素决定了培养目标不是结构单一的形态，而是涵盖不同学科门类、专业领域的结构性目标体系。因此，培养目标不是一成不变的，而是一个动态发展的概念[①]。首先，注重理论基础和技术能力培养，研究生培养的是具有一定专业知识和技能，且具备一定学术水平的高素质人才，合理的知识结构、扎实的理论基础是研究生必备的条件之一。其次，聚焦创新精神和创新能力培养，研究生的培养应适应我国社会主义建设需要，培养德智体美劳全面发展的、具有创新精神的各类较高层次的专门人才。最后，关注身心健康和人文素养，随着社会的发展，学生的心理素质和人文素养逐渐被社会所重视，北京大学、北京理工大学、同济大学等多所高校均将相关要求写入培养目标之中。

二、研究生培养方案设计

研究生培养方案是研究生培养的总体设计，是保证研究生培养规格的纲领性文件，是学校组织研究生进行理论学习和科研实践的基本依据[②]，是我国研究生培养发展变革最直接的表现，它体现了研究生培养最基本的质量标准。根据国家相关要求，培养方案一般包括培养目标、研究方向、招生对象、学制年限、课程设置、培养方式、考核方式、学位论文、质量保障等基本内容,既是研究生了解本学科现状的蓝本以及本人在学期间主要任务的行动指南，也是高校管理研究生日常事务及导师指导学生的政策性文件，还是教育行政部门开展质量监督和评估的参考依据。[③]如何发挥培养方案在研究生知识体系建构、科研写作能力训练以及创新能力培养等方面的指导意义，是高校研究生教育管理部门需要认真思考的问题。

（一）制定研究生培养方案的原则

1. 按照一级学科修订

当前，我国研究生教育的学科基础已逐步从二级学科上移到一级学科，学科授权、学科水平评估等工作均是在一级学科层面实施，按一级学科设置研究生招生专业也成为趋势。高校作为人才培养的主体，在制定具体学科专业培养方案、规范流程管理方面都需要按照一级学科进行重新调整和规划。按一级学科对研究生培养方案进行修订，符合国家按一级学科进行学科建设与评估的政策导向，还有利于优化了课程体系，更有利于研究生得到个性化发展。[④]

① 张志强，王兰珍，常新华，刘翠琼，赛江涛. 以创新创业能力培养为导向，全面修订研究生培养方案——以北京林业大学为例[J]. 教育现代化，2016，3（22）：91-98.
② 占志勇. 基于系统论的研究生培养方案运行机制探讨[J]. 研究生教育研究，2012，（3）：42-46.
③ 余桂红，成中梅，陈静. 全日制硕士研究生培养方案修订的理性审视[J]. 学位与研究生教育，2019（5）：34-40.
④ 董宗旺. 按一级学科修订研究生培养方案的行动研究[J]. 黑龙江教育（高教研究与评估），2021（4）：56-58.

2. 以“双一流”建设为指导

中国高等教育正在进行新一轮的改革，研究生教育是实现“双一流”建设目标的重要关口。为了快速提升研究生培养质量，大部分高校在修订培养方案时参照 3～5 个国内外一流大学和一流学科的培养过程、培养体系，学习先进经验，结合本校实际制定科学合理的研究生培养方案。目前部分高校在进行研究生培养方案修订时注重以“双一流”为建设目标对研究生培养方案进行探索修订。另外，如何实现一流大学的学生互派，进一步优化联合培养是未来双一流建设中需要不断探索、创新的重点。①

（二）培养方案制定存在的主要问题

从对现有的文献分析来看，目前我国研究生培养方案制定存在的问题主要集中在：教育理念陈旧，对研究生教育发展规律、学科专业知识发展前沿等把握不够或存在偏差，未能体现最新的高等教育成果；培养方案的制定未能很好契合社会需求，社会力量参与不足；培养目标和培养方法单一，不能适应多元化、个性化的人才培养需要；高校被动接受国家指令修订培养方案的居多，修订工作开展频繁但未涉及根本性变革且创新内容少。

表 1　我国研究生培养方案制定存在的问题汇总

年份	作者	培养方案制定存在的问题
2002	杨元也②	（1）培养方案的制定缺乏社会维度的支持 （2）缺乏合力的支持 （3）培养方案视野狭窄，过分关注教学
2004	张国琼③	（1）培养方案没有很好地结合社会需求 （2）制定培养方案没有多方面的参与 （3）培养中只注重教学,没有注重学生多种能力的培养和综合素质的提高 （4）课程体系不完善，课程陈旧，跟不上时代的发展 （5）对于应用型、复合型人才的培养不够重视
2005	李阿利等④	（1）培养目标单一，不能适应多元化的人才规格的需要 （2）培养模式单一，不能适应多样化人才规格的需要 （3）培养方法单一，不能适应研究生教育功能拓展的需要
2008	杨再明⑤	（1）过分强调集中和统一，缺乏指导性和灵活性，对研究生个性化的培养特色突出不够 （2）对各类研究生培养目标的理解在认识上存在偏差 （3）行政权威大于学术权威，没有采取集体审议制 （4）课程设置缺乏总体规划，难以体现研究生培养特点 （5）旧教育理念根深蒂固
2019	余桂红等⑥	（1）修订意愿国家强烈而高校相对不足 （2）修订的总目标明确而子目标模糊 （3）修订范围广、频率高但内容创新少

① 须玥，汪思晶，李波. 基于“一流伙伴计划”和面向国家重大需求的研究生培养模式探索——以电子科技大学航空航天学院为例[J]. 才智，2021（6）：144-146.
② 杨元也. 制定研究生培养方案应注意的问题[J]. 学位与研究生教育，2002（5）：25-27.
③ 张国琼. 研究生培养方案若干问题的探讨[J]. 鞍山科技大学学报，2004，27（6）：233-236.
④ 李阿利，卢向阳，贺建华，郭时印，周喜新. 试论优化研究生培养方案的原则与内容[J]. 湖南农业大学学报（社会科学版），2005，6（2）：67-69.
⑤ 杨再明.创新教育模式下研究生培养方案重构的实践与探索[J]. 学位与研究生教育，2008，（4）.
⑥ 余桂红，成中梅，陈静.全日制硕士研究生培养方案修订的理性审视[J]. 学位与研究生教育，2019，（5）：34-40.

（三）学术型研究生培养方案现状及问题

1. 各高校的学术型硕士培养方案学分设置差异较大

提升学术型研究生培养质量是实现研究型大学“双一流”目标的关键点之一，研究生课程的毕业学分要求，一定程度上反映了专业方案所设置课程内容的全面程度以及学业压力的大小，不同大学要求研究生研修的课程总学分亦有所不同，从总学分要求可以整体看出不同大学对研究生培养的要求。[①]目前国内高校学术型硕士研究生学分设置呈现以下特点：学分要求因学科类别的变化而变化；除课程学分外，还设有如综合素质学分、培养环节学分、实践环节学分、科研训练学分其中之一；每个高校学分设置的侧重点不一致，某些大学注重外语课的学习，故外语课的学分占比较高。

2. 越来越重视博士研究生的培养环节设置

硕博连读的研究生基本按照博士研究生的要求进行学分设置，学分设置环节较多，情况较为复杂。除了课程学分要求以外，国内高校还十分重视其科研创新能力的培养，设置学术交流报告、基金撰写等学分环节。同时为了向社会输入高质量博士，高校纷纷完善博士生的分流淘汰机制、加强中期考核，国内各高校几乎都将中期考核计入学分。

3. 培养方案的顶层设计尚不健全

导师个人负责制的制度设计由于缺乏监督机制，就成了一个良心活。[②]培养方案中将研究生的培养方式简单地定义为导师负责制，在逐步强调导师责任的同时又缺乏对导师队伍的监督和激励机制。随着人数的增多，研究生教育过程中的淘汰制、筛选制以及行之有效的奖惩制度在把控质量关方面显得尤为重要。但是目前各高校还没有形成一套行之有效的分流机制，只是简单且强硬地规定淘汰的实施办法，且迫于压力多半流于形式。此外校企联合培养制度表面化严重，在培养改革过程中，企业参与度、积极性不高，发挥作用较弱，联合培养难以深入，质量得不到保障等问题日益凸显。[③]

4. 培养方案的课程体系需优化

研究性课程体系的特征尚不明显。如果将课程体系分为纵向研究性课程模块和横向研究性课程模块，则纵向上需打通本硕博课程的系统性设计、横向上需赋予研究生参与国内（外）国际会议、学术报告、科研实践等学分要求，以及强化跨学科自由选课。[④]所有课程集中在第一学年完成，课程分配过密会导致学生积极性下降，应适当将部分课程分配至前三个学期，同时结合实践增加校外课程学习环节。[⑤]另外，尽管学校已经积极开设学科发展前沿的

① 牟龙华，王伊健，付德波．国内外高校电气工程研究生课程学分分布研究[J]．高教学刊，2016（5）：69-70.

② 王柯．论制约我国研究生教育质量的因素及建议[J]．天津市教科院学报，2016（6）：40-41.

③ 刘平雷，董增川，赵倩．研究生应用型人才联合培养的长效机制[J]．中国高校科技，2019（12）：53-56.

④ 齐艳杰．学术型研究生培养模式特征探析与思考——基于厦门大学研究生培养方案修订教师座谈会[J]．研究生教育研究，2015（6）：33-38.

⑤ 李袆承，胡钊政，穆孟超．以协同创新中心为核心的研究生培养方案改革初探[J]．轻工科技，2017，33（12）：173-175+199.

课程，但仅有 59.72% 的研究生认为学校开设的课程能紧跟本学科的时代前沿，还有 8.48% 的研究生认为学校开设的课程缺乏前沿性。由此可见，研究生对课程前沿性的评价总体也偏低，课程体系仍需要优化。

5. 现有培养方案普遍缺乏个性培养

高校没有依据学校、学科专业的特色有针对性地修订研究生培养方案。我国超过 820 所高校拥有研究生层次的学位授予权，高校的类型、学科专业均不同，但研究生培养方案雷同现象突出。①许多学校和导师虽然理解个性化培养的重要性，但尚未形成较为成熟的个性化培养局面。②虽然各学校具体的培养方案因研究生个体素养、兴趣和能力的差异而有所不同，但总体来说仍属于“大众化”和“流水线”式的培养模式。③

6. 毕业和授位在科研论文要求上“一刀切”

目前许多学校为了提升研究生培养质量，对所有研究生的科研论文要求“一刀切”。科研论文的层级及数量要求，既要考虑对研究生科研能力训练的激励作用，也要切实考虑研究生的科研能力与水平，并且寻找到二者最佳的平衡点。濮燕屏和郭跃认为应分类提出适度的科研论文要求，科研论文要求须考虑到：学校的功能定位、学科的类别、专业的特征、依据学术型硕士与专业型硕士的培养目标差异，建立差别化的科研论文要求。④

三、研究生培养方案改革与优化的路径选择

（一）以人为本，重塑研究生教育质量观

“以人为本”不仅是一个指导社会历史活动的普适性的理念，也是一种教育理念，更是一种教育目标。研究生的培养方式正在逐步地强调学生的自主性、创造性，不再拘泥于课堂学习，而是充分发挥培养指导小组的优势，充分挖掘学生潜力。从目前高校教学质量建设路径来看，已实现从“教”的范式到“学”的范式的转变。基于“学”的范式，设计和评估教学质量已成为世界高等教育质量保障体系建设的必然趋势。因此，优化研究生培养方案必须首先坚持“以人为本”，全面适应研究生的学习和发展需要。孙绪华等（2006）指出，修订研究生培养方案要充分考虑研究生自主学习和个性发展的需要，满足其业务发展需要并以全面提高研究生适应社会需要的能力为目标。⑤汪勋清等（2008）认为，在培养管理过程中，坚持以人为本，既充分体现导师和指导小组在研究生培养中的主导作用，同时要求从制定研究

① 余桂红，成中梅，陈静. 全日制硕士研究生培养方案修订的理性审视[J]. 学位与研究生教育，2019（5）：34-40.
② 汤伏全. 硕士研究生个性化培养问题探析[J]. 高教论坛，2021（5）：91-95.
③ 宋琼，江华丽. 以个性化职业导航为牵引的高校研究生培养模式的构建[J]. 广西职业技术学院学报，2021，14（02）：78-81.
④ 濮燕屏，郭跃. 论研究生培养方案的科学化[J]. 渭南师范学院学报，2017，32（18）：33-38.
⑤ 孙绪华，涂俊才，冉鸿昌. 坚持以人为本，全面优化研究生培养方案[J]. 学位与研究生教育，2006（1）：30-33.

生个人培养计划开始，尊重学生的意愿，注重发挥研究生的特长和才能，突出研究生创新能力和综合素质的培养。[①]

（二）科学定位，服务人才培养多元化需求

教育个性化是当代国际教育思想变革的重要标志之一[②]随着社会对研究生的需求呈现出多元化的趋势，研究生的培养方案和培养模式也应主动。适应、调整。一是体现硕士学位和博士学位的层次性；二是按照学术型和应用复合型进行分类指导，根据研究生类别的不同设置不同的培养目标，重新整合培养方案，不搞“一刀切”[③]，如校企联合培养基地是培养研究生创新能力和实践能力的重要平台，是研究生教育改革的一个新模式，在制定应用型研究生培养方案的过程中，校企联合培养基地有着至关重要的作用；三是导师根据学生个性化特点为学生设计个性化的培养方案；四是对其他具有特殊情况的研究生设置个性化的培养方案，跨学科培养成为众多国家高等教育改革的主要趋势之一，包括进一步完善跨学科培养模式、跨学科培养课程体系设计和跨学科培养路径等内容。[④]郭必裕（2016）在探讨跨专业研究生培养时指出：研究生培养方案确定的依据是研究生所具有的本科专业基础，不同的本科生专业基础应有不同的人才培养方案，因此，在制定跨专业研究生培养方案时，要充分利用原本科专业知识，扬长避短，进行复合人才的培养。[⑤]

（三）优化环节，严格规范过程管理

徐岚等（2017）认为，在与研究生培养质量密切相关的三个要素中，生源质量和导师水平的提高是难以在短期内有所改变的，但科学管理和条件保障却是研究生院可以开展工作并能够在相对短的期限内产生成效[⑥]。因此，在研究生培养过程中，既要树立培养的“大质量观”，充分发挥研究生院在研究生培养与管理中的中枢作用，建立健全规范的研究生培养管理制度，协同过程管理和目标管理，科学设置必修环节，突出对研究生创新能力、实践能力、创业精神的培养，实施研究生培养的全过程质量控制，尤其要做好研究生培养过程关键点，包括课程学习、中期考核、论文发表、答辩资格审查、论文答辩和学位评定委员会审定等的质量控制，建立学校—学位点—导师—研究生的全员联动、积极参与的研究生培养和管理机制。

（四）重构课程，优化知识和能力结构

研究生的课程学习不仅直接关系到其知识体系的构建和创新能力的培养，也直接影响了

---

① 汪勋清，王春霞，田松杰，王晓兰，李文才．优化研究生培养方案，构建培养质量管理体系[J]．高等农业教育，2008（12）：70-72.

② 程水英．我国高等教育学研究生培养研究[D]．南京：东南大学，2005：32.

③ 熊玲，郑枫，李忠．定位、优化及创新——修订落实研究生培养方案的关键[J]．教学研究，2009，32（5）：23-25.

④ 陈志俊，李劲松，田思雨，范昕俏.研究生跨学科培养的热点与趋势——基于知识图谱软件的可视化分析[J]．上海管理科学，2021，43（3）：97-104.

⑤ 郭必裕．跨专业研究生个性化培养方案的设计初探[J]．研究生教育研究，2016（6）：39-43.

⑥ 徐岚，陶涛，吴圣芳．以学制改革为切入点的研究生培养方案修订——厦门大学的行动研究[J]．高等教育研究，2017，38（1）：37-47.

其科学精神和学术品质的塑造，是培养高层次优秀人才的关键环节之一。当前社会对于硕士研究生的综合素质与能力提出更高的需求。李阿利等（2005）提出要建立“基础知识系统、专业知识深入、纵横适度的课程体系和学—研互动型研究生课程。”[1]汪勋清等（2008）认为，研究生课程应分为学位课和选修课，课程设计以二级学科为基础向一级学科拓展，建立由公共基础课、专业基础课、专业课、人文素质课构成的课程体系。[2]熊玲等（2009）指出课程设置要重视研究生基础理论的教学，体现硕士生和博士生课程体系的层次性和区分度，加强研究生学科之间的交叉与渗透并体现国际思维，同时还需要加强精品课程建设。[3]此外，针对跨专业研究生，则需要扩大选修课与必修课比例，加大研究生层次必修的专业基础课和专业课比重，进一步提高跨专业研究生专业思维和专业能力。[4]

四、我校研究生培养模式改革情况

（一）深化理念，将“研”贯穿研究生培养全过程

近年来，我校不断深化以“研”为中心的研究生培养理念，出台了《西南交通大学关于攻读硕士学位研究生培养工作的规定》《西南交通大学关于攻读博士学位研究生培养工作的规定》文件，不断推动课程学分制向学业学分制转变，大幅缩减了课堂学分，将科研创新环节学分增加至总学分的 60% 以上。增加了科研育人专题、学术活动、课题组研讨活动、文献阅读与评述、创新创业与社会实践、专业实践、开题报告和论文中期考核等过程环节，推动了研究生从传统意义上的课堂学习走向实验室、工程现场、学科竞赛、报告会场等多场景的研究性、实践性场所，促使研究生将大量的精力投入创新实践工作中去，为研究生创新能力培养提供制度保障。

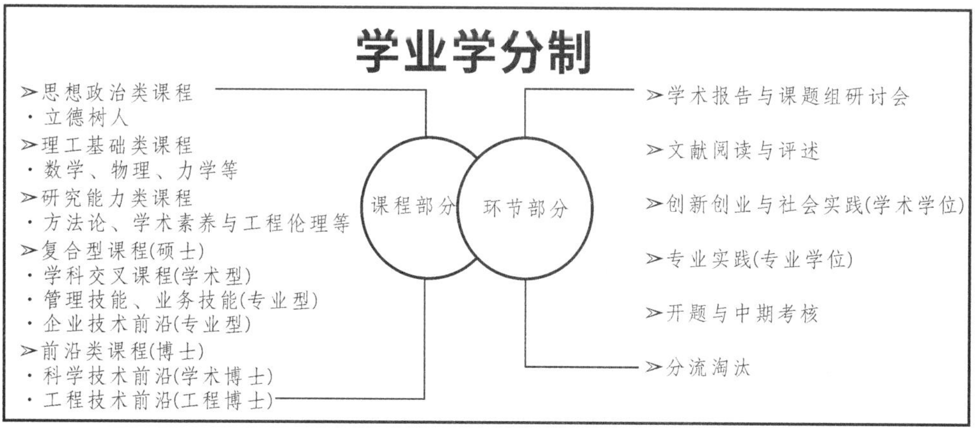

① 李阿利，卢向阳，贺建华，郭时印，周喜新．试论优化研究生培养方案的原则与内容[J]．湖南农业大学学报（社会科学版），2005，6（2）：67-69.

② 汪勋清，王春霞，田松杰，王晓兰，李文才．优化研究生培养方案，构建培养质量管理体系[J]．高等农业教育，2008（12）：70-72.

③ 熊玲，郑枫，李忠．定位、优化及创新——修订落实研究生培养方案的关键[J]．教学研究，2009，32（5）：23-25.

④ 郭必裕．跨专业研究生个性化培养方案的设计初探[J]．研究生教育研究，2016（6）：39-43.

（二）重构培养体系，设置学分要求

1. 硕士研究生学分要求

硕士研究生的培养实行学业学分制，主要包含课程学分和非课程学分两部分。课程部分主要由思政课、基础类课程、素养类课程、交叉、前沿类课程、专业基础类课程组成，非课程环节部分主要由科研育人专题、学术活动、课题组研讨活动、文献阅读与评述、创新创业与社会实践、专业实践、开题报告和论文中期考核组成。

培养环节	学生类型						
	学术型硕士（学分）			专业学位硕士（学分）			
	理工	生命	文科	工程类	生命	其他类别	
						全日制	非全日制
课程学分	13	14	16	14	14	参照学校学分要求及课程数量指导性意见，并结合国家专业教学指导委员会要求进行设置。	参照本领域全日制专业学位研究生设置。
科研育人专题	1	1	1	1	1		
学术活动	2	2	2	1	1		
课题组研讨活动	3	3	3	2	2		
文献阅读与评述	2	2	2	2	2		
创新创业与社会实践				2	2		
专业实践				6	6		
开题报告环节	2	2	2	2	2		
论文中期考核环节	2	2	2	2	2		
学业学分（总计）	25	26	28	32	32		

2. 博士研究生学分要求

博士研究生的培养实行学业学分制，主要包含课程学分和非课程学分两部分。课程部分主要由思政课、交叉前沿类课程和专业基础类课程组成，非课程部分主要由科研育人专题、学术活动、课题组研讨活动、文献阅读与评述、国内外学术会议、工程实践、开题报告组成。

培养环节	学生类型					
	学术型博士		工程博士	硕博连读生直博生		
	理工科、生命	文科		理工科	生命	文科
课程学分	9	9	9	20	20	23
科研育人专题	1	1	1	1	1	1
学术活动	2	2	1	2	2	2
课题组研讨活动	4	4	2	4	4	4
文献阅读与评述	4	6	4	4	4	6
工程实践			6			
国内外学术会议	2	2	2	2	2	2
开题报告环节	2	2	2	2	2	2
学业学分（总计）	24	26	27	35	35	40
可申请学分（国际访学）	≤4	≤4	≤4	≤4	≤4	≤4

（三）重塑实践体系，强化校企合作

我校建立了校—院“两级”，校内—校外—海外“三维一体”的研究生实践管理体系，出台了《西南交通大学关于全日制硕士专业学位研究生实习实践的指导意见》（西交校研〔2021〕43 号），进一步规范实践教学，确保研究生专业实践的质量。第一，依托学校国家级、省部级实验室建立研究生校内实践基地和第三方认证平台，通过基地的研发项目强化研究生专业实践能力、提升科学思维能力。以牵引动力国家重点实验室、综合交通大数据应用技术国家工程实验室等校内实验室为主体，建立校内实践基地，完善实践认证机制。第二，依托实际工程、面向真实场景，提升研究生解决实际问题的能力。联合中车、中铁、中国通号等行业骨干企业打造了有共建计划、有导师指导、有项目支撑、有经费保障的“四有”实践基地。第三，依托轨道交通骨干企业的海外建设和运维项目，拓宽国际视野，提升研究生跨文化交流和国际工程建设的胜任力。主要参与了坦桑尼亚中央线项目、埃塞俄比亚亚吉铁路项目等打造海外实践合作，开展研究生海外实践。“两级三维”的研究生专业实践体系为研究生专业实践能力和科研创新能力锻炼提供了优质的条件和平台。

（四）强化过程督导，确保过程质量

学校出台了《西南交通大学研究生培养过程管理与质量督导实施办法》，不断加强研究生培养过程督导工作。设置研究生学业档案“一人一档”制度，发放学业档案盒，要求研究生将本人全过程的学习和科研资料进行及时归档，每年 12 月为“存档月”，要求研究生将年度材料以电子文档的形式存入学院的电子档案库，以备查。此举大幅提升了研究生对日常学习和科研的重视程度，也为研究生理清了个人学习和科研的历程、以及个人的成果积累情况。

同时，学校成立研究生培养质量督导委员会，设置研究生培养质量“督导季”，针对研究生培养质量情况进行全面的检查和督导，提出指导性意见和建议，对于研究生培养质量存在问题的学院、导师给出处理的意见，有效保障研究生培养质量。

（五）建立分流淘汰机制，促进培养质量

1. 硕士研究生分流淘汰机制

我校硕士研究生分流淘汰机制的主要节点设置在学位论文的中期考核上，论文中期考核是硕士研究生培养过程的重要环节，也是规范教育管理，保证培养质量的重要举措。中期考核的主要内容包括：研究生课程学习和培养环节的完成情况、科研和论文工作进展情况、个人总结、导师评价以及考核小组面试评审等。根据学校的要求，硕士研究生论文中期考核工作在学生入校后的第四学期结束前完成，研究生要撰写论文中期考核报告，由导师（组）负责召集由 3 名以上相关学科的本领域专家组成的专家组对学生中期报告进行评审。中期考核的结果按“通过”或“不通过”记载。

2. 博士研究生分流淘汰机制

我校博士研究生的考核实行年度考核制，一般按照自然年进行，自博士研究生入学后的

第三学年开始，每个自然年的年末前均须进行考核，申请论文答辩年度及之后年度不再进行年度考核。博士研究生的年度考核必须以书面的形式递交年度进展报告，报告中须详细阐述论文研究工作的进展情况及所取得的阶段性成果。学院要组织年度考核报告会，在年度考核报告会上，导师对博士研究生的年度进展情况做出综合评价，考核专家组对学生年度进展报告和学生年度科研情况进行综合评估，作出“通过”或“不通过”的决议。如认为该生不符合博士研究生培养条件和要求，应作出“不通过”的决议，并作出“博士研究生转为硕士研究生培养”或“结业”或“应予退学”的建议，经学院审核后报送研究生院。应予退学的由校长办公会或校长授权的专门会议审定。

第二部分　专业学位研究生培养

全日制专业学位研究生是相对于学术型学位研究生而言的学位类型，其目的在于培养具有扎实理论基础，并适应特定行业或职业实际工作需要的应用型高层次专门人才。专业学位研究生教育分为专业学位博士研究生、专业学位硕士研究生。我国的专业学位研究生教育始于 1991 年，专业学位研究生教育涉及硕士专业学位（39 种）、博士专业学位（5 种），基本覆盖了国民经济和社会发展的主干领域，具有研究生专业学位授予权的培养单位达到 509 所，累计招收专业学位研究生超过 100 万人。专业学位研究生教育设立初期发展较为缓慢，但随着对研究生教育质量与国家发展和人民需求的认识的不断深入，加快研究生教育从以学术型为主，向以学术型和应用型并重转变的思路已经不断强化。党和国家也适时地采取成立专业学位研究生教育的指导委员会（2011），印发《专业学位研究生教育发展方案（2020—2025）》（2020）等措施来促进专业学位研究生教育的发展。随着专业学位研究生教育的不断普及，国内外学者对于专业学位研究生教育的研究也不断深入，主要研究范围包括专业学位研究生教育培养模式、培养质量、教育实践、创新能力、中外专业学位研究生培养比较研究以及专业学位研究生教育的其他相关问题等。

一、专业学位研究生培养模式

培养模式是目前国内外专业学位研究生教育研究的热点问题。从目前国内外学者们的研究成果来看，对专业学位研究生培养模式的探讨主要集中在培养模式的概念、要素环节和培养模式的改革等几个方面。

（一）概念界定

概念的界定可以明确研究的范围与基本内容，但目前关于专业学位研究生教育培养模式尚没有一个明确统一的概念，不同学者基于各自的研究提出了不同的观点。

1998 年，教育部副部长周远清对“培养模式”的概念做出解释，认为人才培养模式即人才培养目标、培养规格和基本培养方式集中体现出高等教育的教育思想和教育观念，规定着所培养人才的根本特征。[①]随后，学者们根据自己的研究分别对培养模式的概念进行了总结。朱宏等学者从系统的观点出发认为专业学位培养模式是一个应该包括创新人才的培养和人才成长环境等内容的系统，是在一定的教学组织管理下包括培养目标、专业结构、课程体系、

---

① 中华人民共和国教育部．关于深化教学改革，培养适应 21 世纪需要的高质量人才的意见[Z]．教高〔1998〕2 号文件，1998.

教学制度、教学模式和日常教学管理等环节的系统。①张兴平等强调专业学位的培养模式以专业实践为导向，强调实践和应用。②邓光平将专业学位研究生培养模式定义为专业学位研究生培养主体为实现人才培养目标，在一定教育思想指导下设计的，由培养目标、培养主体、培养内容、培养方式和培养质量评价等要素构成的有关专业学位研究生培养过程的理论模型与操作样式。③倪彬等学者的研究指出构建适合国情的专业学位研究生培养模式需要政府、高校、导师等多方面的共同努力，从培养特色、导师多元化、管理机构以及质量评价体系等方面完善培养模式。④

总的来看，专业学位研究生培养模式是培养主体围绕特定培养目标，在培养单位、用人单位和政府协同努力下，构建的包括教学、实践、评价等环节的教育培养系统。从培养模式的种类来看，培养模式涵盖的内容广泛，如“螺旋提升型”SUTM专业学位研究生培养模式、“五位一体”培养模式、基于7T-OBE的培养模式、“内外协同”的培养模式、以“科研—实践—竞赛—创新”为主线的工程硕士培养模式、“一二二”“三全程”纺织工程专业学位硕士研究生培养模式、政产学研一体化翻译专业研究生教育模式、应用导向的产学研合作培养模式等。

（二）培养模式的发展改革

随着我国专业学位研究生培养规模的不断扩大和社会对专业学位研究生质量要求的不断提高，坚持以服务需求、提高质量为核心，深化专业学位研究生教育综合改革迫在眉睫⑤。我国专业学位研究生培养模式改革应确立开放与合作育人的观念，以利益相关者的利益需求满足为基本出发点和落脚点。

在培养模式改革的环节方面，入学形式、培养目标、课程体系建设、实践教学和实践基地建设⑥，办学自主性以及质量评估体系⑦等环节都需要不断调整完善。在具体的改革措施上，学者们分析了我国专业学位研究生培养模式改革的动力来源和动力机制，其中动力来源分为外源动力和内源动力，动力机制则包括动力激发、传导、聚合、协调和支持机制⑧，提出了诸如建立动态课程体系，与职业资格认证相衔接和建设实践基地“大平台”；建立完善专业学位人才培养项目分类标准和类型⑨；引入大数据、云平台创新管理模式、实施链网工程创新

① 朱宏. 高校创新人才培养模式的探索与实践[J]. 高校教育管理，2008（3）：6-11.
② 张兴平，孙恒，曹荣，张璟. 全日制专业学位硕士研究生培养模式探讨[J]. 中国电力教育，2012（6）：51-52.
③ 邓光平. 我国专业学位研究生培养模式改革的历史变迁与现实思考[J]. 高等教育究，2019，40（5）：64-69.
④ 倪彬，何春梅，刘新荣. 全日制专业学位研究生培养模式反思与构建[J]. 高等建筑教育，2015，24（6）：48-50.
⑤ 杜占元. 探索创新深化改革推动专业学位研究生教育再上新水平[J]. 学位与研究生教育，2016（1）：1-6.
⑥ 李丙红，吴玉胜，王鑫，耿宁宁，赵益洋，隋坤，张泉. 工程类专业学位研究生培养模式探析[J]. 高教学刊，2021，7（15）：64-67.
⑦ 田学真，张俊. 美国专业学位研究生培养模式及其启示[J]. 研究生教育研究，2012（3）：91-95.
⑧ 刘亚敏，胡甲刚. 我国专业学位研究生培养模式改革的动力机制探讨[J]. 学位与研究生教育，2016（6）：9-13.
⑨ 袁本涛，李莞荷，王顶明. 专业学位人才培养模式特征探究——基于分类的视角[J]. 高等工程教育研究，2015（2）：56-61.

培养过程、坚持需求为导向和建立信息流管理制度等创新对策。①

此外，构建适合国情的专业学位研究生培养模式需要政府、高校、导师等多方面的共同努力，从培养特色、导师多元化、管理机构以及质量评价体系等方面完善培养模式。部分学者也以院校和专业的培养改革为例对专业学位研究生培养模式的发展改革进行了研究，如余波等在回顾了我国专业学位研究生教育的历史和特征，比较分析专业学位研究生教育培养中的问题后，指出要从政策先行，加大重视力度，构建应用导向的产学研合作培养模式，建立和完善专业学位质量保障体系，实施课程改革及导师制度改革等几个方面着手办好专业学位研究生教育。

二、专业学位研究生培养环节

（一）培养目标

从培养目标来看，国内外学者的一致共识都是专业学位研究生培养应实现从学术型到应用型的重心转换②，以应用型、实用型人才为培养目标。专业学位研究生教育培养目标的制定应该具有较强的灵活性，一方面需要适应学生的个性化需求，另一方面需要不断适应市场和外界需求的不断变化。

国外对于专业学位研究生培养目标的研究多强调目标的明确性③，研究多集中在具体的培养项目或者具体的专业领域之中，例如 G. Seliger 提出将工程师培养成“变革推动者”的培养目标，Pascal James Imperato 等学者讨论认为纽约州立大学 Downstate 医学中心的护理专业硕士就是为了培养高层次的健康专业人士来解决以往遭到忽视的社区健康问题。相比之下我国学者提出的专业学位研究生培养目标过于抽象、实用性较宽，具体性和实用性不强。国内学者几乎都赞成“应用型”“实用专家”的培养目标。有学者提出专业学位研究生应培养应用型、复合型“实用专家级”人才④。也有学者对中职硕士培养目标进行定位，认为“中职硕士学位应该面向特定职业应用培养高层次复合型人才”⑤。还有学者提出专业学位研究生培养目标应该是在现有的研究生教育学科的名义下，根据专业学位研究生的培养要求与规范，培养“现有国家专业学位类型中所没有的职业型人才”⑥。

（二）培养方案

1. 学分认证方式单一

现有全日制专业学位研究生培养方案中存在学分认证方式单一、高层次学术应用培养目

① 马晓雪，何剑彤，谢梓帆.基于协同的专业学位研究生培养模式创新研究[J]. 航海教育研究，2017，34（3）：38-41.

② 聂文斐.基于三段实践式的全日制工程硕士生培养方案探索[J]. 学位与研究生教育，2011，（3）：64-65.

③ J. Barrie Thompson, Helen M. Edwards, Colin J. Hardy. Providing Masters Level Computing Students with Real-Life Learning Experiences Via Capstone Projects. IFIP International Federation for Information Processing[J]. Informationand Communication Technologiesand Real-Life Learning, 2005, (182): 231-242.

④ 刘辉煌.可持续发展的专业学位研究生人才培养模式研究[J]. 当代教育论坛，2008，（4）：58-60.

⑤ 刘伟民.基于 REO 三维模型的中职硕士培养目标定位辨析[J]. 学位与研究生教育，2008，（6）：32-36.

⑥ 徐俊忠.“类专业学位”：一种拓展应用型人才培养的策略性措施——中山大学的实践与体会[J]. 学位与研究生教育，2009，（11）：1-4.

标不明确的问题。部分高校对专业学位硕士的培养方案修订并没有十分重视，只是简单按照专业学位教育指导委员会要求设置培养方案。就总体情况而言，绝大多数高校十分重视专业实践，并将专业实践纳入学分设置环节。有学者提出，建议专业学位硕士“学校专业知识”部分学分占总学分的60%，其中包括基础知识必修、专业课程选修以及思想教育课程，为学生必须取得的学分，不可用其他方式代替。并提出了适用于工科全日制专业学位研究生的“学校专业知识、校企产学联合、专业竞赛辅助”的多样化学分认证方案①。

2. 实践创新环节薄弱

专业学位研究生更注重实践创新能力的培养，应贯彻整个过程，而不应仅仅依靠实践环节。专业学位研究生教育存在职业导向性不明确，教育教学体系与生产实践不融合，实践教学不能保障等亟待解决的问题，专业实践环节的学分配额少。②研究生应用能力的培养离不开企业实践课题的锻炼，这就需要在培养方案制定过程中企业参与进来，目前为止，高校与企业并未从根本参与培养方案的制定，也缺少相应政策制度的支撑，没有实现深层次的合作，导致研究生创新能力培养略显欠缺。③很多高校单独把实践环节设为一项必修课程，并没有和学位论文结合在一起，以至于有些学生没有经过严格、规范的实习或生产实践，只是完成了毕业论文，就能顺利毕业，而毕业论文大多在校内实验室完成，偏重学术型，偏离实践性。④

3. 课程体系不合理

由于课程体系的设置与学术型的基本相同，强调理论性和授课环节，致使专业学位研究生的课程缺乏针对性和应用性，难以满足职业需求。目前，专业学位培养方案沿用学术学位培养模式的现象普遍存在，课程设置上理论讲授占绝对主干。现有课程体系中缺乏案例课程、课内实验和综合实践课程，校外企业对课程的参与度不够。专业学位硕士生课程设置中，大部分课程都与全日制学术型培养方案的课程重复，而实践类课程也很少，基本上与学术型硕士生处于同一课程设置体系，未能明显突出全日制专业学位研究生培养应用技术型人才的培养特色。⑤非全日制研究生教育的目标是培养经济社会发展所需要的高层次应用型人才，但“学术化”的培养模式深深影响了我国非全日制研究生教育的方向，课程设置中实践指导类的课程少之又少，甚至没有⑥，导致非全日制研究生的教育依然倾向于理论知识的掌握，忽视了其职业能力培养的特色。

---

① 袁庆庆，王楠，夏鲲．“电气工程”全日制专业学位研究生的多样化学分认证方案探索[J]．科教导刊（下旬），2016（30）：24-25.

② 孙蓓蓓．基于协同创新的专业学位研究生培养方案改革研究[J]．大学教育，2017（11）：175-177.

③ 王永东，王振廷，王宁，胡可心，徐家文．应用研究型研究生创新能力培养模式探索与实践[J]．经济师，2021（3）：159-160.

④ 张立侠，徐召丹，周伟，沈亚芳．专业学位研究生培养模式改革与优化[J]．安徽农业科学，2016，44（2）：337-339.

⑤ 曹洁，张小玲，武文洁．对专业学位硕士研究生教育与培养模式的思考与探索[J]．清华大学教育研究，2015，36（1）：60-63.

⑥ 张磊，罗格非．非全日制研究生教育内涵式发展路径探赜[J]．华北电力大学学报（社会科学版），2020（3）：128-134.

4. 导师队伍建设需要加强

目前很多高校在师资结构上是以学术型教师为主，具有企业实践经验的教师比较缺乏。另外，“双导师制”落实不到位，有些校外导师只是挂名，对学生论文的指导不够，校内外导师的交流联系也不密切①。在我国高校中，大多数导师的成长经历都是从学校直接到工作岗位，整个经历基本上都是在学校中，其本身就缺乏创新创业能力，动手的实践能力也欠缺。

（三）课程设置

1. 国外专业学位研究生课程设置

国外学者对于专业学位研究生培养模式的研究主要关注课程设置、教学和评价等内容，更加关注教学方式和教学各环节的质量及评价②，如对英国石油地质专业硕士课程、美国教育硕士课程、日本教育硕士课程、美国农科研究生课程、越南工商管理硕士介绍等。

2. 课程结构

杨明全研究认为专业学位研究生教育课程应该减少理论性课程，增加实践课程，增加专业课比重③。德国学者阿卡德曼探讨了生态工程硕士在野外作业时需要的课程结构，包括生态科学课程、跨学科的横向课程、野外探险的技能与策略训练课程、和平与安全教育课程四大块④。美国学者德费尼和里查德⑤讨论了 MBA 课程的设置问题，认为 MBA 教育中忽视了道德教育，需要在课程中增加商业伦理、价值观等道德教育课程内容。

3. 课程设置的原则和要求

国内学者比较重视理论研究，国外学者更重视具体项目的研究。国内学者主要采用经验观察加理论思考的方法，国外学者很少提原则，但研究课程动态与方向，学者大多采用实证的社会科学研究方法。潘全研究了控制工程领域工程硕士课程设置，认为课程设置应该遵循共性、系统性、交叉性和可扩展性几个原则⑥。杨宁介绍了全日制专业学位硕士的课程设置的一般要求：面向需求、体现特色；课程内容基本水准；不同的培养单位所制订的课程设置方案可能不尽相同⑦。

① 叶玉玲，贾咏明，叶霞飞，周正涛. 交通运输领域专业学位研究生培养方案分析[J]. 教育教学论坛，2018（15）：39-40.

② Stacey White, James Mayo. Environm Entaleducationin Graduate Professional Degrees: The Case of Urban Planning[J]. The Journal of Environmental Education, 2005, 36(3): 31-38.

③ 杨明全. 我国教育硕士专业学位教育课程设置的调查研究[J]. 全球教育展望，2010（7）：57-59.

④ Elvia J. Meléndez-Ackerman. Professional Trainingand Graduate Education Needsin Warfare Ecology Warfare Ecology[J]. NATO Science for Peaceand Security Series C: Environm Ental Security, 2011(4): 259-271.

⑤ Clinton H. Richards, Joseph Gilbert, James R. Harris. Assessing Ethicseducation Needsin the MB Aprogram[J]. Teaching Business Ethics, 2002, 6(4): 447-476.

⑥ 潘泉.“控制工程领域工程硕士专业学位标准”中课程体系的制定研究[J]. 学位与研究生教育，2007(9)：23-25.

⑦ 杨宁.我国全日制专业学位硕士研究生培养模式研究[D]. 大连：大连理工大学，2010.

（四）导师团队指导

导师团队是专业学位研究生培养的重要保障，专业学位研究生教育的培养要求对导师提出了新的要求和挑战，专家学者和培养单位均形成了统一的双导师制培养思路。目前，我国专业学位硕士研究生培养中“双导师制”没有充分发挥实际效用，双导师制在实施过程中存在着诸多问题，包括落实不到位，导师遴选条件不成熟，校内外导师分工不清、缺乏交流合作，缺乏校外导师的考核机制等。

新的专业学位研究生培养模式下，导师教学能力和教学水平的考察不能只局限于教师学位或职称的高低，而是需要根据学生培养的实际需求，聘请经验丰富的企业工程师等专家员工进行授课，丰富专业学位研究生的实践经验，提高学生的应用素质。部分学者就提出以校内导师、企业导师和专业学位研究生共同组成的课题组为基础，以解决合作企业生产中的实际问题为导向，探索基于产学研合作的课题驱动培养模式，提升专业学位研究生的实践和创新能力，形成有效的人才培养模式和管理流程。教育工作者围绕专业学位研究生导师团队的建设、构建模式、指导模式、研究生培养模式和创新能力培养等方面进行了卓有成效的研究与探索。

（五）研究生评价体系构建

教育评价体系是专业学位研究生教育的重要组成部分，树立正确的质量观是专业学位研究生培养评价的首要工作。①专业学位硕士研究生评价模式要遵循区别化培养这个前提，剖析专业学位硕士研究生培养现状与困境，分析成因，以职业需求为导向，探索构建区别化培养与评价模式。②

目前，西方发达国家形成了较为完善的研究生教育质量评价体系，不同国家教育评价体系有所不同：以美国为代表的教育质量评价体系中社会是评价的主体，以法国为代表的教育质量评价体系中政府是评价的主体，以英国为代表的教育质量评价体系中政府和学校共同发挥评价主体的作用。我国研究生培养的研究迄今为止尚未形成完善的体系，培养评价体系大多参考西方国家③在具体的评价指标体系方面，研究生培养质量评价要深入研究影响研究生培养质量的因。素。宋永朝等采用层次分析法对实践教学进行二级综合评价，结合实例对全日制专业学位研究生实践教学进行评价应用。④程砚秋从科学定位、教学要求、实践要求和学位论文等4个方面，构建了全日制专业学位研究生培养质量评价指标体系，并采用序关系分析法分析各评价指标对培养质量的影响。⑤宋李俊等针对生源质量、培养条件、过程管理和培养结果等影响学生研究能力以及专业技能的因素，利用系统工程的思想评价机制，利用模糊二元评价法评价影响因素并对保障质量进行了研究。⑥王健等着眼于招生情况、导师构

---

① 陈谷纲，陈秀美. 专业学位研究生教育的质量观[J]. 学位与研究生教育，2006（7）：28-32.

② 黄锐. 以实践能力为核心的专业硕士培养模式探究[J]. 教育研究，2014（11）：88-94.

③ 甄良. 专业学位研究生培养质量评价及保障体系的构建[J]. 研究生教育研究，2012（12）.

④ 宋永朝，卢笑，秦旻. 全日制专业学位研究生实践教学质量评价研究[J]. 上海教育评估研究，2019，8（1）：10-13+35.

⑤ 程砚秋.基于序关系分析法的全日制专业学位研究生培养质量评价研究[J]. 科教导刊（上旬刊），2019（4）：58-59+71.

⑥ 宋李俊，周怡伶.全日制专业学位研究生培养的过程质量评价体系研究[J]. 教育现代化，2017，4（6）：63-66.

成、课程设计、教学过程、学术论文和社会评价等六个方面构建了全日制体育硕士专业学位研究生培养质量评价指标体系。[①]

三、专业学位研究生培养困境

近年来我国专业学位研究生教育发展迅速，专业学位研究生教育在实践过程中也不断地暴露出一些问题，制约着教育培养的发展。耿有权等基于全国 14 所重点高校问卷调查数据的研究指出，目前全日制专业学位研究生培养过程中存在着理论课比重大于实践课，以学术性课题研究代替社会实践，双导师和导师指导小组比例较低，配套条件和环境建设不足等问题。在培养过程中存在高校培养的人才与企业需求脱节，培养模式与学术型研究生区分度不高，培养目标定位不清晰，课程设置与课程教学体系不合理，课外实践和双导师制未落实，培养中存在学术深度不够，专业学习泛于表面，职业技能训练不够，实践能力差强人意，学生实践能力培养环节薄弱，导师对学术实践能力培养的重视程度不足，评价体系不合理，内外沟通互动机制不畅等问题。此外，在教育政策方面，胡艺玲通过构建政策工具和培养模式构成要素二维分析框架，对我国专业学位研究生培养模式政策文本进行了量化分析，结果表明我国专业学位研究生培养模式政策缺乏稳定性和系统性；培养模式政策工具使用结构不合理；培养模式各个构成要素的政策供给不均衡；政策工具与培养模式构成要素间的匹配性不足[②]。

针对专业学位研究生教育过程中的种种困境，国外探索了一系列的保障措施值得我们借鉴。美国专业学位研究生教育具有一套独具特色的质量保障模式，除了高校内部质量保障体系外，美国还建立了政府认证和非政府认证相结合的校外质量保障体系[③]。英国高等教育质量保障机构会定期对院校的专业学位教育质量进行评估，从而建立一种公众监督和约束机制。德国应用技术大学主要通过采取专业认证、专业评估、课程评价等措施，来保障专业学位的教育质量[④]。日本的专业学位教育要求与职业挂钩，充分体现应用型人才培养理念和质量保障[⑤]。我国学者在借鉴国外研究生教育保障体系的基础上，提出了我国专业学位研究生教育质量保障的相关建议，例如要积极发挥政府的引导作用，充分发挥市场对研究生教育质量的保障作用，联合全国高校建立质量保障体系，成立发挥教育行业组织的监督管理作用，以及鼓励社会各界共同参与监督评价等。完善中国特色的专业学位质量保障体系，发挥激励、导向与引领作用，促进专业学位内涵式发展将成为保障我国专业学位研究生教育的重要内容[⑥]。

① 王健，曲鲁平．我国全日制体育硕士专业学位研究生培养质量评价指标体系的构建[J]．北京体育大学学报，2012，35（10）：76-79+91.

② 胡艺玲．我国专业学位研究生培养模式政策文本量化分析——基于政策工具视角[J]．研究生教育研究，2021（1）：90-97.

③ 研究生专业学位总体设计研究课题组．开创我国专业学位研究生教育发展的新时代[M]．北京：中国人民大学出版社，2010.

④ 初旭新．发达国家专业学位研究生教育质量保障体系的启示与思考[J]．北京教育（教），2015（Z1）：47-49.

⑤ 汪晖．日本专业学位改革的特点与问题[J]．学位与研究生教育，2009（1）.

⑥ 黄宝印．我国专业学位研究生教育发展的新时代[J]．学位与研究生教育，2011（2）：25-27.

第三部分　过程培养质量保障文件体系

文件类别	文件标题	文件编号	附录编号
管理办法	西南交通大学研究生培养方案管理办法	XJYZB-3301	3-1
	西南交通大学关于攻读博士学位研究生培养工作的规定	XJYZB-3102	3-2
	西南交通大学关于攻读硕士学位研究生培养工作的规定	XJYZB-3103	3-3
	西南交通大学研究生培养过程管理与质量督导实施办法	XJYZB-3304	3-4
	西南交通大学研究生学业档案管理实施办法	XJYZB-3305	3-5
	西南交通大学关于博士研究生申请毕业的实施办法	XJYZB-3306	3-6
表格模板	西南交通大学研究生科研育人专题报告	XJYZB-3607	3-7
	西南交通大学博士研究生参加学术报告活动记录	XJYZB-3608	3-8
	西南交通大学硕士研究生参加学术报告活动记录	XJYZB-3609	3-9
	西南交通大学博士研究生国内外学术会议报告表	XJYZB-3610	3-10
	西南交通大学博（硕）士研究生课题组研讨活动记录	XJYZB-3611	3-11
	西南交通大学研究生文献阅读与评述记录表	XJYZB-3612	3-12
	西南交通大学工程博士研究生工程实践活动记录表	XJYZB-3613	3-13
	西南交通大学博士研究生选题报告	XJYZB-3614	3-14
	西南交通大学硕士研究生选题报告	XJYZB-3615	3-15
	西南交通大学博士（硕士）研究生选题报告会记录表	XJYZB-3616	3-16
	西南交通大学硕士研究生论文中期考核报告	XJYZB-3617	3-17
	西南交通大学博士研究生年度考核报告	XJYZB-3618	3-18
	西南交通大学博士研究生国际访学学分认定表	XJYZB-3619	3-19
	西南交通大学专业学位硕士研究生创新创业与社会实践活动记录表	XJYZB-3620	3-20
	西南交通大学全日制硕士专业学位研究生专业实践记录表	XJYZB-3621	3-21

附　录

附录 3-1　西南交通大学研究生培养方案管理办法

编号	XJYZB-3301

西南交通大学

研究生培养方案管理办法

第一章　总　则

第一条　培养方案是贯穿人才培养全程的纲领性文件，是贯彻学校研究生教育思想和教育理念的具体载体，是各学科开展研究生教育教学工作的主要依据，也是保障研究生培养质量的重要基础。为进一步规范研究生培养方案的制定、修订和实施，确保培养方案的科学性、前沿性、规范性、完备性，推进培养方案的持续改进与优化，根据《中华人民共和国学位条例》和教育部有关文件精神，制订本管理办法。

第二章　培养方案的制定与修订

第二条　研究生培养方案的制定和修订要紧密结合学科建设和人才培养目标，遵循研究生教育教学规律，既要保持相对的稳定性，也要根据学科发展适时修订。

第三条　培养方案的制定和修订应全面、准确把握学科内涵与学科发展动态，既要符合教育部门有关文件精神，也要充分体现学科优势和特色。

第四条　各培养单位应认真总结本学科的研究生培养经验，学习和借鉴国内外世界一流大学先进经验，结合人才培养目标与学位标准，制定适合我校实际的研究生培养方案。

第五条　培养方案制定、修订的基本要求：

（一）学术学位研究生的培养方案原则上应按照一级学科进行制定，没有一级学科学位点的或按一级学科制订方案时对研究生就业、报考公务员等影响较大的，可按二级学科或交叉学科进行制定；专业学位研究生的培养方案应按照专业学位授权点或工程领域进行制定。

（二）专业学位研究生培养方案应根据全国专业学位教育指导委员会提出的培养要求，结合学校和专业领域的优势与特色，积极聘请国内外具有丰富实践经验的行业专家共同参与制定。

（三）同一学科的博士研究生、硕士研究生、直博生、硕博连读生、博士专业学位研究生、专业学位硕士的培养方案鼓励一体化制定，全日制、非全日制研究生的培养方案应分别制定。

第六条　培养方案应包含的基本要素有：学科专业简介、培养目标、基本学习年限、课程学习要求、培养过程要求（硕士生开题报告、中期检查、实习实践、论文答辩等；博士生开题报告、创新实践、年度考核、论文答辩等）、学术成果要求、学位论文要求、课程信息等；培养方案各要素应规范、齐全、准确。

第七条　培养方案的制定、修订程序：

（一）学校研究生培养方案全面修订工作一般每四年进行一次，由研究生院组织。

（二）学校研究生培养方案的个别调整工作一般在每年春季学期进行，主要是对下一人学年级研究生培养方案的调整和对新增学位点的培养方案的制定，由研究生院组织。

（三）各院系应根据本文件要求及学校相关通知，组织本学科各类研究生培养方案的研讨、拟定工作。

（四）各院系拟定的培养方案经所在学科学位评定分委员会负责审定后，上报研究生院审核备案，并在学校的研究生教育信息管理系统上提交。

（五）研究生院负责对各院系提交的培养方案进行形式审查和合规性审查，必要时退回相关培养单位修改；应研究生院要求修改的培养方案，仍需学科学位评定分委会审定。

第三章　培养方案的实施

第八条　经学校批准实施的培养方案，即为该年级研究生培养的指导性文件，由研究生院和各院系负责组织实施。

第九条　各学科应在研究生入学前及时、准确为每位新生绑定培养方案。研究生院和各院系根据培养方案的要求分别负责公共类课程和专业类课程的建设、开设、开课工作，并安排好各教学环节，规范教学管理。

第十条　各院系应根据学科培养方案，完善学术报告、课题组研讨会、开题报告、实习实践、中期检查、论文答辩等培养环节的实施细则，加强和规范研究生培养的过程管理。

第十一条　研究生新生入学后，应在导师（组）指导下，根据学科培养方案制定个人培养计划，并在培养期间根据培养计划要求完成课程学习、科学研究、实习实践、论文撰写等工作。

第四章　培养方案的修改

第十二条　同一年级研究生的培养方案应保持相对稳定，一经学校审批通过，原则上不得随意修改。

第十三条　在实施过程中，因特殊原因确需修改培养方案的，在与相关教师和学生进行充分沟通后，由各院系提出修改申请，并附上所在学科学位评定分委员会的审核意见，及修改后的完整培养方案，经研究生院审核备案后完成修改。

第十四条　培养方案的修改原则上仅限于对研究生培养基本要求、课程设置及其属性等信息的微调，不应涉及基本学习年限、学分要求等关键要素的调整。涉及已下达或已排课教学任务的修改原则上应不予通过。

第十五条　培养方案在实施过程中的修改将计入各院系年度考核负面清单。

第五章　培养方案的评估

第十六条　为确保研究生培养方案的合规性、科学性、前沿性、规范性与完备性，推动其持续优化，不断提升人才培养质量，研究生院应适时组织对研究生培养方案的专项评估工作。

第十七条　各院系应积极参与和配合培养方案的评估工作，并根据评估意见在后续工作中修订、改进学科研究生培养方案。

第六章　附　则

第十八条　本办法自发布之日起施行，由研究生院负责解释。以往有关规定与此不一致的，以本办法为准。

附录 3-2　西南交通大学关于攻读博士学位研究生培养工作的规定

编号	XJYZB-3302

西南交通大学
关于攻读博士学位研究生培养工作的规定

第一章　总　则

第一条　为加强博士研究生的培养与管理工作，提高博士研究生的培养质量，体现博士研究生以“研”为中心、以创新能力培养为目标的培养理念，根据《中华人民共和国学位条例》《中华人民共和国学位条例暂行实施办法》等国家有关法律法规和《西南交通大学章程》《西南交通大学研究生学籍管理规定》的有关规定，结合我校博士研究生培养的具体情况，制定本规定。

第二条　本规定适用于攻读博士学位研究生，其培养类型包括学术型普博生、硕博连读生、直博生和工程博士研究生，学习形式为全日制研究生。

第三条　我校以创新教育的理念指导博士研究生教育，旨在造就遵纪守法、明礼诚信、身心健康，具有所属学科坚实宽广的基础理论和系统深入的专业知识，能够独立地、创造性地从事科学研究工作，在科学研究或专门技术上做出创造性成果的高层次人才。

第四条　博士研究生的培养管理工作应体现校院二级管理的原则，实行由学校、学院、学科组、导师组、导师在本办法规定的范围内分工负责的制度。

在博士研究生培养过程中，学校和各学科应合理安排课程学习、科学研究、科技创新、学术交流等各个环节，着重培养博士研究生的严谨学风、创新意识、探索精神和独立从事科学研究的能力。

第二章　学习年限与总体要求

第五条　博士研究生培养实行学年学期制。每一学年包含两个学期：第一个学期一般从每年9月至次年1月，第二个学期一般从次年3月至7月。博士研究生和硕博连读生（博士阶段）学制均为4学年，在校学习的最长年限为6学年（含休学）；直博生学制为5学年，在校学习的最长年限为6学年（含休学）；工程博士研究生学制为4学年，在校学习的最长年限为7学年（含休学）。

博士研究生的最短学习年限一般不少于3.5学年。提前申请答辩的博士研究生须满足《西南交通大学研究生学位论文提前答辩管理规定》的要求。

第六条　具有博士学位授予权的学科应根据本规定，结合本学科、专业的实际，制定本学科各类博士研究生培养方案，并以此作为博士研究生培养工作的主要依据。

第七条　博士研究生应根据学科培养方案制定个人培养计划，并在培养期间完成培养方案规定的课程学习、科学研究、科技创新和论文撰写等工作。

第三章　导师指导与培养计划

第八条　研究生指导教师（以下简称“导师”）是研究生培养的第一责任人。须肩负起培养高层次创新人才的崇高使命，应严格执行《研究生导师指导行为准则》（教研〔2020〕12号）文件的要求，立德修身、严谨治学、潜心育人。

第九条　博士研究生的日常培养工作实行导师负责和导师组培养相结合的办法，实行导师组共同指导的，应确定一名主导师。

第十条　在培养过程中，如导师因故确不能履行职责，可更换导师。导师变更程序依照学校有关规定办理。

第十一条　导师（组）应全面负责博士研究生的日常培养教育工作，包括：

（一）指导博士研究生制定个人培养计划；

（二）督促博士研究生执行学习和科研计划的进展；

（三）指导博士研究生的科学研究和学术、学位论文撰写；

（四）培养博士研究生规范的品行、学风、科研道德、学术诚信；

（五）对博士研究生做好心理疏导和职业规划的指导；

（六）对不能达到培养要求的博士研究生提出分流或淘汰建议。

第十二条　导师（组）应根据本办法、学科专业培养方案，结合博士研究生个人情况，在新生入学后2周内指导博士研究生制定出切实可行的个人培养计划。

个人培养计划经导师和学科负责人审定后，递交学院研究生教务部门存档。培养计划确定后，博士研究生和导师均应严格遵守。

第十三条　个人培养计划因客观情况发生变化而不能执行或不能完全执行的，必须于新学期开学2周内申请修订。经导师（组）和学院负责人审定同意后，递交学院研究生教务部门存档。

第四章　课程学习与培养环节

第十四条　本章节所规定的课程设置、学分要求及各环节的学分和数量要求均为学校指导性意见，各学科博士研究生的课程学习与培养环节的准确标准和要求以所在学科的培养方案为准。

第十五条　博士研究生的培养实行学业学分制，主要包含课程学分和非课程学分两部分。课程部分主要由思政课、交叉前沿类课程和专业基础类课程组成，非课程部分主要由科研育人专题、学术活动、课题组研讨活动、文献阅读与评述、国内外学术会议、工程实践、开题报告组成。

第十六条　博士研究生培养根据类别和学科的差异，分别提出培养环节和培养要求如下（学校指导性要求）：

<table>
<tr><td rowspan="3">培养环节</td><td colspan="6">学生类型</td></tr>
<tr><td colspan="2">学术型博士</td><td rowspan="2">工程博士</td><td colspan="3">硕博连读生
直博生</td></tr>
<tr><td>理工科
生命</td><td>文科</td><td>理工科</td><td>生命</td><td>文科</td></tr>
<tr><td>课程学分</td><td>9</td><td>9</td><td>9</td><td>20</td><td>20</td><td>23</td></tr>
<tr><td>科研育人专题</td><td>1</td><td>1</td><td>1</td><td>1</td><td>1</td><td>1</td></tr>
<tr><td>学术活动</td><td>2</td><td>2</td><td>1</td><td>2</td><td>2</td><td>2</td></tr>
<tr><td>课题组研讨活动</td><td>4</td><td>4</td><td>2</td><td>4</td><td>4</td><td>4</td></tr>
<tr><td>文献阅读与评述</td><td>4</td><td>6</td><td>4</td><td>4</td><td>4</td><td>6</td></tr>
<tr><td>工程实践</td><td></td><td></td><td>6</td><td></td><td></td><td></td></tr>
<tr><td>国内外学术会议</td><td>2</td><td>2</td><td>2</td><td>2</td><td>2</td><td>2</td></tr>
<tr><td>开题报告环节</td><td>2</td><td>2</td><td>2</td><td>2</td><td>2</td><td>2</td></tr>
<tr><td>学业学分（总计）</td><td>24</td><td>26</td><td>27</td><td>35</td><td>35</td><td>40</td></tr>
<tr><td>可申请学分（国际访学）</td><td>≤4</td><td>≤4</td><td>≤4</td><td>≤4</td><td>≤4</td><td>≤4</td></tr>
</table>

第十七条 博士研究生培养方案的课程设置基本要求如下（学校指导性要求）：

（一）思政课程：2学分

中国马克思主义与当代（2学分，必修）

（二）交叉、前沿类课程：4学分

学科交叉、科技前沿类　理工、生命学术型博士（4学分，必修）

人文经典、交叉、前沿类　文科学术型博士（4学分，必修）

学科交叉、工程技术前沿类　工程博士（4学分，必修）

各学科开设此类课程的数量可根据包含的二级学科数及招生数相应调整。

（三）专业类课：3学分

学分要求一般为3学分，1门课程。

各学科开设此类课程的数量可根据包含的二级学科数及招生数相应调整。

第十八条 硕博连读生和直博生培养方案的课程设置基本要求如下（学校指导性要求）：

（一）思政课程：3学分

中国特色社会主义理论和实践研究（2学分，必修）

自然辩证法概论（1学分，选修）

马克思主义与社会科学方法论（1学分，选修）

必须从两门选修课程中选择1门修读。

（二）基础类课程：3学分

公共数学、力学课　理工必修3学分（文科、生命除外）

（三）素养类课程：1学分

学术素养与研究方法（1学分，必修）

（四）交叉、前沿类课程：7 ~ 10 学分

学科交叉、科技前沿类　理工、生命　7 学分，2 门课程

人文经典、交叉、前沿类　文科　7 ~ 10 学分，不超过 3 门课程

（五）专业类课程：6 ~ 9 学分

理工　学分要求一般应为 6 学分，2 门课程

文科、生命　学分要求一般应为 6 ~ 9 学分，不超过 3 门课程

第十九条　博士研究生可跨学科选修课程，经导师同意、学院审核，可列入本人培养计划课程，并计入学分。

第二十条　对入学前 4 年内已在我校参加研究生课程学习，考核成绩合格且未用于申请其他学位的课程，如果符合本学科培养方案的要求，可以申请免修，并计入成绩。申请免修可在入学学期开学 2 周内提出申请，经导师和任课教师及学院同意后，报研究生院审批、备案。

第二十一条　博士研究生培养方案的培养环节设置基本要求如下（学校指导性要求）：

（一）科研育人专题

博士研究生应在入学的第一学年结束前完成我校"中国精神"慕课中不少于 5 个专题的在线学习，并撰写不少于 500 字的学习心得体会，书面材料经导师评阅签字后存入个人学业档案盒，并于年度"入档月"以电子文档形式提交所在学院研究生教务部门记载成绩并存档备查，完成者获得 1 学分。

（二）学术活动

学术型博士研究生在读期间应参加 20 次以上校内外学术报告会，其中至少 4 次为跨学科学术报告、至少 2 次为本人主讲报告，每次活动撰写出不少于 500 字的小结并填写"博士研究生参加学术报告活动记录"，小结报告由导师进行评阅，书面材料经导师签字后存入个人学业档案盒，并于年度"入档月"以电子文档形式提交所在学院研究生教务部门记载成绩并存档备查，完成者获得 2 学分。

工程博士研究生在读期间应参加 10 次以上学术报告，其中至少 2 次为跨学科学术报告、至少 1 次为本人主讲报告，每次活动后撰写出不少于 500 字的小结。填写"博士研究生参加学术报告活动记录"，小结报告由导师进行评阅，书面材料经导师签字后存入个人学业档案盒，并于年度"入档月"以电子文档形式提交所在学院研究生教务部门记载成绩并存档备查，完成者获得 1 学分。

（三）课题组研讨活动

学术型博士研究生在读期间应参加不少于 40 场导师或课题组组织的课题组研讨会（含与导师单独研讨课题研究工作），每次活动或研讨后，记录参加的时间、地点、研讨主要内容、个人研究思路或创新思路，由导师或研讨会负责人签字确认后存入个人学业档案盒，并于年度"入档月"以电子文档形式提交所在学院研究生教务部门记载成绩并存档备查，完成者获得 4 学分。

工程博士研究生在读期间应参加不少于 20 场导师或课题组组织的课题组研讨会（含与导师单独研讨课题研究工作），每次活动或研讨后，记录参加的时间、地点、研讨主要内容、个人研究思路或创新思路，由导师或研讨会负责人签字确认后存入个人学业档案盒，并于年度"入档月"以电子文档形式提交所在学院研究生教务部门记载成绩并存档备查，完成者获得 2 学分。

（四）文献阅读与评述

理工、生命类博士研究生（含工程博士）在学位论文开题之前，必须阅读本学科国内外前沿高水平文献 50 篇以上（近五年的文献不少于 50%），其中外文文献 30 篇以上（外文文献偏少的学科可制定合理的篇数要求），每一篇文献应撰写相应评述报告；评述报告应结合本人的课题研究，对所读文献进行总结，并应提出值得研究和解决的学术或技术问题，由导师评阅、签字确认后存入个人学业档案盒，于年度“入档月”以电子文档形式提交所在学院研究生教务部门记载成绩并存档备查，并在开题报告中做出总结性报告。完成者获得 4 学分。

文科类博士研究生学位论文开题之前，必须阅读本学科国内外前沿高水平文献 60 篇以上（近五年的文献不少于 50%），其中外文文献 20 篇以上（外文文献偏少或中文方向的学科可制定合理的篇数要求），每一篇文献应撰写相应评述报告；评述报告应结合本人的课题研究，对所读文献进行总结，并应提出值得研究和解决的学术问题，由导师评阅、签字确认后存入个人学业档案盒，于年度“入档月”以电子文档形式提交所在学院研究生教务部门记载成绩并存档备查，并在开题报告中做出总结性报告。完成者获得 6 学分。

（五）工程实践

工程博士研究生在读期间须参加工程实践活动，其认定范围主要包含四大类，即：科技成果奖申报、参与国际或国家及行业标准编写、申请国家发明专利、承担国家级（重大、重点）工程项目或课题等，完成四类中任意一种类别，均可获得相应 6 学分。具体界定如下：

科技成果奖申报：申报国家、省部级科技成果奖，并获得国家、省部级科技成果奖励 1 项。完成后可申请相应学分。

参编标准：工程博士以主要参编身份参与国际、国家及行业标准 1 部。完成后可申请相应学分。

申请国家发明专利：工程博士以第一完成人身份获得国家发明专利 1 项。完成后可申请相应学分。

参与重大工程项目或课题：指工程博士研究生承担相关重大、重点工程项目或课题 1 项。完成后可申请相应学分。

相关材料须存入博士研究生个人学业档案盒，并于年度“入档月”以电子文档形式提交所在学院研究生教务部门记载成绩并存档备查。

（六）国内外学术会议

博士研究生在攻读博士学位期间必须参加国内外学术会议并作报告，参加 1 次国内学术会议并作报告计 1 学分，参加 1 次国际学术会议并作报告计 2 学分，博士研究生在读期间须完成 2 学分（此环节报告次数可计入学术报告环节要求的次数）。会议结束后，相关材料须存入研究生个人学业档案盒，并于年度“入档月”以电子文档形式提交所在学院研究生教务部门记载成绩并存档备查。

（七）国际访学

鼓励博士研究生在攻读博士学位期间申请各类国际访学项目，完成访学后可申请相应学分。访学时长 3 个月可申请认定 2 学分、6 个月可申请认定 3 学分、12 个月可申请认定 4 学分。访学结束后，相关材料须存入研究生个人学业档案盒，并于年度“入档月”以电子文档形式提交所在学院研究生教务部门记载成绩并存档备查。

第五章　开题报告与考核分流

第二十二条　开题报告

（一）博士研究生应选择学科前沿领域或对科技进步、经济建设和社会发展有重要意义的课题作为博士学位论文的选题。选题应具有科学性、学术性、创新性、先进性和可行性。论文选题鼓励与国家级、省部级项目等重要纵向科研项目相结合。

（二）普博生和硕博连读生学位论文开题工作一般应在博士入学第四学期结束前完成、直博生一般应在第五学期结束前完成。

（三）开题报告的内容应包括：

1. 拟定的学位论文题目；
2. 课题的研究意义、国内外研究现状分析；
3. 课题研究目标、研究内容、拟解决的关键问题；
4. 拟采取的研究方法、技术路线、方案及其可行性研究；
5. 课题的创新性；
6. 计划进度和预期成果；
7. 与本课题相关资料积累、已有的前期研究成果。

（四）博士研究生论文开题应组织开题报告会。报告会应在本学科或相关学科范围内公开进行，博士研究生在开题报告会上应就所选课题进行详细报告，由导师（组）召集 3 名相关学科具备副高及以上职称的专家作为开题报告的专家委员会对开题报告进行综合评估，就课题的研究工作提出具体意见和建议。

（五）指定专人对开题报告会作记录，并由专家组成员、报告人、记录人在材料上签字确认。开题报告和专家论证意见应存档于各学院，并作为博士研究生年度考核的必备材料。论文开题通过则获取相应学分。

（六）博士研究生首次学位论文开题未通过的，可在下一学期再次申请开题；两次论文开题均未通过的，符合硕士研究生培养条件者，学生应提交转为硕士研究生培养申请，经导师同意、学院审核通过、研究生院批准，可转为硕士研究生培养；转为硕士研究生培养后，必须在 2 年内完成硕士阶段培养要求及论文答辩，符合《西南交通大学关于攻读硕士学位研究生培养工作的规定》的，将授予硕士学位。否则，按应予以退学处理。

第二十三条　考核分流

（一）博士研究生的考核实行年度考核制，一般按照自然年进行，自博士研究生入学后的第三学年开始，每个自然年的年末前均须进行考核，申请论文答辩年度及之后年度不再进行年度考核。

（二）博士研究生的年度考核必须以书面的形式递交年度进展报告给所属学院，在年度进度报告中须详细阐述论文研究工作的进展情况及所取得的阶段性成果。

（三）各学院应组织由导师参加的至少 3 人的年度报告考核专家组，对本单位的博士研究生进行年度考核，专家组成员原则上应具备副高及以上职称。

（四）年度考核报告会上，导师应对博士研究生的年度进展情况做出综合评价，考核专家组对学生年度进展报告和学生年度科研情况进行综合评估，作出“通过”或“不通过”的决议。如认为该生不符合博士研究生培养条件和要求，应作出“不通过”的决议，并作出“博士研究生转为硕士研究生培养”或“结业”或“应予退学”的建议，经学院审核后报送研究生院。应予退学的由校长办公会或校长授权的专门会议审定。

（五）各单位应指定专人对年度考核报告会作记录。博士研究生年度考核报告由学院教务部门存档备查。

第六章　成果要求与论文答辩

第二十四条　博士研究生完成培养方案所要求的课程学分和非课程学分、论文开题及年度考核通过后，并且个人的学术成果达到有关要求，方可申请参加博士学位论文答辩。

第二十五条　原则上博士研究生应有不少于2年时间（从论文开题通过计算）进行学位论文相关的科学研究和论文撰写。学位论文应在导师的指导下由本人独立完成。

第二十六条　学位论文的要求、评阅、答辩，研究生学位的申请、学位评议与授予，按照《西南交通大学学士、硕士和博士学位授予工作细则》的相关规定执行。

第七章　附　则

第二十七条　学校将运用信息技术等多种方式对研究生提交的各项培养环节材料进行全面检查，请各博士研究生严格按照本规定的要求，认真完成本规定要求的各项学习任务，严禁在学习过程中弄虚作假、如冒名签字、提供虚假证明、抄袭等行为，一经发现将严格按照《西南交通大学学籍管理规定》和《西南交通大学学生纪律处分规定》的相关条款进行处理。

第二十八条　本规定自发布之日起施行，由研究生院负责解释，2021级及之后入学的博士研究生按照本规定执行，在读的博士研究生可参照执行。以往有关规定与本规定不一致的，以本规定为准。

附件：博士研究生合理安排各培养环节时间的指导性示意表

附　件

博士研究生合理安排各培养环节时间的指导性示意表

学制类型	培养过程	第一学年		第二学年		第三学年		第四学年		第五学年	
		第一学期	第二学期	第三学期	第四学期	第五学期	第六学期	第七学期	第八学期	第九学期	第十学期
4年学制 博士生 硕博连读生 工程博士	课程学习	■									
	科研育人专题	■	■								
	学术活动	■	■	■	■	■	■	■			
	课题组研讨活动	■	■	■	■	■	■	■	■		
	文献阅读与评述	■	■	■	■						
	工程实践（工程博士）	■	■	■	■	■	■	■			
	国内外学术会议					■	■	■			
	论文开题				■						
	年度考核					■		■			
	论文答辩								■		

续表

学制类型	培养过程	第一学年		第二学年		第三学年		第四学年		第五学年	
		第一学期	第二学期	第三学期	第四学期	第五学期	第六学期	第七学期	第八学期	第九学期	第十学期
5年学制直博生	课程学习	■	■								
	科研育人专题	■	■								
	学术活动	■	■	■	■	■	■	■	■	■	
	课题组研讨活动	■	■	■	■	■	■	■	■	■	■
	文献阅读与评述	■	■	■	■	■					
	国内外学术会议					■	■	■	■	■	
	论文开题					■					
	年度考核					■		■		■	
	论文答辩										■

附录 3-3　西南交通大学关于攻读硕士学位研究生培养工作的规定

编号	XJYZB-3103

西南交通大学
关于攻读硕士学位研究生培养工作的规定

第一章　总　则

第一条　为加强硕士研究生的培养与管理工作，提高硕士研究生的培养质量，体现研究生以“研”为中心、以创新能力培养为目标的培养理念，根据《中华人民共和国学位条例》《中华人民共和国学位条例暂行实施办法》等国家有关法律法规、教育部《关于做好全日制硕士专业学位研究生培养工作的若干意见》和《关于统筹全日制和非全日制研究生管理工作的通知》等规章制度和《西南交通大学章程》《西南交通大学研究生学籍管理规定》的有关规定，结合我校硕士研究生培养的具体情况，制定本规定。

第二条　本规定适用于攻读硕士学位研究生，其培养类别分为学术型或专业型，学习形式分为全日制研究生或非全日制研究生。

第三条　我校的硕士研究生教育，旨在造就遵纪守法、明礼诚信、身心健康，具有本学科宽广的基础理论和系统的专门知识，具有独立开展科学研究工作或担负专门技术工作的人才。

第四条　硕士研究生的培养管理工作应体现校院二级管理的原则，实行由学校、学院、学科、导师在本办法规定的范围内分工负责的制度。

在硕士研究生培养过程中，学校和各学科应合理安排课程学习、学术活动、创新实践、专业实践、学位论文等各个环节，既要使硕士研究生深入掌握基础理论和专业知识，又要培养硕士研究生具备科学研究能力或解决实际问题能力与研发能力。

第二章　学习年限与总体要求

第五条　硕士研究生培养实行学年学期制。每一学年包含两个学期：第一个学期一般从每年9月至次年1月，第二个学期一般从次年3月至7月。硕士研究生学制为3学年，其中全日制硕士研究生在校学习的最长年限为4学年（含休学），非全日制硕士研究生在校学习的最长年限为5学年（含休学）。MBA（工商管理硕士）、MPA（公共管理硕士）、MPACC（会计硕士）学制为2学年，在校学习的最长年限为5学年（含休学）。

非2年学制的硕士研究生的最短学习年限一般不少于2.5学年。提前申请答辩研究生须满足《西南交通大学研究生学位论文提前答辩管理规定》的要求。

第六条　具有硕士学位授予权的学科应根据本规定，结合本学科、专业的实际，制定本学科各类硕士研究生培养方案，并以此作为硕士研究生培养工作的主要依据。专业学位硕士研究生的培养方案应根据相关专业学位教育指导委员会的要求，并参照学校有关要求制定。

第七条　硕士研究生应根据学科培养方案制定个人培养计划，并在培养期间完成培养方案规定的课程学习、学术活动、创新实践、专业实践、社会实践和论文撰写等工作。

第三章　导师指导与培养计划

第八条　研究生指导教师（以下简称“导师”）是研究生培养的第一责任人。须肩负起培养高层次创新人才的崇高使命，应严格执行《研究生导师指导行为准则》（教研〔2020〕12号）文件的要求，立德修身、严谨治学、潜心育人。

第九条　硕士研究生的日常培养工作实行导师负责和导师组培养相结合的办法，实行导师组共同指导的，应确定一名主导师。

第十条　在培养过程中，如导师因故确不能履行职责，可更换导师。导师变更程序依照学校有关规定办理。

第十一条　导师（组）应全面负责硕士研究生的日常培养教育工作，包括：

（一）指导硕士研究生制定个人培养计划；

（二）督促硕士研究生在课程学习期间到校学习，完成学习任务；

（三）对硕士研究生执行学习、科研和实践计划的情况进行检查和指导；

（四）指导和检查硕士研究生的学位论文工作；

（五）对硕士研究生进行道德、学风、品行等方面的教育；

（六）对硕士研究生做好心理疏导和职业规划的指导；

（七）对不能达到培养要求的硕士研究生提出淘汰建议。

第十二条　导师（组）应根据本办法、学科专业培养方案要求，并结合硕士研究生个人情况，在新生入学后2周内指导硕士研究生制定出切实可行的个人培养计划。

个人培养计划经导师和学科负责人审定后，递交学院研究生教务部门存档。培养计划确定后，研究生和导师均应严格遵守。

第十三条　个人培养计划因客观情况发生变化而不能执行或不能完全执行的，必须于新学期开学2周内申请修订。经导师和学院负责人审定同意后，递交学院研究生教务部门存档。

第四章　课程学习与培养环节

第十四条　本章节所规定的课程设置、学分要求及各环节的学分和数量要求均为学校指导性意见，各学科研究生的课程学习与培养环节的准确标准和要求以所在学科的培养方案为准。

第十五条　硕士研究生的培养实行学业学分制，主要包含课程学分和非课程学分两部分。课程部分主要由思政课、基础类课程、素养类课程、交叉、前沿类课程、专业基础类课程组成，非课程环节部分主要由科研育人专题、学术活动、课题组研讨活动、文献阅读与评述、创新创业与社会实践、专业实践、开题报告和论文中期考核组成。

第十六条　硕士研究生培养根据类别和学科的差异，分别提出培养环节和培养要求如下（学校指导性要求）：

<table>
<tr><th rowspan="4">培养环节</th><th colspan="7">学生类型</th></tr>
<tr><th colspan="3">学术型硕士（学分）</th><th colspan="4">专业学位硕士（学分）</th></tr>
<tr><th rowspan="2">理工</th><th rowspan="2">生命</th><th rowspan="2">文科</th><th rowspan="2">工程类</th><th rowspan="2">生命</th><th colspan="2">其他类别</th></tr>
<tr><th>全日制</th><th>非全日制</th></tr>
<tr><td>课程学分</td><td>13</td><td>14</td><td>16</td><td>14</td><td>14</td><td rowspan="10">参照学校学分要求及课程数量指导性意见，并结合国家专业教学指导委员会要求进行设置</td><td rowspan="10">参照本领域全日制专业学位研究生设置</td></tr>
<tr><td>科研育人专题</td><td>1</td><td>1</td><td>1</td><td>1</td><td>1</td></tr>
<tr><td>学术活动</td><td>2</td><td>2</td><td>2</td><td>1</td><td>1</td></tr>
<tr><td>课题组研讨活动</td><td>3</td><td>3</td><td>3</td><td>2</td><td>2</td></tr>
<tr><td>文献阅读与评述</td><td>2</td><td>2</td><td>2</td><td>2</td><td>2</td></tr>
<tr><td>创新创业与社会实践</td><td></td><td></td><td></td><td>2</td><td>2</td></tr>
<tr><td>专业实践</td><td></td><td></td><td></td><td>6</td><td>6</td></tr>
<tr><td>开题报告环节</td><td>2</td><td>2</td><td>2</td><td>2</td><td>2</td></tr>
<tr><td>论文中期考核环节</td><td>2</td><td>2</td><td>2</td><td>2</td><td>2</td></tr>
<tr><td>学业学分（总计）</td><td>25</td><td>26</td><td>28</td><td>32</td><td>32</td></tr>
</table>

第十七条 硕士研究生培养方案的课程设置基本要求如下（学校指导性要求）：

（一）思政课程：3学分

《中国特色社会主义理论和实践研究》（2学分，必修）

《自然辩证法概论》（1学分，选修）

《马克思主义与社会科学方法论》（1学分，选修）

必须从两门选修课程中选择1门修读。

（二）基础类课程：3学分

公共数学、力学课　理工必修3学分（文科、生命除外）

（三）素养类课程：1～2学分

《学术素养与研究方法》　学术型研究生　（1学分，必修）

《职业道德与工程伦理》　工程类、生命专业型研究生（2学分，必修）

（四）交叉、前沿类课程：3～6学分

学科交叉、科技前沿类　理工、生命　3学分，1门课程

人文经典、交叉、前沿类　文科　3～6学分，2门课程

各学科开设此类课程的数量可根据包含的二级学科数及招生数相应调整。

（五）专业类课程：3～6学分

理工、工程类　学分要求一般应为3学分，1门课程

文科、生命　学分要求一般应为3～6学分，2门课程

各学科开设此类课程的数量可根据包含的二级学科数及招生数相应调整。

（六）校企联合专业学位培养专项

相应增加基础技能、管理技能、业务技能和企业课程等复合型特色课程。

第十八条　硕士研究生可跨学科选修特色课程，经导师同意、学院审核，可列入本人培养计划课程，并计入学分。

第十九条　对入学前 4 年内已在我校参加研究生课程学习，考核成绩合格且未用于申请其他学位的课程，如果符合本学科培养方案的要求，可以申请免修，并计入成绩。申请免修可在入学学期开学 2 周内提出申请，经导师和任课教师及学院同意后，报研究生院审批、备案。

第二十条　硕士研究生培养方案的非课程环节设置基本要求如下（学校指导性要求）：

（一）科研育人专题

硕士研究生应在入学的第一学年结束前完成我校“中国精神”慕课中不少于 5 个专题的在线学习，并撰写不少于 500 字的学习心得体会，书面材料经导师评阅签字后存入个人学业档案盒，并于年度“入档月”以电子文档形式提交所在学院研究生教务部门记载成绩并存档备查，完成者获得 1 学分。

（二）学术活动

学术型硕士研究生在读期间应参加 15 次以上校内外学术报告会，其中至少 3 次为跨学科学术报告，每次活动撰写出不少于 500 字的小结并填写“硕士研究生参加学术报告活动记录”，小结报告由导师进行评阅，书面材料经导师签字后存入个人学业档案盒，并于年度“入档月”以电子文档形式提交所在学院研究生教务部门记载成绩并存档备查，完成者获得 2 学分。

专业型硕士研究生在读期间应参加 10 次以上校内外学术报告会，其中至少 2 次为跨学科学术报告，每次活动后撰写出不少于500字的小结并填写“硕士研究生参加学术报告活动记录”，小结报告由导师进行评阅，书面材料经导师签字后存入个人学业档案盒，并于年度“入档月”以电子文档形式提交所在学院研究生教务部门记载成绩并存档备查，完成者获得 1 学分。

（三）课题组研讨活动

学术型硕士研究生在读期间应参加不少于 30 场导师或课题组组织的课题组研讨会（含与导师单独研讨课题研究工作），每次活动或研讨后，记录参加的时间、地点、研讨主要内容、个人创新思路或心得体会，由导师或研讨会负责人签字确认后存入个人学业档案盒，并于年度“入档月”以电子文档形式提交所在学院研究生教务部门记载成绩并存档备查，完成者获得 3 学分。

专业型硕士研究生在读期间应参加不少于 20 场导师或课题组组织的课题组研讨会（含与导师单独研讨课题研究工作），每次活动或研讨后，记录参加的时间、地点、研讨主要内容、个人创新思路或心得体会，由导师或研讨会负责人签字确认后存入个人学业档案盒，并于年度“入档月”以电子文档形式提交所在学院研究生教务部门记载成绩并存档备查，完成者获得 2 学分。

（四）文献阅读与评述

硕士研究生在学位论文开题之前，必须阅读本学科国内外前沿高水平文献 30 篇以上（近五年的文献不少于 50%），其中外文文献 10 篇以上（外文文献偏少的学科可制定合理的篇数要求），每一篇文献应撰写相应评述报告；评述报告应结合本人的课题研究，对所读文献进行总结，并应提出值得研究和解决的学术或技术问题，由导师评阅后签字确认，并在开题报告中做出总结性报告。完成者获得 2 学分。

相关材料须存入研究生个人学业档案盒，并于年度“入档月”以电子文档形式提交所在学院研究生教务部门记载成绩并存档备查。

（五）创新创业与社会实践

专业型硕士研究生在读期间须参加创新创业与社会实践活动，其认定范围主要包含六大类，即：竞赛活动、知识产权、科技成果转化、执业资格、自主创业、社会实践等，完成六类中任意一种类别，均可获得相应 2 学分。具体界定如下：

竞赛活动：指研究生参加由学院、学校、政府教育行政主管部门、行业企业、专业学术团体、专业教学指导委员会组织主办的学术科技类、创新创业类、文化艺术体育类等竞赛活动，提供相应的参赛证明，可获得相应学分。

知识产权：包括发明专利、实用新型专利等，如外观设计专利、计算机软件著作权、集成电路布图专有权等。完成后可申请相应学分。

科技成果转化：指研究生的专利以实施许可、技术转让或技术入股方式进行技术转移等。完成后可申请相应学分。

执业资格：指研究生通过国家或相关行业组织的执业资格考试并获取执业资格证书。完成后可申请相应学分。

自主创业：指研究生在校学习期间自主创建公司（应与所学专业相关），完成公司登记注册并顺利运营。完成后可申请相应学分。

社会实践：主要指研究生运用所学知识到地方政府、科研院所、企事业单位等开展基层挂职及调研、公益支教、扶贫服务、技术合作等实践项目。完成后根据要求撰写总结或报告，并附相关证明材料。社会实践项目不得与专业实践项目重复。完成后可获得相应学分。

相关材料须存入研究生个人学业档案盒，并于年度“入档月”以电子文档形式提交所在学院研究生教务部门记载成绩并存档备查。

（六）专业实践

全日制专业型硕士研究生入学满 1 年并完成个人培养计划中的课程阶段学习后（一般为入学后第三学期）必须进行专业实践。专业实践环节须进入由学校备案的校内或校外专业实践基地完成，实践时间最短不少于半年、最长不超过一年。

专业实践以“项目制”的方式开展。专业学位硕士研究生应通过研究生管理信息系统选择基地发布的项目，并进入发布该项目的实践基地，在项目负责教师的指导下完成个人的专业实践。

两类实践项目选择任意一种均可：①学校备案的校外实践基地发布的项目；②校内挂牌的实践基地发布的项目。其中校内实践基地发布的实践项目须由项目负责人提供立项部门相关证明材料并通过实践基地认证后才予以发布。

专业实践结束后，学生填写并提交《个人专业实践结题报告》，实践基地应组织专业实践结题答辩会，组织 3 ~ 5 名专家组成考核专家组，对参与专业实践学生的专业实践完成情况和实践效果，进行综合考核并给出考核结果。成绩合格者获得 6 学分。

学生专业实践的成绩由实践基地负责人员记载并提交研究生管理信息系统，结束后，全部材料移交学生所在学院存档备查。

第五章　论文开题与中期考核

第二十一条　论文开题

（一）硕士研究生学位论文开题工作一般应在入学第三学期结束前完成。首次学位论文开题未通过的，可在下一学期再次申请开题；两次论文开题均未通过的，由开题报告专家组作出应予退学处理建议。开题通过者获得 2 学分，并获取开展论文工作的资格。

参加开题报告时，硕士研究生应已经完成培养计划中规定的课程学分和文献阅读与评述环节学分要求。如未完成或未达到要求，应给予警告，并要求其给出改进措施，争取中期考核时完成所有课程学分和文献阅读与评述环节要求，经导师认可后上报所在学院。

（二）开题报告的内容应包括：

1. 拟定的学位论文题目；
2. 课题的研究意义、国内外研究现状分析；
3. 课题研究目标、研究内容、拟解决的关键问题；
4. 拟采取的研究方法、技术路线、方案及其可行性研究；
5. 课题的创新性；
6. 计划进度和预期成果；
7. 与本课题相关资料积累、已有的前期研究成果。

（三）开题报告会应在本学科或相关学科范围内公开进行，由导师（组）召集至少 3 名相关学科具有硕士研究生指导资格的专家对开题报告进行论证。

（四）硕士研究生在开题报告会上应就所选课题进行详细报告，导师可作必要的解释和说明。开题报告专家组应对报告人所选课题的创新性和可行性进行重点论证，并就课题的研究工作提出具体意见和建议。

（五）指定专人对开题报告会作记录。开题报告和专家论证意见及开题结果应存档于学院教务部门备查。

第二十二条　论文中期考核

（一）论文中期考核是硕士研究生培养过程的重要环节，也是规范教育管理，保证培养质量的重要举措。主要内容包括：研究生课程学习和培养环节的完成情况、科研和论文工作进展情况、个人总结、导师评价以及考核小组面试评审等。

（二）硕士研究生论文中期考核工作应在第四学期结束前完成，应达到的基本条件：完成培养计划中规定的全部课程学分，非课程学分大部分已完成；学位论文开题已通过，学术科研和论文工作取得阶段性成果。

（三）学生应撰写论文中期考核报告，导师（组）负责召集由 3 名以上相关学科具有硕士研究生指导资格的专家组成的专家组对学生报告进行答辩评审。中期考核的结果按“通过”或“不通过”记载。

（四）首次论文中期考核不通过的硕士研究生，应给予警告，并要求其给出改进措施，上报给所在学院。经整改可于下一学期再次进行中期考核，两次中期考核不通过者，由专家组作出“应予退学”处理建议报学校研究生院。中期考核通过者获得 2 学分，并获取继续开展论文工作的资格。

（五）指定专人对中期考核报告会作记录。硕士研究生论文中期考核报告和中期考核表汇总后由学院教务部门存档备查。

第六章　成果要求与论文答辩

第二十三条　硕士研究生完成培养方案所要求的课程学分和各项培养环节学分、论文开题及中期考核通过后、并且个人的学术成果达到有关要求，方可申请参加硕士学位论文答辩。

第二十四条　原则上硕士研究生应有不少于 1 年时间（从论文开题通过计算）进行学位论文相关的科学研究和论文撰写。学位论文应在导师的指导下由本人独立完成。

第二十五条　研究生学位论文的要求、评阅、答辩，研究生学位的申请、学位评议与授予，按照《西南交通大学学士、硕士和博士学位授予工作细则》的相关规定执行。

第七章　附　则

第二十六条　学校将运用信息技术等多种方式对研究生提交的各项培养环节材料进行全面检查，请硕士研究生严格按照本规定的要求，认真完成本规定要求的各项学习任务，严禁在学习过程中弄虚作假、如冒名签字、提供虚假证明、抄袭等行为，一经发现将严格按照《西南交通大学研究生学籍管理规定》和《西南交通大学学生纪律处分规定》的相关条款进行处理。

第二十七条　本规定自发布之日起施行，由研究生院负责解释，2021 级及之后入学的硕士研究生按照本规定执行，在读的硕士研究生可参照执行。以往有关规定与本规定不一致的，以本规定为准。

附件：硕士研究生合理安排各培养环节时间的指导性示意表

附件

硕士研究生合理安排各培养环节时间的指导性示意表

学生类型	培养过程	第一学年		第二学年		第三学年	
		第一学期	第二学期	第三学期	第四学期	第五学期	第六学期
学术型硕士	课程学习	■	■				
	科研育人专题	■	■				
	学术活动	■	■	■	■	■	
	课题组研讨活动	■	■	■	■	■	■
	文献阅读与评述	■	■	■			
	论文开题			■			
	论文中期考核				■		
	论文答辩						■
专业型硕士	课程学习	■	■				
	科研育人专题	■	■				
	学术活动	■	■	■	■	■	
	课题组研讨活动	■	■	■	■	■	■
	文献阅读与评述	■	■	■			
	创新创业及社会实践活动		■	■	■	■	
	专业实践			■	■		
	论文开题			■			
	论文中期考核				■		
	论文答辩						■

注：学制为 2 学年的 MBA、MPA、MPACC 硕士研究生由相关培养单位相应设计各环节的时间安排。

附录 3-4 西南交通大学研究生培养过程管理与质量督导实施办法

编号	XJYZB-3304

西南交通大学
研究生培养过程管理与质量督导实施办法

第一章　总　则

第一条　为加强和规范研究生培养过程管理，进一步明确研究生培养过程管理职责，做好对研究生培养过程管理的质量督导，保障研究生培养质量，根据《国务院学位委员会 教育部关于加强学位与研究生教育质量保证和监督体系建设的意见》《关于进一步严格规范学位与研究生教育质量管理的若干意见》《西南交通大学关于攻读硕士学位研究生培养工作的规定》《西南交通大学关于攻读博士学位研究生培养工作的规定》等文件要求，结合学校实际，特制定本办法。

第二条　本办法对于研究生培养过程的学业档案建档与管理要求、各级质量督导的工作组织以及督导结果的运用做出明确规定，各研究生、研究生导师、任课教师、研究生培养单位须遵照执行。

第二章　学业档案建档与管理

第三条　我校研究生学业档案管理实行“一人一档”制，档案包含电子档案和纸质档案两类。各研究生培养单位的教务管理部门是研究生学业档案的建档和管理的责任部门，负责本单位研究生新生的建档、每年度研究生学业材料的入档、各研究生学业档案的规范管理等相关工作。

第四条　研究生学业档案存档材料主要包括：研究生学习计划、课程成绩单、开题报告、中期考核、年度考核、科研育人专题、学术报告、课题组研讨会、文献阅读与评述、专业实践、创新创业与社会实践、工程实践、国际学术会议、国际访学等相关材料。各培养单位应根据研究生培养层次、培养类型、培养环节、学年学期的不同，分别设定各研究生的入档材料内容。

第五条　每个自然年的 12 月份定为研究生学业档案年度材料“入档月”，各培养单位应组织并完成本单位各年级在读研究生个人年度学习材料的入档工作，应根据研究生的学年、层次、类型的不同，分别设定各类研究生年度入档材料的范围和要求，做好研究生年度学习材料入档工作的组织和管理。

第六条　各研究生须在每年度的“入档月”内，根据学校和学院的要求，将本年度个人的学习材料以书面和电子两种形式进行存档。其中书面材料须按照要求进行整理、排版、分类、装订后存入个人学业档案盒，由本人留存并备查；而电子入档材料应将书面材料进行拍照或截图后并以 PDF 格式交本单位的研究生教务管理部门存档备查。

第七条　各研究生须对本人提交的学习入档材料负责，务必保证材料的完备、真实、合理、有效，各培养环节要求应按年度逐步完成，禁止出现突击完成的情况；各研究生导师应把好研究生存档材料的质量关，杜绝弄虚作假的情况出现；各培养单位应做好材料入档的工作组织与督促，以及对入档材料审查，确保材料入档工作高质量完成。

第三章　过程管理检查与督导

第八条　我校研究生培养过程管理质量督导实施“校—院”两级督导机制。各培养单位应成立院级质量督导组，主要负责对本单位各导师的指导工作情况及研究生的年度学习和科研情况进行整体把关与质量监督；学校成立校级质量督导组，主要负责对全校各培养单位年度质量督导工作的检查与督导，对各培养单位研究生年度入档材料进行检查。

第九条　每个自然年的春季学期定为研究生培养过程管理质量“督导季”，各培养单位应组织院级质量督导组开展本单位研究生培养过程管理质量的督导与检查工作；学校组织校级质量督导组对全校各培养单位的研究生培养过程管理质量进行全面的督导与检查，对各培养单位的研究生培养过程管理质量给出评价和整改意见。

第十条　研究生培养过程管理的质量督导工作主要是对培养单位的任课教师课程教学档案和学生学业档案的检查与督导。

第十一条　研究生课程教学档案的检查工作重点是对课程教学材料的完备清晰、真实有效、科学合理等方面进行检查。课程教学档案应包括：课程教学大纲、课程教学日历、研究生选课名单、研究生作业或报告材料、课程考试试卷、课程评分标准、成绩单等内容。

第十二条　学生学业档案材料的检查工作重点是对研究生培养各环节提交的材料的完整性、真实性、合理性等方面进行检查。主要应包括：各研究生学业档案中的年度入档材料是否完整清晰、真实有效；各研究生导师对研究生各培养环节的指导与把关是否认真严谨；各研究生完成各培养环节任务是否遵循循序渐进的规律等。

第四章　质量督导结果与运用

第十三条　各级质量督导组应对培养单位研究生培养过程管理质量做出整体的评价，并将督导的总体情况反馈责任主体单位，对于检查过程发现的整体管理质量问题提出限期整改的要求；对于检查过程中发现的个体质量问题，应及时反馈教师、导师、学生或培养单位，并提出限期整改的要求。

第十四条　一般情况下，在督导过程中发现的课程教学档案问题，课程的任课教师应在15日内进行完成整改工作，并将整改情况以书面的形式反馈质量督导组；在督导过程中发现的学生学业档案问题，由研究生本人在导师的指导下进行整改，要求3个月内完成相关整改工作，并将整改情况以书面的形式反馈质量督导组；各培养单位做好整改工作的监督和督促。

第十五条　各责任主体单位及个人要认真对待各级质量督导组反馈的督导意见，对督导组指出的问题应高度重视，并按照要求认真落实整改工作，对于不认真对待或不认真执行整改工作的，学校将依照相关规定进行处理。

第五章　附　则

第十六条　本规定自发布之日起施行，由研究生院负责解释，以往有关规定与本规定不一致的，以本规定为准。

附录 3-5　西南交通大学研究生学业档案管理实施办法

编号	XJYZB-3305

西南交通大学

研究生学业档案管理实施办法

第一章　总　则

第一条　为加强和规范研究生培养过程管理，根据《关于进一步严格规范学位与研究生教育质量管理的若干意见》《西南交通大学关于攻读硕士学位研究生培养工作的规定》《西南交通大学关于攻读博士学位研究生培养工作的规定》等文件要求，进一步贯彻《研究生培养过程管理与质量督导实施办法》，特制定本办法。

第二条　学业档案是研究生按照我校研究生培养的相关规定，对各个培养环节活动的记载；学业档案管理工作是研究生培养过程管理与质量监督的重要环节。

第三条　我校研究生学业档案管理实行“一人一档”制，研究生是个人学业档案的完成者和保管者，导师是研究生学业档案的第一责任人，各培养单位的教务管理部门是研究生学业档案的建档和管理的责任部门，各培养单位和学校的质量督导组是研究生学业档案管理的检查和监督部门。

第二章　学业档案的内容

第四条　我校研究生学业档案管理实行“一人一档”制，存档形式包含电子档案和纸质档案两类。

第五条　研究生学业档案存档材料主要包括：研究生学习计划、课程成绩单、科研育人专题、学术报告、课题组研讨会、文献阅读与评述、专业实践、创新创业与社会实践、工程实践、国际学术会议、国际访学、开题报告、中期考核、年度考核、等相关材料。各类研究生按照培养方案的要求，对上述材料进行存档。

第三章　学业档案存档要求

第六条　各培养单位应根据研究生“学业档案目录”以及“各培养环节时间的指导性示意表”制定各单位研究生学业档案的存档要求。

第七条　研究生本人须对提交的入档材料负责，务必保证材料的完备、真实、合理、有效，不得有剽窃、抄袭、伪造等弄虚作假的行为。若出现任何违反《西南交通大学学术道德规范》的行为，学校将依照相关规定进行处理。

第八条　研究生应在《研究生培养环节时间示意表》规定的时限内，循序渐进完成研究生阶段的各个培养环节，并按照“学业档案目录”中的存档要求完成各环节学业档案的建档工作，禁止出现突击完成的情况。

第九条 研究生可在研究生院网页“下载专区”中下载《博士研究生各培养环节学业档案用表》或《硕士研究生各培养环节学业档案用表》文件包，认真阅读各培养环节相关表格的填写说明，按要求完成填写、排版、打印、装订和存档工作。按照《电子文档存档范例》对电子文档进行整理存档。

第十条 研究生定期填写《研究生学业档案目录》，并根据目录对纸质文档进行整理存档。研究生自行留存“研究生学习计划”“课程成绩单”“学术报告”“科研育人专题报告”“课题组研讨会”“文献阅读与评述”“专业实践”“创新创业与社会实践”“工程实践”“国际学术会议”“国际访学”等相关材料，直至学籍终止。“论文选题报告”“中期报告”和“年度考核”相关材料须交至各培养单位存档。

第十一条 每年年末，研究生应对本年度完成的环节学业档案进行拍照以 PDF 格式形成电子文档，电子文档以“学号+环节名称”命名，如“2021300001 + 学术报告”。

第十二条 完成年度各个环节学业档案电子文档建档工作后，将年度所有的电子文档存入以“年份 + 学号 + 姓名”命名的电子文件夹，并形成同名的压缩文件，如“2021 年 + 20213000001 + 张三”，在每年 12 月前交由所在单位的学业档案管理部门存档。

第十三条 完成所有培养环节要求后，申请答辩前，所有学业档案务必按规定装订成册，由导师审核并作为申请答辩的支撑材料。

第四章　学业档案的管理与监督

第十四条 每年年末为我校研究生学业档案的“入档月”，研究生须按照相关要求将材料提交至培养单位教务管理部门存档；每个自然年的春季学期定为研究生培养过程管理质量的“督导季”，实施“校—院”两级督导机制。

第十五条 学生学业档案的督查工作重点是对研究生培养各环节提交的材料的完整性、真实性、合理性等方面进行检查。主要应包括：各研究生学业档案中的年度入档材料是否完整清晰、真实有效；各研究生导师对研究生各培养环节的指导与把关是否认真严谨；各研究生完成各培养环节任务是否遵循循序渐进的规律等。

第十六条 导师是研究生培养的第一责任人，应秉承“严谨治学、严格要求” 的双严传统，引导研究生恪守学术道德，杜绝出现弄虚作假的情况；应以认真严谨的态度，对研究生培养全过程进行指导和监督。

第十七条 各培养单位的教务管理部门是研究生学业档案的建档和管理的责任部门，负责本单位研究生新生的建档、每年度研究生学业材料的入档、各研究生学业档案的规范管理等相关工作。

第十八条 各培养单位的质量督导组为研究生培养过程质量的一级督导部门，须在“督导季”开展本单位研究生培养过程管理质量的督导与检查工作。抽查研究生年度学业档案资料，对研究生培养过程做出整体的评价，并将督导的总体情况反馈责任主体，提出限期整改的要求。

第十九条　校级质量督导组为研究生培养过程质量的二级督导部门，对全校各培养单位的研究生培养过程管理质量进行全面的督导与检查，对各培养单位的研究生培养过程管理质量给出评价和整改意见。在抽检过程中，若有研究生某个环节未通过督导组检查，则该环节的考核成绩记录为“不及格”。

第五章　附　则

第二十条　本规定由研究生院负责解释，自 2021 年 7 月 1 日起施行，以往有关规定与本规定不一致的，以本规定为准。

附录 3-6　西南交通大学关于博士研究生申请毕业的实施办法

编号	XJYZB-3306

西南交通大学
关于博士研究生申请毕业的实施办法

为进一步规范博士研究生毕业管理工作，根据教育部《普通高等学校学生管理规定》（教育部令〔2016〕第41号）、《西南交通大学研究生学籍管理规定》等文件精神，结合我校博士研究生培养实际情况，特制定本办法。

第一章　适用对象

第一条　本办法仅适用于在读年限达到学制要求且在最长学习年限内未达到学位论文答辩要求或未通过学位论文答辩的博士研究生以及结业返校申请毕业的博士研究生。

第二条　博士研究生在读期间或结业返校期内直接申请学位论文答辩的，无须按照本办法的要求申请毕业，只需进行博士学位论文答辩且结果为通过，学校将视为满足博士毕业要求并颁发毕业证书。

第三条　在读博士研究生申请毕业的，若符合毕业条件，则学校予以毕业并颁发博士毕业证书，同时，其博士研究生学籍注册为毕业状态，该生须在要求的时间内办理相关手续并离校。

第二章　申请条件

第四条　博士研究生须修完学校培养方案规定的内容和环节且成绩合格。

第五条　申请毕业的博士研究生原则上要求具有与毕业论文研究内容紧密相关的高水平学术成果至少1项，由所在培养单位进行认定。各培养单位可根据学科特点，制定各学科、领域的博士毕业学术成果要求，并报研究生院备案。

第三章　论文要求

第六条　博士研究生毕业论文基本要求：

1. 毕业论文的基本科学论点和结论，应在学术上或对国民经济建设、国家文化、精神文明建设具有较大的理论或实用价值；

2. 对论文所涉及的各个问题，应具有较深广的基础理论和专门知识；

3. 对所研究的课题应在科学或专业技术上做出创造性的成果，表明作者具有独立从事科学研究工作的能力；

4. 严格按照《博士研究生毕业论文撰写规范》的要求完成博士毕业论文的撰写工作。

第四章　论文评审

第七条　在校博士研究生和结业博士研究生以博士毕业论文申请毕业的，填写《西南交通大学博士研究生申请毕业审批表》和《博士毕业论文评审意见书》并附毕业论文，经导师和学院审查后，提交至所在培养单位组织评审。

第八条　博士研究生毕业论文评阅实行“双盲”评审。培养单位组织至少三名相关学科的校内专家对博士毕业论文进行评审，评审时间一般为20天。评审专家职务应为教授或相当专业技术职务的博士研究生导师。评审专家应结合论文开题报告、论文中期考核报告或年度考核报告以及学术成果等，对毕业论文创新性和学术水平以及毕业论文的理论研究和实验研究的立论依据，研究成果、关键性结论等进行审议，作出评价，并详尽填写《博士毕业论文评审意见书》。

第九条　博士毕业论文评审实行1票否决制。未通过博士毕业论文评审的博士研究生可再次申请毕业，两次申请的时间间隔不低于六个月。

第五章　毕业评定

第十条　评审通过的博士毕业论文须提交所在的学位评定分委员会审议，各学位分委员会通过投票表决的方式确定毕业名单，并报学校研究生教学工作委员会评定。

第十一条　学校研究生教学工作委员会一般于每年六月和十二月召开博士毕业论文评定会议。

第十二条　学校研究生教学工作委员会对博士研究生毕业论文、学术成果、毕业论文评审意见等相关材料进行审核。在作出同意毕业的决定时，应以不记名投票方式，经出席会议的三分之二或以上成员通过（通过的结果，应达到全体成员的过半数）。

第十三条　经学校研究生教学工作委员会审定并投票通过的博士研究生，学校予以毕业并颁发毕业证书。

第六章　其　他

第十四条　博士研究生以博士毕业论文申请毕业的，其毕业论文及相关材料由所在培养单位负责存档。

第十五条　申请毕业的博士研究生要恪守学术道德规范要求，对于在博士研究生申请毕业过程中存在或发现的学术不端行为，学校将按照相关规定进行严肃处理。

第十六条　本办法经学校研究生教学工作委员会审定，学校批准后执行。

第十七条　本办法自发布之日起施行，由研究生院负责解释。

附录 3-7　西南交通大学研究生科研育人专题报告

编号	XJYZB-3607

西南交通大学

研究生科研育人专题报告

西　南　交　通　大　学
研究生科研育人专题报告

姓　　名________________

学　　号________________

专　　业________________

导　　师________________

学　　院________________

研究生院制表

填表说明

1. 本表是研究生“科研育人专题”环节用表。

2. 研究生应在第一学年结束前完成我校“中国精神”慕课各部分专题的学习，撰写学习心得体会，按要求填写本表后，交由导师评阅，按二级制给出评分结果。

3. 研究生根据学院的要求，将本表的复印件提交至学院教务，记载成绩。原件纸质版由研究生自行留存。

4. 研究生每年 12 月底前将《研究生科研育人专题报告》纸质版拍照，制成 PDF 电子版文档，以“学号 + 科研育人专题”命名，提交至学院教务存档。

5. 每年春季学期，院校两级督导组将对存档资料进行抽查；纳入抽查名单的研究生须按要求提交纸质版的资料。

6. 表格填写和打印要求：宋体五号，单倍行距；A4 纸双面打印。

7. “中国精神”学习平台及登录方式：

（1）登录网址：http://yz.swjtu.edu.cn/mooc，通过交大 ID 统一身份认证进入学习平台。

（2）登录网址：https://gsnews.swjtu.edu.cn，通过主页左下方的“服务大厅—思政慕课”，经交大 ID 统一身份认证后进入学习平台。

科研育人专题报告表

<table>
<tr><td>学 号</td><td></td><td>姓 名</td><td colspan="2"></td><td>导 师</td><td></td></tr>
<tr><td>专 业</td><td colspan="2"></td><td>层次</td><td colspan="3">□硕士研究生 □博士研究生</td></tr>
<tr><td>环节学分</td><td>1 学分</td><td>最终评分</td><td colspan="2">□通过 □不通过</td><td>导师签字</td><td></td></tr>
<tr><td>序号</td><td colspan="3">报告题目</td><td>报告人</td><td colspan="2">报告关键词（3个以上）</td></tr>
<tr><td>1</td><td colspan="3"></td><td></td><td colspan="2"></td></tr>
<tr><td>2</td><td colspan="3"></td><td></td><td colspan="2"></td></tr>
<tr><td>3</td><td colspan="3"></td><td></td><td colspan="2"></td></tr>
<tr><td>4</td><td colspan="3"></td><td></td><td colspan="2"></td></tr>
<tr><td>5</td><td colspan="3"></td><td></td><td colspan="2"></td></tr>
<tr><td>…</td><td colspan="3"></td><td></td><td colspan="2"></td></tr>
<tr><td colspan="7">请撰写不少于500字的“中国精神”课程的学习心得体会。</td></tr>
<tr><td colspan="7">导师评阅意见：

导师签字：
年 月 日</td></tr>
</table>

评分标准：P为通过，X为不通过。

附录 3-8　西南交通大学博士研究生参加学术报告活动记录

编号	XJYZB-3608

西南交通大学

博士研究生参加学术报告活动记录

西 南 交 通 大 学
博士生参加学术报告活动记录

姓　　名____________________

学　　号____________________

专　　业____________________

导　　师____________________

学　　院____________________

研究生院制表

填表说明

1. 本表是学术型博士研究生和工程博士研究生“学术活动”环节用表。

2. 学术型博士研究生和工程博士研究生应按照所学学科培养方案的要求，参加校内外学术报告会（含跨学科学术报告和主讲报告）。

3. 本表包括“学术报告活动汇总表”和“学术报告记录”两部分。每次学术报告后，博士研究生应填写“学术报告记录”，撰写不少于500字的小结，并附现场照片，交由导师进行评阅，评定等级。

4. 博士研究生完成本环节的所有要求后，由博士研究生本人依照“学术报告记录”的顺序，填写“学术报告活动汇总表”，交由导师，按等级制给出最终评分。

5. 博士研究生根据学院的要求，将“学术报告活动汇总表”的复印件提交至学院教务，记载成绩。

6.“学术报告活动汇总表”和“学术报告记录”的纸质版由博士研究生自行留存。

7. 博士研究生每年12月底前将“学术报告活动汇总表”和“学术报告记录”纸质版拍照，制成PDF电子版文档，以“学号+学术活动”命名，提交至学院教务存档。

8. 每年春季学期，院校两级督导组将对存档资料进行抽查；纳入抽查名单的博士研究生须按要求提交纸质版的资料。

9. 表格填写和打印要求：宋体五号，单倍行距；A4纸双面打印。

注：博士研究生作为报告人参加学术会议的次数应计入“学术报告”环节，因此，博士研究生参加国内外学术会议并作报告的次数应填入“学术报告活动汇总表”，而报告的具体情况，只在“博士研究生国内外学术会议报告登记表”中填写。

学术报告活动汇总表

<table>
<tr><td>学 号</td><td></td><td>姓 名</td><td></td><td>导 师</td><td></td></tr>
<tr><td>专 业</td><td colspan="2"></td><td>学生类别</td><td colspan="2">□学术博士生　□工程博士生</td></tr>
<tr><td>所在学科
方案要求</td><td colspan="5">□学术博士生/□工程博士生应完成_____次学术报告，其中至少___次跨学科学术报告、至少___次为本人主讲报告。</td></tr>
<tr><td>本人完成
情况</td><td colspan="5">本人是□学术博士生/□工程博士生，已完成_____次学术报告，其中跨学科学术报告为___次、本人主讲报告___次。</td></tr>
<tr><td colspan="6">研究生完成所在学科该环节规定的次数后，方可交由导师给出最终评分并签字。</td></tr>
<tr><td>环节学分</td><td>___学分</td><td>最终评分</td><td></td><td>导师签字</td><td></td></tr>
</table>

评分标准：等级制：A+（96～100）、A（90～95.99）、A－（85～89.99）、B+（80～84.99）、B（75～79.99）、B－（70～74.99）、C+（67～69.99）、C（63～66.99）、C－（60～62.99）、D（不及格）

序号	学术报告题目	主讲人	是否跨学科	是否本人主讲	是否国际会议	导师评分
1						
2						
3						
4						
5						
6						
7						
8						
9						
10						

学术报告记录

第___次	学术报告题目				
主讲人		时 间	年 月 日	地 点	

小结报告

建议小结报告的内容包括但不局限于以下几点：

1. 本次学术活动简介；2. 对本人所研究课题的关联性；3. 创新点；4. 对本人所研究课题的启发。

学术报告照片

请将学术报告现场照片粘贴在此栏，若主讲人为研究生本人，另需粘贴研究生做报告时的现场照片。

导师评阅意见：

该生本次学术报告评分结果：____________

导师签字：

年　　月　　日

评分标准：等级制：A +（96 ~ 100）、A（90 ~ 95.99）、A –（85 ~ 89.99）、B +（80 ~ 84.99）、B（75 ~ 79.99）、B –（70 ~ 74.99）、C +（67 ~ 69.99）、C（63 ~ 66.99）、C –（60 ~ 62.99）、D（不及格）

附录 3-9　西南交通大学硕士研究生参加学术报告活动记录

编号	XJYZB-3609

西南交通大学

硕士研究生参加学术报告活动记录

西　南　交　通　大　学
硕士生参加学术报告活动记录

姓　　名__________________

学　　号__________________

专　　业__________________

导　　师__________________

学　　院__________________

研究生院制表

填表说明

1. 本表是硕士研究生“学术活动”环节用表。

2. 学术型硕士研究生和专业型硕士研究生应按照所学学科培养方案的要求，参加校内外学术报告会（含跨学科学术报告）。

3. 本表包括“学术报告活动汇总表”和“学术报告记录”两部分。每次学术报告后，硕士研究生应填写“学术报告记录”，撰写不少于500字的小结，交由导师进行评阅，评定等级。

4. 硕士研究生完成本环节的所有要求后，由硕士研究生本人依照“学术报告记录”的顺序，填写“学术报告活动汇总表”，交由导师，按等级制给出最终评分。

5. 硕士研究生根据学院的要求，将“学术报告活动汇总表”的复印件提交至学院教务，记载成绩。

6. “学术报告活动汇总表”和“学术报告记录”的纸质版由硕士研究生自行留存。

7. 硕士研究生每年12月底前将“学术报告活动汇总表”和“学术报告记录”纸质版拍照，制成PDF电子版文档，以“学号+学术活动”命名，提交至学院教务存档。

8. 每年春季学期，院校两级督导组将对存档资料进行抽查；纳入抽查名单的硕士研究生须按要求提交纸质版的资料。

9. 表格填写和打印要求：宋体五号，单倍行距；A4纸双面打印。

学术报告活动汇总表

<table>
<tr><td>学 号</td><td></td><td>姓 名</td><td></td><td>导 师</td><td></td></tr>
<tr><td>专 业</td><td colspan="2"></td><td>学生类别</td><td colspan="2">□学术型硕士生　□专业型硕士生</td></tr>
<tr><td>所在学科方案要求</td><td colspan="5">□学术型硕士生/□专业型硕士生应完成_____次学术报告，其中至少___次跨学科学术报告。</td></tr>
<tr><td>本人完成情况</td><td colspan="5">本人是□学术型硕士生/□专业型硕士生，已完成_____次学术报告，其中跨学科学术报告为___次。</td></tr>
<tr><td colspan="6">研究生完成所在学科该环节规定的次数后，方可交由导师给出最终评分并签字。</td></tr>
<tr><td>环节学分</td><td>___学分</td><td>最终评分</td><td></td><td>导师签字</td><td></td></tr>
</table>

评分标准：等级制：A+（96～100）、A（90～95.99）、A－（85～89.99）、B+（80～84.99）、B（75～79.99）、B－（70～74.99）、C+（67～69.99）、C（63～66.99）、C－（60～62.99）、D（不及格）

序号	学术报告题目	主讲人	是否跨学科	是否国际会议	导师评分
1					
2					
3					
4					
5					
6					
7					
8					
9					
10					

学术报告记录

第___次	学术报告题目				
主讲人		时 间	年 月 日	地 点	

小结报告

建议小结报告的内容包括但不局限于以下几点：

1.表本次学术活动简介；2. 对本人所研究课题的关联性；3. 创新点；4. 对本人所研究课题的启发

导师评阅意见：

该生本次学术报告评分结果：____________

导师签字：

年　　月　　日

评分标准：等级制：A＋（96～100）、A（90～95.99）、A－（85～89.99）、B＋（80～84.99）、B（75～79.99）、B－（70～74.99）、C＋（67～69.99）、C（63～66.99）、C－（60～62.99）、D（不及格）

附录 3-10　西南交通大学博士研究生国内外学术会议报告表

编号	XJYZB-3610

西南交通大学

博士研究生国内外学术会议报告表

西　南　交　通　大　学
博士生参加学术报告活动记录

姓　　名________________

学　　号________________

专　　业________________

导　　师________________

学　　院________________

研究生院制表

填表说明

1. 本表是学术型博士研究生和工程博士研究生“国内外学术会议”环节用表。

2. 学术型博士研究生和工程博士研究生应按照所学学科培养方案的要求，参加国内外学术会议并作报告，环节学分要求为2学分。

3. 本表包括“国内外学术会议报告汇总表”和“国内外学术会议报告记录”两部分。博士研究生每完成一次学术报告后，填写此表，交由导师评阅。

4. 博士研究生完成该环节的全部要求后，由博士研究生本人依照“国内外学术会议报告记录”的顺序，填写“国内外学术会议报告汇总表”，交由导师，按等级制给出最终评分结果。

5. 博士研究生根据学院的要求，将“国内外学术会议报告汇总表”的复印件提交至学院教务，记载成绩。

6. “国内外学术会议汇总表”和“国内外学术会议报告记录”的纸质版由博士研究生自行留存。

7. 博士研究生每年12月底前将“国内外学术会议报告汇总表”和“国内外学术会议报告记录”纸质版拍照，制成PDF电子版文档，以“学号+国内外学术会议”命名，提交至学院教务存档。

8. 每年春季学期，院校两级督导组将对存档资料进行抽查；纳入抽查名单的博士研究生须按要求提交纸质版的资料。

9. 表格填写和打印要求：宋体五号，单倍行距；A4纸双面打印。

国内外学术会议报告汇总表

<table>
<tr><td>学 号</td><td></td><td>姓 名</td><td></td><td>导 师</td><td></td></tr>
<tr><td>专 业</td><td colspan="2"></td><td>学生类别</td><td colspan="2">□学术博士生 □工程博士生</td></tr>
<tr><td>所在学科方案要求</td><td colspan="5">□学术博士生/□工程博士生应参加____次国内学术会议并作报告，计 1 学分；参加__次国际学术会议并作报告计 2 学分。</td></tr>
<tr><td>本人完成情况</td><td colspan="5">本人是□学术博士生/□工程博士生，已参加____次国内学术会议并作报告；参加__次国际学术会议并作报告。</td></tr>
<tr><td colspan="6">研究生完成所在学科该环节规定的次数后，方可交由导师给出最终评分并签字。</td></tr>
<tr><td>环节学分</td><td>_2_学分</td><td>最终评分</td><td></td><td>导师签字</td><td></td></tr>
</table>

评分标准：等级制：A+（96~100）、A（90~95.99）、A-（85~89.99）、B+（80~84.99）、B（75~79.99）、B-（70~74.99）、C+（67~69.99）、C（63~66.99）、C-（60~62.99）、D（不及格）

序号	学术报告题目	会议名称	是否国际会议	导师评分
1				
2				
3				
4				
5				
6				
7				
8				
9				
10				

学术报告记录

第___次	学术报告题目				
会议名称			会议举办单位		
举办地点		举办时间	年　月　日	会议级别	

小结报告

建议小结报告的内容包括但不局限于以下几点：

1. 本次学术活动简介；2. 对本人所研究课题的关联性；3. 创新点；4. 对本人所研究课题的启发。

国内外学术会议照片

请将学术会议现场照片粘贴在此栏，若主讲人为研究生本人，另需粘贴研究生做报告时的现场照片。

导师评阅意见：

该生学术会议报告评分结果：____________

导师签字：

年　　月　　日

评分标准：等级制：A+（96～100）、A（90～95.99）、A－（85～89.99）、B+（80～84.99）、B（75～79.99）、B－（70～74.99）、C+（67～69.99）、C（63～66.99）、C－（60～62.99）、D（不及格）

附录 3-11　西南交通大学博（硕）士研究生课题组研讨活动记录

编号	XJYZB-3611

西南交通大学

博（硕）士研究生课题组研讨活动记录

西　南　交　通　大　学
博（硕）士研究生课题组研讨活动记录

姓　　名________________

学　　号________________

专　　业________________

导　　师________________

学　　院________________

研究生院制表

填表说明

1. 本表是博士研究生和硕士研究生“课题组研讨活动”环节用表。

2. 博士研究生和硕士研究生应按照所学学科培养方案的要求，参加课题组研讨活动。

3. 本表包括“课题组研讨活动评分表”和“课题组研讨活动记录”两部分。每次课题组研讨活动后，研究生应填写 “课题组研讨活动记录”，交由导师进行评阅。

4. 研究生完成本环节的所有要求后，由本人依照“课题组研讨活动记录”的顺序，填写“课题组研讨活动记录评分表”，交由导师，按等级制给出最终评分。

5. 研究生根据学院的要求，将“课题组研讨活动记录评分表”的复印件提交至学院教务，记载成绩。

6. “课题组研讨活动评分表”和“课题组研讨活动记录”的纸质版由研究生自行留存。

7. 研究生每年 12 月底前将“课题组研讨活动记录”纸质版拍照，制成 PDF 电子版文档，以“学号 + 课题组研讨”命名，提交至学院教务存档。

8. 每年春季学期，院校两级督导组将对存档资料进行抽查；纳入抽查名单的研究生须按要求提交纸质版的资料。

9. 表格填写和打印要求：宋体五号，单倍行距；A4 纸双面打印。

西南交通大学博（硕）研究生课题组研讨活动评分表

<table>
<tr><td>学 号</td><td></td><td>姓 名</td><td colspan="2"></td><td>导 师</td><td></td></tr>
<tr><td>专 业</td><td colspan="2"></td><td>学生类别</td><td colspan="3">□博士生　　□硕士生</td></tr>
<tr><td>所在学科方案要求</td><td colspan="6">□学术博士生/□工程博士生应完成_____次课题组研讨会；
□学术硕士生/□专业硕士生应完成_____次课题组研讨会。</td></tr>
<tr><td>本人完成情况</td><td colspan="6">本人是□学术博士生/□工程博士生，已完成_____次课题组研讨会；
本人是□学术硕士生/□专业硕士生，已完成_____次课题组研讨会；</td></tr>
<tr><td colspan="7">研究生完成所在学科该环节规定的次数后，方可交由导师给出最终评分并签字。</td></tr>
<tr><td>环节学分</td><td>____学分</td><td>最终评分</td><td></td><td>导师签字</td><td colspan="2"></td></tr>
</table>

评分标准：等级制：A+（96～100）、A（90～95.99）、A－（85～89.99）、B+（80～84.99）、B（75～79.99）、B－（70～74.99）、C+（67～69.99）、C（63～66.99）、C－（60～62.99）、D（不及格）

西南交通大学博（硕）研究生课题组研讨活动记录表

研讨会场次	第____次		
研讨主题			
研讨时间	年　　月　　日	地　点	
参与人员			
研讨内容			
研究思路的启发与收获			
导师/研讨会负责人意见	签字： 年　　月　　日		

附录 3-12　西南交通大学研究生文献阅读与评述记录表

编号	XJYZB-3612

西南交通大学

研究生文献阅读与评述记录表

西 南 交 通 大 学
博（硕）士研究生文献阅读与评述记录

姓　　名__________________

学　　号__________________

专　　业__________________

导　　师__________________

学　　院__________________

研究生院制表

填表说明

1. 本表是博士研究生和硕士研究生“文献阅读与评述”环节用表。

2. 博士研究生和硕士研究生应按照所学学科培养方案的要求，完成文献阅读并撰写评述报告。

3. 本表包括“文献阅读与评述记录汇总表”和“文献阅读与评述记录”两部分。每次文献阅读后，研究生应填写“文献阅读与评述记录”，交由导师进行评阅。

4. 研究生完成本环节的所有要求后，由本人依照“文献阅读与评述记录”的顺序，填写“文献阅读与评述记录汇总表”，交由导师，按等级制给出最终评分。

5. 研究生根据学院的要求，将“文献阅读与评述记录汇总表”的复印件提交至学院教务，记载成绩。

6. “文献阅读与评述记录汇总表”和“文献阅读与评述记录”的纸质版由研究生自行留存。

7. 研究生每年 12 月底前将“文献阅读与评述记录”纸质版拍照，制成 PDF 电子版文档，以“学号 + 文献阅读与评述”命名，提交至学院教务存档。

8. 每年春季学期，院校两级督导组将对存档资料进行抽查；纳入抽查名单的研究生须按要求提交纸质版的资料。

9. 表格填写和打印要求：宋体五号，单倍行距；A4 纸双面打印。

文献阅读与评述记录汇总表

<table>
<tr><td>学 号</td><td></td><td>姓 名</td><td></td><td>导 师</td><td></td></tr>
<tr><td>专 业</td><td colspan="2"></td><td>学生类别</td><td colspan="2">□博士生　　□硕士生</td></tr>
<tr><td>所在学科方案要求</td><td colspan="5">□理工、生命类（含工程）博士生应阅读______篇本学科前沿高水平文献并撰写评述报告，其中外文文献______篇；
□文科类博士生应阅读________篇本学科前沿高水平文献并撰写评述报告，其中外文文献______篇；
□硕士生应阅读______篇本学科前沿高水平文献并撰写评述报告，其中外文文献____篇。</td></tr>
<tr><td>本人完成情况</td><td colspan="5">本人是□理工、生命类（含工程）博士生/ □文科类博士生/ □硕士生，已完成阅读______篇文献并撰写评述报告，其中外文文献_____篇。</td></tr>
<tr><td colspan="6">研究生完成所在学科该环节规定的篇数后，方可交由导师给出最终评分并签字。</td></tr>
<tr><td>环节学分</td><td>_____学分</td><td>最终评分</td><td></td><td>导师签字</td><td></td></tr>
</table>

评分标准：等级制：A+（96～100）、A（90～95.99）、A－（85～89.99）、B+（80～84.99）、B（75～79.99）、B－（70～74.99）、C+（67～69.99）、C（63～66.99）、C－（60～62.99）、D（不及格）

序号	文献题目	是否外文文献

西南交通大学博（硕）研究生文献阅读与评述记录

<table>
<tr><td>第 1 篇</td><td>文献题目</td><td colspan="2"></td></tr>
<tr><td>文献检索类型</td><td></td><td>文献作者</td><td></td></tr>
<tr><td>文献主要内容</td><td colspan="3">建议内容包含但不限于：文献拟解决的问题、分析的思路或解决办法、创新点等</td></tr>
<tr><td>个人启发与思考</td><td colspan="3">（提出值得研究的学术或技术问题、对个人研究方向的意义等）</td></tr>
<tr><td>导师评阅意见</td><td colspan="3">签字：
年　　月　　日</td></tr>
</table>

附录 3-13　西南交通大学工程博士研究生工程实践活动记录表

编号	XJYZB-3613

西南交通大学

工程博士研究生工程实践活动记录表

西 南 交 通 大 学
工程博士研究生工程实践活动记录表

姓　　名__________________

学　　号__________________

专　　业__________________

导　　师__________________

学　　院__________________

实践类别　□科技成果奖申报

□参与国际或国家及行业标准编写

□申请国家发明专利

□承担国际级（重大、重点）工程项目或课题

研究生院制表

填表说明

1. 本表是工程博士研究生“工程实践活动”环节用表。

2. 工程实践活动主要包含四大类，即：科技成果奖申报、参与国际或国家及行业标准编写、申请国家发明专利、承担国际级（重大、重点）工程项目或课题，完成四类中任意一种类别，均可获得相应6学分。

3. 本表包括“承诺书”“科技成果奖申报记录表”“参与国际或国家及行业标准编写记录表”“申请国家发明专利记录表”和“承担国际级（重大、重点）工程项目或课记录表”。工程博士研究生按照个人工程实践情况，选择其中一项进行填写。

4. 导师应对工程博士研究生工程实践情况进行认定。评分标准为两级制。

5. 工程博士研究生完成本环节后，须将本表纸质版拍照，制成PDF电子版文档，以“学号+工程博士研究生工程实践”命名，提交至学院教务存档。同时，将本表的复印件报送学院教务部门，记载成绩。纸质文档装入“个人学业档案袋”中。

6. 每年春季学期，院校两级督导组将对存档资料进行抽查；纳入抽查名单的研究生须按要求提交纸质版的资料。

7. 表格填写和打印要求：宋体五号，单倍行距。A4纸双面打印。

承 诺 书

本人郑重承诺：

在“西南交通大学研究生工程实践活动记录表”中，本人所提供的各类材料、填写的内容均符合文件要求，真实、准确、有效。如有提供虚假材料或填写失实内容，本人自愿按有关规定接受处理，承担由此产生的一切后果。

承诺人签名：

年　　月　　日

科技成果奖申报记录表

科技成果奖名称	
申报时间	
科技成果奖等级	
科技成果奖简介	（文字概述须100字以上）
科技成果奖证明材料	（证明材料须包括：申报书、成果奖状等。能够证明本人主持或参与项目的关键材料粘贴此栏，若有其他材料，可以以附件形式附在本表后面。）
导师意见	该生工程实践成绩： 导师签字： 年　　月　　日

备注：评分标准为两级制：P为通过，X为不通过。

参与国际或国家及行业标准编写记录表

名 称	
时 间	
级 别	
简 介	（文字概述须 100 字以上）
证明材料	（证明材料须包括：参与国际或国家及行业标准编写等资料。能够证明本人参与的关键材料粘贴此栏，若有其他材料，可以以附件形式附在本表后面。）
导师意见	该生工程实践成绩： 导师签字： 年　　月　　日

备注：评分标准为两级制：P 为通过，X 为不通过。

申请国家发明专利记录表

国家发明专利名称	
申请时间	
获批时间	
受保护时限	
国家发明专利简介	（文字概述须 100 字以上）
国家发明专利证明材料	（证明材料须包括：国家颁发的证书等。关键材料贴于此栏，可以以附件形式附在本表后面。）
导师意见	该生工程实践成绩： 导师签字： 年　　月　　日

备注：评分标准为两级制：P 为通过，X 为不通过。

承担国际级（重大、重点）工程项目或课题记录表

工程项目或课题名称	
工程项目或课题级别	
参与实践	
工程项目或课题简介	（文字概述须 100 字以上）
工程项目或课题证明材料	（证明材料须包括：工程项目或课题相关材料等。能够证明本人主持或参与项目的关键材料粘贴此栏，若有其他材料，可以以附件形式附在本表后面。）
导师意见	该生工程实践成绩： 导师签字： 年　　月　　日

备注：评分标准为两级制：P 为通过，X 为不通过。

附录 3-14　西南交通大学博士研究生选题报告

编号	XJYZB-3614

西南交通大学

博士研究生选题报告

西 南 交 通 大 学
博士研究生选题报告

姓　　名＿＿＿＿＿＿＿＿＿＿＿＿＿＿＿＿

学　　号＿＿＿＿＿＿＿＿＿＿＿＿＿＿＿＿

专　　业＿＿＿＿＿＿＿＿＿＿＿＿＿＿＿＿

导　　师＿＿＿＿＿＿＿＿＿＿＿＿＿＿＿＿

学　　院＿＿＿＿＿＿＿＿＿＿＿＿＿＿＿＿

研究方向＿＿＿＿＿＿＿＿＿＿＿＿＿＿＿＿

论文题目＿＿＿＿＿＿＿＿＿＿＿＿＿＿＿＿

年　　月　　日

研究生院制表

填表说明

1. 本表是博士研究生论文开题报告用表。

2. 普博生和硕博连读生的学位论文开题工作一般应在博士入学第四学期结束前完成、直博生一般应在第五学期结束前完成。

3. 由导师（组）召集至少3名相关学科具有副高及以上职称的专家作为开题报告的专家委员会对开题报告进行综合评估，就课题的研究工作提出具体意见和建议。开题报告结果按“通过”或“不通过”记载。

4. 若首次论文开题报告结果为“不通过”，可在下一学期再次申请开题；两次论文开题均未通过的，由专家组作出“博士研究生转为硕士研究生培养”或“应予退学”处理建议报学校研究生院。

5. 博士研究生通过论文选题考核后，将本表纸质版、PDF格式的电子版（以“学号+选题报告”命名）提交至学院教务部门存档。

6. 每年春季学期，院校两级督导组将对存档资料进行抽查。

7. 表格填写和打印要求：宋体五号，单倍行距；A4纸双面打印。

一、博士研究生个人培养计划完成情况

（请研究生根据《研究生成绩单》填写个人培养计划的比对结果）

<table>
<tr><td colspan="2">个人培养计划</td><td>要求学分</td><td>完成学分</td></tr>
<tr><td rowspan="5">课程学分</td><td>公共课</td><td></td><td></td></tr>
<tr><td>前沿交叉课</td><td></td><td></td></tr>
<tr><td>专业课程</td><td></td><td></td></tr>
<tr><td>基础课（硕博连读生、直博生填写）</td><td></td><td></td></tr>
<tr><td>素养类课程（硕博连读生、直博生填写）</td><td></td><td></td></tr>
<tr><td rowspan="6">环节学分</td><td>学术活动</td><td></td><td></td></tr>
<tr><td>课题组研讨活动</td><td></td><td></td></tr>
<tr><td>文献阅读与评述</td><td></td><td></td></tr>
<tr><td>工程实践（工程博士填写）</td><td></td><td></td></tr>
<tr><td>国内外学术会议</td><td></td><td></td></tr>
<tr><td>总计</td><td></td><td></td></tr>
<tr><td rowspan="4">年度考核</td><td>考核年</td><td colspan="2">考核结果</td></tr>
<tr><td></td><td colspan="2"></td></tr>
<tr><td></td><td colspan="2"></td></tr>
<tr><td></td><td colspan="2"></td></tr>
</table>

经核查，该生个人培养计划完成情况属实。

学院教务部门审核签字（盖章）：____________

二、博士研究生选题报告主要内容

1. 拟定的学位论文题目：

2. 国内外研究现状分析、课题的研究意义：

3. 课题研究目标、研究内容、拟解决的关键问题：

4. 拟采取的研究方法、技术路线、方案及其可行性研究：

5. 课题的创新性：

6. 计划进度和预期成果：

7. 与本课题相关资料积累、已有的前期研究成果：

三、指导教师意见

指导教师签字：

年　　月　　日

四、专家组成员信息

姓名	职称	所在单位

五、专家组论证意见

综上所述，该生本次论文开题考核结论：

☐ 通过　　　　☐ 首次不通过（下学期再次开题）

☐ 第二次开题不通过（建议 ☐博转硕　☐退学　）

专家组成员签字：________________

____

____

年　　月　　日

附录 3-15　西南交通大学硕士研究生选题报告

编号	XJYZB-3615

西南交通大学

硕士研究生选题报告

西 南 交 通 大 学
硕士研究生选题报告

姓　　名________________________________

学　　号________________________________

专　　业________________________________

导　　师________________________________

学　　院________________________________

研究方向________________________________

论文题目________________________________

年　　月　　日

研究生院制表

填表说明

1. 本表是硕士研究生论文开题报告用表。

2. 硕士研究生学位论文开题工作一般应在硕士入学第三学期结束前完成。参加开题报告时，硕士研究生应已经完成培养单位规定的课程学分和文献阅读与评述环节学分要求。

3. 由导师（组）召集至少 3 名相关学科具有硕士研究生指导资格的专家对开题报告人所选课题的创新性和可行性进行重点论证，并就课题的研究工作提出具体意见和建议。开题报告结果按“通过”或“不通过”记载。

4. 若首次学位论文开题报告结果为不通过，可在下一学期再次申请开题；两次论文开题均未通过的，由专家组作出“应予退学”处理建议报学校研究生院。

5. 硕士研究生通过论文选题考核后，将本表纸质版、PDF 格式的电子版（以“学号 + 选题报告”命名）提交至学院教务部门存档。

6. 每年春季学期，院校两级督导组将对存档资料进行抽查。

7. 表格填写和打印要求：宋体五号，单倍行距；A4 纸双面打印。

一、硕士研究生个人培养计划完成情况

（请研究生根据《研究生成绩单》填写个人培养计划的比对结果）

个人培养计划		要求学分	完成学分
课程学分	公共课		
	基础课		
	素养课		
	前沿交叉课		
	专业课		
	特色课（专业学位培养专项填写）		
非课程学分	学术活动		
	课题组研讨活动		
	文献阅读与评述		
	创新创业与社会实践（专硕填写）		
	专业实践（专硕填写）		
总计			

经核查，该生个人培养计划完成情况属实。

学院教务部门审核签字（盖章）：____________

二、硕士研究生选题报告主要内容

1. 拟定的学位论文题目：

2. 国内外研究现状分析、课题的研究意义：

3. 课题研究目标、研究内容、拟解决的关键问题：

4. 拟采取的研究方法、技术路线、方案及其可行性研究：

5. 课题的创新性：

6. 计划进度和预期成果：

7. 与本课题相关资料积累、已有的前期研究成果：

三、指导教师意见

指导教师签字：

年　　月　　日

四、专家组成员信息

姓名	是否硕导	所在单位

五、专家组论证意见

综上所述，该生本次论文开题考核结论：

☐通过　☐首次不通过（下学期再次开题）　☐第二次开题不通过（建议退学 ）

专家组成员签字：____________

____

____

____

年　　月　　日

附录 3-16　西南交通大学博士（硕士）研究生选题报告会记录表

编号	XJYZB-3616

西南交通大学

博士（硕士）研究生选题报告会记录表

西 南 交 通 大 学
硕士研究生选题报告

姓　　名________________________________

学　　号________________________________

专　　业________________________________

导　　师________________________________

学　　院________________________________

研究方向________________________________

论文题目________________________________

记 录 人________________________________

年　　月　　日

研究生院制表

填表说明

1. 本表是博士研究生论文开题报告会记录用表。

2. 指定专人对开题报告会作记录。专家组成员、报告人、记录人在记录材料上签字确认后，将本表纸质版与 PDF 格式的电子版、《博士研究生选题报告》纸质版与 PDF 格式的电子版一起交至学院教务部门存档。

3. 每年春季学期，院校两级督导组将对存档资料进行抽查。

4. 表格填写和打印要求：宋体五号，单倍行距；A4 纸双面打印。

博士研究生选题报告会记录：

综上所述，该生本次论文开题考核结论：

☐ 通过　　　　　☐ 首次不通过（下学期再次开题）

☐ 第二次开题不通过（建议 ☐博转硕　☐退学 ）

专家组成员签字：________________

____

____

____

记 录 人 签 字：________________

学 生 签 字：________________

年　　月　　日

附录 3-17　西南交通大学硕士研究生论文中期考核报告

编号	XJYZB-3617

西南交通大学

硕士研究生论文中期考核报告

西 南 交 通 大 学
硕士研究生选题报告

姓　　名________________________________

学　　号________________________________

专　　业________________________________

导　　师________________________________

学　　院________________________________

研究方向________________________________

论文题目________________________________

开题报告日期____________________________

论文中期考核　☐ 第一次　　☐ 第二次

年　　月　　日

研究生院制表

填表说明

1. 本表是硕士研究生论文工作中期考核用表。

2. 硕士研究生应在第四学期结束前撰写论文中期考核报告，汇报培养计划完成情况以及学术科研和论文工作的阶段性成果。

3. 导师（组）负责召集至少 3 名相关学科具有硕士研究生指导资格的专家组成的专家组对学生报告进行答辩评审。中期考核结果按“通过”或“不通过”记载。

4. 若首次论文中期考核不通过，硕士研究生应按照专家组意见进行整改后，可于下一学期再次进行中期考核。两次中期考核不通过者，由专家组作出“应予退学”处理建议报学校研究生院。

5. 硕士研究生通过论文中期考核后，将本表纸质版、PDF 格式的电子版（以“学号 + 论文中期考核”命名）提交至学院教务部门存档。

6. 每年春季学期，院校两级督导组将对存档资料进行抽查。

7. 表格填写和打印要求：宋体五号，单倍行距；A4 纸双面打印。

一、硕士研究生个人培养计划完成情况

（请研究生根据《研究生成绩单》填写个人培养计划的比对结果）

个人培养计划		计划学分	完成学分
课程学分	政治课程		
	基础类课程		
	素养类课程		
	交叉、前沿类课程		
	专业基础类课程		
	校企联合专业学位培养专项		
非课程学分	学术活动		
	课题组研讨活动		
	文献阅读与评述		
	创新创业与社会实践（专业学位）		
	专业实践（专业学位）		
	开题报告		
总计			

经核查，该生个人培养计划完成情况属实。

学院教务部门审核签字（盖章）：__________

二、硕士研究生论文工作阶段性总结

填写内容包括但不限于以下几点：

1. 阐述论文工作的进展和取得的阶段性成果。
2. 介绍论文发表的情况。
3. 制订下一步研究计划及论文工作计划。

三、指导教师意见

指导教师签字：

年　　月　　日

四、专家组成员信息

姓名	是否硕导	所在单位

五、专家组考核结果

综上所述，该生本次论文中期考核结论：

□通过　□首次不通过（下学期再次考核）　□第二次考核不通过（建议退学）

专家组成员签字：________________

____

____

____

年　　月　　日

附录 3-18　西南交通大学博士研究生年度考核报告

编号	XJYZB-3618

西南交通大学

博士研究生年度考核报告

西 南 交 通 大 学
硕士研究生选题报告

姓　　名________________________

学　　号________________________

专　　业________________________

导　　师________________________

学　　院________________________

研究方向________________________

考核年度______20　　年______

年　　月　　日

研究生院制表

填表说明

1. 本表是博士研究生“年度考核”环节用表。

2. 博士研究生入学后的第三学年开始，每个自然年的年末前须撰写《博士研究生年度考核报告》，详细阐述考核年度内论文研究工作的进展情况及所取得的阶段性成果。申请论文答辩年度及之后年度不再进行年度考核。

3. 博士研究生须以书面的形式，向所在培养单位提交《博士研究生年度考核报告》。各培养单位组织由导师及相关学科具有副高及以上职称至少 3 人的年度报告考核专家组，对本单位的博士研究生进行年度考核。

4. 年度考核报告会上，导师应对博士研究生的年度进展情况做出综合评价，考核专家组对学生年度进展报告和学生年度科研情况进行综合评估，作出“通过”或“不通过”的决议。如决议为“不通过”，专家组须作出“博士研究生转为硕士研究生培养”或“结业”或“应予退学”的建议，经学院审核后报送研究生院。

5. 本表纸质版、PDF 格式的电子版（以“学号 + 20 × × 年度报告”命名）提交至学院教务部门存档。

6. 每年春季学期，院校两级督导组将对存档资料进行抽查。

7. 表格填写和打印要求：宋体五号，单倍行距；A4 纸双面打印。

一、博士研究生个人培养计划完成情况

（请研究生根据《研究生成绩单》填写个人培养计划的比对结果）

<table>
<tr><td colspan="2">个人培养计划</td><td>要求学分</td><td>完成学分</td></tr>
<tr><td rowspan="5">课程学分</td><td>公共课</td><td></td><td></td></tr>
<tr><td>前沿交叉课</td><td></td><td></td></tr>
<tr><td>专业课程</td><td></td><td></td></tr>
<tr><td>基础课（硕博连读生、直博生填写）</td><td></td><td></td></tr>
<tr><td>素养类课程（硕博连读生、直博生填写）</td><td></td><td></td></tr>
<tr><td rowspan="7">环节学分</td><td>学术活动</td><td></td><td></td></tr>
<tr><td>课题组研讨活动</td><td></td><td></td></tr>
<tr><td>文献阅读与评述</td><td></td><td></td></tr>
<tr><td>工程实践（工程博士填写）</td><td></td><td></td></tr>
<tr><td>国内外学术会议</td><td></td><td></td></tr>
<tr><td>开题报告</td><td></td><td></td></tr>
<tr><td>总计</td><td></td><td></td></tr>
<tr><td rowspan="4">年度考核</td><td>考核年</td><td colspan="2">考核结果</td></tr>
<tr><td></td><td colspan="2"></td></tr>
<tr><td></td><td colspan="2"></td></tr>
<tr><td></td><td colspan="2"></td></tr>
</table>

经核查，该生个人培养计划完成情况属实。

学院教务部门审核签字（盖章）：___________

二、博士研究生研究工作年度总结

建议填写内容包括但不限于以下几点：
1. 本年度的研究工作的进展和取得的阶段性成果。
2. 本年度学术论文发表情况和下一步论文发表计划。
3. 制订下一步研究的工作计划。

三、指导教师意见

指导教师签字：

年　　月　　日

四、专家组成员信息

姓名	职称	所在单位

五、专家组考核结果

综上所述，该生本次年度考核结论：

□通过　□首次不通过（建议 □博转硕　□结业　□应予退学 ）

□第二次考核不通过（建议 □博转硕　□结业　□应予退学 ）

专家组成员签字：____________

____

____

____

年　　月　　日

附录 3-19　西南交通大学博士研究生国际访学学分认定表

编号	XJYZB-3619

西南交通大学

博士研究生国际访学学分认定表

西　南　交　通　大　学
博士研究生国际访学学分认定表

姓　　名__________________

学　　号__________________

专　　业__________________

导　　师__________________

学　　院__________________

研究生院制表

填表说明

1. 本表是博士研究生国际访学环节学分认定申请表。

2. 博士研究生完成国际访学后可按访学时长申请学分和成绩认定。访学时长 3 个月可申请认定 2 学分、6 个月可申请认定 3 学分、12 个月可申请认定 4 学分。完成国际访学成绩记载为“P”。

3. 访学结束后，博士研究生填写本表并提供相关证明材料，提交所在学院研究生教务部门，由学院教务负责人员认定成绩和学分，并补录至研究生系统。纸质材料由学院存档备查。

4. 表格填写和打印要求：宋体五号，单倍行距；A4 纸双面打印。

<table>
<tr><td rowspan="5">基本信息</td><td>姓　名</td><td></td><td>学　号</td><td></td><td>联系电话</td><td></td></tr>
<tr><td>交流国家</td><td colspan="2"></td><td>邀请方
（中英文）</td><td colspan="2"></td></tr>
<tr><td>交流项目类别</td><td colspan="5">□研究生双学位项目 □短期交流项目 □游学访学项目 □其他______</td></tr>
<tr><td>项目资助来源</td><td colspan="5">□国家留学基金委 □学校双一流经费 □导师科研项目 □其他______</td></tr>
<tr><td colspan="2">交流时间</td><td colspan="2">年　月　日— 年　月　日</td><td>交流时长</td><td>___个月</td></tr>
<tr><td>学院审核</td><td colspan="6">根据该生提供的证明材料，该生国际访学时长___个月，学分认定为_____学分，成绩为_____（P：通过；X：不通过）。

审核人签字：

日期：</td></tr>
<tr><td>证明材料</td><td colspan="6">请将出国相关证明材料电子版粘贴在此栏。（证明材料包括《西南交通大学学生出国交流备案表》《研究生项目返校通知》以及有出入境信息的护照内页等）</td></tr>
</table>

附录 3-20　西南交通大学专业学位硕士研究生创新创业与社会实践活动记录表

编号	XJYZB-3620

西南交通大学

专业学位硕士研究生创新创业与社会实践活动记录表

西 南 交 通 大 学
专业学位硕士研究生创新创业与社会实践活动记录表

姓　　名＿＿＿＿＿＿＿＿＿＿

学　　号＿＿＿＿＿＿＿＿＿＿

专　　业＿＿＿＿＿＿＿＿＿＿

导　　师＿＿＿＿＿＿＿＿＿＿

学　　院＿＿＿＿＿＿＿＿＿＿

实践类型 □竞赛活动　□知识产权

□科技成果转化　□执业资格

□自主创业　　□社会实践

研究生院制表

填表说明

1. 本表是专业学位硕士研究生“创新创业与社会实践活动”环节用表。

2. 创新创业与社会实践活动，其认定范围主要包含六大类，即：竞赛活动、知识产权、科技成果转化、执业资格、自主创业和社会实践，完成六类中任意一种类别，均可获得相应2学分。

3. 本表包括“竞赛活动记录表”“知识产权记录表”“科技成果转化记录表”“执业资格记录表”“自主创业记录表”和“社会实践记录表”。专业学位硕士研究生请根据实际情况填写记录表。

4. 导师应对专业学位研究生创新创业与社会实践情况进行认定。评分标准为两级制。

5. 专业学位硕士研究生完成本环节后，须将本表纸质版拍照，制成PDF电子版文档，以“学号+专硕创新创业与社会实践活动”命名，提交至学院教务存档。同时，将本表的复印件报送学院教务部门，记载成绩。纸质文档装入“个人学业档案袋”中。

6. 每年春季学期，院校两级督导组将对存档资料进行抽查；纳入抽查名单的研究生须按要求提交纸质版的资料。

7. 表格填写和打印要求：宋体五号，单倍行距。A4纸双面打印。

承 诺 书

本人郑重承诺：

在“西南交通大学研究生创新创业与社会实践活动记录表”中，本人所提供的各类材料、填写的内容均符合文件要求，真实、准确、有效。如有提供虚假材料或填写失实内容，本人自愿按有关规定接受处理，承担由此产生的一切后果。

承诺人签名：

年 月 日

竞赛活动记录表

竞赛活动名称	
参赛时间	
参赛地点	
主办单位	
获奖情况	
竞赛活动 简介	（文字概述须 100 字以上）
竞赛活动 证明材料	（证明材料须包括：参赛证、参赛过程照片、获奖证书等。贴于此栏）
导师意见	该生工程实践成绩： 导师签字： 年　　月　　日

备注：评分标准为两级制：P 为通过，X 为不通过。

知识产权记录表

知识产权名称	
知识产权申请时间	
知识产权获批时间	
知识产权受保护时限	
知识产权 简介	（文字概述须 100 字以上）
知识产权 证明材料	（证明材料须包括：国家颁发的证书。贴于此栏）
导师意见	该生工程实践成绩： 导师签字： 年　　月　　日

备注：评分标准为两级制：P 为通过，X 为不通过。

科技成果转化记录表

科技成果名称	
科技成果转化简介	（文字概述须 100 字以上）
科技成果转化证明材料	（能够证明本人科技成果转化的关键材料粘贴此栏，若有其他材料，可以以附件形式附在本表后面。）
导师意见	该生工程实践成绩： 导师签字： 年　　月　　日

备注：评分标准为两级制：P 为通过，X 为不通过。

执业资格记录表

执业资格证书名称	
参加考试时间	
获得证书时间	
执业资格 简介	（文字概述须100字以上）
执业资格 证明材料	（证明材料须包括：证书等。贴于此栏）
导师意见	该生工程实践成绩： 导师签字： 年　　月　　日

备注：评分标准为两级制：P为通过，X为不通过。

自主创业记录表

<table>
<tr><td>公司名称</td><td></td></tr>
<tr><td colspan="2">自主创建的公司须与所学专业相关。</td></tr>
<tr><td>公司简介</td><td>（文字概述须 100 字以上）</td></tr>
<tr><td>公司证明材料</td><td>（证明材料须包括：公司营业执照、公司运营记录等。关键材料贴于此栏，若有其他材料，可以以附件形式附在本表后面。）</td></tr>
<tr><td>导师意见</td><td>该生工程实践成绩：
导师签字：
年 月 日</td></tr>
</table>

备注：评分标准为两级制：P 为通过，X 为不通过。

社会实践记录表

实践项目名称	
参与的时间	
实践项目 简介	（文字概述须 100 字以上）
实践项目进展情况	（文字概述须 500 字以上，主要包括不限于：所查阅资料、进行实验、研究工作、供图片等）
项目负责人 签署意见	签名（签章）： 年 月 日
导师意见	该生工程实践成绩： 导师签字： 年 月 日

备注：评分标准为两级制：P 为通过，X 为不通过。

附录 3-21　西南交通大学全日制硕士专业学位研究生专业实践记录表

编号	XJYZB-3621

西南交通大学

全日制硕士专业学位研究生专业实践

记录表

西 南 交 通 大 学
全日制硕士专业学位研究生专业实践记录表

姓　　名：＿＿＿＿＿＿＿＿＿＿＿＿

学　　号：＿＿＿＿＿＿＿＿＿＿＿＿

专业领域：＿＿＿＿＿＿＿＿＿＿＿＿

学　　院：＿＿＿＿＿＿＿＿＿＿＿＿

报告题目：＿＿＿＿＿＿＿＿＿＿＿＿

校内导师：＿＿＿＿＿＿＿＿＿＿＿＿

基地导师：＿＿＿＿＿＿＿＿＿＿＿＿

基地名称：＿＿＿＿＿＿＿＿＿＿＿＿

填表日期：＿＿＿＿＿＿＿＿＿＿＿＿

研究生院制表

填表说明

1. 本表是全日制硕士专业学位研究生“专业实践”环节用表。

2. 参加实践的研究生必须与学院签订《专业实践安全责任书》，各学院有权拒绝未签订《专业实践安全责任书》的学生参加校外专业实践。《专业实践安全责任书》需经学生本人签字确认，并在实践开始前交至各学院后，方可开展专业实践。

3. 研究生专业实践应由校内导师按照所属的专业学位类别培养方案的要求，根据因材施教的原则，结合专业学位研究生本人的特点，全面考虑，合理安排，指导研究生制订个人实践计划，对其实践目标、内容、方法等要求和进度作出计划和安排。实践计划应在第二学期结束两周前，由校内导师、基地导师与研究生共同制定，并由校内导师和学院负责人签署意见。

4. 实践计划一旦确定就应认真遵照执行，无特殊原因，原则上不予更改。因特殊情况确需更改者，应在每学期开学两周内提出书面修改计划申请，经导师和学院同意后方能执行。

5. 研究生完成实践环节的所有要求后，填写“实践登记”“实践总结”（不少于 5000 字），交由实践基地。实践基地组织集中答辩，并结合实践期间综合表现，按二级制给出评分，研究生院对成绩进行评定。

6. 研究生在完成实践后两周内将此表纸质版拍照，制成 PDF 电子版文档，以“学号 + 专业实践”命名，提交至实践基地存档，并登录研究生院首页系统登录入口，在“学生实践总结申请”模块提交。此表的纸质版原件由研究生自行留存。

7. 每学期院校两级督导组将对存档资料进行抽查。纳入抽查名单的硕士研究生须按要求提交纸质版的资料。

8. 表格填写和打印要求：宋体五号，单倍行距，A4 纸双面打印。

西南交通大学专业学位研究生参加专业实践安全责任书

专业实践是全日制硕士专业学位研究生教学中的重要环节，是培养研究生具有较强解决实际问题能力，能够承担专业技术或管理工作，具有独立工作能力的重要途径。为使专业实践达到预期目的，保证专业实践能够顺利地进行，针对目前的社会治安和交通安全情况，学校和学生在安全责任方面达成下列共识，并签订以下安全责任书：

1. 此次安全责任的主体是学生本人。

2. 学生在专业实践过程中，要服从实践单位的安全管理规定，严格遵守《西南交通大学全日制硕士专业学位研究生实践安全管理办法（试行）》的有关规定。

3. 学生必须遵守国家法律和校纪校规，遵守实习纪律，团结互助，不做有损大学生形象的事。若发生打架斗殴等事件，将按校纪校规严肃处理。

4. 在专业实践过程中，严禁下江、河、湖泊、水塘等游泳，严禁带火种上山，严禁酗酒，严禁乘坐无保险的私人营运车辆。

5. 专业实践期间，未经批准，不得擅自离开实践单位从事任何与专业实践无关的活动。

6. 参加专业实践的学生，要定期向实践指导教师汇报专业实践情况，发生特殊问题应随时报告，不得拖延；自己联系实践单位的学生，应定期向学院汇报专业实践情况。

以上条款学生应全面遵照执行，学生所在学院负责检查、落实。学生违反上述规定，所造成的后果和损失（包括人身伤害事故），由学生本人负责，学校不承担任何法律和经济责任。此安全责任书需经学生本人签字确认，在开展实践前交各学院保留备查。

学生签名：

年　　月　　日

一、研究生基本资料

<table>
<tr><td>姓　名</td><td></td><td>性别</td><td></td><td>出生
年月日</td><td></td><td>民族</td><td></td><td>政治
面貌</td><td></td></tr>
<tr><td>专业领域</td><td colspan="3"></td><td colspan="2">研究方向</td><td colspan="4"></td></tr>
<tr><td>电子邮箱</td><td colspan="2"></td><td colspan="2">QQ 号码</td><td colspan="2"></td><td colspan="2">手机号码</td><td></td></tr>
<tr><td>紧急
联系人</td><td colspan="2"></td><td colspan="2">与本人关系</td><td></td><td colspan="3">紧急联系人电话</td><td></td></tr>
<tr><td rowspan="3">指导
教师</td><td></td><td>姓名</td><td>职称</td><td colspan="2">主要从事的专业与
研究领域</td><td colspan="2">所在工作单位</td><td colspan="2">联系方式
（手机、座机）</td></tr>
<tr><td>校内
导师</td><td></td><td></td><td colspan="2"></td><td colspan="2"></td><td colspan="2"></td></tr>
<tr><td>基地
导师</td><td></td><td></td><td colspan="2"></td><td colspan="2"></td><td colspan="2"></td></tr>
</table>

二、实践计划

实践基地名称	实践项目名称	实践地点	实践起止时间
			年　月　日— 年　月　日

1. 拟实践方向
2. 实践的目的及意义
3. 实践拟定目标
4. 实践进度安排

<table>
<tr><td colspan="2"></td></tr>
<tr><td>导师意见</td><td>签名：
年　　月　　日</td></tr>
<tr><td>学院意见</td><td>签名（公章）：
年　　月　　日</td></tr>
</table>

三、实践登记

时间	地点	内容	备注
总计	实践学时　　　小时 实践时长　　　月		

说明：实践学时最低不低于 80，实践时长不低于 6 个月，导师（组）可根据研究生的实际情况和实践项目酌情增加学时。

四、实践总结（不少于5000字）

1. 实践目标达成情况
2. 实践主要内容
3. 实践方法
3. 实践计划执行情况
4. 实践主要成果（证明材料作为附件提供）
5. 附件材料清单

五、专业学位研究生个人专业实践进度评价（基地或基地导师勾选“√”）

参评内容	评价选项				
	优秀	良好	及格	不及格	评价意见
实践执行情况与计划符合度					
实践进度真实性评价					
实践成果有效性评价					
实践过程个人表现					
实践报告撰写情况					

六、实践评审

<table>
<tr><td colspan="3">基地导师意见：

签名：

年　　月　　日</td></tr>
<tr><td rowspan="2">专业实践成绩
（基地导师勾选）</td><td colspan="2">成绩记录（√）</td></tr>
<tr><td>通过（　）</td><td>不通过（　）</td></tr>
<tr><td colspan="3">实践基地意见：　　结论为　通过（　）　不通过（　）

盖　章

年　　月　　日</td></tr>
</table>

西南交通大学研究生院　　编

西南交通大学学位与研究生教育
质量保障工作手册

导　　师、课　　程、
创新实践、学术素养（第4册）

朱志武　万浩　刘波◎编著

西南交通大学出版社
·成　都·

图书在版编目（CIP）数据

西南交通大学学位与研究生教育质量保障工作手册. 第 4 册，导师、课程、创新实践、学术素养 / 西南交通大学研究生院编；朱志武，万浩，刘波编著. —成都：西南交通大学出版社，2022.10
ISBN 978-7-5643-8911-6

Ⅰ. ①西… Ⅱ. ①西… ②朱… ③万… ④刘… Ⅲ. ①西南交通大学 – 研究生教育 – 教育质量 – 手册 Ⅳ. ①G643-62

中国版本图书馆 CIP 数据核字（2022）第 188568 号

Xinan Jiaotong Daxue Xuewei yu Yanjiusheng Jiaoyu Zhiliang Baozhang Gongzuo Shouce

西南交通大学学位与研究生教育质量保障工作手册（1—6 册）

西南交通大学研究生院 **编**

（第 1 册）概况、管理体制：周先礼　陈志伟　张薇　**编著**

（第 2 册）招生、奖助体系：邹洋　赵毅　黄亚楠　**编著**

（第 3 册）过程培养：华宝玉　乐佳　刘颖　**编著**

• （第 4 册）导师、课程、创新实践、学术素养：朱志武　万浩　刘波　**编著**

（第 5 册）学位论文：陈怡露　宛小强　郭海霞　**编著**

（第 6 册）学位点建设：艾长发　郑海涛　张静　**编著**

《西南交通大学学位与研究生教育质量保障工作手册》

编 委 会

主　　编：周先礼

副 主 编：朱志武　艾长发　陈志伟

编　　委：邹　洋　华宝玉　陈怡露　郑海涛　赵　毅

乐　佳　万　浩　宛小强　张　薇　黄亚楠

刘　颖　刘　波　郭海霞　张　静

本册作者：朱志武　万　浩　刘　波

目　录

第一部分　导　师

研究生导师制度是一种起源于学术行会的中世纪大学将学者的自由讲学与学生的游学以组织制度化的形态固定下来的独特的学术体系和教育结构，其后随着学院逐渐演化成中世纪大学教学活动组织制度的基础，以学院为单位的导师制逐渐被以牛津大学和剑桥大学为代表的欧洲古典大学所采用[①]。尽管由于现代大学的转型和研究生教育的诞生为导师制度赋予了新的内涵，但该制度却自此沿用下来。在现有的研究生培养体系中，导师已经成为研究生学术培育的关键力量。围绕《中华人民共和国学位条例》，我国的研究生教育也建立了一整套关于研究生导师的质量保障体系：从国家到学校再到各培养单位，均对研究生导师的遴选、评聘、培训、考核等进行了严密且细致的规范。随着社会对人才培养规格与要求的转变以及研究生教育本身的大发展，研究生导师的内涵得以更新、转化和再构建。新时代下，研究生导师制需进一步思考、探索与改革。

一、国内外研究生导师制度

目前，国际上研究生导师制度主要分为两种，一种是以英国和德国为代表的讲座制度和师徒式的精英培养模式，另一种是以美国大学为代表的学科制度和导师与指导小组相结合大批量式培养模式[②]。随着研究生招生规模特别是博士研究生规模的不断扩大，美国的研究生导师与指导小组模式已经成为当前研究生培养的主流模式。

（一）美国研究生导师制度

1. 导师与导师小组相结合

美国研究生培养实行个别与集体相结合的指导委员会指导方式。研究生入学后并不即刻确定导师，而是经过一年课程学习后，在师生双方相互了解的过程中，通过双向选择来确定。在对研究生的指导过程中，除导师以外，还成立一个指导委员会。研究生指导委员会是一个全面负责研究生培养工作的组织，硕士生指导委员会由 3 ~ 5 人组成，博士生指导委员会成员有 5 ~ 7 人，研究生指导委员会主要负责指导研究生制订学习和科研计划、安排课程教学的设计研讨会以及论文指导和评定，并且进行专业咨询和具体的指导。在博士生导师委员会制度中，一个博士生最少要有 3 位导师指导学习和研究，有时会是 4 ~ 5 位导师，其中一位是学生研究领域的指导者，另外的导师委员会成员必须是跨学科的，其目的是扩大学生的知

① 郭丽君，胡何琼. 自主与控制：研究生导师制度剖析[J]. 学位与研究生教育，2015（9）：6-9.
② 缪燕平，等. 研究生导师团队的建设与探讨[J]. 教育与职业，2010（20）.

识面，促进学生研究中的学科交叉和学术整合能力。

2. 注重导师队伍建设，坚持导师岗位制

美国在研究生导师队伍建设方面经验丰富，已经形成了一整套从招聘、管理到退出等环节的研究生导师管理制度。在美国各个大学都高度关注研究生导师队伍建设，注重吸引全世界最优秀的人才加入学校的师资队伍中①。在研究生导师的具体衡量标准方面，从教学、科研、服务等方面全面考察教师，既注重教师的本职工作，又注重教师的个人素质和能力②。在坚持全面的基础上，科学研究和创新能力成为研究型大学衡量教师的首要标准③。例如，芝加哥大学在制定教师聘任标准时，坚持从研究、教学和训练、对学者社团的贡献、服务四个方面全面衡量教师，但委员会认为应该将研究放在最重要的位置④。芝加哥大学校长赫钦斯曾经说过教授是否胜任他们的工作是决定他们去留的唯一前提⑤。哈佛大学校长科南特曾经鲜明地指出学术价值是遴选教师最重要的标准，就某种意义上讲，可以说是唯一的标准。

在美国的研究生导师制度中，导师只是一个工作岗位，不论是教授，还是助理教授或讲师，只要具有博士学位、有科研经费、所在学校有博士学位授予权、本人有水平有能力等条件，就可以担任博导指导博士生，也就能称之为研究生导师⑥。

（二）欧洲研究生导师制度

1. 明确导师权利和义务

在欧洲，传统的“导师制”更多是针对本科生的教学制度，随着高等教育的发展导师制才逐渐扩大到研究生教育制度。牛津大学和剑桥大学在导师制上的成功经验，强调导师制度注重发挥学生主动性，尊重学生自主意识⑦。导师制蕴含了关注学生个体发展、独立思考和勇于探究的教育理念⑧。在英国，导师要为学生提供一切需要的服务，包括学业指导、非学业方面的帮助、职业发展规划指导等，要将自己对学生的学业和生活方面的指导和服务记录在案⑨。同时，导师权利一般包括招收、选取、指导研究生，奖助项目推荐权及学位论文表决权，申请科研项目及经费的权利，以及获得相应报酬的权利等。法国和德国则没有统一的研究生入学考试，导师在研究生招生中有着很大的决定权⑩。

2. 优化导师管理培训制度

欧洲各国为了保障指导质量，采用了签署合同或者设置导师管理委员会的方式，以促进

① Harvard'sFaculty [EB/OL]. http://www.news.harvard.edu/guide/faculty/2004-12-12.
② Faculty Handbook of the University of California[EB/OL]. http://www.ucop.edu/acadadv/acadpers/handbook/appoint.html/2005-06-30.
③ 郄海霞. 美国主要研究型大学教师队伍管理的特点及启示[J]. 比较教育研究，2006（4）：65-69.
④ The University of Chicago Faculty Handbook[EB/OL]. http://www.uchicago.edu/docs/policies/provostoffice/facbk05.pdf/2004-12-25.
⑤ 蓝劲松. 研究型大学的用人标准. 科学时报[N]，2000-11-09（B2）.
⑥ 龚志宏，等. 美国大学研究生导师与研究生指导委员会探析[J]. 高教发展与评估，2006，22（2）.
⑦ 刘丽芳. 牛津大学和剑桥大学导师制略述[J]. 高教发展与评估，2004（1）：26-27.
⑧ 杜智萍. 19世纪以来牛津大学导师制发展研究[D]. 保定：河北大学，2008.
⑨ 任春娇. 英国导师制的经验对我国硕士导师的启示[D]. 沈阳：东北大学，2010：17-19.
⑩ 索昭昭. 研究生招生考试制度的国际比较与借鉴[D]. 苏州：苏州大学，2008：19-24.

指导实践的结构化和透明化。以法国为例，博士生、系主任、博士生院的院长和导师之间会签署一份书面合同，将各方的关系正式化，而且法国的博士生院还规定了其他关于指导的原则，如每位导师指导学生的限额，每位导师所获公共资助的额度等①。英国多数大学设有专门的培训中心给学校教职工提供培训服务，包括针对导师的实用性心理指导培训，组织导师共同研讨教学或教学管理中的理论与实践问题，帮助导师取得高等教育教学文凭，以及注重导师之间的传、帮、带，优选个别导师指导其他导师开展工作等。

3. 从学徒制走向联合导师制

超越传统的学徒制，走向联合导师制是当前欧洲国家研究生导师制度改革的一大趋势。目前欧洲许多大学最主要的改革是联合导师制，即实行双导师制、多导师制或导师小组制度。多导师制包括 2 ~ 3 位导师，其中 1 位是主导师。一位导师负责博士教育的管理和训练，一位负责研究过程，后者可以是来自工业界等非学术部门。英国的经济与社会研究委员会（ESRC）2009 年发布的《博士生训练与发展准则》鼓励双导师制或导师小组制，尤其是从事跨学科研究的博士生，导师可以是跨系或跨部门的联合，而新导师或经验不足的导师也应该有一个经验丰富的联合导师。丹麦 2006 年博士教育评估小组还建议，副教授或博士后应当被允许担任项目导师或者副导师②。

（三）我国研究生导师制度

1. 发展与现状

我国导师制经过多年的发展，形成了一套严格的导师选聘标准和程序。1999 年国务院学位委员会《关于选聘博士生指导教师工作的几点原则意见》全面下放博士生导师审批权，由学位授予单位自行遴选和确定招收培养博士研究生的指导教师。规定了选聘博士生指导教师的基本原则和德能勤等方面的基本条件。2013 年，教育部、发改委、财政部发布的《关于深化研究生教育改革的意见》提出，“健全导师责权机制，改革评定制度，强化与招生培养紧密衔接的岗位意识，防止形成导师终身制。”③2018 年《关于全面落实研究生导师立德树人职责的意见》提出，“坚持立德树人，把教书育人作为研究生导师评价的核心内容，加强对研究生导师立德树人职责落实情况的评价。”④2020 年 9 月，《教育部关于加强博士生导师岗位管理的若干意见》从政治要求、岗位权责、选聘制度等十个方面提出了加强博士生导师岗位管理的要求，强调“健全岗位选聘制度，制定全面的博士生导师选聘标准，建立招生资格定期审核和动态调整制度，确保博士生导师选聘质量。”⑤ 目前我国很多高校将导师考核评

① 沈文钦，王东芳. 从欧洲模式到美国模式：欧洲博士生培养模式改革的趋势[J]. 外国教育研究，2010，37（8）：69-74.

② Ahola, S. Kivinen Osmo.Post graduate education in Europe: harmonizing with adissonance?[EB/OL]. http://www. hsv.se/download/18.539a949110f3d5914ec800090622/ahola.pdf.

③ 教育部，国家发展改革委，财政部. 关于深化研究生教育改革的意见：教研〔2013〕1 号[A/OL]. http://old.moe.gov.cn/publicfiles/business/htmlfiles/moe/A22_zcwj/201307/154118.html.

④ 教育部. 关于全面落实研究生导师立德树人职责的意见：教研〔2018〕1 号[A/OL]. http://www.moe.gov.cn/srcsite/A22/s7065/201802/t20180209_327164.html.

⑤ 教育部. 关于加强博士生导师岗位管理的若干意见：教研〔2020〕11 号[A/OL]. http://www.moe.gov.cn/srcsite/A22/s7065/202009/t20200927_491838.html.

价落实为招生资格年度审核制，即根据年度招生需要，综合考虑学科特点、师德表现、学术水平、科研任务和培养质量，确定导师招生资格及指导研究生的限额。同时，高校积极探索和完善分类别、分层次、多级协同导师培训体系，培训内容一般包括优秀导师分享指导经验、学习相关管理规定、导师间互相交流探讨等。

在研究生导师制度方面，学者们比较了单一制、双导师制和导师组制等模式，并以国内众多高校为研究样本进行了分析，虽然导师组制和双导师制认可较高，但目前我国的研究生指导制度仍以单一导师制为主体，师生之间仍以传统的师徒关系模式为主[①]。在研究生导师培训和激励制度方面，我国高校目前存在培训制度缺失、培训考核缺失、培训时间过短、培训对象混淆、培训内容片面、培训方式单调等问题[②]，在激励制度的建设上要以导师发展为本，提高导师的专业水平、加强导师队伍的职业道德建设、建立导师教育质量的评估体系[③]，建立研究生导师队伍管理运行的约束、激励与保障机制，完善导师发展机制等建议[④⑤]。

2. 存在的问题

（1）制度建设不健全。

导师是研究生教育的主体，是影响研究生培养质量的关键因素。通过对我国研究生院高校导师队伍现状进行统计，导师队伍建设制度上存在缺陷，研究生导师队伍建设存在着师资队伍结构不合理、培养模式较为单一、评估体系不够完善等问题[⑥]。单一导师制培养模式存在导师个体资源有限、师生数量比例严重失衡、导师资源分配不合理的问题。部分导师对岗位职责不明确，导师肩负着科研和教学的双重任务，有的还身兼行政职务和各种学术或社会兼职，造成用于指导研究生的时间和精力有限，使得部分导师经常忽视对研究生的指导，对研究生培养不重视、不尽力[⑦]。

（2）导师队伍质量与建设亟待优化。

目前，研究生导师队伍建设存在着师资队伍结构不合理、培养模式较为单一、评估体系不够完善等问题[⑧]。首先，在管理制度、奖惩机制等方面还不够系统，与立德树人的要求相差甚远[⑨]，严重地影响了研究生培养过程中的创新性教育发展。其次，研究生培养力度不足，培养责任意识淡薄的问题[⑩]，部分导师缺乏责任心，在研究生培养中未能发挥相应的监督、检查和指导作用，在学习先进教育理念、关怀学生等方面就更显不足。此外，自 1995 年我国

---

① 周文辉，张爱秀等. 我国高校研究生与导师关系现状调查[J]. 学位与研究生教育，2010（9）：10-14.
② 王建梁，魏体丽，覃丽君. 我国研究生导师培训制度研究[J]. 学位与研究生教育，2012（8）：23-25.
③ 李安萍，潘剑波，陈若愚. 研究生导师队伍专业化建设初探——基于教师专业化背景的分析[J]. 教育探索，2011（12）：114-115.
④ 张健，林伟连，许为民，张国昌.高水平研究生导师队伍建设探析——中美比较的视角[J]. 清华大学教育研究，2005，26（5）：63-68.
⑤ 郭跃，杨俊，王放. 基于科学发展观的研究生导师队伍建设与管理机制探析[J]. 学位与研究生教育，2010（7）：5-8.
⑥ 杨雷，邓启刚，沙伟，张德庆，孙涌泉. 新时期研究生导师队伍建设探索[J]. 教育探索，2013（2）：76-77.
⑦ 李海生. 我国研究生院高校导师队伍现状及思考[J]. 学位与研究生教育，2015（9）：14-19.
⑧ 杨雷，邓启刚，沙伟，等. 新时期研究生导师队伍建设探索[J]. 教育探索，2013（2）：76-77.
⑨ 王武习. 立德树人背景下的高校研究生导师队伍建设研究[J]. 黑龙江教育（理论与实践），2019（10）：35-36.
⑩ 陈培坤. 浅论研究生培养质量保障体系中导师队伍建设[J]. 高教学刊，2016（11）：206-207.

研究生开始扩招至今，研究生导师数量激增，但导师队伍整体素质参差不齐，导师队伍年龄结构欠均衡，教师学科结构有待优化。

（3）缺乏科学的遴选与评价体系。

我国高校研究生教育一直实行导师负责制，但教育过程中并未形成完整的、切实可行的导师遴选及考核体系。导师选聘中存在遴选标准单一、缺乏灵活性、遴选程式化等问题，对研究生导师的职称、学历、论文数量做了较多硬性的规定。另一方面，行政干预对导师选聘过程的影响依然存在，担任行政职务往往意味着在导师评聘中享有优先权。导师评价体系存在单一的科研导向，除专著、论文以及科研经费等定量指标外，师德师风方面的评价指标都是定性指标，缺少立德树人成效的细化评价指标，无法在导师考核中真正做到“能者上、平者让、庸者下”，打击了一些优秀导师的积极性，对能力和水平较低的导师也没有起到警示作用[①]。同时，高校通常开展的导师考核评价，是由职能部门主导的对导师在过去一时间段内研究生培养工作的评价，考核结果往往成为导师招生资格、职称晋升、绩效发放额度、评优评先的重要依据，这种奖惩性考评方式无法从根本上调动全体导师履行职责的积极性、主动性和创造性，也不利于导师深层次的职业发展[②]。

二、导师与研究生培养：角色期待与现实

（一）研究生导师的责任与角色

我国从国家层面首先对研究生导师的职责与内涵进行了明晰：在《教育部关于实施研究生教育创新计划，加强研究生创新能力培养，进一步提高培养质量的若干意见》（教研〔2005〕1号）中提出“导师是决定研究生培养质量的关键因素，是实施研究生教育创新计划，加强研究生创新能力培养的重要力量，要在改革培养模式、指导和激励研究生提高创新能力方面发挥主导作用”[③]；在《教育部关于进一步加强和改进研究生思想政治教育的若干意见》（教思政〔2010〕11号）中提出要“充分发挥导师在研究生思想政治教育中首要责任人的作用”[④]；在《教育部国家发展改革委 财政部关于深化研究生教育改革的意见》（教研〔2013〕1号）提出“导师是研究生培养的第一责任人，负有对研究生进行学科前沿引导、科研方法指导和学术规范教导的责任”[⑤]；在教育部《关于加强博士生导师岗位管理的若干意见》（教研〔2020〕11号）中从“严格岗位政治要求、明确导师岗位权责、健全岗位选聘制度、加强导师岗位培训、健全考核评价体系、建立激励示范机制、健全导师变更制度、完善岗位退出程序、规范岗位设置管理、完善监督管理机制”等十个方面明确提出加强博士生导师岗位管理的意见[⑥]。因此可见，导师对研究生的责任不仅包括对研究生的学术性指导，还应延伸到促进研究生成长与发展的其他更广泛的领域。这与世界顶尖高校对研究生导师责任设定一致：

① 李继兵，李芳红.中美硕士研究生导师制比较分析[J]. 黑龙江高教研究，2014（2）：44-45.

② 朱太锐，程翠玉，徐先蓬.面向立德树人根本任务的研究生导师责权机制建设[J]. 学位与研究生教育，2020（12）：18-23.

③ http://old.moe.gov.cn//publicfiles/business/htmlfiles/moe/moe_836/201002/xxgk_82745.html2019-07-19.

④ http://www.moe.gov.cn/srcsite/A12/moe_1407/s6875/201011/t20101117_142974.html2019-07-19.

⑤ http://old.moe.gov.cn/publicfiles/business/htmlfiles/moe/A22_zcwj/201307/154118.html2019-07-19.

⑥《教育部关于加强博士生导师岗位管理的若干意见》，教研〔2020〕11号.

牛津大学研究生导师的指导是以学术性为主，主要包括促进研究生学术水平、发展研究生专业技能（作为研究者所需的专业技能）、促进研究生职业发展三个方面①，哈佛大学研究生导师的责任则包括教学（授课、课程评价）、科研（完成科研任务、指导学生进行科研）、服务（校内服务和校外服务）、建立良好的师生关系以及指导学生职业发展②。

（二）导师对研究生的指导现状

1. 研究生对导师指导的满意度感知

从现有的实证研究来看，研究生对导师指导总体比较满意，但不同背景的研究生对导师指导的满意感知程度以及在不同指导维度的满意水平有所有差异。常正霞等（2014）的研究表明：研究生对“导师人品”满意度最高，对“导师关心学生”满意度最低；理工科研究生对导师的满意度高于文科研究生；国家重点和省部共建高校研究生对导师的满意度高于普通高校研究生；研究生的主观学习状态越好，对导师的满意度越高；读研目的为学术研究的研究生对导师的满意度显著高于其他目的的研究生；计划读博的研究生对导师的满意度高于不打算读博的研究生③。张睿（2014）的研究表明，男硕士研究生比女硕士研究生、专业型硕士研究生比学术型硕士研究生在就业指导关注方面对导师的评价更高，一年级硕士研究生比三年级硕士研究生对师生关系更满意；对所学专业持非常喜欢和比较喜欢的硕士研究生，明显较其他硕士研究生在对导师满意程度、导师的学术指导满意度、导师就业指导关注方面以及课题参与等方面的评价更高④。刘映婷（2014）的调查结果显示，硕士生对导师指导体验最不理想的是职业发展指导体验，其次是生活服务指导体验，最理想的是思想道德指导体验⑤。

2. 导师指导对研究生学术素养的培育情况

（1）导师指导对研究生整体学术素养的培育情况

周文辉等（2010）针对全国各地、各层次高校的调查发现，研究生与导师在职业计划与想法、人生观与理想等方面有着较多的交流，面对面交流的频率较高，交流手段丰富；研究生广泛地参与导师科研项目并从中受益，导师在科研中对研究生的培养多于使用⑥。马艳粉（2010）的研究表明，导师对研究生专业知识（知识内容、知识学习的深度与广度）、科研能力（科研领域和研究方法选择）、学位论文（选题和修改论文）、思想道德（个人义利观、对社会的看法、人生态度、为人处世、治学态度、学术道德）有很大或较大影响，对研究生专

① 王轶玮. 英国顶尖研究型大学研究生导师制度及其启示——以牛津大学为例[J]. 学位与研究生教育，2018（10）：71-77.

② 廖萍. 哈佛大学博士生导师制度研究[D]. 天津：天津师范大学，2015：18-21.

③ 常正霞，狄美琳.硕士研究生导师满意度的现状调查及其影响因素[J]. 学位与研究生教育，2014（3）：29-34.

④ 张睿. 硕士研究生与导师关系的调查与分析——以综合性大学 Z 为例[D]. 苏州：苏州大学，2014：37-38.

⑤ 刘映婷. 硕士研究生对导师指导的体验研究——以 H 省研究型大学为例[D]. 长沙：湖南大学，2014：25-35.

⑥ 周文辉，张爱秀，刘俊起，赵清华，周玉清. 我国高校研究生与导师关系现状调查[J]. 学位与研究生教育，2010（9）：7-14.

业知识学习时间、科研过程和研究过程的监督控制、学位论文写作过程影响相对较小[①]。刘勉（2013）主要从研究生心理健康的视角，发现导师指导行为、心理韧性、神经质和应对方式对研究生心理健康都有显著的预测作用，其中神经质对研究生心理健康的影响最为显著[②]。

（2）导师指导对研究生创新能力的培育情况

研究生教育质量提升的关键在于研究生学术创新意识、思维和能力的培育和养成，因此，诸多学者围绕研究生创新能力，从导师指导角度开展了大量研究。王茜（2013）的研究显示：导师支持型指导风格的子维度学术支持、人际支持和自主支持均正向影响研究生创造力；导师控制型指导风格正向影响研究生创造力，且控制型指导风格的子维度指示命令和设定目标均正向影响研究生创造力；当导师同时对研究生采用支持型和控制型指导风洛时，研究生的创造力水平最高；当学生的个人主动性较低时，导师控制型指导风格对研究生创造力的影响更强；当团队成员支持较强时，导师学术支持对研究生创造力的影响被放大；当团队成员支持较强时，导师可以适度减弱其对学生的人际支持[③]。蒙艺（2016）的调查结果为研究生-导师建立高质量的师生关系提供了途径：内部动机是研究生-导师关系与研究生创造力的完全中介变量；督导行为是研究生-导师关系、内部动机和研究生创造力的决定变量，其中学术导师领导力督导行为的作用效应为正，苛责式督导行为的作用效应为负[④]。侯志军等（2016）的调查显示：不同的学科类型存在着不同的导师指导风格和知识共享及创新特征，理工科研究生较多感受到控制型导师指导，而文科研究生较多感受到支持型导师指导；不同的导师指导风格对研究生专业认同、知识共享及创新的影响方式不同，支持型导师指导风格更能有效预测研究生知识共享及创新，而控制型导师指导风格则是更多地通过影响研究生的专业认同进而影响知识共享及创新[⑤]。

三、新时代下的研究生导师制：思考与探索

（一）由单纯过度关注学术指导转向专业教育与德育并重

立德树人是高校人才培养的根本使命，作为研究生培养的核心力量，研究生导师肩负着对研究生立德树人教育的首要责任。长期以来，导师都将对研究生的学术指导作为指导的重点内容，关注其在专业方面的成长与成才。但随着国内外形势的深刻变化，不同思想文化交流交锋加剧，社会思潮复杂多元多变，再加上信息技术的飞速发展，知识呈爆炸式状态展现在人们面前，人们获得信息的途径多样，导致我国青年面临着更多且更复杂的在意识形态领域的渗透。因此，导师需要尽快转变育人观念，树立起“育人为本、德育为先、立德树人”的理念，在德育自觉的前提下，及时了解和掌握研究生的思想特点与动态，在研究生培养的

① 马艳粉. 导师对研究生培养质量的影响研究[D]. 南昌：江西师范大学，2010：26-35.

② 刘勉. 研究生对导师指导行为的评价与其心理健康的相关研究[D]. 广州：南方医科大学，2013：46.

③ 王茜. 导师指导风格对研究生创造力的影响研究[D]. 合肥：中国科学技术大学，2013：73-74.

④ 蒙艺. 研究生-导师关系与研究生创造力：内部动机的中介作用及督导行为的决定作用[J]. 复旦教育论坛，2016，14（6）：20-27.

⑤ 侯志军，何文军，王正元. 导师指导风格对研究生知识共享及创新的影响研究[J]. 学位与研究生教育，2016（2）：62-67.

关键节点，包括入学教育、培养方案设计、中期考核、学位论文、毕业就业等，引导学生树立正确的思想观点。同时，应加强导师的思想政治素质提升和师德师风培育，把教师思想政治素质和师德师风工作放在高校教师发展的首要位置，贯穿于入职培训、在职培训和绩效考核整个教师发展体系过程中，突出全员、全方位、全过程的师德养成，全面提升我国教师素质能力，从而深入推进教师管理体制机制改革①。

（二）优化导师遴选与培训制度

加快高水平人才的引进要“海纳百川，不拘一格”，以学术价值作为遴选教师的最重要的标准，多方面吸纳和引进人才，形成一支具有高学术水准的研究生导师队伍。为促进导师队伍的多元化，逐步达到学科专业结构协调化、年龄结构均衡化、学历结构高层化、知识结构综合化、学缘结构多元化的目标，应进一步改革健全研究生导师遴选机制，把住导师队伍的入口关②，完善动态管理机制。在强化岗位管理，淡化身份概念的前提下，进一步改革研究生导师特别是博士生导师的遴选制度，进一步下放导师选聘权限，尊重学术权力，打破博导固定资格制和终身制，建立健全导师的考核制度和退出机制，条件成熟时取消导师选聘制度，代之以能上能下的导师考核制度。此外，研究生导师和高校都应该树立导师再学习的理念，构建多层次的导师培训体系。加强对广大导师的教育和引导，促进导师的全面发展，不断健全导师发展支持体系，构建国家—省级—校级三级培训机制，定期开展新任导师培训、师德师风教育、交流培训活动，以提升导师的综合能力与指导水平。更要着眼于研究生导师发展的需要，开展多种形式的学术交流活动，研究和建立导师出国深造、参加国际高层次学术会议和学术休假等制度，为导师提供不断学习和培训的机会。

（三）建立客观公正的导师评价体系

客观公正的评估考核机制是研究生导师梯队可持续发展的重要保证机制。2020 年 10 月，中共中央、国务院印发《深化新时代教育评价改革总体方案》，明确指出教育评价事关教育发展方向，要全面贯彻党的教育方针，坚持社会主义办学方向，落实立德树人根本任务，遵循教育规律③。健全有效的评估机制主要由公正的评估考核组织系统、科学的评估考核指标体系和简便易行的评估考核操作体系组成④。为构建促进导师职业发展的考核评价体系，首先应确立导师自身、研究生、同行专家和主管部门多元参与的考核评价体系，完善和细化评价考核指标体系，把教书育人作为导师评价的核心内容，提升导师对人才培养工作的使命感和认同感。同时，在考核评价中，不仅重视导师在研究生培养过程中的表现，更要根据导师的实际情况和存在问题，制定导师个人发展计划，为导师提供培训和自我发展的机会，提高导

① 彭亚骏，林琳，董芸．国外高校教师发展实践经验对我国建设中国特色社会主义高校的借鉴[J]．未来与发展，2019，43（11）：23-27.

② 张自强．切实加强导师队伍建设[J]．中国研究生，2020（11）：30-33.

③ 中共中央、国务院印发《深化新时代教育评价改革总体方案》[EB/OL]．（2020-10-13）[2020-10-13]. http://www.gov.cn/zhengce/202010/13/content_5551032.htm.

④ 李素琴.试谈研究生导师梯队的可持续发展[J]．中国高教研究，2002（6）：41.

师履行岗位职责的自觉性①。其次，应充分发挥高校资源优势，创新和完善导师培训内容，从多专业角度给予导师在角色认知、指导方式和沟通技巧等方面的帮助，提高导师责任意识和问题应对能力②。在优化导师评价体系的同时，还需要将导师的评价与导师的年度招生资格、学科点的年度招生计划确定相结合，完善全方位、常态化博士生与导师的互选机制，通过适当的竞争和激励，建立“有进有退、能上能下”的导师岗位动态调整机制③。

（四）完善导师的奖励激励机制

建立导师激励保障机制，目的在于最大限度地发挥导师的积极性、主动性和创造性。要建立一套完善的指导绩效考核奖惩办法，实行培养全流程监督机制，做到事前有计划任务、事中有检查监督，事后有考核奖惩。取消导师资格终身制，指导过程实行动态监控，严控学位论文质量，对指导结果进行科学评价，形成奖惩分明的良好评价氛围④。

此外，在激励机制的设计过程中既要重视工资、奖金、福利，完善教师的退休金保障体系及医疗和社会保险体系等外在激励因素，还要注重满足导师自尊和自我实现需要的内在激励因素。通过加强评选、表彰力度，让导师在工作中获得很大的满足感，让导师感到自身工作意义重大、崇高，激发出光荣感、自豪感，这对于激发导师的个人潜力也具有重要作用⑤。应建立导师育人荣誉体系，表彰与奖励立德树人成效突出的研究生导师，把对导师履行职责的外在约束内化为促进导师尽职尽责、构筑和谐师生关系的事业心，找回导师长久以来在行政评审和考核中失去的对教育和学术理想的追求⑥。特别是对年轻人来说指导研究生对年轻人是一项挑战，会激励青年教师更努力地提高学术水准，拓展学术研究领域，会使青年教师更加自信，更有责任感⑦。

（五）由单导师制占绝对主导转向逐渐纳入导师组联合培养机制

长期以来，我国的研究生培养实行的是单导师制，即一名研究生只由一名导师指导，由导师独自制订研究生培养计划，并独立指导其科研实验和学位论文。近年来，我国研究生教育取得极大发展并面临新的形势：规模急剧扩张；教育结构不断调整，人才培养类型更加多样，专业学位研究生人数持续上升；研究问题日益复杂化，学科不断交叉、综合之势日趋增强……在此背景下，传统的单一导师制弊端逐渐显现，不能满足研究生的培养需要，导师成为制约研究生创新能力提高的关键问题之一，严重影响了研究生的培养质量⑧。肖文等（2013）对导师组培养模式和单一导师培养模式的对比研究发现：实施研究生导师组培养模式更有利

① 冯俊. 分类培养模式下研究生导师责权制研究[D]. 重庆：重庆医科大学，2016：17-48，29-31.

② 王海迪.英国高校博士生导师制度及其启示——基于四所一流大学的经验[J]. 国家教育行政学院学报，2017（11）：78-84.

③ 李海生. 我国研究生院高校导师队伍现状及思考[J]. 学位与研究生教育，2015（9）：14-19.

④ 张国群，鲁萍. 技术实践背景下专业学位研究生导师队伍建设模式探索[J]. 科教文汇（中旬刊），2019（10）：6-7.

⑤ 王颖，胡国华，赵静. 本世纪俄罗斯教师专业发展政策与启示[J]. 教育理论与实践，2015，35（5）：21-24.

⑥ 熊丙奇. 发现引力波也是人才培养的成功[N]. 中国科学报，2017-10-10（7）.

⑦ 林建华. 大学的改革与未来[M]. 上海：东方出版中心，2018：99-104.

⑧ 刘彩红. 建设研究生培养的导师团队模式[J]. 高教探索[J]. 2012（5）：104-106.

于提升研究生学术创新能力[①]。因此，我们需要思考和探索如何更好地发挥单导师制或导师组联合培养制的作用，从而保障研究生的培养质量。

（六）由完全的“以学生为中心”转为兼顾关注导师的健康与发展

在谈及研究生培养质量时，我们几乎都聚焦在研究生身上而忽视了对培养研究生的导师的健康与发展的关注。国内外众多研究表明，大学教师早已成为公认的高压力群体，而作为其中的特殊群体，研究生导师除了承担着普通教师的工作外，还担任着研究生的指导任务，工作超负荷已成为事实[②]。尤其在当前的环境下，行政管理的强化、量化的考评问责机制以及市场化的资源竞争等，给本应享有高度自主性的导师造成了极大的规则压抑，致使研究生导师制度传统的价值理念和维系基础都遭受了前所未有的冲击[③]。研究生导师的成长与发展问题已经成为影响研究生培养质量的原因之一。因此，我们需要关注研究生导师的健康与发展并将之作为一项系统工程，不仅需要组织从机制建设、资源体系和制度建设等方面给予支持，也需要借助伙伴式交流与协作实现提升，更有赖于导师自身的自主、自觉发展[④]。

四、导师质量保障文件体系

近年来，我校在研究生导师队伍建设中，多措并举，建立了“遴选—聘任—考核—退出”全过程岗位管理制度，明确研究生导师的岗位职责和岗位权利，保障导师在研究生招生、指导、评价和管理等环节的权利，规范导师指导行为；建立了多元多维的导师评价标准体系，坚持以立德树人为导向，注重对导师爱岗敬业奉献度、学生培养质量指导投入度、代表性科研与创作成果贡献度等的考查；实施分类选聘、分类评价，学术学位导师、专业学位导师、兼职导师、企业导师岗位职责各有侧重，不同学科专业各有特点，建立差异化的选聘、评价标准；加强专业学位研究生导师队伍建设，提升导师实践育人能力；着力减轻导师负担，让导师潜心于立德树人和科学研究，增强导师的归属感、荣誉感和幸福感。形成导师质量保障文件如表1所示：

表1　西南交通大学研究生导师质量保障文件体系

文件类别	文件标题	文件编号	附录编号
管理办法	西南交通大学研究生指导教师岗位管理办法（试行）	XJYZB-4301	4-1
	西南交通大学博士生导师岗位资格、招生资格基本条件	XJYZB-4202	4-2
	西南交通大学硕士生导师岗位资格、招生资格基本条件	XJYZB-4203	4-3
表格模板	西南交通大学博士生指导教师岗位任职资格遴选申请表	XJYZB-4604	4-4
	西南交通大学博士生指导教师招生资格审核申请表	XJYZB-4605	4-5
	西南交通大学硕士生指导教师岗位任职资格遴选申请表	XJYZB-4606	4-6
	西南交通大学硕士生指导教师招生资格审核申请表	XJYZB-4607	4-7

① 肖文，陈勇. 研究生导师组培养模式的实证分析[J]. 中国高教研究，2013（3）：52-55.
② 付梦芸. 研究生导师压力现状及其影响因素分析[J]. 复旦教育论坛，2015，13（3）：34-40.
③ 郭丽君，胡何琼. 自主与控制：研究生导致制度剖析[J]. 学位与研究生教育，2015（9）：6-9.
④ 陆道坤. 论研究生导师专业发展：内涵、维度与路径[J]. 研究生教育研究，2017（2）：62-68.

五、附 录

附录 4-1 西南交通大学研究生指导教师岗位管理办法（试行）

编号	XJYZB-4301

西南交通大学

研究生指导教师岗位管理办法（试行）

第一章　总　则

第一条　为深入推进研究生教育改革发展，全面落实研究生导师立德树人根本任务，提高研究生教育质量，根据《教育部 国家发展改革委 财政部关于加快新时代研究生教育改革发展的意见》（教研〔2020〕9 号）、《教育部关于加强博士生导师岗位管理的若干意见》（教研〔2020〕11 号）、《教育部关于印发研究生导师指导行为准则的通知》（教研〔2020〕12 号）等文件精神，结合我校实际情况，制定本办法。本办法所指的研究生指导教师包括校内博士生导师、硕士生导师和校外兼职研究生导师、专业学位行业导师。

第二条　研究生导师是研究生培养的第一责任人，肩负着为国家培养高层次创新人才的重要使命。应具有过硬的政治素养和高尚的师德师风，拥护中国共产党的领导，贯彻党的教育方针，严格执行国家教育政策，坚持教育为人民服务，为中国共产党治国理政服务，为巩固和发展中国特色社会主义制度服务，为改革开放和社会主义现代化建设服务。

第三条　学校通过明确导师岗位权责、健全导师岗位选聘制度、完善导师队伍建设与发展机制等措施，坚持导师岗位资格和招生资格分开审核，动态上岗，分类指导，加强和规范导师岗位管理。

第二章　岗位权责

第四条　导师应具备高尚的道德情操，严谨的治学态度和扎实的学术、教学水平，为人师表，有仁爱之心；了解学位与研究生教育有关政策法规，熟悉研究生培养目标及过程，具有高度的责任感。

第五条　导师应全面落实立德树人职责，贯彻“三全育人”要求，遵循研究生教育规律，强化研究生思想政治教育，将思政教育与专业教育有机统一，引导研究生树立正确的世界观、人生观、价值观。

第六条　导师应不断提高自己的指导水平和学术造诣，重视和加强研究生学术道德和学术规范教育，秉承“严谨治学、严格要求”的双严传统，引导研究生恪守学术道德，坚决杜绝学术不端行为。对所指导的研究生违背学术规范的行为，导师负有直接责任。

第七条　导师应遵守学校和培养单位研究生教育工作管理规定及安排。树立生源质量意识，必须参与研究生招生选拔相关工作，公平公正、科学选才；必须参与本专业研究生培养方案制定及教学和课程体系建设，主动承担研究生课程教学任务，提高课程育人质量。

第八条　导师应对研究生进行全面指导，包括定期与研究生见面沟通、检查培养计划执行情况及解决培养过程中出现的问题；支持并主动带领研究生参加国内外各类学术交流活动，培养研究生创新精神和实践能力，积极为研究生开展科学研究、参加学术活动、取得创新成果创造条件。

第九条　导师应全程负责研究生学位论文指导工作，对论文选题、开题、中期考核、撰写等环节进行具体指导，执行研究生学位授予要求，把好论文质量关。导师有权对所指导研究生的学位论文作出是否同意申请答辩的决定。

第十条　对于研究生奖学金评选、硕博连读选拔、联合培养申请等，导师有权对研究生进行综合考评并给出建议或推荐；对于所指导的研究生因各种原因发生的学业问题，导师可提出分流淘汰、暂缓毕业、退学等处理意见或建议；导师应教育研究生树立正确的择业观，做好研究生的就业指导工作。

第十一条　导师应严格遵守研究生教育、实验室安全、保密等规章制度，积极参加各类教师培训发展活动，自觉接受研究生教育质量检查评估，不断提高履行导师权责的能力和自身育人能力。

第三章　岗位任职资格要求

第十二条　申请研究生导师岗位，要求政治素质过硬，师德师风高尚，业务素质精湛。立德树人，作风正派，为人师表，身心健康，爱岗敬业，治学严谨，恪守学术道德规范，能认真履行研究生导师权责。

第十三条　博士生导师要求

（一）具有正高职称，或是优秀的副高级职称者，原则上应取得博士学位。初次申报年龄在 55 周岁以下，有完整指导一届硕士生的经历。

（二）在科学和技术前沿领域开展研究，学术水平处于国内本学科领域前列；达到学校及本学科（专业学位类别）所属学位评定分委员会博士生导师岗位资格基本条件。

（三）专业学位博士生导师除应具有深厚的学科理论基础和宽广的专业知识外，还应在本专业学位研究领域具有丰富的实践经验和解决实际问题的能力，熟悉相关行业领域发展情况，且完整指导过一届博士研究生。

第十四条　硕士生导师要求

（一）具有中级及以上专业技术职务，原则上应取得博士学位。初次申报年龄在 50 周岁以下，具有协助指导硕士生的经历，并承担过研究生教学任务。

（二）有较高水平的科研成果，学术水平达到学校及本学科（专业学位类别）所属学位评定分委员会硕士生导师岗位资格基本条件。

（三）专业学位硕士生导师除应具有坚实的学科理论基础和系统的专业知识外，还应在本专业学位研究领域具有一定的实践经验和解决实际问题的能力，了解相关行业领域的发展情况，与学科相关产业、行业或企事业单位有合作。

第十五条　兼职研究生导师要求

（一）兼职研究生导师的岗位任职资格按校内研究生导师要求执行。

（二）兼职研究生导师须与我校导师联合招收、培养研究生。在我校兼任研究生导师的人员，须履行我校研究生导师的各项职责。在兼任期间，所指导的我校研究生取得的成果，第一署名单位应为西南交通大学。

第十六条 专业学位行业导师要求

（一）应与我校相关专业学位培养单位有实质性的教学或科研合作，鼓励从专业学位实践基地选聘行业导师。

（二）熟悉本领域的国内外研究动态和学术、技术前沿状况，在本领域有较好的学术成果或工作成就。

（三）行业导师主要负责专业学位研究生实践环节指导，参与全过程培养，与校内导师合作成立导师小组，共同指导研究生。

第四章 岗位资格遴选

第十七条 新增导师遴选程序

（一）学校原则上每年启动一次导师岗位任职资格审核工作。

（二）各学位评定分委员会制订不低于学校要求、适合本学科特点和发展水平的研究生导师岗位遴选标准及管理办法，经校学位评定委员会审批后执行。

（三）申请人向拟招收、培养研究生学科所在单位提出申请，按照该学科所属学位评定分委员会导师遴选规定填写申请表格，并提供相关材料。申请人所在单位负责思想政治和师德师风把关。

（四）学位评定分委员会对申请人导师任职资格进行初审。初审要求以会议形式进行，采用无记名投票方式表决。

（五）经学位评定分委员会初审通过的博士生导师名单，提交校学位评定委员会审议表决。通过者在校内公布，公示期结束无异议者获得博士生导师任职资格。

（六）经学位评定分委员会初审通过的硕士生导师、专业学位行业导师名单，提交学位评定委员会办公室核准后公布。

（七）兼职导师、行业导师选聘工作参照校内相应研究生导师岗位遴选程序实行。

第十八条 对于国内外公认的高层次人才，若本人有意愿和精力指导博士研究生，学校应予支持，由校学位评定委员会主席直接聘任，无须申报评审。

第十九条 因学科交叉发展需要，允许导师在不超过两个一级学科内招收培养研究生。申请在第二学科招收培养研究生时，须已获得导师岗位任职资格一年及以上，且通过新申请学科所在学位评定分委员会规定的研究生导师岗位资格遴选程序。

第五章 招生资格审核

第二十条 导师招生资格审核工作原则

（一）根据导师岗位动态调整原则，实行导师招生资格年度审核制度，强化与招生、培养紧密衔接的岗位意识。

（二）按照“院-校”两级管理工作机制，各研究生教学单位在不低于学校规定的导师招生资格要求基础上，结合自身特点和发展水平制订具体审核方案。方案经所属学位评定分委员会审议通过，报校学位评定委员会核准后执行。

（三）导师招生资格审核由各研究生教学单位自主进行，上岗名单经所属学位评定分委员会审批，公示后报校学位评定委员会备案。未通过招生资格年度审核的导师，不得上岗招收研究生。

第二十一条　招生资格要求

（一）导师在当年招收的研究生培养年限期满后，一般应不超过 60 周岁；因学科建设等需要延长招生资格年限的，须经研究生院同意。

（二）指导培养中的各类博士生总数原则上不超过 15 人。

（三）学术活力较强，近三年内取得较好的学术成果，满足学校及学科（专业学位类别）所属学位评定分委员会要求。

第二十二条　研究生院对各培养单位导师招生资格审核工作有监督、检查和指导职责，对违反规定与程序、不按要求开展招生资格审核工作的培养单位，将视情况分别采取约谈、酌情核减下一年度招生计划等方式进行处理。

第六章　导师队伍建设

第二十三条　导学关系

（一）各培养单位应完善研究生与导师互选机制，尊重导师和学生的双向选择权。导师与研究生应建立互相尊重、教学相长、合作共赢的师生关系。当师生发生矛盾时，培养单位应本着保护师生双方利益的原则及时调解， 必要时可解除指导关系，重新确定导师。

（二）导师因公出差、出国，应严格遵守学校有关规定，并认真安排好离校期间的研究生指导工作；导师因学科调整、研究计划变更、工作调动、身心健康或其他特殊原因，无法继续履行指导职责的，应由培养单位与导师和学生协商，将所指导学生转由其他导师指导。

（三）导师应加强对研究生独立从事科研工作及实践能力的培养，正确处理研究生教学工作与完成科研项目的关系。学生有权拒绝与其研究培养计划无关的工作。

（四）重视导师与研究生之间基于共同学术理想和研究志趣的沟通机制建设，导师要给予学生充分的选择权和表达权，在平等对话和示范引导基础上履行传道授业解惑之职责。

第二十四条　导师团队组建

（一）鼓励以团队指导方式开展研究生培养工作，形成指导梯队，提升研究生导师指导水平，帮助青年导师成长，促进导师队伍可持续向好发展。

（二）各学位评定分委员会可根据学科属性和特点，各研究生导师可根据本人研究方向和目标，结合研究生人才培养方向，组建学缘结构、职称结构合理的导师团队。鼓励学科交叉，鼓励新任导师首次招生时与研究生培养经验丰富的资深导师组建团队，充分发挥资深导师对青年教师的“传、帮、带”作用。

（三）专业学位研究生导师应与行业导师组建导师组，共同指导，强化校企结合，关心研究生在企业实践和科研过程中的全面发展，实现理论教学与实践指导的优势互补，提升专业学位研究生综合能力。

第二十五条 岗位退出机制

（一）研究生导师出现师德师风失范行为，实行“一票否决制”，一经查实撤销研究生导师岗位任职资格。

（二）研究生导师出现下列情况的，按相关文件规定、视情节轻重采取暂停招生资格、撤销任职资格等处理，并核减相关培养单位招生指标：

1. 违反学术道德规范，或其他违背党的理论和路线方针政策，违反国家法律法规等。

2. 未尽指导把关责任，所指导的学位论文出现学术不端问题。

3. 所指导的学位论文出现严重质量问题，包括在国务院教育督导委员会、四川省、校内学位论 文抽检中出现“存在问题学位论文”。

4. 未按规定履行导师职责，出现违反《研究生导师指导行为准则》的行为。

5. 因身体状况、长期出国或其他原因不能胜任实际指导工作等情况。

（三）连续三年未获得招生资格的研究生导师，撤销导师岗位任职资格。

（四）兼职博士生导师及行业导师均实行以研究生培养为主的聘任制管理。若研究生毕业，则聘任关系自动解除；若兼职博士生导师及行业导师未按学校规定履行导师职责，学校可以解除和导师的聘任关系。

第二十六条 导师发展

学校不断健全导师发展支持体系，为导师的全方位发展提供必要的服务和支撑，包括定期开展新任导师培训、师德师风教育、交流培训等活动，以提升导师的综合能力与指导水平。

（一）首次获得我校研究生导师岗位任职资格的，须按照学校要求参加导师培训学习并取得结业证书。未取得结业证书的导师，不能上岗招收研究生。

（二）学位评定分委员会及研究生教学单位要加强导师管理，建立和完善研究生导师定期培训和经验交流分享制度，发挥优秀导师的模范作用，实现导师培训学习常态化。

（三）导师团队及导师个人应强化自主学习与交流，不断更新知识，及时跟踪学科最新发展动态，提高自身学术水平、指导水平。

第二十七条 导师奖励

学校对认真履行岗位职责、在教书育人方面成果显著的导师和导师团队予以表彰，表彰办法另行制定。

第七章　附　则

第二十八条 本办法自颁布之日起施行。原《西南交通大学研究生导师资格遴选与上岗聘任办法》（西交校研〔2018〕30号）、《西南交通大学研究生导师条例》（西交校研〔2018〕29号）、《西南交通大学全面落实研究生导师立德树人职责实施办法》（西交校研〔2018〕19号）同时废止。其他有关文件规定与本规定不一致的，以本办法为准。

第二十九条 本办法由研究生院负责解释。

附录 4-2 西南交通大学博士生导师岗位资格、招生资格基本条件

编号	XJYZB-4201

西南交通大学

博士生导师岗位资格、招生资格基本条件

学科	审核类型	科研项目及经费（近3年，相应资格条件满足选项之一）	学术论文（近3年）	其他成果折算（近3年）
工学	新增导师岗位资格	1. 主持在研国家自然科学基金面上项目1项 2. 主持在研国家级重点或重大科研项目课题（具有独立编号）	以第一或通讯作者在学科推选的高水平中文期刊或高水平国际学术期刊上发表论文5篇及以上	1. 正式出版专著（第一作者）或主编省部级研究生教材视同1篇论文，最多折算2篇；授权1项发明专利（排名1）视同1篇论文，最多折算2篇；进行论文折算后，仍必须有至少1篇学术论文。 2. 作为第一作者撰写咨询报告获 党和国家领导人肯定性批示、本人或指导学生获全国常设性艺术类赛事一等奖、本人或带队获全运会、大学生运动会或全国单项锦标赛等国家级比赛前3名的申请人，可对“学术论文”不作要求
	招生资格	1. 在研国家级项目1项，科研经费累计不低于30万元 2. 科研经费累计不低于100万元		
理学	新增导师岗位资格	1.主持在研自然科学基金面上项目1项 2.主持在研国家级重点或重大科研项目课题(具有独立编号)	以第一或通讯作者在学科推选的高水平中文期刊或高水平国际学术期刊上发表论文5篇及以上	
	招生资格	1. 在研国家级项目1项，科研经费累计不低于15万元 2. 科研经费累计不低于30万元		
管理	新增导师岗位资格	1. 主持在研国家社科基金一般项目或自然科学基金面上项目1项 2. 主持在研国家级重点或重大科研项目课题（具有独立编号）	以第一或通讯作者在学科推选的高水平中文期刊或高水平国际学术期刊上发表论文3篇及以上	
	招生资格	1. 在研国家级项目1项，科研经费累计不低于15万元 2. 科研经费累计不低于30万元		
文学 法学	新增导师岗位资格	1. 主持在研国家社科基金一般项目1项	以第一或通讯作者在学科推选的高水平中文期刊、高水平国际学术期刊、CSSCI来源期刊(含集刊)上发表论文3篇及以上	
	招生资格	1. 在研国家级项目1项，科研经费累计不低于5万元 2. 科研经费累计不低于10万元		
建筑	新增导师岗位资格	1.主持在研国家社科基金一般项目或自然科学基金面上项目1项 2.主持在研国家级重点或重大科研项目课题(具有独立编号)	以第一或通讯作者在学科推选的高水平中文期刊或高水平国际学术期刊上发表论文2篇及以上	
	招生资格	1. 在研国家级项目1项，科研经费累计不低于15万元 2. 科研经费累计不低于30万元		

注：1. 科研项目及经费、学术论文两类条件须同时满足。

2. 学术论文成果认定参见《西南交通大学研究生申请学位创新成果指导细则（2020版）》。

附录 4-3 西南交通大学硕士生导师岗位资格、招生资格基本条件

编号	XJYZB-4203

西南交通大学

硕士生导师岗位资格、招生资格基本条件

一、新增导师岗位资格基本条件

1. 科研项目及经费（近3年，三选一）。

（1）主持在研国家自然科学或社科基金青年基金1项；

（2）主持在研省部级项目1项，文学、法学不做经费要求，其他学科经费累计不低于20万元；

（3）主持在研其他项目1项，工学经费累计不低于50万元，文学、法学经费累计不低于5万元，其他学科经费累计不低于20万元。

2. 学术论文及相关成果（近3年）按不低于新增博士生导师岗位资格条件的1/3指标量计算。

二、招生资格基本条件

科研经费、学术论文及相关成果按不低于博士生导师招生资格条件的1/3指标量计算，医学参照理学。

三、成果认定周期、其他成果认定计算方法参照博士生导师岗位条件

附录 4-4　西南交通大学博士生指导教师岗位任职资格遴选申请表

编号	XJYZB-4604

西南交通大学

博士生指导教师岗位任职资格遴选申请表

西南交通大学博士生指导教师
岗位任职资格遴选申请表

申 请 人	姓名：
	单位：

申请学科

一级学科	名称：
	代码：
二级学科	名称：
	代码：

西南交通大学学位评定委员会办公室制

年　　月　　日

个人基本信息

<table>
<tr><td>姓　　名</td><td colspan="2"></td><td>出生日期</td><td></td><td>民族</td><td></td><td>性别</td><td></td></tr>
<tr><td>职工号（10位）</td><td colspan="2"></td><td>参加党派</td><td></td><td>职称</td><td></td><td>职务</td><td></td></tr>
<tr><td>最高学位</td><td colspan="3"></td><td colspan="2">最高学位授予单位</td><td colspan="3"></td></tr>
<tr><td>专家类别</td><td colspan="5"></td><td>评选年份</td><td colspan="2"></td></tr>
<tr><td>一级学科代码</td><td></td><td>一级学科名称</td><td colspan="6"></td></tr>
<tr><td>二级学科代码</td><td></td><td>二级学科名称</td><td colspan="6"></td></tr>
<tr><td rowspan="2">研究方向</td><td colspan="8">1.</td></tr>
<tr><td colspan="8">2.</td></tr>
<tr><td colspan="3">申请学科
所在学位评定分委员会名称</td><td colspan="6"></td></tr>
<tr><td>人事关系
所在单位</td><td colspan="4"></td><td>人事关系
是否本校</td><td colspan="3"></td></tr>
<tr><td>是否申请
兼职博导</td><td colspan="4"></td><td>办公电话</td><td colspan="3"></td></tr>
<tr><td>传真电话</td><td colspan="4"></td><td>移动电话</td><td colspan="3"></td></tr>
<tr><td>电子信箱</td><td colspan="8"></td></tr>
<tr><td>通信地址</td><td colspan="5"></td><td colspan="2">邮政编码</td><td></td></tr>
</table>

本人承诺：所填内容属实，否则自愿承担相应后果。

申请人签字：

年　　　月　　　日

<table>
<tr><td colspan="7">主持在研科研项目</td></tr>
<tr><td colspan="7">请选择对应学科及满足条件的科研项目选项（近3年）：</td></tr>
<tr><td>□工学
□理学</td><td colspan="2">一、主持在研科研项目（二选一）
□1. 主持在研国家自然科学基金面上项目1项
□2. 主持在研国家级重点或重大科研项目课题（具有独立编号）</td><td>□管理
□建筑</td><td colspan="3">一、主持在研科研项目（二选一）
□1.主持在研国家社科基金一般项目或自然科学基金面上项目1项
□2.主持在研国家级重点或重大科研项目课题（具有独立编号）</td></tr>
<tr><td>□文学
□法学</td><td colspan="2">一、主持在研国家社科基金一般项目1项</td><td></td><td colspan="3"></td></tr>
<tr><td colspan="7">请填写所选项目的详细信息：</td></tr>
<tr><td>序号</td><td>项目名称</td><td>项目种类</td><td>项目编号</td><td>起讫时间</td><td>本人承担到位科研经费（万元）</td><td>是否主持</td></tr>
<tr><td></td><td></td><td></td><td></td><td></td><td></td><td></td></tr>
<tr><td></td><td></td><td></td><td></td><td></td><td></td><td></td></tr>
<tr><td></td><td></td><td></td><td></td><td></td><td></td><td></td></tr>
<tr><td></td><td></td><td></td><td></td><td></td><td></td><td></td></tr>
<tr><td></td><td></td><td></td><td></td><td></td><td></td><td></td></tr>
<tr><td colspan="7">学术论文</td></tr>
<tr><td colspan="7">请选择对应学科及满足条件选项（近3年）：</td></tr>
<tr><td>□工学
□理学</td><td colspan="2">□以第一或通讯作者在学科推选的高水平中文期刊或高水平国际学术期刊上发表论文5篇及以上</td><td>□管理</td><td colspan="3">□以第一或通讯作者在学科推选的高水平中文期刊或高水平国际学术期刊上发表论文3篇及以上</td></tr>
<tr><td>□文学
□法学</td><td colspan="2">□以第一或通讯作者在学科推选的高水平中文期刊、高水平国际学术期刊、CSSCI来源期刊（含集刊）上发表论文3篇及以上</td><td>□建筑</td><td colspan="3">□以第一或通讯作者在学科推选的高水平中文期刊或高水平国际学术期刊上发表论文2篇及以上</td></tr>
</table>

请填写所选论文的详细信息：

序号	论文名称	发表刊物名称、时间、刊次、ISSN	收录类型	本人排名	检索号

文件明确提出的可折算的其他成果，并注明可折算的条件：

近三年招收培养硕士研究生情况	年　度	招生人数	毕业人数	获学位人数
	年	硕：	硕：	硕：
	年	硕：	硕：	硕：
	年	硕：	硕：	硕：

	时 间	课 程 名 称	总 课 时	授 课 对 象
近三年主讲研究生课程				
审核意见： 审核人（公章）： 年 月 日				

申请我校兼职博士生导师还需填写如下信息（并提供相关证明材料）：

您属于我校聘请的教授类型（请在相应的方框内划“√”）	□ 名誉教授 □ 顾问教授 □ 兼职教授	聘请时间	年 月至 年 月	
每年预计在校工作时间	个月	校内合作导师姓名		
与学校有明确的科研合作项目（国家、国际）及学术成果信息				
项目（成果）名称	项目、成果类型（级别）	合作经费（万元）	与我校合作的学院名称	合作者姓名

学位评定分委员会评审意见：

1. 填报材料是否属实：

2. 学位评定分委员会投票情况：

应到人数	实到人数	同意票数	不同意票数	弃权票数

3. 同行专家通讯评议结果：

	专家一	专家二	专家三
评审意见 （申请人是否具备博士生导师条件）			

4. 评审结论（通过或否决）：

学位评定分委员会主席（签名）：　　　　（公章）　　　年　　　月　　　日

校学位评定委员会审批意见：

校学位评定委员会主席(签名)：　　　　（公章）　　　年　　　月　　　日

附录 4-5　西南交通大学博士生指导教师招生资格审核申请表

编号	XJYZB-4605

西南交通大学

博士生指导教师招生资格审核申请表

西南交通大学博士生指导教师
招生资格审核申请表

申　请　人	姓名：
	单位：

申请学科

一级学科	名称：
	代码：

二级学科	名称：
	代码：

西南交通大学学位评定委员会办公室制

年　　月　　日

个人基本信息

<table>
<tr><td>姓　　名</td><td></td><td>出生日期</td><td></td><td>民族</td><td></td><td>性别</td><td></td></tr>
<tr><td>职工号（10 位）</td><td></td><td>参加党派</td><td></td><td>职称</td><td></td><td>职务</td><td></td></tr>
<tr><td>最高学位</td><td colspan="2"></td><td colspan="2">最高学位授予单位</td><td colspan="3"></td></tr>
<tr><td>专家类别</td><td colspan="4"></td><td>评选年份</td><td colspan="2"></td></tr>
<tr><td>一级学科代码</td><td></td><td>一级学科名称</td><td colspan="5"></td></tr>
<tr><td>二级学科代码</td><td></td><td>二级学科名称</td><td colspan="5"></td></tr>
<tr><td rowspan="2">研究方向</td><td colspan="7">1.</td></tr>
<tr><td colspan="7">2.</td></tr>
<tr><td colspan="2">申请学科
所在学位评定分委员会名称</td><td colspan="6"></td></tr>
<tr><td>人事关系
所在单位</td><td colspan="3"></td><td>人事关系
是否本校</td><td colspan="3"></td></tr>
<tr><td>是否申请
兼职博导</td><td colspan="3"></td><td>办公电话</td><td colspan="3"></td></tr>
<tr><td>传真电话</td><td colspan="3"></td><td>移动电话</td><td colspan="3"></td></tr>
<tr><td>电子信箱</td><td colspan="7"></td></tr>
<tr><td>通信地址</td><td colspan="4"></td><td>邮政编码</td><td colspan="2"></td></tr>
</table>

本人承诺：所填内容属实，否则自愿承担相应后果。

申请人签字：

年　　月　　日

近三年科研项目及经费

请选择对应学科及满足条件的科研项目选项，其中科研经费为必要条件：

□工学	一、科研项目（二选一） □1. 在研国家级项目 1 项，科研经费累计不低于 30 万元 □2. 科研经费累计不低于 100 万元	□理学 □管理 □建筑	一、科研项目（二选一） □1. 在研国家级项目 1 项，科研经费累计不低于 15 万元 □2. 科研经费累计不低于 30 万元
□文学 □法学	一、科研项目（二选一） □1. 在研国家级项目 1 项，科研经费累计不低于 5 万元 □2. 科研经费累计不低于 10 万元		

项目详细信息：

序号	项目名称	项目种类	项目级别	项目编号	起讫时间	本人承担到位科研经费（万元）	本人承担任务（主持、主研及排名）

<table>
<tr><td colspan="4">学术论文</td></tr>
<tr><td colspan="4">请选择对应学科及满足条件选项（近 3 年）:</td></tr>
<tr><td>□工学
□理学</td><td>□以第一或通讯作者在学科推选的高水平中文期刊或高水平国际学术期刊上发表论文 5 篇及以上</td><td>□管理</td><td>□以第一或通讯作者在学科推选的高水平中文期刊或高水平国际学术期刊上发表论文 3 篇及以上</td></tr>
<tr><td>□文学
□法学</td><td>□以第一或通讯作者在学科推选的高水平中文期刊、高水平国际学术期刊、CSSCI 来源期刊(含集刊)上发表论文 3 篇及以上</td><td>□建筑</td><td>□以第一或通讯作者在学科推选的高水平中文期刊或高水平国际学术期刊上发表论文 2 篇及以上</td></tr>
</table>

请填写所选论文的详细信息：

序号	论文名称	发表刊物名称、时间、刊次、ISSN	收录类型	本人排名	检索号

文件明确提出的可折算的其他成果，并注明可折算的条件：

<table>
<tr><td rowspan="5">近四年招收培养研究生情况</td><td>年 度</td><td colspan="2">招生人数</td><td colspan="2">毕业人数</td><td colspan="2">获学位人数</td></tr>
<tr><td>年</td><td>博：</td><td>硕：</td><td>博：</td><td>硕：</td><td>博：</td><td>硕：</td></tr>
<tr><td>年</td><td>博：</td><td>硕：</td><td>博：</td><td>硕：</td><td>博：</td><td>硕：</td></tr>
<tr><td>年</td><td>博：</td><td>硕：</td><td>博：</td><td>硕：</td><td>博：</td><td>硕：</td></tr>
<tr><td>年</td><td>博：</td><td>硕：</td><td>博：</td><td>硕：</td><td>博：</td><td>硕：</td></tr>
<tr><td rowspan="7">近四年主讲研究生课程</td><td>时 间</td><td colspan="4">课 程 名 称</td><td>总 课 时</td><td>授 课 对 象</td></tr>
<tr><td></td><td colspan="4"></td><td></td><td></td></tr>
<tr><td></td><td colspan="4"></td><td></td><td></td></tr>
<tr><td></td><td colspan="4"></td><td></td><td></td></tr>
<tr><td></td><td colspan="4"></td><td></td><td></td></tr>
<tr><td></td><td colspan="4"></td><td></td><td></td></tr>
<tr><td></td><td colspan="4"></td><td></td><td></td></tr>
<tr><td colspan="8">审核意见：

审核人（公章）：
年 月 日</td></tr>
</table>

申请我校兼职博士生导师还需填写如下信息（并提供相关证明材料）：

<table>
<tr><td>您属于我校聘请的教授类型（请在相应的方框内划“√”）</td><td>☐ 名誉教授
☐ 顾问教授
☐ 兼职教授</td><td>聘请时间</td><td colspan="2">年 月至 年 月</td></tr>
<tr><td>每年预计在校工作时间</td><td>个月</td><td>校内合作导师姓名</td><td colspan="2"></td></tr>
<tr><td colspan="5">与学校有明确的科研合作项目（国内、国际）及学术成果信息</td></tr>
<tr><td>项目（成果）名称</td><td>项目、成果类型（级别）</td><td>合作经费（万元）</td><td>与我校合作的学院名称</td><td>合作者姓名</td></tr>
<tr><td></td><td></td><td></td><td></td><td></td></tr>
<tr><td></td><td></td><td></td><td></td><td></td></tr>
<tr><td></td><td></td><td></td><td></td><td></td></tr>
<tr><td></td><td></td><td></td><td></td><td></td></tr>
</table>

学位评定分委员会审核表决意见（包括所填报材料是否属实，审核是否通过等）：

1. 填报材料是否属实：

2. 投票情况：

应到人数	实到人数	同意票数	不同意票数	弃权票数

3. 评审意见（通过或否决）：

学位评定分委员会主席（签名）：（公章） 年 月 日

校学位评定委员会审批意见：

校学位评定委员会主席（签名）：（公章） 年 月 日

附录 4-6　西南交通大学硕士生指导教师岗位任职资格遴选申请表

编号	XJYZB-4606

西南交通大学

硕士生指导教师岗位任职资格遴选申请表

西南交通大学硕士生指导教师
岗位任职资格遴选申请表

申 请 人	姓名：	
	单位：	

申请学科

一级学科	名称：	
	代码：	

二级学科	名称：	
	代码：	

西南交通大学学位评定委员会办公室制

年　　月　　日

个人基本信息

<table>
<tr><td>姓 名</td><td></td><td>出生日期</td><td></td><td>民族</td><td></td><td>性别</td><td></td></tr>
<tr><td>职工号（10位）</td><td></td><td>参加党派</td><td></td><td>职称</td><td></td><td>职务</td><td></td></tr>
<tr><td>最高学位</td><td colspan="3"></td><td colspan="2">最高学位授予单位</td><td colspan="2"></td></tr>
<tr><td>专家类别</td><td colspan="5"></td><td>评选年份</td><td></td></tr>
<tr><td>一级学科代码</td><td></td><td>一级学科名称</td><td colspan="5"></td></tr>
<tr><td>二级学科代码</td><td></td><td>二级学科名称</td><td colspan="5"></td></tr>
<tr><td rowspan="2">研究方向</td><td colspan="7">1.</td></tr>
<tr><td colspan="7">2.</td></tr>
<tr><td colspan="2">申请学科
所在学位评定分委员会名称</td><td colspan="6"></td></tr>
<tr><td>人事关系
所在单位</td><td colspan="4"></td><td>人事关系
是否本校</td><td colspan="2"></td></tr>
<tr><td>是否申请
兼职博导</td><td colspan="4"></td><td>办公电话</td><td colspan="2"></td></tr>
<tr><td>传真电话</td><td colspan="4"></td><td>移动电话</td><td colspan="2"></td></tr>
<tr><td>电子信箱</td><td colspan="7"></td></tr>
<tr><td>通信地址</td><td colspan="5"></td><td>邮政编码</td><td></td></tr>
</table>

本人承诺：所填内容属实，否则自愿承担相应后果。

申请人签字：

年 月 日

主持在研科研项目及经费

请选择对应条件的科研项目及经费选项（近 3 年）：

一、科研项目（三选一）

□1. 主持在研国家自然科学或社科基金青年基金 1 项。

□2. 主持在研省部级项目 1 项，文学、法学不做经费要求，其他学科经费累计不低于 20 万元。

□2.1 主持在研省部级项目 1 项，文学、法学不做经费要求。

□2.2 主持在研省部级项目 1 项，其他学科经费累计不低于 20 万元。

□3. 主持在研其他项目 1 项，工学经费累计不低于 50 万元，文学、法学经费累计不低于 5 万元，其他学科经费累计不低于 20 万元。

□3.1 主持在研其他项目 1 项，工学经费累计不低于 50 万元。

□3.2 主持在研其他项目 1 项，文学、法学经费累计不低于 5 万元。

□3.3 主持在研其他项目 1 项，其他学科经费累计不低于 20 万元。

请填写所选项目的详细信息：

序号	项目名称	项目种类	项目编号	起讫时间	本人承担到位科研经费（万元）	是否主持

<table>
<tr><td colspan="6">学术论文</td></tr>
<tr><td colspan="6">请选择对应学科及满足条件选项（近 3 年）:</td></tr>
<tr><td>□工学
□理学</td><td colspan="2">□以第一或通讯作者在学科推选的高水平中文期刊或高水平国际学术期刊上发表论文 2 篇及以上</td><td>□管理
□建筑</td><td colspan="2">□以第一或通讯作者在学科推选的高水平中文期刊或高水平国际学术期刊上发表论文 1 篇及以上</td></tr>
<tr><td>□文学
□法学</td><td colspan="2">□以第一或通讯作者在学科推选的高水平中文期刊、高水平国际学术期刊、CSSCI 来源期刊(含集刊)上发表论文 1 篇及以上</td><td></td><td colspan="2"></td></tr>
<tr><td colspan="6">请填写所选论文的详细信息:</td></tr>
</table>

序号	论文名称	发表刊物名称、时间、刊次、ISSN	收录类型	本人排名	检索号

文件明确提出的可折算的其他成果，并注明可折算的条件:

硕士研究生情况国内外协助指导	年　度	招生人数	毕业人数	获学位人数
	年	硕：	硕：	硕：
	年	硕：	硕：	硕：
	年	硕：	硕：	硕：

的研究生课程本人近三年主讲	时　间	课 程 名 称	总 课 时	授 课 对 象

审核意见：

审核人（公章）：

年　　　月　　　日

学位评定分委员会评审意见：

1. 填报材料是否属实：

2. 学位评定分委员会投票情况：

应到人数	实到人数	同意票数	不同意票数	弃权票数

3. 评审结论（通过或否决）：

学位评定分委员会主席（签名）：　　　（公章）　　　年　　　月　　　日

校学位评定委员会审批意见：

校学位评定委员会主席（签名）：　　　（公章）　　　年　　　月　　　日

附录 4-7　西南交通大学硕士生指导教师招生资格审核申请表

编号	XJYZB-4607

西南交通大学

硕士生指导教师招生资格审核申请表

西南交通大学硕士生指导教师
招生资格审核申请表

申 请 人	姓名：
	单位：

申请学科

一级学科	名称：
	代码：

二级学科	名称：
	代码：

西南交通大学学位评定委员会办公室制

年　　月　　日

个人基本信息

<table>
<tr><td>姓　　名</td><td></td><td>出生日期</td><td></td><td>民族</td><td></td><td>性别</td><td></td></tr>
<tr><td>职工号（10位）</td><td></td><td>参加党派</td><td></td><td>职称</td><td></td><td>职务</td><td></td></tr>
<tr><td>最高学位</td><td colspan="3"></td><td colspan="2">最高学位授予单位</td><td colspan="2"></td></tr>
<tr><td>专家类别</td><td colspan="5"></td><td>评选年份</td><td></td></tr>
<tr><td>一级学科代码</td><td></td><td>一级学科名称</td><td colspan="5"></td></tr>
<tr><td>二级学科代码</td><td></td><td>二级学科名称</td><td colspan="5"></td></tr>
<tr><td rowspan="2">研究方向</td><td colspan="7">1.</td></tr>
<tr><td colspan="7">2.</td></tr>
<tr><td colspan="3">申请学科
所在学位评定分委员会名称</td><td colspan="5"></td></tr>
<tr><td>人事关系
所在单位</td><td colspan="3"></td><td>人事关系
是否本校</td><td colspan="3"></td></tr>
<tr><td>是否申请
兼职博导</td><td colspan="3"></td><td>办公电话</td><td colspan="3"></td></tr>
<tr><td>传真电话</td><td colspan="3"></td><td>移动电话</td><td colspan="3"></td></tr>
<tr><td>电子信箱</td><td colspan="7"></td></tr>
<tr><td>通信地址</td><td colspan="4"></td><td>邮政编码</td><td colspan="2"></td></tr>
</table>

<table>
<tr><td>本人承诺：所填内容属实，否则自愿承担相应后果。

申请人签字：

年　　月　　日</td></tr>
</table>

近三年科研项目及经费

请选择对应学科及满足条件的科研项目选项，其中科研经费为必要条件：

□工学	一、科研项目（二选一） □1. 在研国家级项目 1 项，科研经费累计不低于 10 万元 □2. 科研经费累计不低于 33.4 万元	□理学 □管理 □建筑 □医学	一、科研项目（二选一） □1. 在研国家级项目 1 项，科研经费累计不低于 5 万元 □2. 科研经费累计不低于 10 万元
□文学 □法学	一、科研项目（二选一） □1. 在研国家级项目 1 项，科研经费累计不低于 1.7 万元 □2. 科研经费累计不低于 3.4 万元		

项目详细信息：

序号	项目名称	项目种类	项目级别	项目编号	起讫时间	本人承担到位科研经费（万元）	本人承担任务（主持、主研及排名）

学术论文

请选择对应学科及满足条件选项（近 3 年）：

□工学 □理学 □医学	□以第一或通讯作者在学科推选的高水平中文期刊或高水平国际学术期刊上发表论文 2 篇及以上	□管理 □建筑	□以第一或通讯作者在学科推选的高水平中文期刊或高水平国际学术期刊上发表论文 1 篇及以上
□文学 □法学	□以第一或通讯作者在学科推选的高水平中文期刊、高水平国际学术期刊、CSSCI 来源期刊(含集刊)上发表论文 1 篇及以上		

请填写所选论文的详细信息：

序号	论文名称	发表刊物名称、时间、刊次、ISSN	收录类型	本人排名	检索号

文件明确提出的可折算的其他成果，并注明可折算的条件：

<table>
<tr><td rowspan="4">硕士研究生情况国内外指导</td><td>年　度</td><td>招生人数</td><td>毕业人数</td><td>获学位人数</td></tr>
<tr><td>年</td><td>硕：</td><td>硕：</td><td>硕：</td></tr>
<tr><td>年</td><td>硕：</td><td>硕：</td><td>硕：</td></tr>
<tr><td>年</td><td>硕：</td><td>硕：</td><td>硕：</td></tr>
</table>

<table>
<tr><td rowspan="4">研究生课程近三年主讲</td><td>时　间</td><td>课 程 名 称</td><td>总 课 时</td><td>授 课 对 象</td></tr>
<tr><td></td><td></td><td></td><td></td></tr>
<tr><td></td><td></td><td></td><td></td></tr>
<tr><td></td><td></td><td></td><td></td></tr>
</table>

审核意见：

审核人（公章）：

年　　月　　日

学位评定分委员会评审意见：

1. 填报材料是否属实：

2. 学位评定分委员会投票情况：

应到人数	实到人数	同意票数	不同意票数	弃权票数

3. 评审结论（通过或否决）：

学位评定分委员会主席（签名）：（公章） 年 月 日

校学位评定委员会审批意见：

校学位评定委员会主席（签名）：（公章） 年 月 日

第二部分　课　程

富兰和史莫克等教育改革研究专家曾指出："仅限于宏观的策略规划和学校整体变革的努力大多是无效的，只有每个课堂的教学有所改善，教育改革才会有真的突破。"近年来，以习近平同志为核心的党中央，围绕立德树人的根本任务，着眼于培养德智体美劳全面发展的社会主义建设者和接班人，在教育领域做出了一系列的战略部署，完成了新时代中国教育的顶层设计。其中，尤其在课程层面提出了新思路、新要求和新举措：在全国高校思想政治工作会议上习近平总书记提出"把思想政治工作贯穿教育教学全过程，实现全程育人、全方位育人，要求用好课堂教学这个主渠道"；在新时代全国高等学校本科教育工作会议上，陈宝生部长指出要"推进课程内容更新，合理增加课程难度、拓展课程深度、扩大课程的可选择性，推动课堂革命，建好质量文化"；2019 年，教育部更是启动了"六卓越一拔尖"计划 2.0，全面实施一流课程建设"双万计划"，包括具有高阶性、创新性、挑战度的线上、线下、线上线下混合式、虚拟仿真和社会实践各类型课程……新时代高等教育教学改革的突破口关键在课程。

研究生教育研究在顶层设计的框架内逐渐进入一个自下而上的改革潮流，课程教学作为研究生教育培养的基本环节，其体系建设和改革对于促进研究生教育走上新的台阶就显得尤为重要。目前研究生课程教学仍然存在许多的不足，如存在教学内容陈旧、教学方法单一、教学考评模糊等问题，为了更好地适应国家战略的需要，向社会输送创新型人才应注意改革教学模式，将市场化思维引入课堂、革新课堂教学、整合平台优势、完善教学考评、规范教学监管。总的来说，改革潮流都是以学生为中心。围绕学科前沿以及经济社会和研究生个人的发展需要，研究生课程教学体系的构建需要综合分析各参与主体在研究生培养不同环节的作用，并在不断地"研究—改革—实践"过程中形成动态的与地方高校实际情况相符合的培养模式。关于研究生课程教学改革的相关研究汗牛充栋，但是就研究方法上看，大多数文献采用定性的研究方法，采用定量研究的较少，仅有的定量研究也是采用的问卷调查法，在研究方法上缺乏多样化的研究手段。从研究内容上看，研究视角多半从学生的角度去分析其课程教学的获得感，研究视角单一。

一、国外高校课程教学的情况

（一）欧洲地区研究生课程教学情况

1. 理论课程与应用课程并重

欧洲地区研究生培养中，硕士阶段理论课程较多，所修学分与学时要求较多；博士阶段理论性课程较少，研究型和实践型的课程较多。欧洲地区研究生培养中一个重要的特点是理论课程与应用类课程并重，少有厚此薄彼，头重脚轻的课程设置。如德国慕尼黑知识产权法研究中心所开设13门必修课中，有一门课为实践课，在34门选修课中19门课程都提供实践机会①；英国教育博士的课程模块中通常既包含应用性较强的课程，诸如“人力资源管理”“财政管理”“教育政策研究和制定”等，也包括研究方法、教育基本理论等理论课程②；英国高校对外英语教学专业在课程中设置了语言教学理论与实践类课程，这就在一定程度上有利于学生学习理论知识，并且有一定实践基础③；英国的艺术管理专业中将艺术管理类、管理理论、艺术项目实践和机构实习的课程放置在课程设置的重要位置④，理论与实践并重的课程设计有利于夯实学生的人文与社会知识基础，便于后期进一步的学习与利用。

2. 模块化课程结构

欧洲高校的课程设置一个很大的特点是模块化的课程结构，所谓“模块化”的教学模式，是几门课程形成一个组合，学生按照一定的顺序修读组合成“模块”的课程，修读完成，就达到了“模块化”的训练要求⑤。类欧洲高校的模块化课程结构一般为两种类型，一是选修、必修模块，似中国高校的必修模块和选修模块，例如英国护理学硕士课程包含核心课程、选修课程和论文三大模块组成⑥。第二种则是主题式模块，一个主题模块下一般包括几门不同的课程，如欧洲地区出版专业硕士研究生其课程模块按照特定的主题进行了划分⑦；巴黎　萨克雷大学开设的博士生公共课程包括“基础课程”“学术课程”“职业课程”“语言基础课程”等四大模块，每个模块下一般包含几门课程⑧。英国所有的专业博士学位项目都包含一定比例的教学和研究部分，通常是以模块化结构提出的，不同专业领域或方向有不同的比例要求。

3. 注重跨学科交叉课程设置

欧洲高校的课程设置中，一般会设置一些跨学科的交叉课程以拓宽学生的专业视野，丰富学科背景，从而锻炼学生的综合性思维。如英国伦敦国王学院数字人文系跨学科特征明显，涉及数字和人文的大多数领域热点问题，涵盖了数字经济、数字政治、数字文化、数字技术、数字媒体、法律等⑨；英国的护理学研究生可以根据课题研究需要选择跨学科课程，如管理

① 邱洪华，赵明亮．德国慕尼黑知识产权法中心硕士课程体系及其启示[J]．石家庄学院学报，2020，22（5）：49-54.

② 姚林，王建梁．三重视角下的英国专业博士学位教育发展研究[J]．清华大学教育研究，2018，39（4）：81-86.

③ 王瑶瑶．英国TESOL课程设置特点对MTCSOL课程设置的启示[D]．大连：辽宁师范大学，2019.

④ 东华大学．关于攻读全日制学术学位硕士研究生培养工作的规定[Z]. 2016.

⑤ 曹田．意大利马兰戈尼设计学院“模块化”教学模式的启示[J]．山东工艺美术学院学报，2018（3）：90-96.

⑥ 张利兵，刘霖，姜安丽．国外护理学硕士研究生课程设置现状及启示[J]．解放军护理杂志，2018，35（14）：41-45.

⑦ 张志强，乔晓鹏，林佩．国外出版专业硕士研究生教育的现状及启示[J]．出版发行研究，2020（6）：76-82.

⑧ 谷贤林，王丽媛．法国一流大学如何培养博士：以巴黎–萨克雷大学为例[J]．学位与研究生教育，2021，340（3）：73-78.

⑨ 杨晓雯．欧美高校数字人文教育研究——以英国伦敦国王学院数字人文系为例[J]．情报探索，2018（7）：76-82.

学课程、经济学课程等；英国利兹大学翻译硕士的课程中会加入“公司法和商法中的关键概念”，介绍商法、合同法、公司法，让学生了解企业和社会文化之外，也涉及法律翻译，补充了跨文化知识[①]。

4. 突出专业课程设置

各大高校结合自己的优势推出独特的专业课程，突出高校优势，使得人才培养更具个性化和独特性。如根特大学建筑与规划研究生其课程重点在研究方向相关必修课，也就是以研究方向相关课程为重，公共必修课与研究型选修课为补充，再辅以专业拓展选修课这种课程设置结构进行研究生课程安排[②]；英国三所高校对外英语教学专业硕士课程设置中，利兹大学只有语言教学理论与实践类课程占最大比例；而伦敦大学学院则没有开设有关第二语言教学及习得理论的必修课；巴斯大学的第二语言教学及习得理论类课程则占 60%，各个学校具有自己本校的特色，所以从课程设置情况可以看出各个学校重视和研究的方向也并不完全相同。突出高校的特色更能培养有针对性的人才，更有竞争力。

5. 实施多样化的教学方式，学生参与度高

欧洲地区各高校在教学中通常会使用多种教学方法共用的方式来调动学生的积极性，以学生为中心，许多教学方式例如研讨会、小组项目等大大提高了学生在课堂上的参与能力，使得课堂知识能被更好地吸收和内化，鼓励学生主动学习。通常一门课程综合运用 2 ~ 5 种教学方法[③]，英国的研究生教学很少采用“满堂灌”的传统教学模式，杜绝“填鸭式”教学，其更加重视讨论式、案例式教学[④]，例如英国高校科学传播硕士课程的培养涵盖了课堂式授课、小组讨论、个性化辅导、实践项目、实地参观等多种形式[⑤]；伦敦国王学院数字人文系开设的课程注重“课前课后阅读、课堂研讨、课后作业与项目实践”，重视理论学习和实践性技能的培养；德国慕尼黑知识产权法中心硕士的课堂理论知识教学主要通过模拟法庭、口头表达、做专题汇报、小组协作相关客体的形式来加深对老师所教授知识的理解[⑥]。

6. 注重项目式教学法

欧洲许多高校在课程教学中采用项目式教学法，学生在一个连续的项目中学习专业中的相关知识，这种基于真实实践项目的教学方式倡导边做边学，能够大大的提升学生的实践能力、增强理论知识、锻炼综合性思维。德国慕尼黑知识产权法中心硕士在实务教学中，给学生提供不同的实习环境，形式包括律所实务教学、公司知识产权实务教学、法院实务教学、知识产权中介机构实务教学；英国朴次茅斯大学采用基于项目的专业课程教学方式，导师在

---

① 高洁，冷冰冰. 英国翻译硕士课程体系之“就业力培养”分析[J]. 上海理工大学学报（社会科学版），2017，39（2）：132-136.

② 何悦. 基于创新教育理念的建筑学硕士研究生课程对比研究[J]. 广州：华南理工大学，2018.

③ 张利兵，刘霖，姜安丽. 国外护理学硕士研究生课程设置现状及启示[J]. 解放军护理杂志，2018，35（14）：41-45.

④ 向红军，雷彬. 英国研究生培养模式分析及启示——以华威大学为例[J]. 大学教育，2018（5）：10-12.

⑤ 杨正. 英国典型高校科学传播硕士专业课程设置情况调查与分析[J]. 科普研究，2020，15（4）：76-83.

⑥ 邱洪华，赵明亮. 德国慕尼黑知识产权法中心硕士课程体系及其启示[J]. 石家庄学院学报，2020，22（5）：49-54.

学期初将模拟项目分解给每位学生，学生须根据工作量制定出工作计划，按照进度定期向导师汇报，同时，每个项目成员必须定期和导师约谈开会以讨论每部分的衔接问题，最后核稿审校拟出终稿①；英国剑桥大学环境风险人工智能研究专业硕士研究会参与为期三个月的研究项目，学生需要与教师商讨研究主题，以确保项目计划符合学习目标。博士生的课程则几乎都是基于项目进行展开②。

（二）美国研究生课程教学情况

美国研究生教育注重因材施教，采取自由灵活的课程教学方式。美国经历长时间的发展和积淀之后形成独具特色的研究生课程体系，重视课程设置和授课教学，课程考核贯穿整个研究生培养过程，最明显的表现就是如果研究生有两门课程成绩在 B 以下，将会受到学校警告③。

1. 重视基础理论教学

以建立学生的知识结构为目的，美国研究生教学十分重视学生对基础理论知识掌握，强调任何一个结论的诞生都必须基于以往的研究，必须站在巨人的肩膀上，这样的教学理念为从事科研活动打下基础。美国大学普遍以通识教育（general education）为基础，旨在树立“自由人”的价值观④；在研究生课程设置上，专业课程只占约 26%，基础性课程和选修课程占主要的比例⑤。在研究方法方面，美国高校会严格按照一套成熟和可以跟踪、重复的程序设计定量研究方法、定性研究方法、统计学等课程，以保证研究结果的准确性⑥。例如哈佛大学人工智能方向课程体系分为通识教育、选修课和主修课程，其中通识教育占比最高，要修满 48 个学分，涉及写作、外语以及专业基础等课程⑦。

2. 跨学科分层次的课程设置

课程设置上注重学科交叉是跨学科培养的主要途径，通过专业预先设置的选修与必修课程等形式，推出交叉学科课程、跨学科学位等项目，从而实现跨学科培养研究生。麻省理工学院跨学科专业设置比例为 49.23%，跨学科选修模式比例达到 82.54%⑧。从麻省理工的 STEM 研究生培养体系来看，几乎每个专业都会涉及多种跨学科课程，尤其注重将自然科学和工程技术、数学运算等进行交叉融合⑨。

---

① 周亚莉，李丹璇. 英国翻译硕士培养及其启示——以朴茨茅斯大学为例[J]. 潍坊工程职业学院学报，2017，30（2）：21-26.

② 彭丽华，董丽丽. “人工智能 + 环境保护”：英国剑桥大学环境风险人工智能研究专业研究生培养案例分析[J]. 世界教育信息，2021（493）：57-62.

③ 禹海涛，燕晓. 中美高校研究生培养模式的区别与启示——以同济大学和普渡大学为例[J]. 高等建筑教育，2016，25（5）：5-7.

④ 徐志强. 哈佛大学通识教育理念研究[J]. 河北大学学报（哲学社会科学版），2021，46（3）：94-100.

⑤ 卢阳，肖宁，罗琦，等. 中美研究生教育培养模式和教育评价体系的比较及启示[J]. 医学教育研究与实践，2017，25（2）：250-252.

⑥ 刘汕. 中美高校研究生教学模式比较与启示[J]. 研究生教育研究，2013，18（6）：86-90.

⑦ 梁晓波，涂维，武啸剑. 哈佛大学人工智能课程设置特点与启示[J]. 中国教育信息化，2021，497（14）：34-40.

⑧ 陈工，马舜，吴圣芳. 对国外研究生教育培养过程的认识与思考——基于厦门大学海归教师座谈会与问卷的调研[J]. 河南教育学院学报（哲学社会科学版），2015，34（6）：45-49.

⑨ 刘潇濛. 美国麻省理工学院 STEM 研究生培养模式研究[D]. 保定：河北大学，2018.

3. 灵活多样的教学方式

美国研究生课程教学最具特色的当数教学方式，即使不同州不同院校研究生课程设置迥异，但都重视课堂教学环节设置以及课堂教学效率，形成了完全以学生为主体的教学课堂。基于不同角度，主要可分为以下几种教学方式：

“Seminar”教学（探讨式教学）是在老师的指导下，师生共同探讨学问的一种教学与研究相结合的方式，可以培养研究生的综合科研学术能力①；“对话式”教学，体现为关注“交流”的讨论型、关注“启发”的问答型两种教学方式，可以鼓励学生勇于表达、激发其学习的主动性，培养科研团队意识，同时在交流中锻炼思维，提高学生的学习创造力②；“PBL”教学（problem based learning，以问题为导向的学习模式）是通过导师创设问题、研究生自主探索多种策略解决问题、小组讨论等形式激发研究生创新激情、培养发散思维及批判性思维，该教学方法特征是问题性、自主性与合作性③；“案例式”教学是美国研究生经常使用的方法，其需要：① 课前准备非常充分，② 严密、科学且人性化的教学过程，③ 强大的案例库支撑，④ 完善的实施辅助体系④。

总体而言，美国研究生课程设置突出特色化与前沿化的特点，注重基础课程设置的同时开设多类型的选修课，重视跨学科课程学习，关注前沿学科知识，课程内容更新快⑤。

二、国内高校研究生课程教学现状

（一）学术型研究生课程设置情况

1. 课程设置目标

朱荣华（2018）认为培养单位在设计新的课程方案时，需要认真探讨课程设置的关联性、系统性和整合性⑥。2017 年北京大学培养工作要求硕士生课程设置应在本科教育的基础上，充分体现研究生层次的特点，注重基础性、系统性、前瞻性，有一定的宽度和深度。偏理论的学科专业要适当增加基础理论和学科前沿课程，注重科研训练；偏应用的学科专业要适当增加课程的实用性，注重专业实习和社会实践。同济大学同济研〔2018〕98 号文件指出各培养单位须致力于开设反映当代科学前沿或具有学科交叉性质的课程，保证课程的深度、广度与质量。

2. 课程设置类别

总的来说，课程体系一般包括公共必修课、专业基础课、专业必修课和专业选修课四个

① 李如男. 中美高校研究生“Seminar”的比较研究[D]. 南昌：南昌大学，2017.

② 孙刚成，杨晨美子. 发达国家研究生教育教学改进的典型方式及启示——以美国、德国、英国、日本为例[J]. 黑龙江高教研究，2019，37（7）：126-132.

③ 吕艳娇，姜君. PBL 教学方法对美国研究生创新能力影响[J]. 黑龙江高教研究，2018，36（11）：113-116.

④ 傅伟锋，唐贤清. 美国研究生案例教学及启示[J]. 湖南师范大学教育科学学报，2016，15（5）：124-128.

⑤ 贺迎春. 中美研究生培养模式比较研究[D]. 西安：陕西师范大学，2016.

⑥ 朱荣华.《全日制教育硕士专业学位研究生指导性培养方案（修订）》中的课程设置解读及落实路径[J]. 煤炭高等教育，2018，36（5）：90-94.

部分，公共必修课和专业基础课为必修课，公共选修课和专业选修课为选修课。曾静平（2019）认为这种课程结构板块组合式的体系框架，注重学生基础知识培养的系统性[①]。必修课中公共必修课大部分学校仍然要求英语和思政课必修。课程体系正在加强应用性、实践性和专题讲座课程的设置。目前许多高校为了全面提高学生的人文素养，在公共选修课中新增法律类、方法类、创业类、科研诚信类、心理礼仪类、专利申请类等公共选修课，部分高校还新增艺术鉴赏类课程，旨在提高研究生的审美水平。同时，也有部分高校按照学位课和方向课的大板块来进行划分，如湖南大学研究生学位基础课应注重学科基础理论，学位方向课应注重学科基础理论与学科前沿知识相结合。此外，在课程设置类别中，近几年许多高校纷纷重视人文素养类、伦理类、学术道德类、创新创业类的综合素质类课程。

3. 课程设置要求

为了防止研究生选课不均衡，也为了提高研究生的综合素质，学校的研究生院在制定培养方案时往往对选课的类别、选课门数、课程学分进行详细规定。如南京大学将开设的课程分为A、B、C、D四类课程，其中A、B、C类课程学分控制在20学分以内，硕士研究生所修课程应有1～2门跨二级学科课程，其中文科应有一门跨一级学科课程；博士研究生专业学位课程2～4门，其中导师讲授课程限一门。辽宁大学在修订培养方案通知（2018）中指出硕士二级学科或类别（领域）的方向类选修课每个研究方向设置不少于3门，选修课累计设置不少于8门，招生规模小于5人的学科可适当缩减。

（二）专业型硕士研究生课程设置情况

专业学位硕士主要是围绕职业能力提升、创新能力开拓进行培养，其课程体系需要以职业为核心。故高校除了开设政治课、第一外语以及相关理论基础学习的课程以外，还将知识产权、信息检索、本行业（技术）发展前沿课、本行业（技术）标准课等列为必修课。

1. 课程设置目标

专业型研究生以职业需求为目标进行课程设置是各高校进行培养方案修订的原则之一。华中农业大学修订研究生培养方案时强调专业学位研究生课程要求以执行各类别教育指导委员会指导性培养方案为主，教学内容要增强理论与实际的联系，突出案例教学和实践实验类教学，突出学科特色，因地制宜培养专业学位研究生。大连理工大学专业学位硕士研究生培养方案修订指导意见（2016年）指出专业学位硕士研究生课程体系要努力与行业任职资格相衔接，课程学习与专业实践要紧密衔接；课程设置应体现夯实基础理论、注重实际应用、扩充前沿知识、强化实践能力。

2. 课程设置规范

中南大学研究生培养方案（2020版）规定按专业学位类别制定的培养方案，学科基础课和专业课原则上不超过15门，选修课原则上不超过8门。厦门大学《关于修订2020级专业

---

① 曾静平. 打造符合学科特色的研究生课程体系[J]. 中国高等教育，2019（11）：56-58.

学位硕士研究生培养方案的指导性意见》中要求实务实践性课程原则上不低于 50%，专业硕士课程分为必修课和选修课；必修课原则上应与教指委指导性培养方案中的必修课程一致。

3. 课程设置类别

目前，大部分国内高校研究生培养方案中，对于专业学位硕士研究生主要是聚焦于职业能力培养，各高校注重开设校企联合课程、行业发展前沿课程、实验类以及方法类等与职业能力和职业资格证相关的课程。在强调研究生职业能力的同时，高校也在逐渐加强专业学位研究生职业道德和职业伦理的培养。中央财经大学 2021 年研究生培养方案修订细则中对相关五类课程类别进行规定，如政治理论课、实践案例类课程、写作类课程、“劳动实践”课程。

（三）学术型硕士研究生课程教学情况

1. 认定课程教师资格

大部分高校均十分重视研究生课程教师的教学资格认定，强调要加强任课教师、特别是公共必修课、公共基础课、专业基础课等重要课程任课教师的选聘工作，做好开新课和年轻教师首次上课的资格认定工作。山东大学山大研字〔2017〕57 号文件规定研究生课程的主讲教师一般应为研究生导师或教学、科研经验较丰富的高级职称人员、行业实务专家等。

2. 改革课程教学方法

加强研究生课程教学方式、方法的研究和改革，鼓励理论讲解与实验、实践相结合的教学模式，鼓励启发式、探究式的教学模式，加强课程实践环节训练，培养学生实践技能和创新思维。大连理工大学研究生培养方案修订意见（2016）提出研究生的课程教学应根据课程内容与特点确定具体的方式，授课方式可以是课堂讲授、实验室实验、学生讨论等方式，教学方式应灵活、适合研究生的学习特点和本门课程的讲授内容，提高课堂授课效果。

3. 设置课程考核要求

安徽大学制（修）订学术学位硕士研究生培养方案要求加强对硕士研究生基础知识、创新意识和发现问题、解决问题能力的考查，对课程学习的考核评价注重过程和结果双结合，强化对硕士研究生课堂外自学及课堂内表现的考核及能力评价。宁夏大学关于修（制）订全日制学术型硕士研究生一级学科培养方案的指导意见（2018 年修订）中规定硕士研究生学位课程考核采取考试方式，政治理论课亦可以采取课程论文方式。

4. 强化课程教学评价

需要做好课堂授课质量的监督和评价工作，明确各类课程的负责人，明确学生课程学习考评要求和考评方式。研究生课程的评价包括教学质量评价和教学秩序监督。教学质量的评价包括研究生教育督导教师随堂听课评价和听课学生课程评价；要加强研究生网上评课机制建设和质量监督；要加强学部学院研究生培养方案修订工作组听课和课程质量评价机制建设。

山东大学山大研字〔2017〕57号文件规定研究生课程教学的日常检查和评估由各开课单位组织实施，教学检查结果作为授课教师教学工作量的考核依据，研究生院定期开展抽查、评估，教学检查结果予以公示。

5. 完善课程淘汰机制

四川大学《关于修订2018级研究生培养方案的通知》中指出连续三年未开课的课程应停开，停开课程经学科点、所在培养单位签署意见后报研究生院备案。大连海事大学关于修订学术学位研究生培养方案的指导意见（2018年）要求对于近2年内连续无人选课或未开课的课程，修订时不再列入培养方案。河海大学修订学术学位硕士研究生培养方案具体要求（2020）提出列入上一轮培养方案但并未开设或开课次数、选课人数较少的课程原则上不列入本轮培养方案。

（四）专业型硕士研究生课程教学情况

1. 实施案例教学方法

体现专业学位硕士研究生教育特征与培养要求的互动式、探究式教学方法。延边大学培养方案修改意见中强调专业学位研究生以课程学习为主，教学内容要强调理论性与应用性的有机结合，突出案例分析和实践研究；教学过程要重视运用团队学习、案例分析、现场研究、模拟训练等方法；要注重培养学生研究实际问题的意识和能力。东华大学攻读全日制专业学位培养工作要求（2015）中提出教学过程要重视运用团队学习、案例分析、现场研究、模拟训练等方法。宁夏大学（2019）提出专业学位研究生教学过程要重视运用研讨式授课、模拟教学、案例教学、情景教学等灵活多样的教学方式。

2. 校企联合课程授课

《安徽大学制（修）订专业学位硕士研究生培养方案基本要求》中指出积极聘请具有丰富实践经验的行（企）业专家担任兼职教师，有计划选派校内教师赴企业单位进行培训。河北工业大学〔2018〕144号文件提出要设置应用性强的实践应用课程由企业专家讲授，或者由校内教师和企业专家共同讲授。

三、研究生课程教学存在的问题

（一）研究生课程设置存在的问题

研究生的课程体系不健全、缺乏规范性的现象在高校中普遍存在。郭文斌和杨艳（2021）提出伴随研究生培养规模化和类别多样化发展，研究生课程设置问题也逐渐浮现，如课程分类标准不一、缺少方法类课程、忽视非正式课程、纵向缺乏层次性，横向缺乏差异性等[①]。当前研究生课程设置没有体现出应有的要求和特色，存在诸多缺陷，无法满足学生的需求。主要体现在以下几个方面：

① 郭文斌，杨艳. 我国研究生课程建设研究热点及发展趋势[J]. 山东高等教育，2021，9（3）：23-29+87.

1. 重视程度较低

硕士研究生的培养不同于本科生，不是以课程内容为核心，而是以导师的课题和实验为核心。仇鹏飞等（2018）强调研究生课程尤其是硕士课程体系设置缺乏长远和系统的规划，“重科研轻课程”现象较为严重①。赵毅和崔良乐（2015）指出目前课程设置很多存在因人设课的现象，课程之间缺少逻辑联系②。韩鹤友（2016）也同样指出研究生课程设置的随意性问题，普遍存在着因人设课的现象，课程设置缺乏系统性和整体性③。

2. 课程结构体系僵化

汪霞等（2016）指出目前研究生的课程结构过于单一和缺少弹性④。马丽红（2017）认为高校内部存在“统一”标准，后果就是课程体系的严重同一化，课程设置千篇一律，同时课程结构还存在固化的问题，不利于培养学生的创新思维⑤。曾生跃等（2017）指出目前课程体系结构不尽理想，表现为核心课程不均衡、实验课程比重偏低、冗余课程还一定程度存在、研究方法和交叉学科课程少⑥。孙建春（2021）等指出研究生课程设置结构体系不完善，部分课程不固定，生命周期短暂，出现因职业变化而调整的现象⑦。

3. 课程比例不合适

目前研究生课程比例失衡，理论课程模块内部之间也存在着课程设置比例失调的问题，学位基础课程的比例过多，挤占专业基础课程的教学。安成日（2019）指出目前的研究生课程体系中，由于“公共课”和与专业方向关系不太密切的“学位基础课”挤占了大量学时和学分，而部分专业基础课也被纳入选修课范围，最终导致研究生可选的专业选修课的学时和学分所剩无几⑧。另外，研究生的研究方法能力训练不足，廖英（2018）提出在当前的研究生教育中，普遍存在研究方法相关课程占比较低的问题⑨。安成日和蒋利龙（2015）研究硕士研究生课程设置时指出，课时、学分分配比例不均衡，这首先主要表现在硕士研究生公共必修课的课时、学分比例的设置上⑩。

---

① 仇鹏飞，吴俊，卞清，邹冬云.“双一流”背景下的研究生课程体系建设——南京大学学术学位硕士研究生课程改革的探索与实践[J]. 学位与研究生教育，2018（9）：16-22.

② 赵毅，崔良乐. 基于 OBE 教学模式的硕士研究生课程改革——以《应用随机过程》课为例[J]. 亚太教育，2015（34）：149-150.

③ 韩鹤友，侯顺，郑学刚. 新时期研究生课程教学改革与建设探析[J]. 学位与研究生教育，2016（1）：25-29.

④ 汪霞. 论研究生课程的连贯性设计[J]. 学位与研究生教育，2019（7）：36-42.

⑤ 马丽红. 省域高校研究生课程建设的探索与实践[J]. 学位与研究生教育，2017（10）：24-28.

⑥ 曾生跃，张立杰，杨俊，丁锦灿.“双一流”建设背景下研究生课程体系建设的探索与实践——以国防科技大学为例[J]. 高等教育研究学报，2017，40（4）：25-29+90.

⑦ 孙建春，肖前华，刘枢. 关于研究生课程“一课多师”授课模式的研究[J]. 大学，2021（19）：117-120.

⑧ 安成日. 高校硕士研究生课程体系建设中存在的问题及解决途径[J]. 黑龙江教育（高教研究与评估），2019（7）：67-70.

⑨ 廖英. 构建研究方法类课程群强化研究方法的教学和训练——北京师范大学研究生研究方法类课程建设的实践与思考[J]. 学位与研究生教育，2018（4）：16-20.

⑩ 安成日，蒋利龙. 硕士研究生课程设置及教学存在的问题思考[J]. 黑龙江教育（高教研究与评估），2015（8）：30-34.

4. 课程设置缺乏针对性、层次性

惠卉（2015）指出大部分高校专业学位研究生的课程设置与学术型研究生区分度不大，且不同专业与方向的研究生同堂上课，培养方向针对性不强[①]。付成华等（2019）提出研究生课程体系特色不明显，没有考虑学科的新发展，对前沿科学的重视程度不够，与时代脱节[②]。王传毅和黄俭（2016）调查得出很多研究生课程的层次结构并不鲜明，课程深度不够[③]。安成日和蒋利龙（2015）认为目前很多高校或研究生培养机构的硕士研究生课程设置缺乏明显的层次性，硕士研究生课程与本科课程教学内容存在重复的现象。

5. 课程类别较少

王元兰等（2021）以中南林业科技大学化学学科研究生为例，提出目前研究生的课程设置中严重缺少实践类、前沿类的课程[④]。王传毅和黄俭（2016）提出目前研究生跨学科课程少，研究方法类课程的开设未能引起足够的重视，导致知识结构单一。陈善志和冯建民（2018）在对12所高校的培养方案进行研究分析得出目前研究生的课程内容对教育信息技术和大数据素养、前沿热点研究、国际比较研究等专题关注度不够，在一定程度上缺乏国际视野和格局[⑤]。

（二）研究生课程教学存在的问题

目前传统的单一的专业基础教育模式，会造成人才培养的知识面狭窄、创新能力欠缺的问题，难以满足新时期、新环境对创新型人才培养的需求。随着研究生培养规模的不断扩大，培养类型的不断丰富，单一以学术价值为取向的实施模式与培养目标实现之间的矛盾日益突出，严重制约了我国研究生教育质量和效益的进一步提高。课程教学过程中存在的问题与矛盾日趋凸显，其主要表现为：

1. 重科研、轻教学

潘炳如（2018）研究发现硕士研究生的培养既要重视课程学习也要重视科研能力的培养，但是在实际执行中，高校研究生培养“以论文为重”，对课程学习的管理松散，课程考核较为简单[⑥]。

2. 课程教学内容陈旧

黄亮亮（2019）指出研究生教学中存在教师授课的教学内容“老化”的问题，更新速度

① 惠卉. 专业学位授权点自我评估的实践与思考[J]. 海峡科技与产业，2015（9）：84-85.
② 付成华，施浩然，刘小兵，杨萍. 基于创新能力培养的地方高校水利类研究生课程体系优化[J]. 教育教学论坛，2019（4）：118-119.
③ 王传毅，黄俭. 基于价值取向分析的我国研究生课程体系优化研究[J]. 学位与研究生教育，2016（7）：42-47.
④ 王元兰，杨婷，郭鑫. 基于创新能力培养的化学学科研究生课程设置改革探讨[J]. 广州化工，2021，49（4）：142-144.
⑤ 陈善志，冯建民. 我国高等教育学硕士研究生课程设置比较研究——基于12所高校培养方案的分析[J]. 长江师范学院学报，2018，34（6）：103-113+122.
⑥ 潘炳如. 加强和改进硕士研究生课程教学[J]. 中国高等教育，2018（Z3）：70-72.

慢，一直沿用多年陈旧的知识或者一些与课程根本无关的内容，不能适应经济社会的发展要求①。关硕（2018）提出研究生教学内容多年不变，缺乏灵活性，知识点单一，教学内容和本科课程重复率较高，课程缺乏理论深度和国际视野，并缺乏学科交叉的知识渗透②。王飞和张莉（2016）研究发现有近三分之二的研究生认为教育类公共课程中的教育教学理论内容比较陈旧，缺乏与实践的联系，抽象度偏高③。思政课流于形式，刘明旭（2019）指出思政课程与专业课程各自为战、存在“两张皮”的现象④。蔡小春（2019）研究发现在高校层面，当前各高校对课程思政的认识程度不一，实践力度不一，且均不同程度地存在重智育轻德育、重学术轻思想政治工作、重科研轻课堂教学等现象⑤。

3．授课方法单一

虽然教育界探讨和采用了多种形式的授课方式，但在实际授课的过程中，仍存在以教师讲授为主、学生被动接收的教学现状，教师极少运用讨论、实验、调查、演讲、翻转等现代化、混合式教学方法，普遍使用的是“灌输式”“满堂灌”授课方法。安成日和蒋利龙（2015）指出目前我国对硕士研究生进行课程教育的方法主要有三种：一是坚持以教师讲授为主；二是教师讲授与学生参与互动、研讨相结合的授课方法；三是完全讨论式的硕士研究生授课方法，教师仅作点评。呼丰（2016）认为随着研究生类别和课程类别的增加，部分任课教师教学方法单一的问题逐渐凸显，尤其是在学科前沿和实践教学环节等方面⑥。

4．教学考评模糊

一方面，就学生的课程成绩考核而言，现有的考核强调结果，忽视过程。薛欣欣和胡莉芳（2020）认为目前我国研究生课程考核主要采用期末考试或课程论文的方式，这种评价往往重结果、轻过程、重数量、轻质量，忽略学生的主体性和创造性⑦。杨文正和刘敏昆（2016）指出专业课程教学评价轻视过程性，评价结果过于倚重量化指标。另一方面，对于教师教学的考评体系来说，现有的考评体系模糊且不健全，以至于许多教师重科研而轻教学⑧。韩鹤友（2016）提出教学效果的长期性、滞后性，评教的结果和教学效果的显现往往不能够同步，而且由于教学效果的评价难以定量，学生的价值取向也会影响到评教的结果，所以一般的、简单的教学评价很难真正反映出教师教学的水平和能力⑨。

① 黄亮亮，桂良英，李艳红，曾鸿鹄．“双一流”建设背景下地方高校研究生课程教学改革初探[J]．大学教育，2019（1）：174-176.

② 关硕，齐超，刘洪臣，孙立山，王艳敏.创新人才培养模式下的研究生教学改革探析[J]．教育教学论坛，2018（31）：78-79.

③ 王飞，张莉．全日制教育硕士研究生教育类公共课程的困境及反思[J]．学位与研究生教育，2016（7）：48-52.

④ 刘明旭．研究生“课程思政”教学改革应避免的几个误区[J]．教育现代化，2019，6（47）：282-283.

⑤ 蔡小春，刘英翠，顾希垚，熊振华，倪霓．工科研究生培养中“课程思政”教学路径的探索与实践[J]．学位与研究生教育，2019（10）：7-13.

⑥ 呼丰，王开永．地方高校研究生课程教学体系建设实践与改革思考[J]．高等农业教育，2016(2)：95-98.

⑦ 薛欣欣，胡莉芳．研究生课程教学中的自主学习：内涵、作用与实践策略[J]．研究生教育研究，2020（4）：35-40+97.

⑧ 杨文正，刘敏昆．研究生专业课程“研究性课堂”教学机制探析[J]．研究生教育研究，2016（2）：53-58+74.

⑨ 韩鹤友，侯顺，郑学刚．新时期研究生课程教学改革与建设探析[J]．学位与研究生教育，2016（1）：25-29.

四、研究生课程教学的对策建议

（一）研究生课程设置优化的对策建议

张旭（2018）指出研究生课程体系作为研究生培养的基本框架与蓝图，在研究生的培养过程中具有举足轻重的作用[①]。课程设置是研究生培养方案的核心内容。合理的课程设置既要满足研究生的专业培养目标和社会发展对高层次人才的需求，又要满足学生的个性化发展要求。

1. “互联网+”课程

汪雅霜等（2016）强调在“互联网＋”时代，混合式学习方式成为未来教育的发展方向。混合式学习方式将传统的课堂学习（线下）与现代网络技术（线上）深度融合[②]。因此，在资源共享、信息共享的信息时代，课程设置应增加相应的互联网课程，方便学生进行自主性学习。韩鹤友（2016）建议建设在线课程，借助互联网在线课程的建设，可以推动教学中心转移，从以“教”为中心，转为以“学”为中心。

2. 丰富课程类别

需重点增设的课程中主要有四类：研究方法论课程、专业实践课程、前沿性课程和跨学科课程。朱荣华（2018）认为针对现有课程类别单一、封闭的缺陷，培养单位应该鼓励各专业方向优势互补，充分挖掘学校特色资源，增开选修课和交叉课程。汪霞等（2015）鼓励开设学分少的研究型课程，重视基础理论课程，强化研究方法课程，增加前沿类、跨学科课程。同时，曾静平（2019）指出研究生课程体系要系统反映交叉学科、边缘学科和新兴学科要素，引导研究生创新思维的形成和发展。陈善志和冯建民（2018）建议必修课程上应尽量设置多样的公共必修课程，适当增加公共必修课程的种类，扩展学生知识面；在选修课程内容上，要及时更新课程内容，引入高等教育国际前沿热点领域知识，在重视教育基础理论知识之上扩充跨学科、跨领域的精品课程，同时，注重培养研究生文献阅读和信息检索能力。丁宇（2021）强调开设实践类课程，实践课程的开出率要达到规定的要求；要多开设综合性、设计性和创造性较强的实践课程[③]。

3. 设计连贯性硕士课程

仇鹏飞等（2018）研究发现从课程满足个人需求来看，硕士研究生希望增加的课程类型中，对增设硕博贯通课程的需求比例接近80%。张旭（2018）指出延续一体、层次分明的博、硕士课程体系不仅有利于优化资源配置，更为有继续深造意向的硕士研究生打下了理论基础，为提高博士研究生人才培养质量也提供了保障 。汪霞（2015）鼓励按一级学科设计研究生核

---

① 张旭，李峥，鲁萍. 优化课程设置，提高创新能力——以江苏科技大学硕士研究生培养方案修（制）订为例[J]. 高教学刊，2018（3）：40-42.

② 汪雅霜，汪霞，付玉媛.“互联网＋”时代研究生课程的发展趋势与改革策略[J]. 研究生教育研究，2018（4）：28-34.

③ 丁宇，王誉榕，姚林群. 我国研究生课程建设状况的实证研究[J]. 黑龙江高教研究，2021，39（2）：69-74.

心课程体系，注重本、硕、博课程的贯通[①]。汪霞（2019）建议设计连贯性的研究生课程，一是要按一级学科制订课程计划，实施本—硕—博课程一体化；二是要改革培养方式，实施深层次、贯通式博士生培养；三是要拓展课程功能，促进课程学习与科学研究的全面贯通。

4. 调整课程比例

安成日（2019）认为高校应调整现有硕士研究生课程中的公共课、学位基础课、专业基础课的比例，适当增加专业实践方面的课程，减少不必要的学位基础课、相应增加选修课的数量及门类。李金碧（2017）强调研究生培养单位要抛开学科界限限定，根据一定的要求，择定实践中重要的课题或者议题，围绕这些课题来组织课程、整合课程，设定科学的课程比例[②]。佟有才和刘喜军（2016）建议调整学位基础课程设置和学时比例，减少外国语课程的学时，增设专业外语和专业文献阅读、领域前沿与问题课程、职业修养和技能课程[③]。

5. 优化课程结构

硕士学位基本要求中的关键词包括：基础知识、工具性知识、基本素质、实践能力，硕士研究生的教育旨在培养基础、强化实践。所以汪霞（2019）建议削枝强干、突出重点，完善课程结构，课程的设计需要做减法而不是相反，课程的针对性要强，目标要明确。胡春平（2016）按照整体性原则指出应正确处理课程学习与科研实践的关系，根据“宽口径，厚基础”培养要求，要特别注意课程结构和内容的整合和系统化，使研究生通过各门课程知识的渗透融合、转化升华，为形成有利于创新的知识结构、能力结构、素质结构打下良好的基础[④]。兰田田（2016）指出学校在研究生培养方案修订时应进一步优化课程结构，提高课程学习与科研相结合的意识[⑤]。蒋菲（2018）提出学校应有效整合资源，重视课程开发，建设教师队伍，建立起开放、流动、发展的课程结构体系[⑥]。

（二）研究生课程教学改革的对策建议

1. 革新教学方式

周海涛和胡万山（2019）指出“课程教学方式”维度主要包括课堂讲授、专题研讨、案例教学、现场教学、小组合作学习这 5 种教学方式[⑦]。吴恺和杨茜（2020）提出专业学位培养模式改革要求创新教学方法，加强案例教学、研讨和实训等教学方法的运用[⑧]。褚旭（2019）

---

① 汪霞，卞清，孙俊华. 论学术学位研究生课程体系建设[J]. 学位与研究生教育，2015（10）：30-34.
② 李金碧. 硕士研究生课程设置的反思与范式重构——基于后现代主义课程理论的视角[J]. 教育研究，2017，38（4）：49-54+116.
③ 佟有才，刘喜军. 新增教育硕士课程设置优化分析[J]. 中国成人教育，2017（19）：104-106.
④ 胡春平，刘一心，郝永亮，马淑艳. 学术学位研究生课程体系建设的思考与实践——以吉林大学为例[J]. 学位与研究生教育，2016（9）：56-60.
⑤ 兰田田. 需求分析视角下的课程与教学论专业硕士研究生课程设置调查研究[D]. 西安：西安外国语大学，2016.
⑥ 蒋菲. 基于学术计划的研究生课程结构建设[J]. 高教学刊，2018（16）：86-88.
⑦ 周海涛，胡万山. 研究生有效教学的特征——基于教育学研究生课程收获影响因素的调查分析[J]. 学位与研究生教育，2019（2）：24-29.
⑧ 吴恺，杨茜. 专业学位研究生实践课程教学改革的成效和对策建议——以南京大学为例[J]. 研究生教育研究，2020（4）：60-65.

认为课堂教学应采用“精品教材、自拟课题、综合考核”等灵活教学形式，聚焦于研究生自主创新思维及能力的培养，形成“引导、讲授、问答、互动、启发”课堂教学方式，由“灌输式讲授”转变为“探究型学习”①。李磊和王轶卓（2015）认为在研究生课程教学中采用案例教学法，有利于提高研究生课程教学的质量②。在研究生教学模式改革上，刘华（2017）提出采用以“解决问题”为切入点，加大“以问题为导向”的教学形式比例③。林乐芬和陈燕（2018）提出改革研究生课程教学内容，教师可采取案例教学、课堂研讨等形式，开展科研实践活动，指导研究生对于文献查阅、资料分析、数据分析方法、结论形成等科研步骤的训练④。

2. 整合平台优势

随着信息时代的发展，研究生教学可以借助信息化手段整合多媒体、互联网、开放式教学系统等多元化教学平台，提升教学可视化、情景化，提高教学效率，增强学习效果。蒋维西和杜萍（2016）指出实现课程与“互联网+”相融合更应是在课内容层面的深度融合，即运用现代信息技术将传统课程的“细胞核”和互联网这一“细胞膜”实现深度交汇融合，在课程理念、课程资源、课程实施、课程评价等方面进行全方位的系统变革，实现研究生课程在信息化时代的战略转型⑤。另外，要借助多级式科研平台筑建支撑，将理论与实践结合，培养学生扎实的基础和研究能力。姚文韵等（2018）建议引进网络教学平台，改革考评方式⑥。徐龙炳等（2019）提出所有课程利用学校教学服务平台收集学生反馈意见，以评促改，会使案例教学质量更上一层楼⑦。吴萍萍（2016）提议建设课程数字化平台，教师课件的课前发布，学生作业的提交，教学视频的发布，教师学生的互动交流都能通过平台及时传递⑧。

3. 教学考评多元化

随着社会经济快速发展与高等教育人才培养机制不断改革，课程教学效率和教学形式的评价体系将注重多元化评价，注重高水平人才的实际发展、注重效果。蔡小春（2018）指出应突破传统的研究生课程评价体系，在实践类教学中企业专家从市场视角、校内专家从教学培养视角、学生从同伴视角，多元、多维度评价研究生的知识结构和实践能力 。韩鹤友（2016）认为教学评价应该优化质量评估与反馈机制、激发多元主体活力，建立追踪评价体制机制，促进总结性评价向过程性评价转变。杨文正和刘敏昆（2016）认同专业课程的评价也应体现研究能力培养的复杂性、过程性和个性化特点，注重对学生修养、思想等全方位的考

① 褚旭，罗安，何敏，章兢，帅智康，陈燕东.“层次递进、多维融合”研究生课程与实践教学模式研究与探索[J]. 中国高等教育，2019（12）：55-57.

② 李磊，王轶卓.案例教学法在研究生课程教学中的应用探讨[J]. 软件导刊（教育技术），2015，14（9）：90-91.

③ 刘华. 借鉴国外经验改革研究生教学模式[J]. 实验技术与管理，2017，34（5）：158-160.

④ 林乐芬，陈燕. 研究生课程教学质量对研究生科研能力影响的实证研究[J]. 中国农业教育，2018（2）：51-57+95.

⑤ 蒋维西，杜萍.“互联网 + 课程”理念的内涵、价值与路径[J]. 教学与管理，2016（31）：1-4.

⑥ 姚文韵，沈永建，沈亦丹. 互联网发展与研究生教学改革[J]. 江苏高教，2018（11）：73-76.

⑦ 徐龙炳，李劲松，王少飞，汪佳霖，徐荣华. 顺应新时代人才培养需求，探索专业学位研究生教学新方案[J]. 中国研究生，2019（6）：23-25.

⑧ 吴萍萍，白鹏，阎子峰. 以学生为中心的研究生专业课程全英文教学[J]. 化学教育，2016，37（8）：66-69.

察，符合研究的逻辑，避免过于标准和客观的量化评价。郝晓美（2020）强调需要注意的是，在评价过程中，评价指标和权重系数的构建要充分考虑学院、学科、专业、课程的不同[①]。

4. 规范教学监督管理

胡春平等（2016）认为课程体系的顺畅实施，需要科学的运行机制来实现。课程体系质量的提升，则依赖完善的内部质量监控体系来保障[②]。故成立校院两级研究生培养指导委员会以及研究生教学督导组是十分有必要的。梁珍淑和李昌模（2017）提出在课程教学过程中，应加强授课过程的监控，对研究生课程的选课、开课、排课、考核、成绩管理和试卷归档等实现全过程管理[③]。胡成玉等（2018）关注加强相关教学管理制度建设，在积极吸收研究生参与教学监督管理过程的同时，建立多元质量监控机制，构建全方位的质量评估体系[④]。

五、我校研究生课程教学改革情况

（一）淘汰“水课”，控制课程数量

学校全面系统的梳理研究生课程设置情况，根据连续三年的课程开设、调停课、学生选课、教学评价等数据信息，分析课程教学的实施情况和教学效果，按照“简而精”的总体思路，规划并设计各学科研究生课程体系，严控数量、确保质量，形成我校精品研究生课程总库。首先，设定课程开设基础参考数，硕士课程开设基础数原则上理工、生命每个二级学科设定学科交叉、前沿类课 1 门，文科每个二级学科设定学科交叉、前沿类课 2 门；原则上理工每个二级学科设定专业类课 1 门，生命、文科每个二级学科设定专业类课 2 门。博士课程开设参考基数原则上每个二级学科设定学科交叉、前沿类课 1 门；原则上每个二级学科设定专业类课 1 门。其次，重要参考其他因素如：一级学科包含二级学科数，一级学科招生方向数，学科招生人数，专业学位与学术型研究生课程通用性原则等。

（二）注重研究方法和素养能力培养

研究生课程设置类型主要包含：思政课程、基础课程、素养课程、前沿交叉课程、专业课程，思政课程为必修课，严格执行国家对研究生思政教育的基本要求，硕士开设“中国特色社会主义理论和实践研究”“马克思主义与社会科学方法论”，博士开设“中国马克思主义与当代”；基础课程以力学、数学课程为核心；素养课程重点开设“学术素养与研究方法”“工程伦理与职业道德”；前沿课程主要瞄准各学科的前沿理论和技术进行开设，可以专题的方式

① 郝晓美. 高校研究生课程思政教学改革论[J]. 学校党建与思想教育，2020（23）：73-75.

② 胡春平，刘一心，郝永亮，马淑艳. 学术学位研究生课程体系建设的思考与实践——以吉林大学为例[J]. 学位与研究生教育，2016（9）：56-60.

③ 梁珍淑，李昌模. 基于保障研究生培养质量的课程建设体系探讨[J]. 科教导刊（下旬），2017（18）：51-53.

④ 胡成玉，陈翠荣，王艳银. 研究生教学质量满意度调查研究[J]. 黑龙江高教研究，2018，36（11）：105-108.

进行授课，开阔研究生视野，激发创新思维；专业课程重在强化研究生专业基础理论和技能的学习。

（三）组建课程教学团队

研究生课程鼓励以教学团队的方式开展课程建设和课程教学工作，形成教学梯队，确保研究生课程教学质量和水平。各学院根据学科属性和特色，结合本单位师资力量和研究生培养实际，组建学缘结构、职称结构合理的教学团队。鼓励学科交叉，鼓励新任教师与研究生培养经验丰富的资深教师组建团队，充分发挥资深教师对青年教师的“传、帮、带”作用，促进教学队伍可持续向好发展。

研究生课程教学团队须设立课程责任教师，负责组织开展相应课程的建设与教学实施工作。课程责任教师一般由学科带头人或具有高级专业技术职称的资深教师担任，原则上要求具有副教授及以上的职称，三年之内无高水平学术成果的教师一般不能担任课程责任教师。

学校一般每三年开展一次校级优秀研究生课程教学团队评选工作，评选工作一般按照团队组织申报、学院组织初评并推荐、研究生院组织专家评审等程序开展；被评选为校级优秀的研究生课程教学团队将作为学校推荐国家级、省部级优秀课程教学团队的重点对象。

（四）开展精品课程建设

研究生课程建设坚持立德树人、教书育人；要以研究生成长成才为中心，加强研究生课程体系的系统设计、整体优化与有机衔接；要注重课程教学内容与思政元素的有机融合，加强课程思政建设；要突出学科特色与学科交叉，将学科前沿知识和技能融入教学内容。

原则上学校开设的全部研究生课程都纳入精品课程建设序列并持续推进建设工作。学校按年度设立研究生精品课程建设项目，以资助公共类课程和精品专业类课程的建设。各学院要完善机制，健全激励体系，统筹使用各类经费，加大对研究生课程建设、教学改革的常态化投入，对学校批准建设的课程提供政策与配套资源支持。

学校一般每两年开展一次校级优秀研究生课程评选工作，评选工作一般按照课程申报、学院组织初评并推荐、研究生院组织专家评审等程序开展；被评选为校级优秀的研究生课程将作为学校推荐国家级、省部级研究生精品课程的重点对象。

（五）加强课程教学督导

学校研究生教学检查和质量督导采取院校两级管理办法。学院负责组织本单位研究生课程教学的监督检查和巡视工作，负责组织期末考试的检查和巡视工作。学校成立校级质量督导组，对各单位研究生培养过程管理质量进行全面的督导与检查。

各级质量督导组对培养单位研究生课程教学和培养过程管理质量做出整体的评价，并将督导的总体情况反馈责任主体单位，对于检查过程发现的整体管理质量问题提出限期整改的要求；对于检查过程中发现的个体质量问题，应及时反馈教师、导师、学生或培养单位，并提出限期整改的要求。

（六）研究生课程评估

西南交通大学教学质量保障工作委员会（简称质工委）将代表学术委员会，主导课程的校级评估；各培养单位可根据本单位实际情况，通过教授委员会、院级督导组等机构，开展课程的院级评估。校级课程评估以专家组方式开展，分为两种初评课程、复评课程类型：（1）初评课程：首次被抽取评估的课程；（2）复评课程：对上一轮评估等级为“尚可”与“待改进”的课程，按照程序、针对评估结果中的弱项开展复评。专家组基于课程自评估报告以及各种证明材料，根据评价指标体系对课程进行综合评价，通过审查教学大纲、观摩课堂教学、访谈、审阅课程作业、审核试题与试卷、审阅自评报告、学生课程体验调查等多种方式，全方位、多角度地收集课程质量信息，力求更加准确地反映课程质量情况，从而不断提升学校的教育教学质量。

六、西南交通大学研究生课程文件体系

目前，课程教学是研究生知识体系结构、科研创新能力、职业发展规划的有力支撑，我校按照“简而精”的思路调整和优化研究生课程体系，大力推进研究生课程体系重构工作，大幅减少研究生课程开设数量，提升课程质量，将学校研究生课程数量由 1900 余门优化至 700 门左右，形成科学、合理、有效的研究生课程体系。为实现“打造精品”目标，学校加大投入，按年度设立校级研究生教学精品类建设项目，支持和鼓励各学院和教师建设精品学科交叉、前沿类课程、自编并出版高水平教材、打造优秀教学团队，加强研究生精品课程、精品教材和优秀教学团队建设，提升学校研究生课程的质量与水平。根据质量保障体系建设相关工作的总体部署，目前形成研究生课程质量保障文件详见表 1。

表 1 西南交通大学研究生课程质量保障系列文件

文件类型	文件标题	文件编号	附录编号
管理办法	西南交通大学研究生课程教学管理规定	XJYZB-4108	4-8
	西南交通大学研究生课程与教材建设及管理办法	XJYZB-4309	4-9
表格模板	西南交通大学 2021—2022 年度研究生教材（专著）建设项目申报表	XJYZB-4610	4-10

面对国家在教育领域的战略部署、社会经济发展对人才培养的现实要求，以及互联网时代学生与学习发生的深刻变化，促使教学内容、方法、模式和教学管理体制机制发生变革，给高等教育教学改革发展带来新的机遇和挑战，各高校应主动迎接高等教育发展趋势，立足课堂“主阵地”，推动课程改革落地。目前，学校的研究生课程质量保障机制远谈不上完善，研究生课程教学改革与质量提升的路依然漫长而曲折。然而，正如校歌中所唱的，“璨兮如金在熔，璀兮如玉相攻”，千锤百炼，不忘初心，方得始终。

七、附　录

附录 4-8　西南交通大学研究生课程教学管理规定

编号	XJYZB-4108

西南交通大学

研究生课程教学管理规定

第一章 总 则

第一条 课程教学是研究生培养工作的重要组成部分，是研究生掌握坚实基础理论和系统专业知识的重要途径。规范和加强研究生教学管理，建立和维护良好的课程教学秩序，是提高研究生培养质量的重要保证。

第二条 我校研究生教学工作实行校、院两级管理。研究生院作为全校研究生教学的管理机构，负责全校研究生课程教学的宏观管理，研究生思政类和基础类课程教学的组织与协调，以及研究生课程建设质量评估检查工作。各学院（系）负责本单位研究生课程体系的建设规划、课程教学管理、课程建设、评估检查等工作；思政类和基础类课程开课学院在研究生院的指导下具体承担思政类和基础类课程的建设规划、课程教学管理、课程建设、评估检查等工作。

第二章 开课管理

第三条 研究生院根据人才培养需求和上级部门要求，负责协调研究生思政课和基础类课程的调整以及公共类课程开设的论证工作，相关开课学院负责具体的课程教学实施工作。各学院（系）根据学校要求、学科人才培养目标、学科发展动态，构建科学合理的课程体系，并建立规范、严格的新开课程审查机制，明确课程设置标准，坚持按需、按标准审查课程，不允许“因人设课”。

第四条 各学科研究生课程设置应保持稳定性，原则上在培养方案全面修（制）订前不新开课程。确需开设新课程，原则上按照“停开一门、新开一门”的方式进行。新开课程由学院教授委员会审核通过并公示后报送研究生院，学校于每年 4 月进行新开课程的集中审核与结果公示。

第五条 对新开设课程申请须从目标定位、适用对象、课程内容、教学设计、考核方式、教学团队、预期教学效果等方面进行全面审核。新开课程具体要求：

1. 新开课程教学目标应与研究生培养目标相匹配，核心教学内容与现有课程不重复，并注重学科交叉融合与前沿性。

2. 新开课程的名称、学分、学时、课程简介、教学目标、课程大纲、教材或参考资料、考核方式、课程负责人等基本信息完整、准确、规范，中、英文版本应完备、一致。

3. 新开课程须经学院教授委员会论证通过。

第六条 新开课程申请流程：

1. 课程负责人填写《西南交通大学研究生新开课程申请表》，与相关材料一起提交至学院进行初审。

2. 学院根据新开课程要求对申请材料进行初审，初审通过后报学院教授委员会审议。

3. 学院教授委员会结合学科研究生培养目标、学科发展动态、现有课程设置情况，对拟开设课程的必要性、可行性进行论证并提出意见，同意开课后进行公示。

4. 学院公示通过后，由本单位将新开课程信息提交研究生院。研究生院集中审核并公示结果，最终通过的新开课程将纳入研究生课程总库和学期教学计划。

第三章　课程管理

第七条　学校将对已设置课程的开设情况和教学效果进行定期督导和评估，保证课程符合培养需要、保持高质量。对于不适应培养需要的课程及时进行调整，对于质量未达到要求的课程提出改进要求。对于无改进可能或改进后仍不能达到要求的，进行及时调整、另行开设或停止开设。

第八条　课程中文名称、课程英文名称、课程学分、学时数一经审核通过并纳入课程库后，原则上不得修改。

第九条　课程性质、课程分类、是否跨学期、成绩类型等课程信息在审核通过后，原则上不得进行修改。如因特殊情况确需修改，课程负责人和学院在与相关管理人员及学生进行充分沟通后，由课程负责人提出修改申请并填写《西南交通大学研究生课程库信息修改审批表》，经学院教授委员会审核通过后报研究生院备案。

第十条　连续两学年未开课的课程，原则上不再开设；连续两学年选课人数低于 10 人的课程，原则上不再开设；如存在特殊情况确需开设的课程，须报学校研究生院批准。

第四章　任课教师

第十一条　任课教师应具有过硬的思想政治素质，遵守师德规范，以德立身、以德立学、以德施教。研究生课程的责任教师一般应由学科带头人或具有高级专业技术职称的资深教师担任，原则上要求具有副教授及以上的职称，三年之内无高水平学术成果的教师一般不能担任课程责任教师。

第十二条　任课教师须于每学期开学前在研究生信息管理系统中更新并提交当前学期开课课程的教学计划，其中包括：教学大纲、教学日历和教材等信息，并按教学计划进行教学。

第十三条　任课教师授课选用的教材应具有科学性、先进性、适用性和思想性，确保高水平教材进课堂，人文社科类、思政类课程须按照国家相关规定选用教材。

第十四条　任课教师在课程教学中应强调立德树人，注意课程教学与思政教育相融合，引导、提高学生明辨是非的能力，充分发挥教书育人的作用，促进研究生的全面发展。

第十五条 任课教师应配合教学管理部门做好开课、选课、课堂考勤、考试安排、成绩录入、教学检查以及课程考核原始资料存档等管理工作。因任课教师责任造成教学秩序混乱、教学质量低下等情况的，研究生院将按照相关规定处理。

第五章 排课管理

第十六条 研究生课程采取校院两级管理办法，由研究生院和各学院（系）分工合作，共同组织研究生课程教学工作。研究生院负责组织全校研究生思政课和基础课的排课工作。各学院负责组织本院所开设的学术素养课、前沿交叉课、专业类课程等研究生课程的排课工作。

第十七条 研究生院根据各学科研究生培养方案制订开课计划，在第13周内完成研究生思政课和基础课的排课工作，于第14周在研究生管理信息系统下达下学期学术素养课、前沿交叉课、专业类课程等课程的拟开课计划。各学院（系）根据拟开设课程计划，进行排课工作，在第16周内完成排课工作，并在学院（系）网站公布。研究生课程安排要求确定上课时间、地点、容量、任课教师、授课语言、限选范围等要素，并录入研究生管理信息系统。

第十八条 研究生排课结果一经确定，原则上不能更改。各学院（系）须组织相关任课教师严格按照排课结果开展教学工作，保证研究生课程教学秩序的稳定。除因不可抗因素无法按教学安排授课以外，任课教师的一切公务或个人行为应以教学为重。任课教师不按教学安排，擅自停课或调课的，如经查实，将按照教学事故处理。对于特殊情况确需调整教学安排的，任课教师须提前在研究生管理信息系统中提交申请，经所属学院（系）和研究生院批准通过后方能进行调整。

第六章 选课管理

第十九条 研究生课程选课一般安排在每学期第1周开课前完成。全日制研究生选课调整一般安排在第3周进行，非全日制研究生的选课调整一般安排在第10周进行。

第二十条 研究生须在导师的指导下完成个人培养计划的制定后方可选课。选课在研究生管理信息系统中进行。在选课过程中，若拟选课程教学班因选课人数满员无法选上，研究生须选择其他教学班；若所有教学班满员的，研究生应在之后学期课程开课时再选课。若课程因暂停开设而无法选课的，请在导师指导下，修改个人培养计划更换其他课程后再选课。

第二十一条 学校规定的选课和课程调整时间结束后，原则上不再受理研究生课程调整的相关业务。若因转学、转专业、休学、复学等学籍变动必须退选、增选或改选课程者，根据学籍变动审批情况，经任课教师和学生所在学院同意后，予以办理。

第七章　课程考核

第二十二条　课程考核是教学过程中的一个重要环节。凡属学生个人培养计划内的课程与环节都须进行考核。考核成绩计入成绩单，并在毕业时归入学生档案。

第二十三条　研究生课程的考核分为考试和考查。考试一般采取开卷或闭卷，考查可采取课程论文、课堂报告、笔试加口试等多种形式。课程成绩可根据研究生平时听课、作业、课堂讨论、调研报告、社会实践等情况综合评定。上述未列入的考核方式，成绩评定可参照执行。

第二十四条　研究生的基础课原则上以考试的方式进行，其他类课程的考核方式可根据课程性质特点和教学要求由开课学院和课程责任教师确定。同一门课程有博士研究生和硕士研究生选课的，应根据研究生层次的不同，分别设置相应的考核标准。

第二十五条　每学期第18、19周为考试周。研究生院在第13周内完成研究生思政课和基础课的考试安排，并于第14周下达各学院（系）所开设的学术素养课、前沿交叉课、专业类课程等课程的排考工作。各学院（系）应于第16周前按照研究生院通知要求，在研究生管理信息系统完成排考工作。

第二十六条　所有任课教师和命题人员都应该严格遵守试题保密的有关规定，不得以任何方式泄漏试题。研究生试题应有利于促进研究生独立思考，增强分析和解决问题的能力，难易程度和题量应符合教学大纲要求，研究生课程考试时长一般为120分钟。期末考试（含补考）的命题教师提交的试题内容与近三年试题内容雷同率不得超过25%。

第二十七条　对于考核方式为考试的课程，其每个考场至少安排两名监考人员。监考教师与考生应严格遵守学校有关课程考试的各项规定。研究生院与各学院（系）组织巡考，一旦发现考试违纪行为，将根据相关规定严肃处理。

第八章　课程缓考、补考、重修和免修

第二十八条　研究生因病或因其他不可抗拒的突发事件无法参加课程考核的，须在考试前提交《西南交通大学研究生期末考试课程缓考申请表》申请缓考。因病缓考的，还须提交二级甲等以上医院或校医院开具的病假单。除上述原因之外的其他事由，一般不得申请缓考。

第二十九条　研究生须按照学校的要求完成考核，考核不合格者，可根据任课老师的要求申请补考。无故不参加考核者，不得报名参加补考，按缺考处理。

第三十条　研究生必修类课程考核不及格，且未参加补考或补考不及格者，可申请重修。

第三十一条　留学生申请公共课程免修参照留学生相关管理规定执行。

第九章　成绩管理

第三十二条　研究生课程成绩分制可采用百分制、等级制和二级制。具体分数等级和相应绩点列表如下：

百分制	等级制	绩点	二级制
96～100	A+	4	P
90～95.99	A	3.7	
85～89.99	A－	3.3	
80～84.99	B＋	3	
75～79.99	B	2.7	
70～74.99	B－	2.3	
67～69.99	C＋	2	
63～66.99	C	1.5	
60～62.99	C－	1	
≤59.99	D	0	X

研究生“平均成绩”与“平均绩点（GPA）”的计算公式分别为：

$$\text{平均成绩}=\frac{\sum(\text{百分制课程成绩}\times\text{对应课程学分})}{\sum\text{百分制课程学分}}$$

$$\text{GPA}=\frac{\sum\text{“百分制与等级制”课程成绩对应的绩点}}{\text{“百分制与等级制”课程门数}}$$

第三十三条　研究生课程成绩记录一般采用百分制，培养环节成绩记录采用等级制或二级制，具体“成绩分制”见下表：

序号	环节名称	成绩分制
1	学术活动	等级制
2	国内外学术会议	等级制
3	课题组研讨活动	等级制
4	文献阅读与评述	等级制
5	科研育人专题	二级制
6	专业实践（专业学位硕士）	二级制
7	工程实践（工程博士）	二级制
8	创新创业与社会实践（专业学位硕士）	二级制
9	论文开题	二级制
10	论文中期考核	二级制

第三十四条 研究生的学业成绩将被真实、完整记载；在出具的学业成绩材料中，通过补考、重修获得的成绩将予以明确的标注。无故不参加各类考核者，成绩单中标记为“缺考”；申请补考的，成绩单中标记为“补考”；申请重修的，成绩单中标记为“重修”。成绩已合格的课程，若申请重修且重修成绩合格，该成绩将作为最终成绩，记录在成绩单中并标记为“重修”。

第三十五条 任课教师和阅卷教师应实事求是、客观公正地评判研究生的课程成绩。任课教师应在课程考核结束两周内将成绩录入研究生管理信息系统。

第三十六条 研究生基础课的期末考试试卷等材料由研究生院培养办公室负责保存，保存期限为五年。其他考核材料的原始资料均由开课单位负责保存，保存期限为五年。

第三十七条 研究生在研究生管理信息系统查看成绩前，须完成线上评教环节，对任课教师和课程进行客观公正的评价。

第三十八条 研究生若对考核成绩有异议，可在成绩上网一周内（假期延至开学第一周），填写《研究生期末考核成绩查卷申请表》，提交成绩复查申请，逾期不再受理。开课院系应于收到复查申请后5个工作日内给予反馈。查询成绩的范围仅限于考核资料评阅分数的记分和登分差错。

第三十九条 因任课教师未按时提交成绩或者提交成绩失误而造成的研究生成绩缺失的、错误的，应予以补录或变更。由于学生个人原因造成的成绩缺失，责任由学生本人承担。

第四十条 研究生入学以前在我校随堂学习过的研究生课程，考核成绩合格且未用于申请其他学位并符合研究生培养方案要求的，可凭学习的原始凭证提出成绩认定申请。研究生须在新生入学学期的第1、2周内完成个人网上申请操作，待导师、学院和研究生院审核后，完成成绩认定。

第四十一条 研究生在其他高校修读的课程成绩（学分）由学院组织审核，确定其考核标准已达到我校同类研究生课程水平的，可凭成绩单原件和复印件、相关交流的证明材料和学院认定结果申请成绩认定。私自外出听课，课程成绩一律不予认定。

第十章　教学检查和质量督导

第四十二条 我校研究生教学检查和质量督导采取院校两级管理办法。学院负责组织本单位研究生课程教学的监督检查和巡视工作，负责组织期末考试的检查和巡视工作。学校成立校级质量督导组，对各单位研究生培养过程管理质量进行全面的督导与检查。

第四十三条 各级质量督导组应对培养单位研究生课程教学和培养过程管理质量做出整体的评价，并将督导的总体情况反馈责任主体单位，对于检查过程发现的整体管理质量问题提出限期整改的要求；对于检查过程中发现的个体质量问题，应及时反馈教师、导师、学生或培养单位，并提出限期整改的要求。

第十一章 附 则

第四十四条 本规定自发布之日起施行，由研究生院负责解释。以往有关规定与本规定不一致的，以本规定为准。

附录 4-9　西南交通大学研究生课程与教材建设及管理办法

编号	XJYZB-4309

西南交通大学

研究生课程与教材建设及管理办法

第一章 总 则

第一条 为深入贯彻落实全国研究生教育工作会议精神、《国务院学位委员会教育部关于加强学位与研究生教育质量保证和监督体系建设的意见》（学位〔2014〕3号）、《教育部关于改进和加强研究生课程建设的意见》（教研〔2014〕5号）的相关规定，进一步加强学校研究生课程建设与教材建设质量与内涵，规范课程及教材管理，促进课程体系改革向支撑研究生科研学术能力的转变，不断提高研究生课程教学质量，制订本办法。

第二条 学校以“打造精品”为目标，大力开展校级研究生精品课程、精品教材和优秀团队建设工作，积极开展国家级、省部级精品课程、教材的推荐和申报工作。

第二章 课程建设

第三条 研究生课程建设要坚持立德树人、教书育人；要以研究生成长成才为中心，加强研究生课程体系的系统设计、整体优化与有机衔接；要注重课程教学内容与思政元素的有机融合，加强课程思政建设；要突出学科特色与学科交叉，将学科前沿知识和技能融入教学内容。

第四条 研究生院负责全校研究生课程的宏观管理、公共课程的建设规划、课程建设质量评估检查、校级精品课程的组织建设与评选、国家级和省部级精品课程的推荐等工作；各学院负责本单位研究生课程体系的建设规划、课程建设、评估检查等工作；公共课程开课学院在研究生院的指导下具体承担公共课程的建设规划、课程建设、评估检查等工作。

第五条 原则上学校开设的全部研究生课程都纳入精品课程建设序列并持续推进建设工作。学校按年度设立研究生精品课程建设项目，以资助公共类课程和精品专业类课程的建设。各学院要完善机制，健全激励体系，统筹使用各类经费，加大对研究生课程建设、教学改革的常态化投入，对学校批准建设的课程提供政策与配套资源支持。

第六条 课程建设项目分为申报、评审、立项、中期检查、结项验收等程序。学校对项目建设经费实行预算额度控制，根据项目进展和建设质量、效益分期拨付、动态调整。未按进度完成建设任务的，停止经费资助，并追究课程负责人、学院主管领导等相关负责人的责任。

第七条 学校每两年开展一次校级优秀研究生课程评选工作，评选工作按照课程申报、学院组织初评并推荐、研究生院组织专家评审等程序开展；被评选为校级优秀的研究生课程将作为学校推荐国家级、省部级研究生精品课程的重点对象。

第三章　团队建设

第八条　研究生课程鼓励以教学团队的方式开展课程建设和课程教学工作，形成教学梯队，确保研究生课程教学质量和水平。

第九条　各学院要根据学科属性和特色，结合本单位师资力量和研究生培养实际，组建学缘结构、职称结构合理的教学团队。鼓励学科交叉，鼓励新任教师与研究生培养经验丰富的资深教师组建团队，充分发挥资深教师对青年教师的“传、帮、带”作用，促进教学队伍可持续向好发展。

第十条　研究生课程教学团队须设立课程责任教师，负责组织开展相应课程的建设与教学实施工作。课程责任教师一般由学科带头人或具有高级专业技术职称的资深教师担任，原则上要求具有副教授及以上的职称，三年之内无高水平学术成果的教师一般不能担任课程责任教师。

第十一条　学校每三年开展一次校级优秀研究生课程教学团队评选工作，评选工作按照团队组织申报、学院组织初评并推荐、研究生院组织专家评审等程序开展；被评选为校级优秀的研究生课程教学团队将作为学校推荐国家级、省部级优秀课程教学团队的重点对象。

第四章　教材建设

第十二条　学校研究生教材建设工作，要坚持立德树人、要坚持正确的政治方向、要注重突出学科优势与特色、要具备学科融合与交叉特征、要体现学科前沿；大力鼓励和支持各研究生课程教学团队自编高水平、新形态数字化等教材。

第十三条　研究生院负责全校研究生教材的宏观管理和建设规划、教材建设质量评估检查、校级精品教材的组织建设与评选、国家级和省部级精品教材的推荐等工作；各学院负责本单位研究生教材的建设规划、教材建设、评估检查等工作。

第十四条　学校每两年组织一次校级研究生精品教材建设工作，通过评审并立项的教材学校给予编写、出版的经费资助。教材建设项目分为申报、评审、立项、中期检查、结项验收等程序。学校对项目建设经费实行预算额度控制，根据项目进展和建设质量、效益分期拨付、动态调整。未按进度完成建设任务的，停止经费资助，并追究项目负责人、学院主管领导等相关负责人的责任。

第十五条　学校每两年开展一次校级优秀研究生教材评选工作，评选工作按照申报、学院组织初评并推荐、研究生院组织专家评审等程序开展；被评选为校级优秀的研究生教材将作为学校推荐国家级、省部级研究生精品教材的重点对象。

第五章 教材管理

第十六条 研究生教材的编写与选用首先要坚持正确的政治方向，坚持立德树人的根本要求，坚持与时俱进的基本原则。凡属于哲学社会科学范畴的研究生课程要求必须选用国家统编的马克思主义理论研究和建设工程教材；各学科专业类课程鼓励选用高质量、有特色的自编教材或校外编写的高水平教材。

第十七条 严格教材编写和选用制度。各学院对本单位各课程教学团队编写和选用的教材要严格审核，重点对教材的政治方向、科学性、先进性、适用性和思想性等方面进行严格的审查和把关；学校教材委员会对全校研究生教材进行定期的检查与评估，确保高水平、高质量教材进入研究生课程教学。

第十八条 各课程教学团队要加强对自编教材的建设规划与管理。团队成员要围绕教材的建设与管理定期开展交流和探讨，要立足特色与水平，对自编教材的建设做出具体的规划，对于已出版的自编教材，要及时更新内容，确保教材的高水平、高质量、前沿性。

第十九条 学校定期进行教材使用情况的统计分析，对使用教材的质量进行调查，要公布结果并及时将信息反馈到各学院，为学院自编和选用高质量教材提供参考。

第二十条 研究生教材建设与管理工作应符合《西南交通大学教材管理实施细则》的相关要求。

第六章 附 则

第二十一条 本办法自发布之日起施行，由研究生院负责解释。以往有关规定与本办法不一致的，以本办法为准。

附录 4-10　西南交通大学 2021—2022 年度研究生教材（专著）建设项目申报表

编号	XJYZB-4610

西南交通大学

2021—2022 年度研究生教材（专著）

建设项目申报表

西南交通大学
2021—2022 年度研究生教材（专著）
建设项目申报表

教材（专著）名称________________________

☐教材 ☐ 专著

所 在 学 院________________________

学 科 专 业________________________

主 编________________________

申 报 日 期________________________

西南交通大学研究生院

2021 年 10 月编制

申请人承诺

本人承诺对《申请书》所填各项内容的真实性和有效性负责，保证没有知识产权争议。若填报失实或违反有关规定，投标单位和项目负责人承担全部责任。如获准立项，本人承诺遵守相关管理规定，遵循学术规范，恪守科研诚信，扎实开展研究工作，取得预期研究成果。

项目负责人（签章）：

年　　月　　日

一、主编及参编情况

<table>
<tr><td>主编姓名</td><td></td><td>职称</td><td></td><td>手机</td><td></td></tr>
<tr><td>电话</td><td></td><td>E-mail</td><td colspan="3"></td></tr>
<tr><td rowspan="7">参编人员情况</td><td>姓名</td><td colspan="2">职称</td><td colspan="2">联系方式</td></tr>
<tr><td></td><td colspan="2"></td><td colspan="2"></td></tr>
<tr><td></td><td colspan="2"></td><td colspan="2"></td></tr>
<tr><td></td><td colspan="2"></td><td colspan="2"></td></tr>
<tr><td></td><td colspan="2"></td><td colspan="2"></td></tr>
<tr><td></td><td colspan="2"></td><td colspan="2"></td></tr>
<tr><td></td><td colspan="2"></td><td colspan="2"></td></tr>
<tr><td>联系人</td><td></td><td colspan="2">手机</td><td colspan="2"></td></tr>
<tr><td colspan="6">编著者在教学、科研等方面的主要业绩</td></tr>
</table>

二、教材建设项目基本情况（教材项目填写本项）

<table>
<tr><td>课程名称</td><td colspan="2"></td><td>课程编码</td><td></td></tr>
<tr><td>课程类型</td><td colspan="4">公共类课 □ 基础类课 □ 前沿交叉类课 □
素养类课 □ 专业类课 □ 实践类课 □</td></tr>
<tr><td>首开课时间</td><td></td><td>学分</td><td colspan="2"></td></tr>
<tr><td rowspan="6">近三年开课情况</td><td>学年学期</td><td>教学班数</td><td colspan="2">选课人数</td></tr>
<tr><td></td><td></td><td colspan="2"></td></tr>
<tr><td></td><td></td><td colspan="2"></td></tr>
<tr><td></td><td></td><td colspan="2"></td></tr>
<tr><td></td><td></td><td colspan="2"></td></tr>
<tr><td></td><td></td><td colspan="2"></td></tr>
<tr><td>教材名称</td><td colspan="4"></td></tr>
<tr><td>适用专业</td><td colspan="4"></td></tr>
<tr><td>教材形式</td><td colspan="4">文字 □ 文字＋电子 □ 电子教材 □ 数字化教材 □</td></tr>
<tr><td>新编或修订</td><td colspan="2"></td><td>预计字数</td><td></td></tr>
<tr><td>启动时间</td><td colspan="2"></td><td>交稿时间</td><td></td></tr>
<tr><td colspan="3">是否承担国家级教材编写立项项目</td><td colspan="2">是 □ 否 □</td></tr>
<tr><td>意向出版社</td><td colspan="4"></td></tr>
</table>

三、专著建设项目基本情况（专著项目填写本项）

专著名称			
专业/领域			
可用于课程辅助教学	是 □ 否 □	预计字数	
启动时间		交稿时间	
是否承担国家级专著编著立项项目		是□ 否□	
意向出版社			

四、项目立项的依据和建设内容

1. 项目建设的必要性、意义与作用，与国内外同类相比有特点或特色

2. 主要建设内容（含编写大纲）

五、经费预算

经费类别	预算出版费用（万元）	申请学校资助经费（万元）	自筹经费（万元）
出版费			

六、审核意见

培养单位推荐意见   （签章） 年 月 日
评审专家组意见   专家组长签字： 年 月 日
研究生院审批意见   （签章） 年 月 日

第三部分　创新实践

一、专业学位研究生创新实践能力培养的内涵

专业学位研究生教育是兼具实践性和职业导向的高层次教育形式①。创新实践能力的培养是全日制专业学位研究生培养的重要任务。不同于学术型学位研究生培养偏重理论和学术研究，全日制专业学位培养以专业实践为导向，重视实践与应用，要求更加注重学术理论学习与具体实践相结合②。创新实践能力作为专业学位研究生教育的核心目标，是衡量专业学位研究生个体发展水平的重要维度，也是反映及评估专业学位研究生教育质量的关键指标③。

二、专业学位研究生创新实践能力培养的现实意义

1. 研究生创新实践能力培养是深化研究生教育教学改革、培养创新型人才的必然要求

长期以来，我国研究生在培养过程中过于侧重理论知识的学习，对创新实践能力的培养重视不够，这导致研究生参与实践主动性不高、参与实践效果不明显，且未能形成实践育人的合力，培养出来的研究生创新实践和适应社会的能力较弱，与复合型、实用型、创新型人才的培养目标有一定差距，难以满足社会经济发展和国际竞争对研究生人才培养规格的要求。加强专业学位研究生实践创新能力的培养，无论从社会发展、人才培养及个人成长方面都具有十分重要的意义④。基于此，党和国家陆续颁布了《关于进一步加强高校实践育人工作的若干意见》（教思政〔2012〕1号）、《教育部 国家发展改革委 财政部关于深化研究生教育改革的意见》（教研〔2013〕1号）等一系列文件，以期进一步凸显研究生实践育人地位、深化实践育人改革、构建研究生实践育人长效机制，提升研究生的创新实践能力。

---

① 张淑林，钱亚林，裴旭，等. 产教融合标尺下我国工程硕士联合培养的现实审视与推进路径——基于全国108家联合培养基地的实证分析[J]. 中国高教研究，2019（3）.

② 教育部关于做好全日制硕士专业学位研究生培养工作的若干意见. 教研〔2009〕1号.

③ 邵光华，魏侨. 教育硕士专业学位研究生实践能力培养改革探索[J]. 学位与研究生教育，2019（10）.

④ 耿红卫. 高校专业学位研究生科研创新能力的培养研究[J]. 湖北科技学院学报，2021，41（3）：125-128+138.

2. 研究生创新实践能力培养是优化研究生培养方案、提高实践育人成效的内在要求

在进行研究生教育改革时，培养方案的优化和调整是关键，而作为研究生培养方案重要组成部分的实践育人环节，也随着社会对研究生培养要求的变化而不断改变。在新时代“育人为本、德育为先”的背景下，为培养德智体美劳全面发展的社会主义建设者和接班人，国家进一步加强和改进了研究生的思想政治教育，提出要将“思想政治理论课教学要与社会实践相结合，积极引导研究生在实践中进一步加深对思想政治理论课教学内容的理解，不断提高运用马克思主义立场观点方法分析和解决问题的能力。要强化研究生实践教育环节，将社会实践纳入研究生培养方案，作为研究生培养的必要环节，做到有计划、有规范、有考核，形成长效机制”①。因此，开展研究生创新实践教育是优化研究生培养方案、加强和改进研究生思想政治教育工作、培养高素质的创新型人才的内在要求。

3. 研究生创新实践能力培养是促进研究生全面发展、增强社会适应能力的现实要求

研究生社会化是指“研究生在与他人相处、与社会发生联系的过程中，不断学习社会规范、生活技能，不断适应社会、融入社会，同时又不断发挥积极作用，通过社会经验的积累和自我完善而推动社会和谐发展”②。党和国家培养研究生的目的也在于充分发挥所学知识来建设国家、服务社会。创新实践能力培养是实现这一目的的有效途径，因此，高校亟须通过创新实践能力培养，引导研究生将所学知识有效应用于实践，增强研究生社会适应能力，促进研究生全面发展。

三、专业学位研究生创新实践能力培养路径

（一）构建以“创新实践”为主的培养模式

实践创新能力培养需要着力解决培养方案和课程体系设置、导师团队建设、学术氛围营造、教学方法改革、实践平台建设、考核评价体系建设等若干问题③。学校实践环节和企业（行业）创新环境对研究生创新能力培养具有重要作用④。

部分国内外学者通过对专业学位研究生培养过程中的学生社交，教学资本，人力资源，审核认证⑤，教育课程教学，学校与公共机构的合作交流⑥⑦，专业实践基地建设，案例教学

① http://www.moe.gov.cn/srcsite/A12/moe_1407/s6875/201011/t20101117_142974.html.

② 石泽平，邹绍清.构建研究生实践育人长效机制的现实意义及路径[J]. 教师教育学报，2016，3（1）：102-109.

③ 王海邻，齐永安，贺玉晓. 地质工程专业学位研究生实践创新能力培养的探索与思考[J]. 教育教学论坛，2020（40）：182-183.

④ 邹艳，石华梅，周娜.专业学位研究生创新能力影响因素分析[J]. 科教文汇（中旬刊），2018（01）：42-44.

⑤ 刘润泽，马万里，樊文强.产教融合对专业学位研究生实践能力影响的路径分析[J]. 中国高教研究，2021（3）：89-94.

⑥ Solomn Hoberman, Sidney Mailick. Professional Educationinthe UnitedStates[M]. Connecticut: Praeger Publishers, 2014.

⑦ Gholamreza M, Esmail K. Factors in fluencing practical training quality in Iranian agricultural higher education[J]. Journal of HigherEducation Policyand Management, 2016, 38(2): 183-195.

讲座[①-②]，双导师制度[③]，专业实践过程管理机制及考核指标体系[④]以及竞赛[⑤]等因素对学生实践能力的理论和实证分析，探究了专业学位研究生实践能力影响的路径。为了提高专业学位研究生的实践能力，扬州大学水利科学与工程学院构建了专业学位研究生“三三三”培养模式，该培养模式以案例化教学为基础，形成校内外实践能力培养闭环体系，着重培养学生的创新实践能力[⑥]。崔显青以哈尔滨师范大学全日制教育硕士的培养为例，研究指出哈尔滨师范大学针对学生缺乏教育教学实践经验的情况，探索构建了实践性课程设置、实践基地建设、实践导师配备、实践能力评价及实践能力实现的质量保障管理体制建立的“五位一体”教育教学实践能力培养模式[⑦]。

（二）构建产教融合的培养模式

专业学位研究生培养是一种产学研相结合的培养模式，需要企业在联合培养基地共同指导研究生，全方位参与，提高研究生的实践能力和综合素质[⑧]。学者们也都相继研究探讨了专业学位研究生实践基地创新建设模式[⑨]，教学实践基地保障体系和运行机制[⑩]。有代表性的是张季如以建筑与土木工程领域专业学位研究生的培养实践为例总结了校企合作在师资建设、培养方式改革、课程建设、实践教学和基地建设、培养过程监控与质量评估等方面形成的经验和实践效果[⑪]。南京农业大学在养殖领域专业学位研究生实践基地建设的方面，探索了与企业联合申报研究生工作站、合作开展科技研究，与企业联合办班培养研究生或为企业订单式培养研究生等模式，对实践基地建设中存在的问题进行了破解[⑫]。

专业学位研究生明确的专业性和定向性要求培养过程高度重视实践教学，培养教学实践能力。在专业学位研究生培养方式中，中外学者都重视产学研培养方式，国内外不同的学者

① TIESSEN R. Improving student reflection in experiential learning reportsin post-secondary in stitutions[J]. Journal of Education and Learning, 2018(3): 1-10.

② 周珂，赵志毅，李虹.“学科交叉、产教融合”工程能力培养模式探索[J]. 高等工程教育研究，2019（3）.

③ 石卫林，惠文婕. 校企双导师制更有助提高全日制专硕生职业能力吗[J]. 中国高教研究，2018（10）.

④ 吴瑾，赵新铭.全日制专业学位硕士研究生实践能力培养体系研究[J]. 高等建筑教育，2014，23（2）：23-25.

⑤ 谢本亮，陈勃，谢志勇.“赛学制”与全日制教育硕士研究生教学实践能力培养[J]. 学位与研究生教育，2017（10）.

⑥ 石丽建，成立，金燕，杨帆. 专业学位研究生实践能力培养模式探讨——以扬州大学水利学院为例[J]. 科教导刊，2021（2）：43-44.

⑦ 崔显青，郭长虹. 专业学位研究生实践能力培养模式构建与实践——以哈尔滨师范大学全日制教育硕士为例[J]. 黑龙江高教研究，2014（9）：143-145.

⑧ 张季如，陈伟，胡泳. 全日制专业学位研究生校企合作培养模式研究[J]. 高等建筑教育，2016，25（2）：48－52.

⑨ 陈艺晖，林河通，林艺芬，王慧，范中奇. 专业学位研究生实践基地创新建设模式研究——以福建农林大学农业硕士食品加工与安全领域为例[J]. 安徽农业科学，2020，48（24）：268-269+272.

⑩ 陈铖，刘忠. 专业学位研究生教学实践基地保障体系和运行机制探讨[J]. 中国培训，2016（12）：10-12.

⑪ 张季如，陈伟，胡泳. 全日制专业学位研究生校企合作培养模式研究[J]. 高等建筑教育，2016，25（2）：48-52.

⑫ 林桂娟，於朝梅，王恬. 专业学位研究生实践基地建设模式研究[J]. 中国农业教育，2012（1）：50-52+96.

和单位均提出要加强产学研的合作，加强学校和用人单位之间的合作①②③④⑤。实践环节是专业学位硕士培养的重要环节，德国自应用科学大学成立之初就一直强调企业研发实践与专业知识相结合对于应用型人才培养的意义，其双元制应用型硕士培养就以应用研究来引领教学⑥。国内外关于培养专业学位硕士培养模式的探讨都注重实践环节⑦。部分学者从人才培养的体制机制出发来探讨专业学位研究生培养的实践创新⑧。其他国内外学者以一些学校专业学位研究生的实际培养为例来强调实践环节在专业学位研究生培养过程中的重大作用，特别是部分国外学者通过大量文章的检测数据证明了实践的有效性⑨⑩。

四、我校专业学位研究生创新实践情况

西南交通大学围绕以“研”为中心，开展研究生培养方案顶层设计，重点解决专业学位研究生“重分数，轻能力”“重理论，轻实践”“重学术，轻应用”的问题，通过真实环境、实际项目、海外拓展等方式，着力打造多元化、立体式的专业学位研究生实践管理体系，创造专业学位研究生发现并解决实际工程中科学问题的思维能力的培养条件，致力于为关键核心技术攻关、国家重大战略工程提供高端人才支撑。

我校现已形成了系统性的文件体系，出台了《西南交通大学关于全日制硕士专业学位研究生实习实践的指导意见》（西交校研〔2021〕43 号），将实习实践作为专业学位研究生培养环节中必不可少的重要环节，形成了制度上的有效保障。

（一）建立了“体系化、阵地化”实践基地

我校构建了两级（学校、学院）、三维度（校内、校外、海外）的多元化、立体式专业学位研究生实践管理体系。构建以实际工程项目和国家级、省部级实验室为依托的校内实践基地、以优质企业为依托的校外实践基地和以海外工程为支撑的海外实践项目。

1. 校内实践基地

我校现有校级校内实践基地 15 个，研究生专业实践异地管理平台 2 个。实践基地以校

① 胡小唐. 校企合作培养工程硕士的创新与实践[J]. 学位与研究生教育，2010，（9）：15-16.
② 北京大学医学部. 北京大学采取“3+2”方式培养临床医学专业学位研究生[J]. 学位与研究生教育，2006，（1）：12.
③ 邓光平. 美国行业组织与专业学位教育的质量保障[J]. 高等教育研究，2010，（7）：77-79.
④ Laura E. Schulte, Robert D. Brown, Steven L. Wise.The Development and Validation of the Ethical Climate Index for Graduate and Professional School Programs[J]. Research in Higher Education, 1991, 32(4): 479-498.
⑤ Susan Holland Synthesis. A Lifelong Learning Framework for Graduate Attributes Lifelong Learning Book Series[J]. Graduate Attributes, Learningand Employability, 2010, (6): 267-307.
⑥ 史秋衡，陈志伟. 德国双元制应用型硕士培养机制探究[J]. 国家教育行政学院学报，2016（4）：3-11.
⑦ 杨震. 国内外专业学位硕士研究生培养模式研究比较[J]. 湖南师范大学教育科学报，2013，12（2）：93-97.
⑧ 王大中. 工程硕士专业学位教育机制的创新与实践[J]. 中国高教研究，2005，（11）：22.
⑨ LeonMcDougle, BrianE.Mavis. Academicand ProfessionalCareer Outcomesof Medical School Graduates WhoFailedUSMLEStep1ontheFirstAttempt[J]. Advancesin Health Sciences Education, 2011, (4): 551-568.
⑩ Thad R. Leffing well, Frank L. Collins Graduate Trainingin Evidence-Based Practicein Psychology[J]. Clinical Child Psychology, 2008,(3): 551-568.

内导师的研究项目为主要载体，以校内的国家级、省部级科研实验室作为独立的第三方机构进行实践管理、评价认证。设立专人从项目发布、学生招募、过程监督以及最后的认证答辩进行严格的管理。

2. 校外实践基地

我校校外实践基地根据国内各区域经济发展、行业发展的规律和学校专业特点，进行专业学位研究生校外实践基地布局。校外实践基地以实际工程项目、技术攻关项目为依托，建立了以企业、科研院所、政府科技平台技术骨干、专家为主的企业导师队伍，选派研究生到实地开展工程应用创新能力的联合培养，提升专业学位研究生解决实际问题的能力。

3. 海外实践基地

作为专业学位研究生实践的一个有效补充，以企业海外工程项目、海外研发公司为依托，在海外现场开展专业学位研究生跨文化交流能力、国际工程建设胜任力的培养。

（二）建设成效

实践基地的建设与管理对学校研究生培养质量提升起到了极大的促进作用，在人才培养、创新能力、平台建设等方面取得丰硕的成果。

1. 立德树人成效明显

学校落实立德树人根本任务，坚持思政引领，强化工程专业知识与思政元素的融合，将思政元素融入专业核心课程教学与实习实践各个环节，“高等土力学”获评国家级课程思政示范课程，授课教师入选课程思政教学名师和教学团队。打造全国首个以交通工程为主线的“工程伦理”课程，入选国家精品在线课程，首次以慕课的课程形式建设了包括“科学家精神”“两路精神”“‘两弹一星’精神”等7种精神在内的爱国思政课“中国精神”，受到50余家主流媒体的广泛关注。2017年以来，涌现出了一批以全国五一劳动奖章获得者、全国高校百名研究生党员标兵为代表的德才兼备的高层次拔尖人才。

2. 研究生创新能力提升显著

工程类研究生创新能力培养成效显著，创新成果不断涌现，成果的数量和质量呈逐年上升的趋势。近年来，工程类研究生发表高水平论文4456篇，参与专利1023项，获得省部级以上竞赛奖励671项，其中国家级特等奖1项、一等奖21项、二等奖69项，省部级特等奖2项、一等奖119项、二等奖190项。研究生获一级学会优秀学位论文10篇，材料科学与工程专业博士研究生杨倩、田馨分别在国际顶级学术期刊 *Science* 和 *Nature* 发表文章，实现学校历史上国际三大顶级期刊“零的突破”。王波、戚广枫、陈海锋三名研究生分别获评“工程硕士实习实践优秀成果”“做出突出贡献的工程硕士学位”。

3. 课程建设富含工程特色

强化创新实践能力培养，打造多元化的“工程+特色”课程菜单。重点建设了以国家级在线精品课程为代表的慕课课程 22 门、以文本、视频等多种形式相结合的案例库课程 12 门、“工程+”复合型课程 2 门、开设“企业技术前沿”专题讲座，形成了以创新能力提升为核心，工程特色鲜明的研究生实践教学资源体系。

4. 实践平台建设成绩突出

以“校内科研项目+校外企业项目”为主线，搭建了研究生创新能力提升的实践平台，对内联合学校的国家级、省部级实验室建立了 15 个校内实践基地，通过基地的研发项目强化研究生学术规范、提升科学思维能力。与政府、企业、第三方平台等单位共建有计划、有导师指导、有项目支撑、有经费保障的“四有”研究生校外实践基地 70 余家，其中国家级示范性培养实践基地 2 个，校级基地 34 家，院级基地 40 余家，为研究生工程实践能力和科研创新能力锻炼提供了优质平台，为培养高质量的专业学位研究生提供了强有力的支撑。

五、专业学位研究生实习实践质量保障文件体系

文件类型	文件标题	文件编号	附录编号
管理办法	西南交通大学关于全日制硕士专业学位研究生实习实践的指导意见	XJYZB-4111	4-11
表格模板	研究生实践项目申请表	XJYZB-4612	4-12
	西南交通大学全日制硕士专业学位研究生专业实践记录表	XJYZB-4613	4-13

六、附　录

附录 4-11　西南交通大学关于全日制硕士专业学位研究生实习实践的指导意见

编号	XJYZB-4111

西南交通大学
关于全日制硕士专业
学位研究生实习实践的指导意见

第一章　总　则

第一条　根据《教育部关于做好全日制硕士专业学位研究生培养工作的若干意见》（教研〔2009〕1 号）文件要求，深入贯彻落实全国研究生教育会议和《专业学位研究生教育发展方案（2020—2025）》精神，以及我校《全日制硕士专业学位研究生培养方案》的总体要求，进一步规范实践教学，确保硕士专业学位研究生专业实践质量，结合我校具体情况，特制定本指导意见。

第二章　实践基地设立与管理

第二条　硕士专业学位研究生实践基地是我校与校内二级单位、企业、科研机构、行业、社会组织、党政机关（以下简称合作单位）共同建立的人才培养平台，是学校开展校企联合培养以及硕士专业学位研究生开展专业实践的主要载体。

第三条　校外实践基地由学校与合作单位协商共同建立，校内实践基地以项目申报方式立项设立。依据合作单位条件、可接收的专业类别和研究生数量，实践基地分为校级和院级两类。实践基地命名为“西南交通大学研究生创新实践基地”，由学校统一挂牌。

第四条　校外实践基地合作单位应符合以下条件：

（一）在国家、区域或行业内具有重要影响力，能够满足硕士专业学位研究生培养方案的要求。

（二）拥有足够数量的高素质、高水平的行业（企业）指导教师，保证硕士专业学位研究生进行专业实践。同时配备专（兼）职管理人员，对研究生进行日常管理。

（三）具有长期稳定合作培养研究生和拓展合作范围的潜力，能够稳定提供硕士专业学位研究生专业实践必需的科研合作项目，保证长期稳定地规范和有效运作。

（四）具备研究生生活、学习、工作所需的基本条件，具有劳动保护和卫生安全等保障，建立安全管理机制，保证研究生专业实践过程中的人身安全。

第五条　校外实践基地的设立程序：

（一）各培养单位根据实际需求和现有科研合作基础，对拟设联合培养基地进行初步考查与论证，并与合作单位进行协商，洽谈有关专业实践事项，达成建立研究生联合培养基地的初步意向。

（二）填写《西南交通大学研究生联合培养基地建设申报表》，经培养单位分管领导签字同意后报研究生院审批。

（三）经批准设立的校级研究生联合培养基地，由研究生院与合作单位正式签订“西南交通大学研究生联合培养基地协议书”（以下简称“协议书”）。院级研究生联合培养基地，“协议书”由二级单位与合作单位签订，报研究生院备案。

第六条 校内实践基地经自主申报，所在单位同意，研究生院组织专家评审，择优设立。

第七条 实践基地应全面履行各项管理职责：

（一）成立实践基地建设领导小组，由单位负责人、学科带头人等相关人员担任组长，思政教育与专业实践工作协同开展。

（二）制订实践基地相关管理制度和办法。

（三）加强研究生在实践基地期间的思想政治教育工作。

（四）评估检查实践基地的建设与运行。

（五）负责专业实践研究生的选拔、考核等各项工作。

第八条 各实践基地建设领导小组应及时掌握实践基地的情况，对于没有在提高研究生教育质量、尤其没有在加强研究生实践能力培养方面发挥应有作用的实践基地，采取相应的整改措施。

第九条 校内培养单位应与校外合作单位确定的人员成立“协调工作小组”，负责落实专业实践活动计划、安排实践指导教师、完成专业实践考核等具体工作。

第十条 实践基地合作单位要加强基地管理，高度重视入驻研究生的思想政治、心理健康和人身安全等工作。实践基地校外导师应与校内导师共同制定研究生专业实践计划，指导研究生按计划完成各项工作任务，关心研究生在基地期间的生活、学习和工作，发现问题及时与校内导师沟通。

第十一条 培养单位应在研究生派出前一周到研究生院备案，提供参加实践研究生的相关信息。

第三章　实践基地考核

第十二条 实践基地开展建设自评工作，并向研究生院报送自评总结报告。研究生院组织专家进行年度考核，考核结论分为：优秀、合格、整改。其中考核结论为“整改”的实践基地，须进行为期一年的整改，并参加下一年度的考核，若再次考核后仍未合格，予以撤销。

第十三条 考核结论为优秀的实践基地，学校将优先推荐参加省级基地、国家级示范基地的评选。

第四章　专业实践要求

第十四条 硕士专业学位研究生入学一年并完成个人培养计划中的课程学习后，需进入专业实践阶段，如有特殊情况以书面形式提出申请，经培养单位审批通过后可提前或延后进行专业实践。

第十五条 硕士专业学位研究生原则上必须进入在学校备案的实践基地，参加不少于六个月的专业实践，实践时间原则上最长不超过一年。实践结束考核通过的，可获得相应学分。未在学校备案的实践基地进行实践，原则上不可获得相应学分。

第十六条　专业实践按照“集中实践与分段实践”相结合、“校内实践与校外实践”相结合、“专业实践与学位论文工作”相结合的方式开展。专业实践一般依托实践基地和合作单位提供的研究项目或实践岗位进行。

第五章　专业实践组织保障

第十七条　研究生的实践环节由各培养单位落实和实施，培养单位须成立硕士专业学位研究生专业实践工作领导小组，全面指导开展专业实践各项工作（含党建与思政工作），指定专人负责具体管理工作。

第十八条　各培养单位应结合所属专业学位类别/领域特点，制订本培养单位专业实践管理办法，对专业实践项目、内容、组织、管理和考核等做出规定。加强专业实践的安全管理工作，明确职责分工，落实责任主体，保障研究生在专业实践过程中的人身安全与健康。

第十九条　各培养单位要加强研究生专业实践期间的党建与思想政治教育工作。在同一基地（单位）或相近区域进行专业实践的研究生如达到一定的规模，要因地制宜建立临时党团班组织，常态化开展相关教育和活动。

第二十条　实行校内导师与实践导师“双导师制”，校内导师与实践导师共同制定个性化的专业实践计划。校内导师要关注研究生专业实践期间工作、生活、思想、心理等方面动态，关心支持研究生顺利完成实践环节。实践导师一般来自实践基地或合作单位，负责属地教育管理工作，指导研究生开展专业实践活动。

第六章　专业实践申请及考核

第二十一条　研究生院定期在研究生教育管理信息系统发布实践岗位招募信息，研究生应于第一学年的第二学期结束前，在系统内选择符合报名条件的项目，经导师审核同意后，提交上报。

第二十二条　培养单位协同实践基地开展实践选拔、录取工作。

第二十三条　专业实践结束后三周内，研究生登录研究生教育管理信息系统，提交《西南交通大学硕士专业学位研究生专业实践材料》及不少于 5000 字的专业实践总结报告。

第二十四条　考核方式

培养单位协同实践基地成立研究生实践环节考核小组，一般应采取集中答辩等形式，由学生本人汇报专业实践工作或展示个人的实物成果。考核小组应根据研究生的实践工作量、综合表现及实践基地的反馈意见等，按“通过和不通过”二级制评定成绩并录入系统。

第二十五条 考核结果

（一）考核通过的研究生可获得专业实践学分。

（二）考核通过者方能申请学位论文答辩，未参加专业实践或专业实践考核不通过者，不能进行学位论文答辩。

（三）专业实践考核未通过者，研究生本人可向所在实践基地提出书面申请，实践基地批准后，可重新或补充进行专业实践。

第二十六条 研究生在专业实践期间有以下情形之一的，考核等级为“不通过”：

（一）违反科研诚信和学术道德。

（二）专业实践不认真，未完成专业实践活动。

（三）违反学校、实践基地或其他实践单位的有关规章制度，造成严重不良后果。

（四）其他违法违纪行为等。

第七章　专业实践纪律要求

第二十七条 研究生在进行专业实践期间须遵守以下纪律：

（一）研究生在专业实践期间应严格遵守学校、实践基地、合作单位的规章制度，服从导师组安排。做好专业实践有关工作笔记，定期向导师组汇报工作进展和思想情况等，并与培养单位签订《专业实践安全责任书》。

（二）研究生在实践期间如有特殊情况需请假，应以书面形式提出申请，经实践指导教师同意后，请假生效。请假时间超过一周的，需报校内导师和所在培养单位备案。累计缺勤时间（包含请假时间）超过规定实践时间三分之一（含）者，不能参加实践考核。

（三）参加专业实践的研究生不得以任何方式或理由干扰实践成绩的评定工作，违者实践成绩按不通过处理。

第八章　专业实践安全管理

第二十八条 硕士专业学位研究生进入校外实践基地参加专业实践的安全管理工作由学校与合作单位共同负责，各培养单位与合作单位负责具体实施与管理。

第二十九条 培养单位职责

（一）培养单位要结合实际制定本单位研究生外出安全管理规定，明确培养单位领导、研究生导师与辅导员的工作职责。

（二）培养单位应与参加专业实践的研究生及指导教师保持联系，定期与参加专业实践的研究生进行交流，实时掌握研究生的状况，确保出现突发事故时能够迅速妥善处理，并按规定及时上报，不得瞒报、迟报、漏报。

第三十条　实践基地职责

（一）实践基地的安全责任以双方协议形式进行约定。

（二）校外实践基地须做好学生食宿的安全管理。

（三）实践基地要严格执行实践纪律要求，学生有事外出必须向实践指导教师请假并获得批准，否则不允许外出。

（四）实践基地须实时掌握学生的身体健康等情况，对不适合继续进行专业实践的研究生，应及时停止其实践活动，并及时与培养单位或学校联系。

（五）实践基地应对研究生进行岗前培训，保证研究生专业实践操作过程中的人身安全。

第三十一条　研究生个人安全纪律要求

（一）研究生参加专业实践期间必须遵守国家的法律、法规，因违反法律、法规造成的一切后果由研究生本人负责。

（二）研究生参加专业实践期间，必须遵守实践基地的相关管理规定，因违反实践基地管理规定而出现意外的，由研究生本人负责。

（三）专业实践期间，研究生应主动与校内导师保持联系，每周至少联系一次，及时报告相关情况。

（四）研究生外出期间如果发生人身意外伤害等突发事故，要保持冷静，采取积极有效的处理措施，并及时向当地公安机关和学校报告。

（五）参加校外专业实践的研究生必须与培养单位签订《专业实践安全责任书》，各培养单位有权拒绝未签订《专业实践安全责任书》的学生参加校外专业实践。

第三十二条　事故处理

（一）研究生专业实践期间出现事故的责任，应根据具体情况依法确定。

（二）与专业实践无关的个人行为造成事故的，责任由研究生本人承担。

（三）研究生专业实践期间如违反国家法律法规、社会公共行为准则、学校、合作单位的规章制度等，除研究生本人依法承担责任外，学校也将按相关规定对研究生进行处理。

（四）研究生专业实践期间如发生事故，研究生或研究生家长可与学校、合作单位通过协商或法律诉讼方式解决。

第九章　附　则

第三十三条　本办法自公布之日起执行，由研究生院负责解释。

附录 4-12　研究生实践项目申请表

编号	XJYZB-4612

研究生实践项目申请表

研究生实践项目申请表

<table>
<tr><td>姓　名</td><td></td><td>学　号</td><td></td><td>性　别</td><td></td></tr>
<tr><td>院　系</td><td></td><td>专　业</td><td></td><td>政治面貌</td><td></td></tr>
<tr><td>类　别</td><td colspan="3">专业型/学术型</td><td>QQ 号</td><td></td></tr>
<tr><td>电子邮箱</td><td colspan="3"></td><td>手机号</td><td></td></tr>
<tr><td>身份证号</td><td colspan="2"></td><td colspan="2">研究方向</td><td></td></tr>
<tr><td>校内导师</td><td colspan="2"></td><td colspan="2">导师联系方式</td><td></td></tr>
<tr><td>校内导师
研究方向</td><td colspan="5"></td></tr>
<tr><td>申请实践基地名称、项目名称</td><td colspan="5"></td></tr>
<tr><td colspan="6">本人承诺实践期间遵守联合培养基地及学校相关规定及操作流程；遵守保密规定，按期完成实践项目，未经实践单位及学院同意不得提前结束实践。
本人签字：
年　　月　　日</td></tr>
<tr><td>实践起止
时间</td><td colspan="5">自　　年　　月　　　　至　　年　　月</td></tr>
<tr><td colspan="6">实践计划：
说明：研究生专业实践应由校内导师按照所属的专业学位类别培养方案的要求，根据因材施教的原则，结合专业学位研究生本人的特点，全面考虑，合理安排，指导研究生制订个人实践计划，对其实践目标、内容、方法等要求和进度做出计划和安排。</td></tr>
<tr><td colspan="6">校内导师意见：
导师签字：
年　　月　　日</td></tr>
<tr><td colspan="6">学院意见：
年　　月　　日</td></tr>
</table>

附录 4-13　西南交通大学全日制硕士专业学位研究生专业实践记录表

编号	XJYZB-4613

西南交通大学全日制硕士专业学位研究生专业实践记录表

西南交通大学
全日制硕士专业学位研究生专业实践记录表

姓　　名：________________

学　　号：________________

专业领域：________________

学　　院：________________

报告题目：________________

校内导师：________________

基地导师：________________

基地名称：________________

填表日期：________________

研究生院制

填表说明

1. 本表是全日制硕士专业学位研究生“专业实践”环节用表。

2. 参加实践的研究生必须与学院签订《专业实践安全责任书》，各学院有权拒绝未签订《专业实践安全责任书》的学生参加校外专业实践。《专业实践安全责任书》需经学生本人签字确认，并在实践开始前交至各学院后，方可开展专业实践。

3. 研究生专业实践应由校内导师按照所属的专业学位类别培养方案的要求，根据因材施教的原则，结合专业学位研究生本人的特点，全面考虑，合理安排，指导研究生制订个人实践计划，对其实践目标、内容、方法等要求和进度作出计划和安排。实践计划应在第二学期结束两周前，由校内导师、基地导师与研究生共同制定，并由校内导师和学院负责人签署意见。

4. 实践计划一旦确定就应认真遵照执行，无特殊原因，原则上不予更改。因特殊情况确需更改者，应在每学期开学两周内提出书面修改计划申请，经导师和学院同意后方能执行。

5. 研究生完成实践环节的所有要求后，填写“实践登记”“实践总结”（不少于5000字），交由实践基地。实践基地组织集中答辩，并结合实践期间综合表现，按二级制给出评分，研究生院对成绩进行评定。

6. 研究生在完成实践后两周内将此表纸质版拍照，制成PDF电子版文档，以“学号+专业实践”命名，提交至实践基地存档，并登录研究生院首页系统登录入口，在“学生实践总结申请”模块提交。此表的纸质版原件由研究生自行留存。

7. 每学期院校两级督导组将对存档资料进行抽查。纳入抽查名单的硕士研究生须按要求提交纸质版的资料。

8. 表格填写和打印要求：宋体五号，单倍行距，A4纸双面打印。

西南交通大学专业学位研究生参加专业实践
安 全 责 任 书

专业实践是全日制硕士专业学位研究生教学中的重要环节，是培养研究生具有较强解决实际问题能力，能够承担专业技术或管理工作，具有独立工作能力的重要途径。为使专业实践达到预期目的，保证专业实践能够顺利地进行，针对目前的社会治安和交通安全情况，学校和学生在安全责任方面达成下列共识，并签订以下安全责任书：

1. 此次安全责任的主体是学生本人。

2. 学生在专业实践过程中，要服从实践单位的安全管理规定，严格遵守《西南交通大学全日制硕士专业学位研究生实践安全管理办法（试行）》的有关规定。

3. 学生必须遵守国家法律和校纪校规，遵守实习纪律，团结互助，不做有损大学生形象的事。若发生打架斗殴等事件，将按校纪校规严肃处理。

4. 在专业实践过程中，严禁下江、河、湖泊、水塘等游泳，严禁带火种上山，严禁酗酒，严禁乘坐无保险的私人营运车辆。

5. 专业实践期间，未经批准，不得擅自离开实践单位从事任何与专业实践无关的活动。

6. 参加专业实践的学生，要定期向实践指导教师汇报专业实践情况，发生特殊问题应随时报告，不得拖延；自己联系实践单位的学生，应定期向学院汇报专业实践情况。

以上条款学生应全面遵照执行，学生所在学院负责检查、落实。学生违反上述规定，所造成的后果和损失（包括人身伤害事故），由学生本人负责，学校不承担任何法律和经济责任。此安全责任书需经学生本人签字确认，在开展实践前交各学院保留备查。

学生签名：

年　　月　　日

一、研究生基本资料

<table>
<tr><td colspan="2">姓　名</td><td></td><td>性别</td><td></td><td>出生
年月日</td><td></td><td>民族</td><td></td><td>政治
面貌</td><td></td></tr>
<tr><td colspan="2">专业领域</td><td colspan="3"></td><td colspan="2">研究方向</td><td colspan="4"></td></tr>
<tr><td colspan="2">电子邮箱</td><td colspan="3"></td><td>QQ 号码</td><td colspan="2"></td><td>手机号码</td><td colspan="2"></td></tr>
<tr><td colspan="2">紧急联系人</td><td colspan="2"></td><td colspan="2">与本人关系</td><td></td><td colspan="2">紧急联系人电话</td><td colspan="2"></td></tr>
<tr><td rowspan="3">指导教师</td><td></td><td>姓名</td><td>职称</td><td colspan="3">主要从事的专业与研究领域</td><td colspan="2">所在工作单位</td><td colspan="2">联系方式（手机、座机）</td></tr>
<tr><td>校内导师</td><td></td><td></td><td colspan="3"></td><td colspan="2"></td><td colspan="2"></td></tr>
<tr><td>基地导师</td><td></td><td></td><td colspan="3"></td><td colspan="2"></td><td colspan="2"></td></tr>
</table>

二、实践计划

<table>
<tr><td>实践基地名称</td><td>实践项目名称</td><td>实践地点</td><td>实践起止时间</td></tr>
<tr><td></td><td></td><td></td><td>年　月　日— 年　月　日</td></tr>
<tr><td colspan="4">1. 拟实践方向
2. 实践的目的及意义
3. 实践拟定目标
4. 实践进度安排</td></tr>
<tr><td>导师意见</td><td colspan="3">签名：
年　　月　　日</td></tr>
<tr><td>学院意见</td><td colspan="3">签名（公章）：
年　　月　　日</td></tr>
</table>

三、实践登记

时间	地点	内容	备注
总计	实践学时 小时 实践时长 月		

说明：实践学时最低不低于80，实践时长不低于6个月，导师（组）可根据研究生的实际情况和实践项目酌情增加学时。

四、实践总结（不少于 5000 字）

1. 实践目标达成情况 2. 实践主要内容 3. 实践方法 3. 实践计划执行情况 4. 实践主要成果（证明材料作为附件提供） 5. 附件材料清单

五、专业学位研究生个人专业实践进度评价（基地或基地导师勾选“√”）

评价选项 参评内容	优秀	良好	及格	不及格	评价意见
实践执行情况与计划符合度					
实践进度真实性评价					
实践成果有效性评价					
实践过程个人表现					
实践报告撰写情况					

六、实践评审

<table>
<tr><td colspan="3">基地导师意见：

签名：

年　　月　　日</td></tr>
<tr><td rowspan="2">专业实践成绩
（基地导师勾选）</td><td colspan="2">成绩记录（√）</td></tr>
<tr><td>通过（　）</td><td>不通过（　）</td></tr>
<tr><td colspan="3">实践基地意见：　　结论为　通过（　）　不通过（　）

盖　章

年　　月　　日</td></tr>
</table>

第四部分　学术素养

科研与学术能力的培养对于提高研究生培养质量，提高高等教育水平具有重要的意义。研究生科研与学术能力的培养是研究生教育中极为重要的内容，也是高层次人才的必备能力之一，涉及研究生教育的各个环节，对研究生的培养起着举足轻重的作用，从一定程度上来讲它关系到研究生教育的全局。

一、研究生科研与学术质量保障的背景

随着高等院校和科研机构人才短缺情况的逐步缓解，社会发展和生产力水平逐渐提高，一些高校的研究生培养模式已经越来越不能适应和满足社会对不同高层次专门人才的需求。比如说，目前我国的博士生教育已有了一定的发展，我国的教学、科研高层次专门人才主要由博士生教育来承担，而硕士生教育在这方面的作用逐渐减弱。有些专业的学术型和科研型硕士生供大于求，而社会急需的应用型和复合型高层次硕士人才又严重短缺，就使得我国的研究生教育存在着供需层次结构和供求关系双重畸变和双重紧张的问题。如何能够让高校培养出来的人才更快地适应社会的需求，保障研究生科研与学术质量尤其至关重要。为了保障研究生的科研与学术能力，学校从培养方案的制定、开题、中期考核、实习实践、学位论文及答辩、导师以及支撑保障等几个方面入手，助力研究生产出高质量的论文，着力提高研究生科研与学术水平。

二、研究生教育的核心：学术素养的培育

研究生教育作为高等教育的最顶端，其培养质量是衡量一个国家高等教育发达程度的关键指标，更直接体现了一所大学的办学水平和社会声望。作为拥有着世界最发达、最完善的高等教育体系的美国，2010 年其全国研究生院委员会（Council of Graduate Schools）在《前方的道路：美国研究生教育的未来》（*The Path Forward：The Future of Graduate Education in the United States*）报告中提出，美国保持全球竞争力和创新能力的关键取决于其强大的研究生教育体系①。从世界知名高校对研究生培养定位来看，无一不重视对研究生学术素养的培养：牛津大学在吸引研究生报考时写道，选择牛津的原因在于学校享誉国际的世界领先的研究和资源（international reputation for world-leading research and resources），研究生是学校研究的中坚力量（central to the University's research efforts），其研究生培养目标为“革新与塑造

① Council of Graduate Schools. The Path Forward: The Future of Graduate Education in the United States, p1, http:// www.fgereport.org/rsc/pdf/CFGE_report.pdf, 2019-07-10.

未来（innovation and shaping the future）”[①]；哈佛大学文理研究生院（The Graduate School of Arts and Sciences）在其主页写道，文理研究生院为学术和创新提供了相遇的平台，在这里，各种思想受到挑战，理论持续发展，新知识被创造出来，无数学者不断涌现[②]。哈佛大学荣誉校长陆登庭教授对研究生的定位更高，他认为研究生是处于实习阶段的学者和研究者[③]。因此，作为为了进一步培养从事科学技术研究的能力的研究生教育，其核心在于学术素养的培育。

我国历来重视对研究生学术素养的培育，早在1980年颁布的《中华人民共和国学位条例》中就指出研究生的培养目标在于培养获取知识、科学研究和创新能力。近年来，随着国际人才竞争和科技竞争的加剧，“创新”在研究生学术素养培育中进一步凸显：2003年教育部启动了“研究生教育创新计划”，并列为《2003—2007年教育振兴行动计划》的重要内容；2010年颁布的《国家中长期教育改革与发展规划纲要》中提出推进研究生培养机制改革，实施“研究生教育创新计划”，充分发挥研究生在科学研究中的作用；2015年，国务院印发了《统筹推进世界一流大学和一流学科建设总体方案》（国发〔2015〕64号），提出瞄准世界一流，建设一流大学和学科，培养一流人才，产出一流成果的目标；2017年，在《学位与研究生教育发展“十三五”规划》中，重新明确六项研究生发展改革任务，其中包括改革研究生培养模式，提升创新和实践能力以及研究生教育整体实力。

三、研究生科研与学术的国内外现状

（一）国外研究生科研与学术现状

在国外，研究生通常在学期开始的第一堂课之前，会收到任课教师关于本课程的教学指导，即教学大纲。教学指导大体包括课程目标、基本内容、教学方式、一般要求和考核方式等，教学指导还具体地列出每一次课讨论的主题及相关的必读物和辅助读物（文献阅读清单）[④]。任课教师在系统讲授基础理论的同时，将研究生引向科学研究的前沿。这从教师向学生提供的与课堂教学内容相对应的文献阅读清单就可见一斑，这份清单主要包括该领域或该研究课题必读的经典著作，反映学术发展过程的综述性的著作和论文，以及代表最新学术动态成果的近期文献[⑤]。同时，国外导师在选择学生时十分注重研究计划书的作用，因为从中可以分析出申请者是否具备必需的研究素质和潜能。可以说，在其他条件相同或相近的情形下，决定取舍的标准主要是研究计划书[⑥]。

德国的研究生教育只有博士生教育，把博士生教育视为培养学生从事科学研究的重要阶段，他们的目标就在于培养博士生的独立科研能力和科学家素养。德国博士生教育重视发展学生的理解力和创造力，充分发挥学生的能动性。德国的研究生教育采取学徒式的新型教育

① http://www.ox.ac.uk/admissions/graduate/why-oxford
② https://gsas.harvard.edu/
③ 钱茂伟. 研究生学术规范教育初探[J]. 学位与研究生教育，2010，（9）：47-50.
④ 肖广岭. 加拿大大学文科研究生课程教学方式及对我国的启示[J]. 清华大学教育研究，2000（1）：121-125.
⑤ 叶文振. 美国文科硕士研究生教育的现状和启示[J]. 东南学术，1998（3）：111-113.
⑥ 陈学飞等. 西方怎样培养博士——法、英、德、美的模式与经验[M]. 北京：教育科学出版社，2002.

形式，即学生以科研助手的形式跟着导师在研究所从事独立的科学研究，以取得有创见性的学术成果与学术水平的博士学位为目标。

英国的研究生教育也十分重视学生的科研能力，硕士研究生虽然只有一至两年的学习期限，但学校仍然要求学生参加实际研究工作。英国研究生除了要学习课程之外，都必须从事科学研究，尤其是攻读哲学硕士和博士学位的研究生，都要被当作科研工作的主力来使用。

美国的研究生教育学习和借鉴了德国的做法，明确规定研究生教育要培养学生进行科学研究的精神和能力，不仅是在专业上有很高要求，而且在学生的探索精神上有更高的要求。在美国，科研同教学、毕业论文等一样，是研究生培养计划的一部分重要内容。如麻省理工学院的研究生教学计划的要求是：在研究生教学计划中要列出参加科研工作的领域，研究生经导师批准提出研究题目和立项，在研究生整个学习期间都必须参加科研工作，并有一个学期专门进行科研活动；设立研究生科研专家小组，由一名有威望的教授领导进行研究生科研活动的指导。美国大学是美国主要的科研力量，承担了绝大部分的基础研究任务，所以大量研究生有机会参与科研项目，美国大学每年都有不少科研项目是由博士生完成的。研究生大量参与科研工作是美国研究生教育区别于其他国家的特色之一[①]。研究生的一切活动和安排都要遵循有利于培养和发扬研究生的探索精神的原则。美国研究生教育的一大特点就是要把学习与科研相结合，通过让学生参加大量的科研活动。培养并提高其科研能力。美国已经把培养学生科研能力看作是提高科研人才水平的关键因素和研究生教育的重要组成部分。

（二）我国研究生科研与学术现状

我国研究生进行的科研与学术活动除了具有科研活动的一般特征之外，还具有独特性，主要表现在几个方面：第一，我国的研究生科研与学术活动具有“学习性”。研究生从本质上讲还是学生，他们虽然拥有部分已经成熟的心智能力，但仍需要补充和完善知识和经验，因此研究生进行的科研与学术活动基本是一种严格的研究训练和学术行规训练，研究生也是正在成长中的准科研人员。第二，研究生进行科研与学术活动的目的具有双重性。研究生的科研与学术活动除了具有一般科研活动的共同目标之外，还有不同之处，表现在对研究生本身的关注上。研究生参加科研活动既要实现科研的目标，也要实现培养自身能力的目标，既要创造有价值的、创新的科研成果，更重要的是提高育人的质量，培养创新型人才。第三，研究生进行科研与学术活动的方式具有多样性。研究生的科研活动受主体身份、研究环境以及研究条件的影响，表现形式也更加多样和独特，一般有三种形式，即独立自由研究式、参与式和学位论文研究。独立自由研究式，就是研究生自我确定研究课题或申报有关课题，通过相对独立的研究完成项目，但也需要导师给予一定的指导。这种方式能够充分发挥研究生个人的兴趣、特长和丰富的想象力，有可能形成极具创新性的成果，参与式，就是研究生作为课题组成员，参加导师课题的研究工作，是一种“实战”训练。由于是和导师共同进行的研究，研究生则不仅能学习到导师的研究技术和方法，而且更对他们的科研态度和工作作风的培养起到关键的作用。学位论文研究则是研究生最主要、最独特的科研活动方式，也是证明研究生学术水平和研究能力的文本凭证，在这种科研学术活动形式中，导师的指导和研究生

① 陈少雄，王静一，尹柳银. 美、英、德、日四国研究生教育特色研究[J]. 佛山科学技术学院学报（社会科学版），2004（3）：89-93.

的独立研究相结合的特点表现得尤为显著[①]。

总体来说，近年来我国的研究生科研与学术能力的培养越来越得到重视，各级教育部门和高校也提出了一些相应的政策和措施，取得了一些成绩。但与此同时，也存在一些问题和不足：第一，在研究生科研与学术能力的培养上十分重视博士生，而较为忽略硕士生这一群体。全国的博士生论坛已经成为品牌项目，针对硕士研究生科研与学术能力培养的方法和途径仍比较少，如何做好硕士研究生的能力培养是值得我们进一步深入探讨的问题。第二，我国研究生由于在教学过程中缺乏实践环节，传统式教育模式导致研究生不擅长发现问题、提出问题与解决问题，经常在已有理论的基础上进行重复性科学研究。目前，部分学者将我国研究生科研过程中缺乏创新性总结为“四简单”，即简单移植、简单延伸、简单揭示与简单推理。研究生只是对他人的研究方法与工作进行重复性应用或验证，对事物没有进行深入研究并揭示内在规律，这将严重影响研究生科研创新能力。同时，科学研究的指标化也导致研究生科研态度不积极，无法坚持长期深入的科研攻关，与重大科研成果失之交臂，更难以提高科研创新能力[②]。

四、研究生学术素养：应然与实然

（一）研究生学术素养的应然之道

1. 对研究生学术素养内涵的研究

王立珍等（2012）认为“学术素养是指进行学术研究时内在的规范和要求，是个人在学术研讨过程中所表现出来的综合品质”。[③]刘前程等（2012）认为“学术素养是一个从事学术研究的研究者应该具备的素质和修养”。[④]安静等（2013）指出，“学术素养是指学术研究者在研究过程中应具备的基本素质和道德修养[⑤]，而文科研究生学术素养是指从事人文社科类研究的研究生在长期学习和积累中形成的文化品质、知识能力和道德修养”。徐国力等（2016）认为“学术素养是指研究者在进行学术研究时所具有的内在规范和要求，是个人在学术活动过程中所表现出来的综合品质”[⑥]。江芳等（2018）认为“研究生在学术研究过程中所表现出来的综合素质，它体现的是创新精神和执行能力，是获得创新性研究成果的保证”[⑦]。余继等（2016）在考察学术素养对应的国外的相关概念时指出：国外与学术素养较为接近的概念是“academic literacy”，既指学术阅读和写作，也指在学术方面的竞争力和知识，前者相对具体，后者则强调综合能力和质素，而后者也是国内外学者共同关注的方面[⑧]。从对文献梳理分析

① 王亚青. 硕士研究生科研活动现状调查及对策研究[D]. 重庆：西南大学，2008.

② 张保勇，吴强，高霞，吴琼，陈亦男，张强，刘传海. 基于科研项目平台的研究生创新能力培养路径探究[J]. 中国教育技术装备，2017（21）：74-75.

③ 王立珍，袁金英，马秀峰. 研究生学术素养的内涵鸡培育探析[J]. 2012（5）：50-52.

④ 刘前程，刘子云. 学术演讲：研究生学术素养系统培育的平台[J]. 高教论坛，2012（9）：101-104.

⑤ 安静，王琳博. 文科研究生学术素养的内涵、要素及培养[J]. 重庆高教研究，2013，1（1）：68-71

⑥ 徐国立，熊申英. 导师对研究生学术素养培育探析[J]. 南昌师范学院学报，2016，37（5）：54-56.

⑦ 江芳，张红雨，施维. 提升学术型研究生科研素养的探索与实践[J]. 大学教育，2018（12）：176-178.

⑧ 余继，石晓菲. 一流大学研究生学术素养的养成——以剑桥大学教育系博士研究生培养为例[J]. 重庆高教研究，2016，4（1）：18-23.

发现，研究者普遍倾向认为研究生学术素养是研究生在从事学术研究活动中所展现出的一种综合素质或品质，蒋立兵等认为在研究生学术素养发展过程中，学科专业知识是载体、学术实践活动是路径、学术共同体是平台①。

2. 对研究生学术素养构成要素的研究

（1）国内对研究生学术素养构成要素的研究。尽管国内学者都根据自己的研究对研究生学术素养进行了不同的尝试性定义，但对该概念的权威界定还未形成，因此，学者们对研究生学术素养的构成要素也各持己见，比较有代表性的观点如表1所示。

表1 研究生学术素养构成要素（国内）

年份	作者	构成要素
2012	王立珍等	学术意识（问题意识）、学术知识（一般科学文化知识、学科专业知识、方法论知识）、学术能力（学术创新能力、专业选择与判断能力、学术资源获取能力、研究过程设计能力、学术论文撰写能力）、学术伦理道德
2012	刘前程等	理论素养、方法素养、独立探究问题的素养、跟踪学术前沿的素养、开拓学术疆域的素养、良好的学术态度
2013	安静等	无畏的精神、独立的意识、批判的思维、热爱的情感
2016	余继等	知识（具备开展研究的基本知识结构）、思维（批判性思维和伦理意识）、技能（了解量化、质性与混合方法以及学术写作能力）
2016	徐国力等	学术意识、学术能力、学术道德
2016	杨倩等②	理论素养、方法素养、探究问题的素养、跟踪学术前沿的素养、创新意识和实施的素养、开拓学术疆域的素养、向上的学术态度等
2018	周尚菊等	学术意识和质疑精神、学术知识结构体系、学术能力、学术道德规范③
2018	江芳等	科研基本理论、科研能力、科研道德
2021	蒋立兵等	三个层次，十个维度：学术基础（专业基础、研究方法、学术表达、合作沟通、自主学习、学术道德）；学术思维（问题意识、批判精神、创新思维）；学术情怀

（2）国外对研究生学术素养构成要素的研究。国外对研究生教育目标的设置呈现出不同的时代特点，相应对研究生的学术素养要求也不断变化：20世纪80年代以前，美国研究生培养机构的主要目标是培养具有卓越研究能力的学术型人才，培养目标过于单一和专业化。1990年，时任卡内基教学促进基金会第七任主席的欧内斯特·博耶博士在其发表的《学术反思：教授工作的重点领域》一书中指出“学术”不仅包括传统意义上的“探究的学术”，还应包括“应用的学术”“整合的学术”和“教学的学术”。自此，他将研究生教育的目标从单一

① 蒋立兵，朱文晓，付从荣. 学术型硕士研究生学术素养的要素结构与发展机制研究[J]. 黑龙江高教研究，2021，39（3）：98-102.

② 杨倩，吴勇军，翁文剑，王东，李翔，刘永锋，陈立新，陈洁. 国际化教学和互动交流：提升材料学科研究生学术素养的实践和探索[J]. 材料科学与工程学报，2016，34（4）：685-688.

③ 周尚菊，王华，何木芬，马传国. 研究生学术素养培育内容及途径分析[J]. 教育教学论坛，2018（15）：220-222.

对科学研究的关注拓展到更广阔的学术领域，注重多元化的学术能力培养①。目前，发达国家普遍在国家层面制定了高等教育学术质量规范并在研究生教育领域做出了相关要求与规定，比较有代表性的如表2所示。

表2　研究生学术素养构成要素（国外）

年份	项目名称	发布单位	构成要素
2005	欧洲高等教育区学术资格框架（Framework for Qualification of the European Higher Education Area）	欧盟科技创新部门	知识和理解力、实践能力、思维判断能力、沟通交流能力、学习能力
2008	英国高等教育资格框架（The Framework for Higher Education Qualifications in England, Wales and Northern Ireland）	英国质量保障局	学位产出（学科知识、研究方法、批判性思维、实践能力）、发展能力（判断能力、沟通能力、创新能力、迁移能力）
2010	前方的道路：美国研究生教育的未来（The Path Forward: The Future of Graduate Education in the United States）	美国研究生院委员会	鼓励与核心学科属性相结合的创造力和创业精神的发展、提升包括自我组织和职业发展技能的个人效能、培养项目管理能力、学术道德伦理、培养扩大学术研究影响能力（沟通能力、团队协作能力、将研究与更广泛背景结合的能力、将研究应用于更大的团体或社会目的的能力）
2015	牵引未来的研究生院教育改革	日本中央教育审议会	基础素养、宽广的知识、复合型能力、跨学科能力等

从对国内外相关文献梳理来看，研究生学术素养的构成要素是多维的，包含了研究生的学术意识、学术知识、学术能力、学术道德等要素。随着时代的发展、社会对人才培养规格的转变，研究生学术素养构成要素也在不断演变，尤其是随着全球一体化进程的加速以及国家间竞争的加剧，对研究生在学术创新能力、国际竞争力以及复合型能力的培养日益关注。

（二）我国研究生学术素养的实然之态

1. 研究生问题意识与批判意识欠缺

问题意识和批判意识是研究生学术素养培育的核心，更是学术发展和社会进步的总体要求，但从实际情况来看，我国研究生问题意识与批判意识却普遍较为欠缺。潘庆（2007）对文科研究生的调查发现，“相当数量的文科研究生缺乏怀疑与质疑精神，在科研过程中存在不善于发现问题，无法明晰问题与清晰表述问题，不善于或不能提出问题，不愿意或不敢提出问题等情况”②。刘彦（2011）认为“当前高校多数研究生具备一定的学术批判思维能力，但

① 陶艺，崔骋骋. 多维学术观：研究生学术能力培养特色探析——以美国西弗吉尼亚大学为例[J]. 煤炭高等教育，2016，34（2）：41-45.

② 潘庆. 文科研究生科研问题意识欠缺的归因与对策[D]. 重庆：西南大学，2007：1.

仍处于弱化层面”[①]。洪青等（2015）指出“我国研究生在科研过程中普遍缺乏问题意识，表现在‘不善于发现问题’‘不善于清楚地表达问题’和‘不善于提出问题’”[②]。张文燕（2016）对全日制学术型硕士研究生的调查显示，研究生科研问题意识及其各维度水平均处于一般水平，其中发现问题意识和探究问题意识尤其薄弱[③]。

2. 研究生学术创新能力不足

吴照云（2007）通过分析我国首届优秀博士学位论文评选发现，创新性是我国博士学位论文的薄弱环节，造成这种现象最直接的原因是研究生知识结构不合理，即缺乏学术创新所必备的学科前沿知识、研究方法知识、跨学科知识以及研究论文写作知识[④]。袁本涛等（2009）对三次研究生教育质量调查的结果分析发现，我国研究生教育质量方面存在的首要问题是创新能力尤其是原创能力差，表现在创新意识差、参与创新研究机会少、有影响的创新成果少[⑤]。朱红等（2011）等研究发现，研究生读研期间的行为特征、思维特征、知识体系等维度有较大提高，但创新能力的人格特征提高程度较低[⑥]，李春根等（2012）从创新能力培养视角对研究生学位论文质量进行了分析，发现“研究生学位论文普遍缺乏创新性[⑦]。”

3. 研究生“国际化”水平不高

“国际化”与“质量”是研究生教育发展的两大趋势，目前研究生的教育质量，尤其是研究生学术素养已经成为我国高等教育中比较薄弱的环节，与国际高水平存在一定差距。霍海虹（2012）总结了非英语专业研究生国际学术交流能力，指出大部分研究生听说能力和用英语撰写科研论文的能力较差，在用英语进行学术交流时存在较大困难[⑧]。初旭新等（2015）对中外联合培养项目研究生群体的实证调查显示，该群体的国际交流能力和创新能力水平较低，需进一步加强[⑨]。杨倩等（2016）指出，我国仍有相当部分的研究生不适应国际高水平学术环境，缺乏探究问题和跟进学术前沿的素养，很多研究生“甚至难以进行顺畅的国际学术交流”，其原因根源于“我国研究生教育在‘国际化’程度以及国际交流能力培养方面的欠缺[⑩]”。

4. 研究生学术不端行为频繁发生

具备良好的学术伦理道德修养、遵从学术共同体公认的学术规范是研究生必备的学术素养之一。随着信息技术的发展，网络搜索引擎、文献资源库和翻译软件等在学术研究中应用

① 刘彦. 研究生学术批判思维弱化及其教育调适[D]. 重庆：西南大学，2011：17.
② 洪青，董雄报. 问题意识在研究生科研过程中的作用[J]. 南方论刊，2015（9）：67-68.
③ 张文燕. 研究生科研问题意识现状调查[J]. 成都师范学院学报，2016，32（10）：56-61.
④ 吴照云. 对研究生学术创新能力培养的几点思考[J]. 学位与研究生教育，2007（11）：19-23.
⑤ 袁本涛，延建林. 我国研究生创新能力现状及其影响因素分析[J]. 北京大学教育评论，2009，7（2）：12-20.
⑥ 朱红，李文利，左祖晶. 我国研究生创新能力的现状及其影响机制[J]. 高等教育研究，2011，32（2）：74-82.
⑦ 李春根，罗丽 .研究生学位论文：质量现状及提升措施[J]. 高等财经教育研究，2012，15（2）：62-66.
⑧ 霍海虹. 试论非英语专业研究生国际学术交流能力的培养[J]. 教育与职业，2012（17）：185-186.
⑨ 初旭新，宗刚. 我国研究生教育国际化培养的现状与对策[J]. 研究生教育研究，2015（5）：18-22.
⑩ 杨倩，吴勇军，翁文剑，王东，李翔，刘永锋，陈立新，陈洁. 国际化教学和互动交流：提升材料学科研究生学术素养的实践和探索[J]. 材料科学与工程学报，2016，34（4）：685-688.

日益普及，使得学术道德失范问题尤其是剽窃行为变得容易和简单。秦婷婷（2015）认为在新媒体时代，还出现了对规范学术行为的另一种挑战，即网上出售学术论文或读书笔记等，此外，研究生可以根据新媒体带来的海量学术资源，通过“东拼西凑”和“变幻各种语句”后成为自己的学术成果，这更增加了学术示范的隐蔽性①。再加上新时期研究生教育高速发展，研究生群体呈现诸多新特点，为研究生学术道德失范提供了“新环境和土壤”②。贾宝余等（2010）概括了学术不端行为的主要三类表现形式，即伪造和修改实验数据、抄袭和剽窃他人研究成果、一稿多投和署名“搭便车”③。

五、研究生科研与学术保障的意义

（一）研究生科研与学术保障的重要性

研究生的科研与学术能力不仅直接影响我国的科技创新能力和科研水平，而且也是衡量我国研究生教育质量的一项重要指标。高校研究生创新能力培养是培养创新型人才和持续科研创新的现实需要，更是国家社会经济发展的必然要求④。科研与学术能力不仅表现为一种智力特征，更是一种综合素质，不可能作为一种孤立的、单一的能力来培养，也不是一蹴而就的，需要渗透在整个教育培养环节，通过一系列有针对性地培养和实践。科研创新能力的培养对于提高研究生培养质量，提高高等教育水平具有重要的意义。我国同世界上许多研究生教育比较发达的国家一样，从 1978 年以后我国进行的研究生教育就开始重视研究生的科研能力。培养研究生的科研与学术能力体现了研究生教育的本质，我国研究生教育的主要目的就是在掌握必要的专业基础知识的前提下，对与这些专业课程相关的课题进行深入研究，并通过科学研究实践来提高科研与学术能力。

（二）研究生科研与学术保障的必要性

目前我国的研究生科研与学术能力的培养还存在薄弱之处，主要表现为研究生培养和管理过程的欠缺性、研究生教学内容和教学模式缺乏创新和研究生科研资源环境和科研实践参与不足等几个方面。

我国研究生教育普遍实行导师负责制，这一制度有着积极的作用。但随着研究生的扩招和社会发展，一些弊端开始显现。由于招生数量增长过快，造成对研究生培养、指导和管理的欠缺性⑤。此外，受传统的重理论轻实践教育观念的影响，目前研究生的培养方式主要以理论教学和论文研究为主，大多不开设有关实践和实验的内容。另外，配套的教学资源和仪器设备不足使实践机会减少，加之实践的方式和环节落后于科学的发展，致使研究生的实践动手能力不强。科研资源环境薄弱、课题层次较低、科研经费不足以及缺乏具有创新意识和

① 秦婷婷. 新媒体时代研究生学术道德[D]. 北京：北京化工大学，2015：11.
② 刘彬. 新时期高校研究生学术道德失范原因及其防治分析[J]. 科技视界，2018：77-78.
③ 贾宝余，刘红. 研究生学术道德和学术规范教育的趋势与途径[J]. 学位与研究生教育，2010(5)：46-50.
④ 刘晔. 高校研究生创新能力培养机制改革研究[J]. 东北师大学报(哲学社会科学版)，2014(1)：163-166.
⑤ 李小昱，王为. 对研究生科研创新能力培养的探究[J]. 华中农业大学学报（社会科学版），2009（5）：100-103.

攻关能力的科研团队则难以培养研究生的创新能力和实践动手能力，而科研力量和科研水平较低也造成了研究生科研实践参与度较低，这些问题的存在严重制约着研究生科研能力的提升。为了解决这些问题，学校完善了研究生教育创新机制，并促进了课程创新和探索性教学，保障了研究生参与科研与学术的机会。

六、西南交通大学研究生科研与学术质量保障：内容与环节

近年来，在各研究生培养单位及相关职能部门的共同努力下，我校学位与研究生教育工作取得了长足发展。与此同时，通过数据分析与深入调研，我们也发现，部分研究生特别是硕士研究生的学术基本功仍不够扎实、学术研究的后劲不足；按照持续提升研究生培养质量这一工作主线，学校应采取多种形式，进一步针对在校研究生创造性地开展系统而严格的学术训练。因此，为显著提升我校研究生的学术竞争力、科技创造力和思想影响力，研究生院在前期工作积累的基础上，从2015年开始，组织实施了“研究生学术素养提升计划”，旨在创新形式、构建范式、系统推进，不断加强研究生对理论思维、创新思维、跨学科研究、国际化、信息化以及学术规范、学术写作、学术报告、学术心理等思路、方法、工具的掌握和运用；示范辐射、深耕厚植，促进独立思考与自由创造，激励学术创新与学术追求，弘扬科学精神，坚守学术道德；通过良好的文化、学术和教育环境建设，持续提升研究生学术能力、学术志趣与学术境界，为研究生培养质量的提升提供多元化的教育资源支撑与保障，助推我校拔尖创新人才培养和一流学科、一流大学建设，不断彰显我校研究生的学术竞争力、科技创造力和思想影响力。

针对我国研究生科研与学术现状，以及研究生科研与学术素养培育的关键环节，西南交通大学研究生科研与学术保障的环节将围绕着研究生培养阶段产出一本高质量的毕业论文来进行匹配和设置，研究生科研与学术质量保障包括以下几个方面：

（一）培养方案

培养方案包括学校层面的优化分类培养方案、导师为研究生制定的个性化培养方案。

培养方案制定方面，由学校和导师为研究生制定培养方案，培养方案的制定包括两个方面：一是学校（研究生院）层面出台指导意见，全校各研究生培养单位制定培养方案；二是研究生（含硕士、博士、硕博连读）入学后，导师给研究生制定个性化培养方案（选课），正确处理专业标准与个性化培养的关系，结合研究生潜能、兴趣，科学地指导研究生制订个人培养计划。导师应对研究生的专业学习提出明确要求，定期检查研究生学习情况。

（二）导师

包括研究生导师遴选与考核、导师管理、领导班子成员指导研究生管理办法等。

在研究生导师方面，学校为加强研究生导师队伍建设，优化导师资格遴选和动态岗位聘任机制，深化师德师风建设，保证和提高研究生培养质量，学校还进行了硕士、博士研究生指导教师资格遴选和上岗聘任的工作，西南交通大学全面落实研究生导师立德树人的实施细

则并制定研究生导师条例。学校对新增博士生导师的评审要求也很严格，由校外同行专家对导师进行评审，校外同行专家至少要求三名，专家的主要研究方向应属申请学科的范畴，专家所在单位应有该申请学科的一级学科博士学位授予权。在三名校外同行专家通讯评审意见中，如有一名专家持否定意见，则通讯评审不合格。此外，学校实行双导师制，研究生与导师的关系不仅是一种师徒关系，更是一种科研伙伴关系。研究生与导师在职业计划与想法、人生观与理想等方面有着较多的交流，面对面交流的频率较高，交流手段丰富。研究生可广泛参与导师科研项目并从中受益①。

（三）学位论文

主要为学位申请与论文质量控制，包括学位论文的开题-中期-答辩、学位授予、重点审议研究生学位论文工作办法、优秀学位论文评选、学位论文答辩委员会职责及答辩程序、在学期间发表学术论文、学术规范管理等。

研究生开题方面，设置有专门的研究生毕业论文工作安排计划和硕士、博士研究生选题报告要求，按照导师、学院两个层面采取开题答辩的形式进行严格的质量把控。

中期检查方面，学校制定有研究生论文工作中期考核环节，按照导师、学院两个层面采取开题答辩或报告的形式进行严格的质量把控。中期考核结果直接影响到学生的奖助学金发放，对考核优秀者可申请西南交通大学博士研究生创新基金。

研究生论文答辩方面，学校成立专门的答辩委员会负责学生论文答辩，委员会主席和委员承担着不同职责，主席主要职责包括主持答辩委员会会议，组织讨论研究生学位论文答辩的有关事宜；主持研究生学位论文的答辩会议，完成全部答辩程序；写出对研究生学位论文答辩情况的书面评价（含提出是否同意授予硕士学位的意见），并在答辩结束时宣布答辩的结果（说明投票是否通过）。委员主要负责参加答辩委员会研究讨论研究生学位论文的有关事宜；对研究生的学位论文进行审查和提出有关问题；根据国家有关规定精神，对研究生的学位论文答辩情况作出实事求是的评价并参加表决。研究生学位论文答辩程序为大致为答辩委员会主席宣布答辩开始，研究生报告论文工作及论文主要内容，宣布评阅人对论文的评阅意见及所提问题，答辩委员就论文有关问题提问，研究生回答评阅人及各答辩委员所提的问题。答辩委员会根据答辩情况及研究生各方面的表现情况就是否建议授予学位作出决议。决议以不记名投票方式，经全体委员三分之二以上通过为有效。

（四）实习实践

实习实践包括校企联合培养、专业硕士专业实践、研究生教学（科研）实践、实践安全等。

实习实践方面，学校建设全日制专业学位研究生联合培养基地和校企联合培养基地，给学生提供实习实践的平台，并为研究生制定对应的专业实践管理办法。研究生专业实践基地的类型分为校内实践基地、校外实践基地和海外实践基地。校内实践基地依托校内省部级实

① 周文辉，张爱秀，刘俊起，赵清华，周玉清.我国高校研究生与导师关系现状调查[J]. 学位与研究生教育，2010（9）：7-14.

验室平台、科研团队构建的面向相关学科专业的实践基地，并在研究生院备案。通过真实的研究项目，在校内开展研究生的实践招募和组织工作；校外实践基地依托校外各大企业、研究院、研究生分院等建立起来的校院两级“校企联合培养（实践）实践基地”，并在研究生院备案。依托企业的实际项目，在企业开展实习实践活动；海外实践基地依托各大企业的海外研究机构、与学校有长期合作的海外项目等建立的校院两级海外实践基地，并在研究生院备案。以顶岗实践，项目研究为主，在海外开展实习实践。研究生专业实践的类型与招募方式分为校内实践、校外实践和海外实践。校内实践：项目制，通过研究生院平台统一公布、基地组织选拔、确定并备案。校外实践：项目制，通过研究生院平台统一公布、基地组织选拔、确定并备案。海外实践：项目制、岗位制，通过研究生院平台统一公布、基地组织选拔、确定并备案。研究生专业实践应由校内导师按照所属的专业学位类别培养方案的要求，根据因材施教的原则，结合专业学位硕士生本人的特点，全面考虑，合理安排，指导硕士生制订个人实践计划，对其实践目标、内容、方法等要求和进度做出计划和安排。研究生应按制订的实践计划进行学习，通过后，方能申请论文答辩。对于已在研究生院备案的实习实践项目，由承接实践的企业（校内为校内实践基地）对实践过程给予评价，校内单位组织答辩对实践效果和内容给予评价，结合两者共同评价结果由研究生院予以学分认定，任何一方评价不通过，研究生均无法获得实践学分。

（五）支撑保障

支撑保障包括研究生教学管理（学籍管理）、知识学习与能力并重、加强协同培养与评价、奖助学金体系。其中，知识学习与能力并重含五个方面，分别为：创新基金项目管理、优秀博士论文培育项目管理、参加国际学术会议专项资助管理、学术讲座管理、荣誉称号评审。加强协同培养与评价含三个方面，分别为：专业学位研究生校外指导教师管理、专业学位教育改革项目管理、博导资助博士生培养。奖助学金体系含五个方面，分别为：研究生奖助体系管理、奖助学金实施、奖学金、助学金、学费。

学校为研究生进行科研与学术提供支撑保障，设立了研究生国家助奖学金、研究生国家奖学金、研究生学业奖学金、研究生专项奖助学金和博士生扬华新秀奖学金等，并制定了相应的奖助学金管理办法。同时，研究生参加国际学术会议专项、优秀博士学位论文培育项目、博士研究生创新基金项目还可以申请资助。

总之，学校在培养方案的制定、研究生开题、研究生中期检查、研究生实习实践、研究生学位论文及答辩、研究生导师遴选与聘任以及研究生科研与学术支撑保障等方面所做的工作和努力，都致力于给学生提供更多进行科研和学术的机会，培养学生进行科研与学术的能力，帮助学生产出更多高水平、高质量的优秀论文。

七、西南交通大学学术素养提升文件体系

为提高我校研究生的学术竞争力、科技创造力和思想影响力，学校从 2015 年开始，组织实施“研究生学术素养提升计划”，进一步加强研究生的知识积累、研究思路、研究方法、

研究工具、学术创新、学术规范。

表 1 西南交通大学学术素养提升系列文件

文件类型	文件标题	文件编号	附录编号
指导意见	西南交通大学关于实施研究生学术素养提升计划的通知	XJYZB-4114	4-14
实施方案	西南交通大学 2021 年建侯研究生科创竞赛培育项目实施方案	XJYZB-4315	4-15
	西南交通大学 2021 年创源大讲堂实施方案	XJYZB-4316	4-16
表格模板	西南交通大学建侯研究生科创竞赛培育项目立项申报书	XJYZB-4617	4-17
	西南交通大学研究生学术素养提升计划项目立项申报书	XJYZB-4618	4-18

八、附　录

附录 4-14　西南交通大学关于实施研究生学术素养提升计划的通知

编号	XJYZB-4114

西南交通大学
关于实施研究生学术素养提升计划的通知

各研究生培养单位：

近年来，在各单位及相关职能部门共同努力下，我校学位与研究生教育工作取得了较好进展。但是，通过数据分析与调研，也发现我校部分研究生的学术基本功还不够扎实，在知识积累、研究思路、研究方法、研究工具、学术创新、学术规范的掌握等方面还有待进一步加强，严格而系统的学术训练还有待进一步强化。为了提高我校研究生的学术竞争力、科技创造力和思想影响力，经反复研讨和论证，学校决定从 2015 年开始，组织实施“研究生学术素养提升计划（以下简称“提升计划”），现将有关事项通知如下：

一、“提升计划”的主要目的

1. 夯实研究生的学术基本功。引导研究生夯实学术基本功，支持并要求校内各培养单位有效组织开展学术基本功训练，引导研究生提升发现问题、解决问题、协同攻关以及学术创新的能力；学会有效检索、阅读和使用科技文献，学会规范化学术写作，学会作学术报告；养成并保持良好的研究习惯，养成爱读书、善读书的阅读习惯，养成学术上规范严谨的表达习惯等。

2. 推进科学精神与学风建设。引导研究生热爱学术研究，支持校内各培养单位的研究生会、相关协会等学生组织（团体）开展一些经常性、品牌化、小规模的学术交流与研讨系列活动，安排本单位优秀研究生开展学术交流活动，引领和示范在校学生的学术创新与学术追求。通过研究生内部的学术交流，不断丰富我校科学精神与学风建设的有效载体，帮助在校学生全面提升学术素养和科学精神。

二、“提升计划”的实施方式

1. 举办导师集中指导交流会。各培养单位应邀请治学严谨、经验丰富的高水平导师，为本单位的所有研究生和导师作如何提升研究生培养质量的专题报告，给全体研究生及导师分享指导研究生的心得、体会和经验。要求各培养单位每学期至少举办 1 次“导师集中指导交流会”。

2. 举办研究生学术报告会。各培养单位应按照学术会议的规范性要求，举办研究生学术报告会，有条件时还可以制作会议论文集。要求各培养单位每学年应至少举办 1 次“研究生学术报告会”。各培养单位还可以根据实际情况，提出本单位导师和研究生在作学术报告方面的相关规定。

3. 定期组织研究生开展学术交流。研究生导师（或导师团队）应定期组织所指导的研究生参加所在团队的学术交流活动。从抓基本功训练、抓规范化训练、抓习惯养成等方面入手，让研究生掌握自主学习方法、学术研究方法和规范化表达（包括论文写作及学术报告）的方法。导师应对研究生的学术交流情况予以点评、指导。要求该活动每两周不少于 1 次。

4. 举办研究生学术交流沙龙。各培养单位应充分发挥各类学生组织的作用，开展常态化的研究生学术交流沙龙。与会研究生介绍在学习或从事学术研究的体会和经验，并按照每期确定的主题，交流最新学术动态。要求各培养单位每学期应至少举办 3 次“研究生学术交流沙龙”。

三、“提升计划”的实施要求

1. 高度重视，精心组织。各培养单位应充分认识实施“提升计划”的重要意义，加强宣传动员，明确相关领导责任，建立健全实施方案，重在内容安排，重在过程培养，精心组织“提升计划”的各项活动。应充分发挥研究生的主观能动性，支持各研究生组织创造性、拓展性地落实“提升计划”，并以此培养锻炼学生的组织策划能力。

2. 强化支持，纳入考核。“提升计划”实施过程中，学校将根据实际情况，将在经费、场地等其他方面给予必要的支持。各培养单位可结合实际情况，按学年进行申报，具体申报事宜参见当年通知。对各培养单位实施“提升计划”的相关情况，将纳入年底的统一考核。

专此通知。

西南交通大学

2015 年 1 月 4 日

附录 4-15　西南交通大学 2021 年建侯研究生科研创新竞赛培育项目实施方案

编号	XJYZB-4315

西南交通大学
2021 年建侯研究生科创竞赛培育项目
实施方案

第一章　总　则

第一条　为持续提升我校研究生的学术竞争力、科技创造力和思想影响力，继续实施以“建侯课堂”为主要载体的“研究生学术素养提升计划”，提高研究生综合实践能力，营造浓厚的研究生学科竞赛氛围，鼓励研究生积极参加学科竞赛及科研创新活动，提高我校研究生学科竞赛参赛质量及获奖等级，结合我校实际，特制定本办法。

第二条　学校设立专项资金，用于鼓励和支持研究生开展创新实践活动。坚持“公正公开、注重创新、科学规范、宁缺毋滥”的原则，根据创新实践活动开展和项目申报情况，选定一定数量的项目进行培育资助。

第二章　项目资助范围及资助形式

第三条　研究生科创竞赛培育项目适用竞赛范围为：

国家部委及其下设机构、教育部高等学校教学指导委员会、全国性行业协会等主办的专业性、行业性研究生科技创新及学科竞赛。

四川省教育厅、团省委等主办的省级研究生科技创新及学科竞赛，若具有重大社会影响力，经过研究生院认定后可纳入。各类国际级研究生学术科技创新及学科竞赛，若具有重大国际影响力，经过研究生院认定后可纳入。因学校为数学建模竞赛划拨专项资助经费，故数学建模竞赛不在本项目申报范围内。

第四条　研究生科创竞赛培育项目资助经费为0.2万～0.5万元，主要用于申请团队或个人的报名费、差旅费、实验材料消耗费和其他必需的开支。

第五条　研究生科创竞赛培育项目实行项目化管理，根据创新实践竞赛活动开展和项目申报情况，选定一定数量的项目进行培育资助。

第三章　申报与评审

第六条　项目以团队形式申请，团队须由一名指导教师及3～5名成员（其中1名主要成员作为项目申请人）组成，须依托项目申请人或指导教师所在学院进行申报；

第七条　项目申请人应为我校在读研究生。

第八条　项目申请人必须以“西南交通大学”为第一单位参加竞赛和进行学术成果发表。

第九条　各学院负责组织项目申报和院级专家评审，确定推荐资助名单，公示5个工作日且无异议后，提交研究生院。

第十条　研究生院负责建立校级专家库，通过盲审、答辩等形式，选定培育资助项目，公示后进行立项资助。

第四章　项目管理

第十一条　研究生院将对培育资助项目实施情况进行定期检查、监督，对团队成员出现学术不端行为或其他严重违反管理规定的行为，一经查实，将取消培育资格，并视情况收回相应资助经费。

第十二条　项目资助期限一般为一年。立项后拨给项目总经费的 40% 作为首批经费。

第十三条　项目结束后，项目申请人须认真总结，撰写结题报告。研究生院组织专家进行结题验收，验收通过后拨给项目剩余经费。

第十四条　项目成果要求：项目申请人在受资助期间，须参加本方案第三条规定的各类科研创新竞赛并获三等奖及以上奖励。

第十五条　对通过项目资助参加学科竞赛并获奖、发表高级别学术成果的研究生、指导教师和研究生所在学院奖励参照学校相关文件执行。

第十六条　指导教师工作量计算，参照学校相关文件执行。

第十七条　项目培育期间，因技术问题难以攻克或因其他特殊的非技术问题导致项目不能继续的，项目申请人应向研究生院提交项目终止报告，并在报告中详细列明项目提前终止的原因、项目研究已完成的部分和未完成的部分，研究生院视情况收回相应资助经费。

第十八条　获得培育项目资助的研究成果须注明“西南交通大学研究生科创竞赛培育项目”字样，英文翻译统一为“Supported by the Postgraduate Scientific Research & Innovation Competition Project of Southwest Jiaotong University”。

第十九条　鼓励各学院依靠自身优势与条件，借助社会力量，设置院级研究生创新实践培育项目，也可对已获研究生院资助项目进行一定比例配套资助。

第五章　经费管理

第二十条　项目经费的使用，必须严格按照项目预算和批准额度执行，指导教师签字同意后方可使用。

第二十一条　项目申请人结合资助经费来源，根据创新实践活动实际情况如实、合规开具票据，按照学校财务相关规定进行报销。

第二十二条　相关经费的使用与管理须严格执行国家和学校的有关财务规章制度，并接受学校有关主管部门的监督和指导。

第六章　附　则

第二十三条　本实施方案由研究生院负责解释。

附录 4-16 西南交通大学 2021 年创源大讲堂实施方案

编号	XJYZB-4316

西南交通大学

2021 年创源大讲堂实施方案

按照《西南交通大学关于深入开展2021年研究生学术素养提升计划的实施意见》的有关要求，研究生院鼓励各培养单位以研究生创源大讲堂为平台，通过举办多样化的学术讲座，激发学习热情，开拓学术视野，活跃学术思想，追踪学科动态，营造良好学术氛围，助推我校研究生培养质量提升和研究生教育内涵式发展。2021年研究生创源大讲堂具体实施方案如下，请各培养单位参照执行。

一、基本要求

（一）讲座内容应与党和国家的方针政策保持一致，介绍各学科学术研究的新知识、新理论、新方法，在学术观点上具有一定的创新性、前瞻性。

（二）讲座校内主讲人原则上应具有正高级专业技术职称，若为副高级专业技术职称，应正在承担高级别科研项目或有重大研究成果；校外主讲人应是某一学科领域的知名学者或具有一定影响力的知名专家。鼓励邀请来自行业一线的具有丰富实践经验的高级管理人员和高级工程技术人员来校讲座。

（三）为进一步提高讲座的实效性、系统性，鼓励各培养单位以学期或年度为周期，设定专题开展系列讲座。

二、注意事项

（一）各培养单位至少应在讲座举办前一周将海报报送宣传部，按照新闻网信息发布流程，经审批后发布至学校主页学术活动专栏，同时将讲座海报发至研究生院邮箱 yjsyzhb@swjtu.edu.cn 备案。对于举办哲学社会科学讲座的单位，还需按照《中共西南交通大学委员会关于印发〈西南交通大学举办形势报告会和哲学社会科学报告会、研讨会、讲座、论坛及读书会、学术沙龙管理办法〉等三个文件的通知》（西交党〔2017〕33号）要求报送相关部门进行审批，审批通过后再提交研究生院进行备案。各培养单位应做好学院网上信息发布、海报张贴、听众组织、氛围营造、会场策划等工作，加大信息发布和宣传力度，扩大受众覆盖面。

（二）研究生院将对符合条件的讲座给予一定经费支持，邀请校外专家开设研究生学术讲座，支持额度不超过3000元/场。

（三）按照支持经费实际来源，根据学校财务有关规定，经费列支范围应为创源大讲堂宣传制作经费、场地费、邀请校外专家差旅费等，采取实报实销方式进行限额报销。

（四）各培养单位根据讲座实际举办情况，在活动结束后按次向研究生院综合管理办公室提交讲座完成情况支撑材料，并提出报销申请。

三、考核方式

各培养单位应做好讲座资料存档工作，包括但不限于文档、照片、海报、讲稿、录像、课件等。年末按研究生院统一要求，整理提交本年度研究生创源大讲堂开展情况（每场讲座海报电子版、2～3张反映讲座实际情况的照片、总结表电子文档）及年度总结等。讲座开展情况将统一纳入2021年研究生培养年度考核。

附录 4-17　西南交通大学建侯研究生科创竞赛培育项目立项申报书

编号	XJYZB-4617

西南交通大学

建侯研究生科创竞赛培育项目立项申报书

年度	
编号	

西南交通大学建侯研究生科创竞赛培育项目

立项申报书

项 目 名 称 ________________________________

项目责任人 ________________________________

指 导 教 师________________________________

所 在 学 院________________________________

填 表 日 期________________________________

研 究 生 院

申 报 须 知

1. 请人必须认真阅读《西南交通大学2021年建侯研究生科创竞赛培育项目实施方案》，并按当年通知相关要求进行结题申报。

2. 书以电子版填写。申请人完整填写前5页，再由指导教师填写意见后，送交所在学院审核和学院专家组评审后汇总上报研究生院。

3. 封面上“年度、编号”由研究生院统一编制填写。

4. 必须实事求是，认真翔实，不得虚报或留空。有的栏目如无内容可填，请写上“无”“未”等字；表格若填写不下，可另附页。

5. 防控期间，只需报送电子版，所有电子文档务必放入一个文件夹中并按“学院—硕（博）士—姓名”命名。

<table>
<tr><td colspan="6">项目责任人情况</td></tr>
<tr><td>姓 名</td><td></td><td>学 号</td><td></td><td>所在学院</td><td></td></tr>
<tr><td>联系电话</td><td></td><td>专业方向</td><td></td><td>硕/博</td><td></td></tr>
</table>

<table>
<tr><td rowspan="4">（本科起填）学习研究经历</td><td>时 间</td><td>内 容</td><td>学位及导师</td></tr>
<tr><td></td><td></td><td></td></tr>
<tr><td></td><td></td><td></td></tr>
<tr><td></td><td></td><td></td></tr>
</table>

<table>
<tr><td colspan="6">项目组成员情况（不超过 5 人）</td></tr>
<tr><td>姓名</td><td>学 号</td><td>专业</td><td>联系电话</td><td>导师签名</td><td>本人签名</td></tr>
<tr><td></td><td></td><td></td><td></td><td></td><td></td></tr>
<tr><td></td><td></td><td></td><td></td><td></td><td></td></tr>
<tr><td></td><td></td><td></td><td></td><td></td><td></td></tr>
<tr><td></td><td></td><td></td><td></td><td></td><td></td></tr>
<tr><td></td><td></td><td></td><td></td><td></td><td></td></tr>
<tr><td></td><td></td><td></td><td></td><td></td><td></td></tr>
</table>

<table>
<tr><td>已取得成果</td></tr>
<tr><td>说明项目责任人及项目组成员所取得的研究成果信息以及本人在这些成果中的主要贡献。获得奖励必须说明奖励名称、等级和获奖人的排名顺序。论文需附公开发表论文的封面、目录及首页的复印件。</td></tr>
</table>

<table>
<tr><th colspan="3">申请资助项目情况</th></tr>
<tr><td rowspan="2">名称</td><td>中文</td><td></td></tr>
<tr><td>英文</td><td></td></tr>
<tr><td colspan="3">项目的具体内容、预期目标</td></tr>
<tr><td colspan="3">项目的社会意义、学术价值、应用前景</td></tr>
<tr><td colspan="3">项目研究工作的总体计划及预期进展</td></tr>
</table>

提交成果（结题时达到的预期成果）
现有条件（参加该项目工作的人员简况、图书资料等）与欠缺条件

经费预算			
序号	支出科目	金额（元）	计算根据及理由
1	差旅费		
2	复印打印费		
3	图书资料		
4	其他		
5	合计		

指导教师意见	请说明本表前列各项内容填写是否属实，对申请人的阐述有无补充说明，预计在校期间项目能否完成或取得何种阶段成果以及申请人思想政治状况等。 指导教师签字：　　　年　　月　　日
学院审核意见	签字：　　　学院公章：　　　年　　月　　日
学院专家组评审意见	专家组组长签字：　　　年　　月　　日
研究生院意见	签字（盖章）：　　　年　　月　　日

附录 4-18 西南交通大学研究生学术素养提升计划项目立项申报书

编号	XJYZB-4618

西南交通大学

研究生学术素养提升计划项目立项申报书

年度	
编号	

西南交通大学研究生学术素养提升计划

项目立项申报书

项目名称 ______________________________

项目类别：（对应项打√）

（ ）研究生建侯暑期学校暨学术论坛

（ ）校级科创竞赛

项目负责人 ______________________________

所在学院______________________________

填表日期______________________________

研 究 生 院

申 报 须 知

1. 同一单位可同时申报“项目类别”中多个项目,每个项目需单独填写一份申报书。

2. 填表必须实事求是，认真翔实，不得虚报或留空。

3. 本表封面上“年度、编号”由研究生院统一编制填写。

4. 申报书须经课题负责人所在单位审核，签署明确意见并加盖公章后方可上报。

5. 申报书请用 A4 纸双面打印，于左侧装订成册。请同时上报电子版，所有电子文档务必放入一个文件夹中并按“学院—姓名”命名。

一、基本情况

<table>
<tr><td>项目名称</td><td colspan="5"></td></tr>
<tr><td>负责人姓名</td><td colspan="2"></td><td>性　别</td><td></td><td>职　称</td><td></td></tr>
<tr><td>工作单位</td><td colspan="2"></td><td>手　机</td><td></td><td>邮　箱</td><td></td></tr>
<tr><td>联系人姓名</td><td colspan="2"></td><td>手　机</td><td></td><td>邮　箱</td><td></td></tr>
<tr><td rowspan="8">主要参加者</td><td>姓名</td><td>性别</td><td>出生年月</td><td>专业职务</td><td>工作单位</td></tr>
<tr><td></td><td></td><td></td><td></td><td></td></tr>
<tr><td></td><td></td><td></td><td></td><td></td></tr>
<tr><td></td><td></td><td></td><td></td><td></td></tr>
<tr><td></td><td></td><td></td><td></td><td></td></tr>
<tr><td></td><td></td><td></td><td></td><td></td></tr>
<tr><td></td><td></td><td></td><td></td><td></td></tr>
<tr><td></td><td></td><td></td><td></td><td></td></tr>
<tr><td colspan="2">申请经费（单位：万元）</td><td colspan="2"></td><td>预计完成时间</td><td></td></tr>
</table>

二、活动内容

包括活动背景、目标、实施重点内容等

三、活动方案

四、执行进度计划

五、预期成果（规模、成效）

六、经费预算

序号	支出科目	金额（元）	计算根据及理由
1			
2			
3			
4			
5			
6			
合计			

七、项目审批

申请人承诺	本人承诺，将本着实事求是的原则，严格按照项目计划及学校有关要求保质保量完成任务，遵守财务规章制度，合理有效使用项目经费，在项目结题时提供经费使用明细。 项目负责人签字： 年　　月　　日
申请单位意见	主管领导签字（盖章）： 年　　月　　日
研究生院意见	主管领导签字（盖章）： 年　　月　　日

西南交通大学研究生院　编

西南交通大学学位与研究生教育质量保障工作手册

学位论文（第5册）

陈怡露　宛小强　郭海霞◎编著

西南交通大学出版社
·成　都·

图书在版编目（CIP）数据

西南交通大学学位与研究生教育质量保障工作手册. 第 5 册，学位论文 / 西南交通大学研究生院编；陈怡露，宛小强，郭海霞编著. —成都：西南交通大学出版社，2022.10

ISBN 978-7-5643-8911-6

Ⅰ. ①西… Ⅱ. ①西… ②陈… ③宛… ④郭… Ⅲ. ①西南交通大学－研究生教育－教育质量－手册 Ⅳ. ①G643-62

中国版本图书馆 CIP 数据核字（2022）第 188567 号

Xinan Jiaotong Daxue Xuewei yu Yanjiusheng Jiaoyu Zhiliang Baozhang Gongzuo Shouce

西南交通大学学位与研究生教育质量保障工作手册（1—6 册）

西南交通大学研究生院 **编**
（第 1 册）概况、管理体制：周先礼 陈志伟 张薇 **编著**
（第 2 册）招生、奖助体系：邹洋 赵毅 黄亚楠 **编著**
（第 3 册）过程培养：华宝玉 乐佳 刘颖 **编著**
（第 4 册）导师、课程、创新实践、学术素养：朱志武 万浩 刘波 **编著**
•（第 5 册）学位论文：陈怡露 宛小强 郭海霞 **编著**
（第 6 册）学位点建设：艾长发 郑海涛 张静 **编著**

《西南交通大学学位与研究生教育质量保障工作手册》

编 委 会

主　　编：周先礼

副 主 编：朱志武　艾长发　陈志伟

编　　委：邹　洋　华宝玉　陈怡露　郑海涛　赵　毅

乐　佳　万　浩　宛小强　张　薇　黄亚楠

刘　颖　刘　波　郭海霞　张　静

本册作者：陈怡露　宛小强　郭海霞

目　录

研究生的学位论文不仅是对研究生进行科学研究或承担专业工作的全面训练，是培养研究生创新能力、综合运用所学知识分析问题解决问题能力的重要环节，也是研究生学习阶段的重要总结，反映出研究生对基础理论和专门知识的掌握程度、从事科学研究的能力，是对研究生学术水平和科研能力的证明，其质量直接影响着和综合反映出研究生教育的水平与质量。因此，学位论文一直被当作全面检验研究生综合素质和培育质量的关键指标，在整个研究生教育质量保障体系中居于核心地位[①②]。

一、国内外研究生学位论文授予与质量管理

（一）国外研究生学位论文质量管理

具有现代意义的学位授予制度，始于19世纪的德国，短短几十年的研究生教育使德国在19世纪中后期成为当时世界上拥有科学家最多、经济发展最快的国家。19世纪后期，研究生教育与学位制度在美国走向成熟，美国继承并改变了德国的培养方式，完善了人才培养的结构体系，其科技人才储备很快达到了德国的水平，为20世纪美国成为世界第一强国发挥了巨大作用[③]，分析国外发达国家研究生学位论文质量管理的异同，能更好地为我国研究生学位论文质量管理提供借鉴。

1. 德国

（1）学位制度独特

世界各国普遍采用学士、硕士和博士三级学位制度，德国高校采用的是硕士（Diplom或Magister）和博士（Doktor）二级学位制度。德国的正规大学，学制四年半至五年，实际上是五至六年。完成学业后获得的第一级学位就是硕士学位，可以直接攻读博士学位。国际学术界普遍认为，德国学术型大学的硕士学位与英美国家的硕士学位相当，而德国应用型大学的硕士，其学术水平介于英美国家的学士和硕士之间，中国教育部认可该学位为国内的学士学位。但是在新的历史条件下，随着博洛尼亚进程的推进，德国为了和世界接轨，正在引入可比较的“学士/硕士”学位体系[④⑤]。

（2）系部管理为主，无学校层面的研究生管理机构

德国没有研究生院这类组织。大学一般分校、系、研究所三级。研究生是在导师所在的研究所进行培养，行政管理属于系部一级，博士生培养过程的主要环节都由各系部来控制和管理。

（3）导师在学位论文管理中具有很大的权力

在博士生招生录取的时候，必须首先征得导师的同意，如果导师不同意指导该博士生，则该博士生不能被录取，其次，博士生的培养工作由导师全面负责。学生在攻读博士学位阶

---

① 王道红. 学位论文质量管理研究[D]. 上海：华东师范大学，2005：2.
② 文道贵，潘建红. 硕士学位论文质量保障监控体系研究[J]. 高教发展与评估，2008，24（4）：86-91.
③ 王璞. 国外学位制度的发展历史、现状及启示[J]. 煤炭高等教育，2002，76（3）：25.
④ 蒋培红，张朝然. 德国高校的学位制度改革述评[J]. 学位与研究生教育，2007（5）：69.
⑤ 梁桂芝. 联邦德国研究生教育和学位制度[J]. 学位与研究生教育，1984（3）：87-91.

段，主要是做研究，写论文，没有必修课程，也没有学分要求，学生一般在导师的指导下结合自己的科研与学位论文题目进行选择性的课程学习。导师在学位论文的评审与答辩中具有较大的权力，学位论文的评审，导师是第一评审人，导师对论文的评阅鉴定意见，是决定论文能否通过的关键因素。也就是说，在学位论文质量管理过程中，导师既负责对学位论文的指导，也负责对学位论文质量的评定。培养单位对于导师如何指导学生没有任何规定。

2. 美国

（1）学位评定形式多样

美国的硕士教育分为学术导向学位和专业导向学位。学术导向学位目的在于培养学术研究生人才，毕业条件为修满一定学分，需要撰写论文，且须有原创性研究。专业导向学位旨在培养各领域的专业从业人员，学习方法与评价的方式也倾向于实务导向，学生只需要修满一定学分，有的写实务导向报告，有的需要实习，不用写学位论文就能获得学位。美国的博士学位也分为学术导向和专业导向学位，学术导向学生须修满一定学分，通过资格考试，撰写博士论文，且须有原创性研究。专业导向学位博士主要以在职培养为主，目的是培养一定领域的专门人才，毕业条件为修满一定学分，进行研究，写论文，但重在实务，论文性质着重与实务有关的主题①。

（2）管理组织形式多样，以系部管理为主

在美国，一所典型的研究型大学，除一所文理学院外，通常还有若干所专业学院及其研究生院（如哈佛大学有十个研究生院，麻省理工学院有一个研究生院）②。研究生院院长由本院教授担任，研究生院仅是行政管理机构，它无独立机构和建筑设施，无独立的人员编制。有关研究生培养、学位论文管理规定、学位授予标准，由各系决定，研究生院一般只起配合、保证和管理作用。

（3）管理制度化及规范化

在对学位论文的管理上，美国研究生培养单位注重通过制度化、规范化的管理手段来达到保证和提高学位论文质量的目的，对于学位论文质量管理，不仅建立了较为完备的规章制度，而且注重将规章制度落实到具体的操作过程中。学位论文的规章制度有：论文资格考试制度、论文开题考试制度、论文定期检查制度、论文评审与答辩制度、论文答辩投票表决制度、论文答辩修改制度等。这些制度的规定，使学位论文质量管理有章可循，避免了管理过程中的人为性和随意性。更为主要的是，为确保制度的落实和执行，美国的研究生培养单位采取了很多措施，对于制定规定和要求，都要求将执行情况报研究生院备案③。

（4）导师与指导委员会共同负责学位论文的质量管理

在美国，学位论文的选题由导师负责指导，而学位论文的开题、定期检查等则通过论文指导委员会共同完成。不同于中国仅有的一次中期检查，美国的论文指导委员会每半年至一年至少开会一次，会上研究生汇报自己这段时间所做的工作及成果分析，并提出下一步研究

① 王毅超，赵平，王云贵．我国与西方国家现行研究生学位授予制度及授予权的比较[J]．西北医学教育，2009，17（1）：33-34.

② 教育部研究生教育与学位制度考察组．关于联邦德国、美国和日本研究生教育和学位制度的考察报告[J]．学位与研究生教育，1984（3）：69-76.

③ 王道红．学位论文质量管理研究[D]．上海：华东师范大学，2005：2.

计划，委员会成员则随时提问和指出错误，分析可能遇到的困难，以供下一步研究时思考。论文初稿也要接受指导委员会的意见进行修改。论文评审与答辩委员会的成员，就是对论文进行指导的导师与论文指导委员会的成员。导师与指导委员会的成员，负责对学位论文质量的整个过程管理。

（5）淘汰型博士资格考试

在美国的大学，博士生在完成课程学习以后，进入学位论文阶段前，需要进行资格考试，又叫综合考试。是由博士培养单位组织通过笔试、口试等形式对博士生的知识、能力乃至于创造力进行考核的一种考试方式，考核其是否具备后续研究的能力，淘汰率一般为 10% ~ 25% 左右，一些优秀的学校比例为 30% 左右。这种高淘汰率控制了博士生的质量，提高了博士生的竞争力，进一步选拔出真正的人才①。

（二）我国研究生学位论文授予与质量管理

目前我国的学位制度及学位授予标准是按照 1980 年颁布的《中华人民共和国学位条例》中的要求执行的。学位共分为：学士、硕士、博士。1981 年《中华人民共和国学位条例暂行实施办法》制定了学士、硕士、博士三级学位的学术标准，并规定："硕士和博士学位的申请者，都必须有学术论文，并应进行答辩。"中国的学位制度从此建立。在学位制度管理结构上，我国实行的是国家、地方、学位授予单位三级管理体制。从管理权力的分布来看，国家权力处于主导地位，权力集中于上层，权力按自上而下的路线分层次配置。我国在研究生学位论文质量管理方面的做法：

1. 加强学位授予全方位全流程管理

针对部分学位授予单位管理制度不够细密、管理监督不够透明的情况，2019 年教育部出台《关于进一步规范和加强研究生培养管理的通知》（教研厅〔2019〕1 号），要求"狠抓学位论文和学位授予管理"，"重点抓住学位论文开题、中期考核、评阅、答辩、学位评定等关键环节，严格执行学位授予全方位全流程管理"。依据文件，很多高校构建了完整的自下而上，从学位申请到授予学位的全环节的学位授予工作标准化流程。学位授予管理体系严格按照学生申请、导师审核、论文预审、论文外审、论文答辩、分委会审核、校学位会审核、授予学位以及学位论文抽检的顺序流程开展学位授予质量保障工作，通过规范学位授予环节，细化各环节的责任主体，形成学位授予质量管理体系系统化的工作内容，推动管理体系的系统化建设②。

2. 建立科学的教育评价体系

1981 年《中华人民共和国学位条例》中规定：高等学校和科研机构的研究生，或具有研究生毕业同等学力的人员，通过硕士（博士）学位的课程考试和论文答辩，成绩合格，达到

① 魏华飞，古继宝. 美国博士资格考试模式分析[J]. 研究生教育研究，2015，29（5）：90-95.

② 曹雷，邢蓉，才德昊. 研究生学位授予质量管理体系构建研究——基于 H 大学的实践[J]. 东北师大学报（哲学社会科学版），2018（2）：183-188.

规定学术水平者，可授予硕士（博士）学位[①]。国家没有对研究生获得学位有学术成果方面的明确要求。1995 年 11 月，国家教委颁发了《关于进一步改进和加强研究生工作的若干意见》，明确规定“博士生在学位论文答辩前应有在学习期间公开发表的论文或取得经过鉴定的科研成果”[②]。各高校开始对学位授予学术成果要求开始具体量化，很多高校对研究生尤其是博士都有发表 SCI 论文的数量和级别的要求，在很长一段时间内，量化学位授予指标对强化学风建设、优化培养过程、保证培养质量起到了积极作用，2006 年，我国发表论文超过日本和英国，成为仅次于美国的科学和技术研究论文世界第二大产出国家。2007 年我国已在国家索引的工程类论文数量上取代美国，跃居全球第一。[③]但论文的创新和科技成果转化还有很大差距，面对很多卡脖子的技术，我国依旧束手无策。因此增强创新能力、培养顶尖人才、健全科学的新的教育评价体系、提升激励机制尤其重要。

2020 年 10 月，中共中央、国务院正式印发《深化新时代教育评价改革总体方案》（以下简称《总体方案》），开启了中国教育评价改革的大幕，《总体方案》以破“五唯”为导向，“破立并举”，“破”不合理、不科学的教育评价做法和导向，“立”符合新时代要求的科学的教育评价体系。各高校应根据《总体方案》的要求，结合学科特色，制定科学的多元化的成果评价标准。不同类别、不同层次、不同地区的大学，根据各自的需求，标准各自不同，适应各种类型学生的培养需求。对新时期我国研究生教育的规范发展及质量的持续改进、为我国培养适应时代需要的高层次创新性人才具有十分重要的导向意义。

3. 展开优秀博士论文评优

建立优秀学位论文评审和奖励制度，有利于形成一种激励和督促学生、导师和学校努力提高学位论文质量的激励机制和竞争机制，从而有效地促进学位论文质量的提高。国家在 2013 年前实施的全国优秀博士学位论文的评选和奖励制度，起到了十分积极有效的作用。[④]我国绝大多数省级学科评定委员会也制定了各省优秀博士学位论文评选的具体办法，并组织实施了优秀博士学位论文评选工作。多数高校也开展了本校优秀博士、硕士学位论文的评选工作。优秀研究生学位论文评选机制的建立和实施，对保证和提高博士研究生教育质量起到非常积极的作用。

4. 抽查学位论文并对社会公布结果

出台《博士硕士学位论文抽检办法》，明确提出开展博士、硕士学位论文抽检工作：博士学位论文抽检由国务院学位委员会办公室组织实施，每年进行一次，抽检范围为上一学年授予博士学位的论文，抽检比例为 10% 左右。硕士学位论文抽检由各省级学位委员会组织实施，一般每年进行一次，抽检范围为上一年度授予硕士学位的论文，抽检比例为 5% 左右。各高校积极配合，出台校级学位论文抽检，对提高学位论文质量起到了积极作用。

---

① 马灯秀，卢虎胜，王辉．提高研究生学位授予质量的思考与实践[J]．石油教育，2009（5）：70-72.
② 张小明．量化研究生学位授予指标的意义与作用[J]．高等教育研究，1997（1）：61-63+71.
③ 赵婀娜．发表论文不要重数量不重质量[N]，人民日报，2013-10-31.
④ 刘楠楠．我国研究生教育质量保障体系研究[J]．中国电力教育，2011（25）：65-67.

二、研究生学位论文质量的特性：创新性

（一）研究生学位论文的基本要求是创新

在整个教育链中，规模化的创新活动始于研究生教育，创新是研究生完成学位论文、获得学位的必要条件之一[①]。从与本科生的培养方案对比来看，尽管在本科阶段也提倡对创新意识与创新能力的培养，但在本科生的培养方案中，包括培养目标以及学位论文的相关要求等，对创新性都没有明确的要求和规定。再观研究生的培养方案，在培养目标中明确要求研究生必须在科学或专门技术上取得一定的创造性成果；从宏观的培养模式到微观的教学方法，研究生的培养过程都比本科教育更加紧密地与创造性知识相联系，鼓励和支持研究生提出新思想、新观点和解决问题的新途径；再次，在研究生的学位论文中，对创新进行了明确的要求与规定[②]。研究生教育与本科生教育的区别就在于对创新能力的培养与重视，因此，作为研究生重要培养环节以及质量体现的学位论文的特性也在于创新。

（二）不同层次与类型的研究生学位论文的创新要求

根据不同层次，研究生学位论文可分为硕士学位论文与博士学位论文；根据不同类型，学位论文可分为学术型学位论文和专业型学位论文。不同层次、不同类型的研究生学位论文的创新要求是有区别的。从硕士学位论文与博士学位论文的创新要求来看：在篇幅方面，博士学位论文的字数比硕士学位论文字数多，硕士学位论文一般在 4 万字左右，而博士论文一般为 10 万字；在内容方面，博士学位论文覆盖面更大，有的甚至可以形成一个学科分支，而硕士学位论文可能只聚焦了其中一个问题；在创新程度方面，博士学位论文明确要求要做出创造性的成果，而硕士学位论文则未有明确的创新性要求；在独立程度方面，博士学位论文对独立开展科研工作能力的要求远超于硕士学位论文。从学术型学位论文与专业型学位论文的创新要求来看：与学术学位研究生侧重培养理论科研能力不同，专业学位研究生的核心在于培养学生的实践能力，因此专业型学位论文更多强调理论与实践的联系，突出运用理论解决现实生活中的实际问题，“实践性”是主要价值取向。

三、研究生学位论文质量保障的关键环节[③]

研究生学位论文质量保障，主要是在导师的指导下对学位论文的研究和写作过程进行指导。学校研究生管理部门和培养单位对学位论文进行过程管理。

---

① 吴宏翔，顾云深. 研究生学位论文质量保障体系建设的实践与思考[J]. 学位与研究生教育，2007（12）：22-26.

② 包水梅，高洁. 从本科生与研究生培养方案的比较看研究生教育的本质[J]. 现代教育科学，2006（1）：139-145.

③ 王道红.学位论文质量管理研究[D]. 上海：华东师范大学，2005：85-89.

（一）开题

学位论文开题报告是研究生在完成文献调研后，写成的关于学位论文选题与如何实施的论述性报告。开题报告既是文献调研的聚焦点，也是学位论文研究工作展开的散射点，对研究工作起到定位作用，一般包括：课题的来源及选题依据；理论和实际意义以及可能达成的水平的充分阐述，同时对工作计划、技术路线、预期结果等进行理论论证和可行性论证；拟采用的研究方法和手段、目前具备的条件；可能遇到的困难和问题及解决的办法和措施。

（二）中期考核

为确保论文工作进度，各高校研究生管理部门和培养单位会对研究生学位论文工作进行中期考核，检查的主要内容包括：论文是否按照开题报告预定的内容及进度要求进行；已完成的研究内容与结果；目前存在的或预期可能会出现的问题；论文按时完成的可能性等。

（三）答辩资格审查

研究生在导师的指导下完成学位论文，经导师审查认为达到合格水平后，由导师出具书面意见，推荐研究生进行学位论文答辩。在进入答辩程序前，研究生管理部门会对研究生学位论文答辩进行资格审查，审查内容主要包括：学位申请人在思想政治方面的情况；学位申请人完成个人培养计划及学位课程考试成绩方面的情况；学位申请人在学期间的科研情况及科研成果是否满足培养单位所规定的要求；学位申请人所提交的学位论文是否符合规定的要求。

（四）论文评审

硕士学位论文的评审重点在于通过评审论文选题的难易程度、论文的学术观点、学术水平以及文字通畅等方面，评价论文是否具有一定的新意。而博士学位论文评价重点为独立从事科学研究能力与创造性成果方面。

（五）论文答辩

学位论文评审合格后，进行论文答辩，由答辩委员会表决答辩结果。

（六）学位授予

学位论文答辩通过后，学位评定委员会综合考虑学位申请者的政治思想、道德品质、学业成绩、学术水平和论文答辩委员会决议等情况，经审议及表决通过后授予学位。

四、研究生学位论文目前存在的主要问题

（一）选题不合理，开题报告流于形式

学位论文是研究生的研究成果，要能够在论文中解决或提出科学问题，并从论点、论据和结论三方面表述，解决问题，达到学位论文的要求。但实际过程中，研究生论文常常存在着选题过大，泛泛而谈，无中心，无结论；或者选题很小，说来说去，没有实际意义。学位论文本应当在一定程度上反映本研究在该学科领域的创新性，但这部分研究生为了毕业而进行课题研究，这样的论文毫无创新性可言，没有学术价值。而在开题报告中，参加开题的导师都是本校同学科的教授或副教授，与研究生导师都比较熟，对开题报告都持宽松的态度，开题报告流于形式。

（二）论文撰写不规范、不严谨，创新性不足

论文撰写存在不规范，论文编辑错误较多；学术态度不严谨①，部分图表直接从参考文献复制；论文创新性不足等各种现象。究其原因，与学生个人素质不够、导师能力不足，对学生指导不到位有很大的关系，同时，学校作为管理方，对学位论文过程管理、结果抽查、绩效管理也需要建立系统的质量保障体系。

（三）评阅标准不够细化，评阅与答辩时间间隔太短

研究生学位论文主要在于创新，一些学位论文的内容涉及边缘学科、交叉学科，没有一套切实可行的评阅标准，导致专家的评阅意见大相径庭，学生无从下手，只能做点小改动就完事。且有的学生从评阅意见返回到答辩仅有几天时间，评阅后学生没有足够时间修改论文。

（四）学术道德失范

近年来，研究生的学术道德失范现象屡有发生，集中表现在：抄袭、剽窃他人的科研成果；假造科研信息，修改或伪造实验统计数据；急功近利，一稿多投，只求数量、不讲质量；不诚实地利用他人成果，有意不言明引用别人的数据和结论，改头换面，不加注释；“枪手”代写论文；以不正当手段获取学分或影响论文答辩②。

（五）答辩过程缺乏有效的监督机制

目前答辩的专家名单一般都由各学院提供，不可避免造成各种人情关系，答辩委员为顾及导师面子，让论文轻松通过，由此造成学位论文质量不高。

---

① 靳慧，杨阳，刘佳，赵静. 完善研究生教育内部质量保证体系建设的思考——基于北京化工大学研究生学位论文盲审结果的分析[J]. 北京化工大学学报（社会科学版），2021（1）：89-93.

② 郑重，郑忠梅. 论研究生学术道德的失范与规范[J]. 北京理工大学学报（社会科学版），2006，8（3）：115-117.

五、学位论文质量保障体系的设计

（一）学位论文质量的主要影响因素

进入学位论文输出阶段，对学位论文质量影响较大的因素有：

1. 导师

导师作为研究生培养的第一责任人，肩负着从研究生论文的选题直到定稿指导的重任。但是随着学科的不断交叉，研究问题的日趋复杂，导师本身繁重的教学任务，指导人数的不断增加，导师可能会出现指导不力的问题。

2. 健全的全过程管理制度

组织或团体能正常有效地进行运转，必须有健全的组织制度作为保障，制度的建设能够避免管理中的不规范性和随意性①。

3. 多元化的评价标准

对各种不同类别、不同层次的学生，根据各自的需求，制定不同的成果标准评价要求，以适应各种类型学生的培养需求。

4. 质量保障和监督

完善的学位论文质量监控，如定期的学位论文抽评和评优。对抽评结果不好的惩罚，对评选出的优秀论文奖励，都能一定程度上提高学位论文的质量。

（二）设计原则

1. 目标性与过程性相结合原则

学位论文的质量保障要建立明确的保障目标并设置每一环节的具体目标，以目标为导向，加强对学位论文工作的全过程监控。

2. 多样性与统一性相结合原则

不同培养层次和类型的研究生的学位论文标准应具有多样性，相同层次和类型的研究生学位论文应具有相对统一的质量标准。

3. 自主性与规范性相结合原则

在充分发挥导师指导自主性的基础上，建立和完善导师指导相关的规范性制度，对导师指导行为进行引导和约束，同时将导师指导与研究生的独立研究有机结合，提升导师指导效果和研究生独立开展科学研究的能力。

---

① 王道红. 学位论文质量管理研究[D]. 上海：华东师范大学，2005：137.

4. 不妥协原则

坚决贯彻质量唯一的理念，对未达到标准的学位论文坚决不妥协，杜绝学位论文相关环节“走过场”，坚决制止学位论文评审意见“一团和气”和“人情通过”。

六、学位论文质量保障的建议做法

从研究生学位论文质量的主要影响因素出发，对研究生学位论文质量保障的建议有以下几点：

（一）发挥集体优势的导师与团队指导

导师作为研究生培养的第一责任人，肩负着从研究生论文的选题直到定稿指导的重任。但是随着学科的不断交叉，研究问题的日趋复杂，导师本身繁重的教学任务，指导人数的不断增加，导师可能会出现指导不力的问题。

面对这种情况，我们在优化导师遴选与培训制度、建立客观公正的导师评价体系以及完善导师的奖励激励机制以外，还可以借鉴国外导师对研究生指导的方法：如美国，研究生的论文是在导师和指导委员会的共同指导下完成，指导委员会通常会每半年至一年开会一次，对学生的论义进行过程给出意见和建议。同时指导委员会成员也是论文评审与答辩委员会的委员，导师与指导委员会的成员，负责对学位论文质量的整个过程管理。这种导师和指导委员会相结合的形式，发挥了集体的优势，有利于学生开阔眼界，博采众家之长，广泛吸收各种学术思想，也充分利用了教育资源，更好地培养研究生①。

（二）实施全过程的授位管理

在学位授予过程中，要构建完整的自下而上、从学位申请到授予学位的全环节的学位授予工作标准化流程。学位授予管理体系要严格按照学生申请、导师审核、论文预审、论文外审、论文答辩、分委员会审核、校学位评定委员会审核、授予学位以及学位论文抽检的顺序流程开展学位授予质量保障工作，通过规范学位授予环节，细化各环节的责任主体，形成学位授予质量管理体系系统化的工作内容，推动管理体系的系统化建设②。

（三）量化指标，制定学位论文成果标准

把对研究生学位授予需要达到的抽象的学术水平标准，转化为可操作的量化指标，是当前高校普遍采用的一种方法。不同类别、不同层次、不同地区的大学，根据各自的需求，标准各不同，适应各种类型学生的培养需求。各高校要考虑人才培养的多维度评价，授权各分委会基于学科特点，逐步制定科学合理的多元学位标准体系，破除“唯论文”，特别是“唯SCI”的现象。

① 龚志宏，牛惊雷. 美国大学研究生导师与研究生指导委员会探析[J]. 高教发展与评估，2006(2)：52-54.

② 曹雷，邢蓉，才德昊.研究生学位授予质量管理体系构建研究——基于H大学的实践[J]. 东北师大学报（哲学社会科学版），2018（2）：183-188.

培养需求。对新时期我国研究生教育的规范发展及质量的持续改进，为我国培养适应时代需要的高层次创新性人才具有十分重要的导向意义。

（四）进行学位论文“三级”抽检

《深化新时代教育评价改革总体方案》文件要求，“严格学位标准”“完善过程性考核与结果性考核有机结合的学业考评制度”，学位论文抽评作为结果性考核的手段之一，对我国学位论文提升起到了重要作用。

目前我国学位论文抽检有国家级、省级，有的高校也配合建立了校级抽评，形成了“国家—省级—校级”三级学位论文抽检体系。校级抽检是对高校学位论文质量的自我诊断，在抽查摸底过程中，建议加大对论文质量排名靠后的、容易出问题的、新增授权单位的论文等各种情况的抽检力度。

（五）开展论文激励奖惩措施

建立优秀学位论文评审和奖励制度，对各级各类研究生优秀学位论文指导教师及作者进行表彰和奖励，加强对他们科研成果的宣传力度，充分发挥他们的榜样、示范引领功能；同时在导师招生名额上给予倾斜，在学科发展上给予资金倾斜，全力支持学科发展，推动学科发展群产生和多学科交叉融合发展。

另一方面，对于抽检“存在问题学位论文”，抽检结果也是学校动态调整学位授权点、研究生导师招生资格确定、研究生教育资源配置等重要依据，要严格实施。

（六）建立分流淘汰机制

国外的一流大学在实施和运行研究生培养过程中，都坚持用“淘汰率”来提高培养质量。如美国，博士生在课程学习结束后，论文开题前，进行博士资格考试，考察博士生后续的研究能力，淘汰率为10%～25%，通过淘汰优选，选出真正适合做研究的高质量人才。

七、我校的主要做法

（一）构建了学位论文全过程管理体系

1. 制订了学位论文全过程管理办法

围绕研究生从学位申请到授予学位的全过程，构建了全环节全过程学位论文质量管理办法，从学生学位申请、形式审查、复制比检测、论文预审、论文外审、论文答辩、分委会审核、校学位会审核、授予学位到学位论文抽检的顺序流程，每个环节要达到的标准、每个节点的时间限制都做了详细要求。通过规范学位授予环节，形成了学位授予质量管理体系系统化的工作流程。

2. 建立了全链条环节质量标准

指导教师是研究生培养的第一负责人，学生论文选题、研究攻关、成果总结等环节需要导师严格把关；论文评审、答辩等环节则要借助校内外同行专家综合评价；学院要对选题报告、中期检查等进行进展统筹监督。学校制定了相关责任主体的管理文件，全面实施教育部学位中心送审平台进行博士学位论文盲审、硕士论文校级抽检工作，构建了“以学位论文重点审议为核心、双盲平台送审相结合”的论文质量模式，明确全链条各个环节的责任主体，质量环节牢牢相扣,切实提升学位论文的质量。

3. 加强了导师队伍的建设

坚持立德树人根本任务，制定了《研究生指导教师岗位管理办法》，进一步明确了导师岗位职责、优化了研究生导师遴选、聘任、培训、评价、激励、退出机制，做到有进有退、择优聘任，构建动态平衡机制，同时加大研究生导师培训力度，构建“校级—院级—个人”三层面培训提升体系，依托导师团队的传帮带作用，极大优化了导师队伍建设质量。

4. 优化了成果标准和结果评价

2020 年中共中央、国务院正式印发《深化新时代教育评价改革总体方案》(后文简称《总体方案》),《总体方案》以破“五唯”为导向,“破”不合理、不科学的教育评价做法和导向，“立”符合新时代要求的科学的教育评价体系。根据《总体方案》的要求，学校各分委会根据学科特点和实际情况，分类制定、多元评价，杜绝过度追求 SCI 论文指标。重点关注成果的创新水平和科学价值，鼓励研究生以高水平中文学术期刊及学术会议论文、学术专著、发明专利、科技奖励、研究报告等多元化成果形式充实学位论文的创新性，对培养适应时代需要的高层次创新性人才具有十分重要的导向意义。

（二）强化了学位论文质量保障与监督机制

加大学位论文重点审议比例，组织开展学位论文校级自检，形成“国家—省级—学校”三级学位论文质量监控体系；制定《西南交通大学学位论文抽检结果处理办法》，以自查自检促进论文质量提升。

1. 建立学位论文“三级”抽查制度

学校配合国家级、省级学位论文抽检增加了校级自检，形成了“国家—省级—校级”三级学位论文质量跟踪与反馈机制。校级自检是学位论文质量的自我诊断，通过抽检摸底，尤其是加大比例抽查：抽查论文质量排名靠后的、学习年限较长的、新增授权单位的学位论文，对提高学位论文质量起到了积极作用。

2. 创新激励机制，实施优秀论文评选

学校建立了优秀学位论文评审和奖励制度，并加大宣传辐射，树立优秀标杆，对培养和激励在学研究生的创新精神、促进我校研究生培养质量的提高具有积极的作用。

八、西南交通大学研究生学位论文质量保障文件体系

近年来，我校围绕学位论文全过程要素和环节建立全方位、全过程、全员参与的质量保障体系，明晰质量管理对象、目标、流程，明确各环节的考核时间、方式和处理办法，强化学位论文质量监管过程中的主体责任意识，充分发挥导师、培养单位、学位评定委员会以及同行专家、答辩委员会等对学位论文质量的把关作用，形成学位论文质量保障文件体系如表1所示。

表1 西南交通大学研究生学位论文质量保障文件

文件类别	文件标题	文件编号	附录编号
管理办法	西南交通大学学士、硕士和博士学位授予工作细则	XJYZB-5101	5-1
	西南交通大学研究生学位论文质量管理规定	XJYZB-5102	5-2
	西南交通大学关于博士学位论文答辩管理工作的规定	XJYZB-5103	5-3
	西南交通大学关于硕士学位论文答辩管理工作的规定	XJYZB-5104	5-4
	西南交通大学研究生学位论文答辩委员会职责及答辩程序	XJYZB-5305	5-5
	西南交通大学重点审议研究生学位论文工作实施办法	XJYZB-5306	5-6
	西南交通大学关于在学位论文工作中加强学术规范管理的暂行规定	XJYZB-5107	5-7
	西南交通大学优秀博士、硕士学位论文评选及奖励办法	XJYZB-5308	5-8
	西南交通大学博士硕士学位论文抽检结果处理办法	XJYZB-5309	5-9
表格模板	西南交通大学申请博士学位审批表	XJYZB-5610	5-10
	西南交通大学硕士研究生申请学位审批表	XJYZB-5611	5-11
	西南交通大学专业学位硕士研究生申请学位审批表	XJYZB-5612	5-12
	西南交通大学优秀博士学位论文推荐表	XJYZB-5613	5-13
	西南交通大学优秀硕士学位论文推荐表	XJYZB-5614	5-14

九、附　录

附录 5-1　西南交通大学学士、硕士和博士学位授予工作细则

编号	XJYZB-5101

西南交通大学

学士、硕士和博士学位授予工作细则

一、总　则

第一条　为了贯彻执行《中华人民共和国学位条例》，根据《中华人民共和国学位条例暂行实施办法》及其他有关规定，结合我校情况，制定本工作细则。

第二条　本校学位按学士、硕士、博士三级授予。

二、学位评定委员会

第三条　本校学位评定委员会由二十一至二十五人组成，设主席一人、副主席一至三人，任期二至三年。学位评定委员会下设学位办公室，配备专职人员。

学位评定委员会成员由学校在教授、副教授或相当职称的专家中遴选，报教育部批准。

学位评定委员会下设分委员会，分委员会由七至十五人组成，设主席一人、副主席一至二人、兼职秘书一人。分委员会主席由校学位评定委员会成员兼任。名单由学校确定。报教育部备案。

第四条　学位评定委员会履行以下职责：

（一）审定各学科、专业硕士学位、博士学位的培养方案、培养计划。

（二）审定免除部分或全部课程考试的博士学位申请。

（三）审定硕士学位课程考试的门数、科目、主考人，以及博士学位课程考试的门数、范围、考试委员会成员名单。

（四）审定论文答辩委员会成员名额和名单。

（五）遴选招收硕士研究生指导教师和招收博士研究生指导教师。

（六）审批并授予学士、硕士、博士学位。

（七）作出撤销违反规定而授予学位的决定。

（八）通过授予名誉博士学位的提名。

（九）研究和处理有关学位的其他事项。

分委员会协助学位评定委员会工作。

三、授予学位的学术水平要求

第五条　学位申请人凡已完成高等学校本科教学计划的各项要求，或硕士学位及博士学位的课程考试和论文答辩，成绩合格，达到下述学术水平，方可授予相应的学位。

（一）授予学士学位的要求：

1. 较好地掌握本门学科的基础理论、专门知识和基本技能；

2. 具有从事科学研究工作或担负专门技术工作的初步能力。

（二）授予硕士学位的要求：

1. 在本门学科上掌握坚实的基础理论和系统的专门知识；

2. 具有从事科学研究工作或独立担负专门技术工作的能力。

（三）授予博士学位的要求：

1. 在本门学科上掌握坚实宽广的基础理论和系统深入的专门知识；

2. 具有独立从事科学研究工作的能力；

3. 在科学或专门技术上做出创造性的成果。

四、课程考试

第六条 学士学位的课程学习成绩，可根据学生完成教学计划规定的历年学习成绩，一般不另组织考试。

第七条 硕士学位的考试课程和要求：

（一）马克思主义理论课。要求掌握马克思主义的基本理论。

（二）基础理论课和专业课；一般为三至四门。要求掌握坚实的基础理论和系统的专门知识。

（三）一门外国语。要求比较熟练地阅读本专业的外文资料。

本校研究生的课程考试，可按上述的课程要求，结合培养计划安排进行。硕士研究生的课程考试成绩合格，取得了规定的学分，并符合我校学籍管理规定，方可参加论文答辩。

第八条 博士学位的考试课程和要求：

（一）马克思主义理论课（通过考试或提交读书报告、论述）。要求较好地掌握马克思主义的基本理论。

（二）基础理论课和专业课举行单科考试，要求掌握坚实宽广的基础理论和系统深入的专门知识。

（三）外国语。第一外国语要求熟练地阅读本专业的外文资料，并具有一定的写作能力；第二外国语要求有阅读本专业的外文资料的初步能力。第一外国语为小语种的博士生须选修第二外国语，第二外国语一般选修英语。

（四）资格考试（学科综合考试），考试和评定成绩由三位专家组成的考试委员会主持。考试委员会由研究生院负责组织。

五、论文基本要求

第九条 学士学位毕业设计或毕业论文的基本要求是：

（一）具有实际或理论价值。

（二）基本论点和过程没有错误。

第十条 硕士论文的基本要求是：

（一）论文的基本论点和结论，应在学术上或对国民经济建设具有一定的理论或实用价值。

（二）对论文所涉及的各个问题，应具有必要的基础理论和专门知识。

（三）对所研究的课题应有新的见解，表明作者具有从事科学研究工作或独立担负专门技术工作的能力。

第十一条 博士论文的基本要求是：

（一）论文的基本科学论点和结论，应在学术上或对国民经济建设具有较大的理论或实用价值。

（二）对论文所涉及的各个问题，应具有较深广的基础理论和专门知识。

（三）对所研究的课题应在科学或专业技术上做出创造性的成果，表明作者具有独立从事科学研究工作的能力。

申请人如有其他著作，可以提出，并与学位论文综合进行评议。

第十二条 学位论文一般应有：

（一）封面。

（二）版权使用授权书。

（三）创新性声明（硕士学位论文为：主要工作（贡献）声明）。

（四）中英文摘要。

（五）目录。

（六）正文。

（七）结论。

（八）致谢。

（九）参考文献。

（十）附录。

（十一）插图和附表清单。

对学士学位论文，上述（二）、（三）两项可不作要求。

六、申请学位

第十三条 本校应届毕业生在申请学位时，均须按规定提交学位申请书和学术论文等有关材料。

博士生在学期间必须以第一作者身份并署名西南交通大学，在限定刊物公开发表（含接到正式录用通知）一定数量与学位论文相关的学术论文。

学术型硕士生在学期间原则上应以第一作者身份并以西南交通大学为作者单位，发表在各学位评定分委员会认可的正式学术刊物（或较高水平的学术会议论文集）发表（含正式录用通知）与学位论文相关的学术论文至少 1 篇。

同等学力在职人员申请学位，须按有关规定办理并提交相应的材料。

七、论文评阅

第十四条 学士学位毕业设计或毕业论文，由教研室组织评阅和答辩，一般不另行专门组成答辩委员会。

研究生学位论文在答辩前应交指导教师审核；指导教师须参照本细则第五部分有关规定进行审阅，写出详细的学术评语。

第十五条 硕士学位论文评阅人一般为两名，职务相当于副教授及以上。如遇一名评阅人的评语属否定的，由院（系、中心）另聘一名评阅人复审；如遇两名评阅人的评语属否定的，不能组织论文答辩。

博士学位论文评阅人为五名（一般均为校外专家），职务为教授或相当专业技术职务，原则上应为博导。评阅人的姓名和评阅意见应密封传递。如有一名评阅人的评语属否定的，不能组织论文答辩。

第十六条 评阅人应对论文写出详细的学术评语，供答辩委员会参考。评阅人可从以下几个方面审查论文质量：

（一）研究成果的理论意义和实用价值。

（二）论据是否充分、可靠。

（三）掌握基础理论、专门知识、研究方法和技能的水平。

此外，对论文是否达到攻读学位的学术水平、可否提交答辩等提出意见。

评语的副本，最迟应在答辩前一周送交答辩委员会。

博士论文答辩前三个月，其论文（或详细摘要）应分送有关单位及个人，广泛征求同行意见。答辩委员会秘书应将同行评议意见综合整理，提出书面报告，供答辩委员会参考。

八、论文答辩委员会

第十七条 研究生的论文答辩须组成答辩委员会。

硕士学位论文答辩委员会由三至五名专家组成。委员中副教授、教授或相当职称的专家应占三分之二以上。必要时可请外单位专家参加。指导教师如果参加答辩委员会（也可以不参加），答辩委员会至少应由四人组成。联合指导硕士生的两名导师中只能有一名担任该生的答辩委员会委员。委员会主席由副教授以上专家担任。指导教师不能担任主席。

博士学位论文答辩委员会由五至七位专家组成。一般应为教授或相当职称的专家，且应有不少于二至三名的外单位的专家担任答辩委员。博士生本人的指导教师不参加论文答辩委员会，委员会主席由教授或相当职称的专家担任。

论文答辩委员会设业务秘书一名，在熟悉专业且工作认真负责的同志中聘请，其职责是完成答辩记录和答辩会议的其他有关工作；各院（系、中心）的研究生工作教务员担任本院（系、中心）所接受的学位申请的日常工作事务秘书，其职责是办理并检查申请过程中的日常事务和各种手续，严格验收并妥善保管每位申请者答辩后的档案资料。

第十八条 论文答辩应按规定程序进行，并且一般应公开举行。

答辩委员会在评审论文时，要参考本细则第五条的有关规定，不得降低要求。委员会的每个委员，应事先了解论文的全文，做好提问的准备，坚持学术标准，做到实事求是。

第十九条 答辩委员会要对论文作出评价，并根据申请人的思想政治表现、道德品质、课程学习、论文工作、答辩情况及论文评阅人的评语等进行评议。在作出是否通过论文答辩和是否建议授予学位的决议时，应进行不记名投票，经全体委员三分之二以上（含三分之二）同意，方能通过。决议要由委员会主席签字。

第二十条 答辩不合格的，经答辩委员会全体成员过半数同意，硕士学位论文可在一年内修改后，重新答辩一次；博士学位论文可在两年内修改后，重新答辩一次。

硕士学位申请人的论文，如已相当于博士学位的学术水平，答辩委员会除作出建议授予硕士学位的决议外，还可向授予博士学位的单位建议办理申请博士学位的相关手续；博士学位申请人的论文，如果未达到博士学位的论文水平，但已达到硕士学位论文水平，而申请人又尚未获得该学科硕士学位的，答辩委员会可以作出授予硕士学位的建议。

第二十一条 答辩结束后，答辩委员会秘书，应按有关规定的要求，将答辩材料整理后送交学位分委员会；各院（系、中心）应按有关规定的要求，将学位获得者的论文分送有关单位。

第二十二条 为保证学位授予质量，实施宏观监检，校学位评定委员会应对申请答辩的学位论文进行随机抽样检查。博士学位论文抽样比例为10%～15%，硕士学位论文抽样比例为5%。

九、学位授予

第二十三条 授予学位，必须贯彻坚持标准，保证质量的原则。

各学位分委员会会议一般于每年五月、九月、十一月召开。分委会会议召开的前一周，要做好档案材料的清理及其他有利于会议顺利进行的准备工作（其中包括征集研究生所在党委的政审意见等）。

学位分委员会，应根据自己的职责，对经答辩委员会作出决议建议授予学位或需修改其论文的学生，要逐个对其思想政治表现、课程学习成绩、论文工作、论文评语及答辩等各方面情况进行全面的审核，在作出授予学位或修改论文重新答辩一次等的决议时，应以不记名投票方式，经出席会议的三分之二或以上的成员通过（通过的结果，应达全体成员的过半数）。

经分委会讨论的学位申请者的档案材料，由教务员送交校学位办公室进行当面逐份逐项的检查和验收。

校学位评定委员会一般于每年六月、九月、十二月召开。会议议程还包括由教务处汇报学士学位授予情况和研究决定学士学位授予中需要讨论解决的问题。

校学位评定委员会在学位分委员会逐个审核的基础上，着重审核有争议的对象。对于个别有争议的对象，经学位评定委员会组织力量重新审核，认为确已达到相应学位标准的，可作出授予学位的决定；某些经答辩委员会通过的论文，经学位评定委员会审核后认为不合格的，也可作出一年内（硕士论文）或二年内（博士论文）进行修改，重新答辩一次的决议。在作出授予学位或修改论文、重新答辩一次的决议时，必须召开会议，以不记名投票的方式，经全体成员过半数通过。

经校学位评定委员会批准授予博士学位的人员名单，应在校内公布，公布三个月后无异议者，方能颁发博士学位证书。

十、名誉博士学位

第二十四条 对于国内外卓越的学者，经学位评定委员会提名，报国务院学位委员会批准，可以授予名誉博士学位。

十一、其 他

第二十五条 在我国学习的外国留学生和从事研究工作的外国学者申请学位，参照本细则办理。

第二十六条 各级学位获得者的学位证书的生效日期，为学位评定委员会作出决定之日开始。

第二十七条 学位评定委员会如确认学位错授，或发现有舞弊作伪等严重违反学位条例规定时，应予复查，撤销原授予学位。

第二十八条 本细则，经学位评定委员会讨论，校长批准后执行，并报教育部和国务院学位委员会备案。

附录 5-2　西南交通大学研究生学位论文质量管理规定

编号	XJYZB-5102

西南交通大学

研究生学位论文质量管理规定

第一章　总　则

第一条　学位论文是衡量研究生培养质量的重要指标。为不断完善研究生人才培养体系，严把研究生质量“出口关”，结合我校实际，制定本规定。

第二章　过程管理

第二条　培养单位应充分发挥学位论文选题、开题报告、中期考核、年度考核等环节对学位论文质量的保障作用，完善各环节的实施细则、考核要求和考核方式，明确责任主体。上述环节规定及要求参照《西南交通大学关于攻读博士学位研究生培养管理规定》《西南交通大学关于攻读硕士学位研究生培养管理规定》内容。

第三条　形式审查

1. 学位论文原则上用中文（简体汉字）撰写，来华留学生可采用其他语种。博士学位论文中文摘要应不少于 2000 字，硕士学位论文中文摘要应不少于 500 字。英文摘要与中文摘要的内容应完全一致。

2. 学位论文须进行形式审查。形式审查应按照《西南交通大学研究生学位论文撰写格式规范》要求进行，主要检查格式错误，如错别字，语句表述不当，摘要不规范，图、表、公式、参考文献等格式不规范，论文的排版不规范等。

3. 形式审查不通过的，应对论文修改至少 1 个月后再次提交审查。

第四条　复制比检测

1. 研究生在申请论文预审前，须进行复制比检测。

2. 博士学位论文检测结果满足去除本人已发表文献复制比文科≤25%、工科等其他学科≤20% 的，硕士学位论文检测结果满足去除本人已发表文献复制比文科≤30%、工科等其他学科≤25% 的可进入下一环节。复制比超出最高限的，经培养单位组织专家鉴定，如属于合理引用，可参加学位论文的送审及答辩。

3. 经 3 个月及以上时间修改后的学位论文，须重新进行复制比检测。

第五条　论文预审

1. 博士学位论文预审可采用“预答辩”或“专家评阅”的形式。培养单位应聘请至少 2 名相关学科专家进行，原则上均应为正高级职称的博士生导师。

2. 博士学位论文预审结论包括“合格送外审”“修改后复审”“不合格”三类：

（1）预审结论均为“合格送外审”的，可直接提交学位论文外审。

（2）预审结论中有“修改后复审”的，博士生应根据专家提出的修改时长和意见完善论文，并送原预审专家复审直至“合格送外审”后，提交学位论文外审。

（3）预审结论中有“不合格”的，博士生应对学位论文展开至少 3 个月的修改工作，重新申请论文预审。

3. 博士生及时完成《西南交通大学博士学位论文预审意见修改说明表》，交培养单位保存至研究生学位档案。

4. 硕士学位论文预审由各研究生培养单位按照《西南交通大学关于硕士学位论文答辩管理工作的规定》相关要求执行。

第六条 论文外审

1. 博士学位论文外审应聘请至少 5 名外单位相关学科专家对隐名版论文进行盲审，评审专家均应具有正高级职称，其中博士生导师不少于 3 名。

2. 博士学位论文外审结论包括“同意答辩”“修改后答辩”“修改后复审”“不予答辩”四类，其中“修改后复审”、“不予答辩”视为外审不通过。

（1）外审结论均为“同意答辩”的，可直接提交答辩申请。

（2）外审结论中有“修改后答辩”的，应按照专家意见对论文进行修改，经导师审核同意后，提交答辩申请。

（3）外审结论中有“修改后复审”的，应对论文进行至少 3 个月的修改，送原专家评审。

（4）外审结论中有“不予答辩”的，应对论文进行至少 6 个月的修改，申请论文复审。每 1 份“不予答辩”意见，补送 2 名专家。

（5）论文复审不通过的，应对论文再次进行至少 6 个月的修改，申请二次复审。二次复审送 5 名专家评审，评审结果中有不通过的，取消该申请人的博士学位申请资格。

3. 外审通过后，须在 3 个月以内申请学位论文答辩。逾期未答辩者，须重新申请论文外审。

4. 硕士研究生学位论文是否送外审，由培养单位结合本单位实际情况自行安排。

5. 博（硕）士生及时完成《西南交通大学博士（硕士）学位论文外审意见修改说明表》，交培养单位保存至学位档案。

6. 博士学位论文、同等学力人员申请学位论文、来华留学研究生学位论文、各级论文抽检中出现“存在问题学位论文”的导师，其后三年指导的研究生论文、申请返校答辩人员的研究生学位论文、兼职导师指导的研究生学位论文、新增学位点前三年的研究生学位论文须全部提交同行专家双盲评审。

第七条 论文答辩

1. 博士研究生申请学位论文答辩按《西南交通大学研究生学籍管理规定》要求，自入学之日起 10 年内（含休学）完成学位论文答辩；硕士研究生申请学位论文答辩按《西南交通大学研究生学籍管理规定》要求，自入学之日起 5 年内（含休学）完成学位论文答辩。

2. 博士学位论文答辩委员会由至少 5 名相关学科专家组成，须包含至少 2 名校外专家，职称均应为正高级职称，博士生导师应占三分之二及以上。答辩委员会设秘书 1 名，应为本校讲师及以上职称人员。

硕士学位论文答辩委员会由至少 3 名相关学科专家组成。职称均应为副高级及以上职称。硕士专业学位论文答辩，校外专家应不少于 1 名。答辩委员会设秘书 1 名，应为本校讲师及以上职称人员。委员会主席由副教授及以上专家担任。

研究生指导教师不能作为答辩委员会成员。

3. 充分发挥答辩委员会在研究生学位论文学术评价中的关键作用。答辩委员会委员应全面考查研究生的理论基础、专门知识、研究能力、成果水平和学位论文质量，并在答辩决议书中给出客观公正评价。

4. 答辩秘书负责在答辩前至少一周将学位论文定稿、将《西南交通大学博士（硕士）学位论文同行专家评阅意见综述》《西南交通大学博士（硕士）学位论文预审意见修改说明表》《西南交通大学博士（硕士）学位论文外审意见修改说明表》和聘书送至答辩委员会成员。

5. 答辩委员会就是否通过论文答辩和是否建议授予学位进行表决，获全体委员三分之二及以上同意，可作出建议授予学位的决议。对于存在争议但做出建议授予学位决议的，可提请分委员会重点审议。

6. 答辩不通过的，经答辩委员会全体成员过半数同意，硕士学位论文可在一年内申请重新答辩，博士学位论文可在两年内申请重新答辩。重新答辩前须对论文进行至少 3 个月的修改；重新答辩仍不通过的，取消该申请人的学位申请资格。

7. 答辩通过后须在 1 年内申请授位。

8. 研究生及时完成《西南交通大学博士（硕士）学位论文答辩意见修改说明表》，交培养单位保存至学位档案。

第三章　授位管理

第八条　重点审议

1. 分委员会应结合申请学位的论文总数，按照论文质量从高到低原则进行排序，确定博士前 10%、硕士前 5% 和博士后 10%、硕士后 5% 的学位论文进行重点审议。以下三类情况默认为后 10%（5%）论文：

（1）超过最长在校学习年限，结业后返校申请论文答辩的。

（2）外审结论中有“修改后复审”或“不予答辩”。

（3）答辩委员会建议提请重点审议。

2. 分委员会重点审议过程、审议情况和审议结果须形成详细的文字材料，在《研究生学位授予质量分析表》中完整体现，经分委员会主席签字确认后报送至学位办。

3. 分委员会确定重点审议的学位论文，由学位办组织专家进行抽检，专家认为论文仍需修改的，返回分委员会展开进一步研讨。

第九条　分委员会审议

1. 分委员会应以会议形式对学位申请者的材料进行审查，并有全体委员三分之二及以上出席，经到会委员三分之二及以上票决通过的，可建议授予博士（硕士）学位，提请校学位评定委员会审定。

2. 分委员会票决结果为不通过授位申请的，可作出如下补充决议：

（1）重新申请：申请者在 1 年内完善论文，重新提交学位申请。重新申请机会只有一次。

（2）重新答辩：申请者可在 2 年内完成论文修改，重新进行论文答辩。重新答辩机会只有一次。

（3）不授学位：按规定不授学位者（如：存在学术不端行为）。

第十条 校学位评定委员会审议

校学位评定委员会应以会议方式对博士学位申请者的材料进行逐一审议。并有全体委员三分之二及以上出席，经到会委员三分之二及以上票决通过（通过的结果，应达全体成员的过半数），可作出以下决议：

（1）通过：即同意授予博士学位。

（2）缓授学位：申请者在2年内完成论文修改，重新提交论文评阅、答辩。重新答辩机会只有一次。

（3）不授学位：按规定不授学位者（如：存在学术不端行为）。

硕士学位授位申请经校学位评定委员会审议通过，可授予硕士学位证书；校学位评定委员会审核后认为不合格的，可作出一年内重新申请或重新答辩的决议。

第四章 附 则

第十一条 本规定自发布之日起执行，由研究生院负责解释。

第十二条 此前文件规定与本办法不一致的，以本办法为准。

附录 5-3　西南交通大学关于博士学位论文答辩管理工作的规定

编号	XJYZB-5103

西南交通大学

关于博士学位论文答辩管理工作的规定

根据《中华人民共和国学位条例》及其暂行实施办法，为进一步使我校博士生学位论文答辩规范化、程序化，加强博士生的学位论文质量管理，提高博士学位论文质量，特做以下规定：

1. 博士生在规定的学习年限内，按培养计划完成课程学习，成绩合格，完成博士学位论文研究和撰写工作，且经导师审定论文（初稿），同意提交答辩，并已达到在学期间学术论文发表要求者，可向各学位评定分委员会申请博士学位论文预审。

2. 博士生从西南交通大学研究生院主页下载专区处下载《博士研究生答辩材料》中的《博士学位论文预审意见书》和《申请博士学位审批表》。由博士生本人认真填写其中的“申请博士学位人员登记表”，“博士研究生学位论文答辩申请书”等，并请导师填写“博士研究生学位论文指导教师学术评议书”后，由各学位评定分委员会聘请3～5位相关学科的专家对博士学位论文（初稿）进行预审，预审小组成员应尽量包括参加过开题报告及中期总结报告的专家。

预审时间一般为1个月左右。预审专家应结合学位论文开题报告、学位论文中期总结报告及发表论文情况等材料，对学位论文创新性和学术水平以及学位论文的理论研究和实验研究的立论依据，研究成果、关键性结论等进行审议，做出评价，并详细填写《博士学位论文预审意见书》。

3. 预审合格的博士生，可在论文修改完善定稿后到校学位办申请学位论文通讯评审。同时提交《博士学位论文预审意见书》《申请博士学位审批表》、博士学位论文原件以及发表的学术论文原件（可含2份正式录用通知），由校学位办审核。

4. 经校学位办审核符合送审条件的博士学位论文，可从研究生院主页下载专区处下载《博士学位论文外审及答辩材料》中的《西南交通大学博士学位论文专家评阅书》，按要求录入双面打印5份，并去校学位办指定地点复印博士学位论文。先只复印5份论文送审，把博士生姓名和导师姓名用符号代替，以便按“双盲”要求进行同行专家评阅。其中2份同行专家评阅由校学位办组织进行，另外3份同行专家评阅由院、系指定的答辩秘书，从院、系建立的博士学位论文评阅专家库里，抽取8名专家，提供《博士学位论文同行评议建议专家名单》，报校学位办审批，并由答辩秘书负责组织进行。所有通讯评审结果均直接寄至或密封送达校学位办。

5. 同行专家评阅时间一般不超过2个月。博士学位论文评阅实行1票否决制，同行专家评阅中只要有专家认为论文没有创新性成果或者创新性不明显，应暂缓安排该论文的答辩。要求在3至6个月内对博士学位论文进行修改，修改完成后再由校学位办对博士学位论文组织复审。通讯评审全部返回无异议后，答辩秘书可从研究生院主页下载专区处下载《博士学位论文外审及答辩材料》中的如下表格并至校学位办办理答辩手续：

① 博士论文答辩委员会名单；

② 备考表；

③ 卷内目录；

④ 同行评议意见综述表；

⑤ 论文答辩记录表。

6. 博士学位论文答辩委员会由5～7人组成，其中至少2人为外单位（非同一单位）专家，大部分委员为博士生导师，论文指导教师不参加答辩委员会。答辩秘书将答辩委员会名单（由院、系和导师提名）填好并经学位评定分委员会同意盖章后送交校学位办审核，审核通过后再发给聘书、表决票和档案袋。

7. 答辩秘书应在答辩前 1 周通知答辩委员，并将聘书和博士论文送交答辩委员，以便答辩委员能有足够时间审阅论文，提出中肯的实质性的意见。答辩前 3 天，在校园内醒目处张贴 2 份以上答辩广告。论文答辩程序详见《西南交通大学研究生学位论文答辩程序》。

8. 答辩委员会应本着“坚持标准，严格要求，保证质量，公正合理”的原则进行答辩工作。校学位办将组织有关专家对论文答辩进行随机抽查、评估。

9. 答辩完经整理后，答辩秘书将所有答辩材料交学院（系）研究生教务员。博士生本人从研究生院主页下载专区处下载《博士学位论文外审及答辩材料》中的《西南交通大学申请博士学位人员登记表》（双面打印）和《西南交通大学应届毕业博士生登记表》，各打印 2 份交院、系学位评定分委会。分委会授位审核通过后，其中 1 份由分委会存档，另 1 份由分委会在上报授位材料时统一报校学位办，以便校学位评定委员会授位审查。答辩通过的博士生需到各院、系研究生教务老师处领取《博士研究生离校通知单》，要求两周内办理离校手续。其中需要在学位办提交 1 本精装学位论文、2 本平装学位论文和 1 张 2 寸免冠彩照。另外，还需向各院、系资料室和图书馆（详见图书馆网页）各提交 1 本学位论文。

10. 经校学位评定委员会会议审议通过后公布拟授予博士学位人员名单，接受异议。至公布之日起 3 个月后无异议者发给博士学位证书。

附：博士学位论文答辩流程

一、导师审定

博士研究生撰写学位论文（初稿），经导师审定后，申请答辩。

二、表格填报

博士研究生下载《博士学位论文预审意见书》《申请博士学位审批表》，填写其中的“申请博士学位人员登记表”“博士研究生学位论文答辩申请书”等，并请导师填写“博士研究生学位论文指导教师学术评议书”后交至院、系研究生教务员处。

三、预审

由各学位评定分委员会组织专家对博士学位论文（初稿）进行预审。

四、校学位办审核

预审合格后，由博士研究生提交《博士学位论文预审意见书》《申请博士学位审批表》、博士学位论文原件以及发表的学术论文原件至校学位办审核。

五、通讯评审

校学位办审核通过后，博士研究生下载并打印5份《西南交通大学博士学位论文专家评阅书》，并按“双盲”要求装订5份学位论文，交由校学位办及答辩秘书组织通讯评审。通讯评审全部返回无异议后，校学位办通知答辩秘书领取答辩材料和办理答辩手续。

六、答委审批

校学位办审批答辩委员会组成人员名单，答辩秘书在答辩前一周将聘书和学位论文送交答辩委员会成员。

七、论文答辩

由答辩委员会组织进行。

八、材料报送

答辩通过后，答辩秘书整理所有答辩材料交至院、系研究生教务员处，博士研究生按相关要求办理离校手续。

附录 5-4　西南交通大学关于硕士学位论文答辩管理工作的规定

编号	XJYZB-5104

西南交通大学

关于硕士学位论文答辩管理工作的规定

根据《中华人民共和国学位条例》及其暂行实施办法，为进一步使我校硕士生学位论文答辩规范化、程序化，加强硕士生的学位论文质量管理，提高硕士学位论文质量，特做以下规定：

1. 硕士生在规定的学习年限内，按培养计划完成课程学习，成绩合格，完成硕士学位论文研究和撰写工作(《西南交通大学研究生学位论文撰写规范》及相关答辩材料可到西南交通大学研究生院主页下载中心处下载)，经导师审定论文（初稿），同意提交答辩，并已达到在学期间学术论文发表要求（详见《西南交通大学研究生在学期间论文发表制度》）者，可向所在院（系、中心）申请硕士学位论文答辩。

2. 硕士生在下载中心下载《硕士研究生答辩材料》，该材料清单如下：

① 卷内目录；

② 答辩委员会成员名单审批表；

③ 申请学位审批表；

④ 研究生学位论文答辩记录；

⑤ 研究生学位论文学术评议书（一式两份）；

⑥ 备考表。

以上材料要求填写完成之后用 A4 纸激光打印，有多页材料的，除封面和封底外，建议采用双面打印，其中申请学位审批表封面和填表说明为双面打印。

3. 硕士生向院（系、中心）提交简装论文两本、发表的学术论文复印件（含正式录用通知）和《硕士学位论文答辩材料》，由各学位评定分委员会组织专家进行论文评阅。

分委会根据硕士生学位论文的研究领域选定两位论文评阅人，职务要求相当于副教授及以上。

学位论文和《研究生学位论文学术评议书》送评阅人，请评阅人审阅，评阅人审阅后根据评阅要求填写《研究生学位论文学术评议书》，对论文写出详细的学术评语，供答辩委员会参考。评阅人可从以下几个方面审查论文质量：

① 研究成果的理论意义和实用价值；

② 论据是否充分、可靠；

③ 掌握基础理论、专门知识、研究方法和技能的水平。

此外，对论文是否达到硕士学位的学术水平、可否提交答辩等提出意见。

如遇一名评阅人的评语属否定的，由院（系、中心）另聘一名评阅人复审；如遇二名评阅人的评语属否定的，不能组织论文答辩。

4. 论文评阅通过后由分委会在《硕士研究生答辩材料》上签定审核意见，确定答辩日期，审批答辩委员会组成人员。院（系、中心）教务员负责将《硕士学位论文答辩材料》送交答辩秘书。

硕士学位论文答辩委员会由 3 ~ 5 人组成。委员中副教授、教授或相当职称的专家应占三分之二以上。必要时可请外单位专家参加。指导教师如果参加答辩委员会(也可以不参加)，答辩委员会至少由 4 人组成。联合指导硕士生的两名导师中只能有一名担任该生的答辩委员会委员。委员会主席由副教授以上专家担任，指导教师不能担任主席。

5. 答辩秘书到院（系、中心）教务员处领取答辩委员会成员聘书、答辩委员会表决票、答辩档案袋并按教务员要求填写以上资料。

6. 硕士生复印硕士学位论文 5 份，由答辩秘书在答辩前一周将聘书和学位论文送交答辩委员会成员。

7. 硕士生按照答辩时间进行答辩。答辩委员会应本着“坚持标准，严格要求，保证质量，公正合理”的原则进行答辩工作。校学位办将组织有关专家对论文答辩进行随机抽查、评估。

8. 答辩完经整理后，答辩秘书将所有答辩材料交学院（系、中心）研究生教务员。硕士生本人从下载中心处下载《硕士研究生答辩材料》中的《西南交通大学应届毕业硕士研究生登记表》，直接将相关信息录入形成完整电子文档，并用 A4 纸双面打印两份，经导师及本人签字后，一并交至院（系、中心）研究生教务员处。

9. 答辩通过的硕士生到各院、系研究生教务老师处领取《研究生离校通知单》，要求两周内办理离校手续。其中需要在学位办提交 2 本平装学位论文和 1 张 2 寸免冠彩照。另外，还需向各院、系资料室和图书馆（详见图书馆网页）各提交 1 本学位论文。

10. 经校学位评定委员会会议审议通过后公布授予硕士学位人员名单（可在网上查询）。

附：硕士学位论文答辩流程

一、导师审定

硕士研究生撰写学位论文（初稿），经导师审定后，申请答辩。

二、表格填报

硕士研究生下载填写《硕士学位论文答辩材料》，并简装 2 本学位论文提交至院、系研究生教务员处。

三、论文评阅

各学位评定分委员会组织专家进行论文评阅，通过后答辩秘书在院、系研究生教务员处领取相关答辩材料。

四、答委审批

各学位评定分委员会审批答辩委员会组成人员名单，答辩秘书在答辩前一周将聘书和学位论文送交答辩委员会成员。

五、论文答辩

由答辩委员会组织进行。

六、材料报送

答辩通过后，答辩秘书整理所有答辩材料交至研究生教务员处，硕士研究生按相关要求办理离校手续。

附录 5-5　西南交通大学研究生学位论文答辩委员会职责及答辩程序

编号	XJYZB-5305

西南交通大学

研究生学位论文答辩委员会职责及

答辩程序

一、答辩委员会主席职责

（1）主持答辩委员会会议，组织讨论研究生学位论文答辩的有关事宜。

（2）主持研究生学位论文的答辩会议，完成全部答辩程序。

（3）写出对研究生学位论文和答辩情况的书面评价（含提出是否同意授予学位的意见），并在答辩结束时宣布答辩结果（说明投票是否通过）。

二、答辩委员职责

（1）参加答辩委员会研究讨论研究生学位论文的有关事宜。

（2）对研究生的学位论文进行审查和提出有关问题。

（3）根据国家和学校有关文件规定，对研究生的学位论文和答辩情况作出实事求是的评价并参加表决。

三、答辩秘书职责

1. 博士学位论文答辩秘书职责

（1）负责将论文复印件寄送论文评议人，附送《致博士学位论文同行评议专家函》《西南交通大学博士学位论文评阅书》。

（2）负责填写《西南交通大学研究生学位论文答辩委员会名单》，送校学位办审核后领取聘书及《西南交通大学学位论文答辩委员会表决票》。

（3）负责在答辩前一周将定稿后的学位论文复印件及聘书送达答辩委员。

（4）负责在答辩前撰写《西南交通大学博士学位论文同行专家评议意见综述》。

（5）负责在答辩时做好答辩记录，并填写《西南交通大学博士研究生学位论文答辩及学位授予决议书》。

（6）负责检查答辩材料中的各项签字手续是否完备，全部材料是否齐全。

（7）负责按《卷内目录》中的顺序将材料逐张编号。

（8）负责将整理好的全部答辩材料在学位分委会开会前转交分委会秘书。

2. 硕士学位论文答辩秘书职责

（1）负责在答辩前一周将定稿后的学位论文复印件及聘书送达答辩委员。

（2）负责在答辩时做好答辩记录，并填写《西南交通大学硕士研究生学位论文答辩及学位授予决议书》。

（3）负责检查答辩材料中的各项签字手续是否完备，全部材料是否齐全。

（4）负责按《卷内目录》中的顺序将材料逐张编号。

（5）负责将整理好的全部答辩材料在学位分委会开会前转交分委会秘书。

四、答辩程序

（1）答辩委员会主席宣布答辩开始，宣布答辩委员会成员及秘书名单。

（2）研究生报告论文工作及论文主要内容（硕士论文答辩：20～30分钟，博士论文答辩：不超过60分钟）。

（3）宣布评阅人对论文的评阅意见及所提问题（博士论文答辩还应宣读国内外同行对论文的评阅意见综述）。

（4）答辩委员就论文有关问题提问。

（5）研究生回答评阅人及答辩委员所提的问题。

（6）问答终止，休会。答辩人和列席、旁听人员退出会场。

（7）指导教师向答辩委员会介绍研究生的学习情况，并宣读推荐意见和对论文的学术评语（如指导教师不是答辩委员，介绍情况后退出会场）。

（8）答辩委员会根据答辩情况及研究生各方面的表现情况就是否建议授予学位作出决议。决议以不记名投票方式，经全体委员三分之二以上通过为有效。会议应有记录，决议须经答辩委员会主席签字。

（9）复会。答辩委员会主席宣布答辩委员会评语及表决结果。

（10）答辩结束。

附录 5-6　西南交通大学重点审议研究生学位论文工作实施办法

编号	XJYZB-5306

西南交通大学
重点审议研究生学位论文工作实施办法

重点审议研究生学位论文工作，是加强学位论文质量保障体系建设，健全导师责权机制，充分发挥校学位评定委员会及学位评定分委员会（以下简称“分委会”）对研究生学位论文质量的把关作用，保证研究生培养质量，提高研究生核心竞争力的重要举措。为进一步加强学术规范、更好地开展该项工作，特制定本实施办法。

一、总　则

（1）学位申请者向分委会提出博士或硕士学位申请后，分委会召开学位授予工作会议时，应对本次申请学位的研究生学位论文进行部分重点审议。

（2）分委会结合申请学位的论文总数，按照学位论文质量从高到低的原则确定进行重点审议的学位论文数量。重点审议的博士学位论文数量原则上为总体质量较高的前 10% 和总体质量相对较差的后 10%。重点审议的硕士学位论文数量原则上为申请硕士学位人数的 10%，包括总体质量较高的前 5% 和总体质量相对较差的后 5%（该部分也可采用随机抽取的方式）。

（3）分委会可根据每次申请博士、硕士学位论文的整体情况，确定重点审议学位论文中质量较高的学位论文具体比例和数量。只有分委会在重点审议工作中确定的总体质量较高的学位论文才具有学校各级优秀博士、硕士学位论文评选的参评资格，未列入重点审议的学位论文，原则上不予考虑。

（4）对总体质量相对较差的学位论文，分委会重点审议其学位论文是否达到学位条例规定的授位条件，并做出授予学位、暂缓授予学位、不授予学位等具体决议意见。对于做出暂缓授予学位决议的论文，要求给出具体意见，如论文修改后（含修改的具体时间）再申请学位等。

（5）如出现学术失范现象或做出不授予学位决定时，各分委会可视情况对指导论文工作的导师进行质量约谈，或提出减少导师招生计划、停止（暂缓）导师招生等具体意见，报校学位评定委员会备案。

二、分委会审议流程

1. 材料展示及会议准备

为提高重点审议研究生学位论文工作效率，分委会秘书应在分委会会议召开前准备好学位申请者的学位申请材料及相关会议材料，并将相关材料提前放置在专门场所，供分委会成员审阅。各分委会成员在材料展示期间，应自行安排时间提前审阅相关材料。

2. 学位论文重点审议

（1）根据总则第 2 条，确定重点审议的研究生学位论文。

（2）开展重点审议工作。

分委会确定重点审议学位论文后，相关介绍人应详细介绍学位论文，包括导师、学位论文题目、论文工作起止时间、论文评阅人和答辩委员会成员信息、学位论文答辩委员会决议、论文答辩表决结果及成绩、论文创新性申明或主要工作贡献说明、发表论文及科研成果信息、待发表论文及申请国家发明专利等，以及介绍人认为有必要介绍或说明的其他内容，同时回答分委会成员提出的问题。

3. 学位论文总体审议

结合重点审议学位论文的情况，分委会对拟授予学位人员进行总体审议及表决投票。对表决未通过（含暂缓授予学位）的论文，分委会讨论并形成具体的决议意见，并于会后将决议的书面意见送达学位申请人员。

4. 分委会将授位会议材料报送校学位办

各分委会在授位会议结束后，应整理、汇总本次会议材料，并按要求将相关材料报送校学位办存档。

三、校学位评定委员会审议

校学位评定委员会办公室结合申请博士、硕士学位情况，组织专家对学位论文进行抽检，并将分委会重点审议和专家抽检情况报送校学位评定委员会审议。

四、异议处理

如指导教师或研究生对分委会的决议存在异议，可有依据地向校学位办提出书面申诉。校学位办在接到申诉并核实情况后，与相关分委会沟通，可返回分委会重新审议或由校学位办组织3名校外专家复审（实行一票否决制），并将审议结果提交下一次校学位评定委员会审议，校学位评定委员会的审议结果视为学校的终审结果。

五、本实施办法由研究生院负责解释，从公布之日起实施

附录 5-7　西南交通大学关于在学位论文工作中加强学术规范管理的暂行规定

编号	XJYZB-5107

西南交通大学
关于在学位论文工作中加强学术规范管理的暂行规定

为进一步加强对学位（毕业）论文的规范管理，防范学位（毕业）论文抄袭、剽窃等学术不端行为，根据教育部《关于严肃处理高等学校学术不端行为的通知》（教社科〔2009〕3号）和国务院学位委员会《关于在学位授予工作中加强学术道德和学术规范建设的意见》（学位〔2010〕9号）、《西南交通大学学术道德规范（试行）》（西交校〔2008〕18号）等文件精神，结合我校实际，特制定本规定。

一、适用范围

本规定适用于攻读我校学位（博士、硕士、学士）的研究生、本科生撰写的以我校为著作权人单位的学位（毕业）论文。

我校师生应倡导严谨求实、追求真理、勇于创新的科学精神，恪守学术道德，维护学术诚信，严格遵守学术规范。

二、研究生学位论文检测及性质认定

学校采用学位论文学术不端行为检测系统对我校研究生学位论文进行学术不端行为检测，检测工作由校图书馆负责组织实施。我校研究生学位（毕业）论文送审前，应向图书馆提出学位论文检测申请，并由图书馆出具检测报告。未参加学位论文检测及检测（评审）不合格的研究生，不能进行学位论文送审及答辩。

根据我校各学科的实际情况，研究生学位论文检测结果的文字重复百分比应达到下述要求：

博士：文科（管理、人文）≤25%；工科等其他学科≤20%。

硕士：文科（管理、人文）≤30%；工科等其他学科≤25%。

学位论文文字重复比检测结果满足上述条件的研究生，可进入到学位论文送审和答辩环节。学位论文文字重复比检测结果高于上述比例的研究生，研究生本人应向其相应学科、专业所在学位评定分委员会提交申请，由学位评定分委员会组织2名熟悉论文研究内容的专家进行认证，并写出书面报告，主要内容包括学位论文是否存在抄袭、剽窃、侵吞、篡改等学术不端行为，是否属于合理引用等。如存在学术不端行为的研究生，应在6个月至一年的时间内，对学位论文进行调整和修改；如属于合理引用的，可参加学位论文的送审及答辩。

修改后的学位论文经导师书面同意后，研究生应再次向图书馆提出学位论文检测申请，检测结果仍达不到要求，且学位评定分委员会组织专家鉴定为有学术不端行为的，终止学位论文答辩，并按《西南交通大学学术道德规范（试行）》处理。

三、教务处负责本科生学位（毕业）论文的学术规范的具体管理工作，可参照本规定制定实施细则，报校学位评定委员会批准后执行

四、异议处理

1. 学位评定分委员会组织的 2 名专家评审结果与系统检测结果一致，则认定结论以专家意见为准；如 2 名专家评审结果与系统检测结果不一致，则将系统检测结果与专家评审结果提交院学术委员会审议并作出决议；若一位专家评审结果与系统检测结果一致，一位不一致，则学位评定分委员会应增聘一位专家评审，根据三位专家中意见一致的两位专家意见参照前述办法执行。

2. 导师或学生对检测或评审结果存有异议，可向校学术道德委员会实名投诉。

五、对已获得学位的学位论文中存在的学术不端行为，按《西南交通大学学士、硕士、博士学位授予工作细则》《西南交通大学学术道德规范（试行）》有关规定处理

六、本办法由西南交通大学学位评定委员会办公室负责解释，自公布之日起施行

附录 5-8 西南交通大学优秀博士、硕士学位论文评选及奖励办法

编号	XJYZB-5308

西南交通大学
优秀博士、硕士学位论文评选及奖励办法

第一条 为培养和激励研究生创新创造精神，进一步提高学位论文质量，提升研究生教育核心竞争力，实现高层次创新人才培养重要使命，结合我校实际，特制定本办法。

第二条 评选工作遵循“科学公正、注重创新、严格筛选、宁缺毋滥”的原则，保证优秀学位论文的评选质量。

第三条 评选范围

评选工作每年进行一次，评选范围限定在上一学年度由本校授予的博士、硕士学位获得者的学位论文，涉密学位论文不参加评选。原则上每年评选的优秀博士学位论文数量不超过10篇，优秀硕士学位论文数量不超过50篇。

在上一学年度全国博士学位论文抽检、省级硕士学位论文抽检和校级学位论文抽检工作中出现“存在问题学位论文”的培养单位，降低推荐比例。

第四条 评选条件

（一）申请者需具有良好的政治觉悟、道德品质和文化素养，拥护中国共产党的领导，增强“四个意识”、坚定“四个自信”、做到“两个维护”，始终弘扬和践行社会主义核心价值观。

（二）优秀博士学位论文评选条件：

1. 选题聚焦学科和科技前沿，具有重要的理论意义或现实意义，能够全面反映相关学科、行业领域的发展状况，对经济建设、科技进步和社会发展具有较强的社会、经济效益和应用前景。

2. 学位论文在科学理论、专门技术或研究方法上创新性显著，并取得突破性进展，达到同类学科国内领先或国际先进水平。

3. 恪守学术道德，遵守学术规范。学位论文撰写推理严密，材料翔实，数据可靠，表达准确，层次分明，写作规范，体现出作者具有很强的独立从事科学研究的能力。

4. 参加评选的博士学位论文，应有3个以上同行评阅专家“推荐评选为优秀博士学位论文”，无“修改后重审”或“不予答辩”意见，且三分之二及以上答辩委员评定答辩成绩为“优秀”。

5. 攻读博士学位时间不得超过学校规定的在校学习最长年限，其间取得与博士学位论文直接相关的高质量代表性科研创新成果显著，成果体现形式包括高水平论文、国家或省部级科技奖励、学术专著、已经转化且有较大经济效益或社会效益的发明专利等。

（三）优秀硕士学位论文评选条件：

1. 选题对经济建设、科技进步和社会发展具有较大理论意义或实用价值。

2. 学位论文在科学理论、专门技术或研究方法上有创新，具有较好的社会效益或应用前景，具有一定的学术价值。

3. 恪守学术道德，遵守学术规范，学位论文撰写推理严密，材料翔实，数据可靠，表达准确，层次分明，写作规范，从事科学研究工作的能力较强。

4. 参加评选的硕士学位论文，有三分之二及以上答辩委员评定答辩成绩为“优秀”。

5. 攻读硕士学位时间不得超过学校规定的在校学习最长年限，其间取得与硕士学位论文直接相关的优质科研创新成果，成果体现形式包括学术论文、科技奖励、学术专著、发明专利等。

第五条 评选程序

1. 符合评选条件的学位论文，可由指导教师推荐，学位获得者本人向其学科所属学位评定分委员会申请。

2. 学位评定分委员会根据评选范围和评选条件，对参评博士学位论文组织初审，提出优秀博士学位论文推荐名单；对参评硕士学位论文组织审核，形成优秀硕士学位论文名单，在学院主页公示5个工作日，公示无异议后报送校学位评定委员会办公室（以下简称“学位办”）。

3. 校学位办组织专家对分委员会推荐的博士学位论文进行审核，并向校学位评定委员会提出优秀博士学位论文建议名单。

4. 校学位评定委员会对优秀博士学位论文建议名单进行审批，通过后予以公示（5个工作日），公示结束后对本年度优秀博士、硕士学位论文评选结果行文公布。

5. 任何单位或个人，如发现入选的学位论文存在学术不端行为，可在公示期内，以书面方式向学位办提出异议，学位办对提出异议的单位或个人严格保密。

第六条 表彰奖励

学校对优秀博士、硕士学位论文的获得者及其指导教师进行发文表彰，并分别颁发荣誉证书并给予表彰。对校优秀学位论文作者的指导教师，将在研究生人才培养奖励绩效津贴中统筹奖励，并在研究生培养资源分配方面予以倾斜。

第七条 如有上级行政部门或全国学会等开展优秀学位论文评选，学校将优先从已获校优博、优硕论文中进行遴选和推荐。

第八条 对已获表彰的学位论文，如发现有抄袭、剽窃、作假等违反学术规范与学术道德的行为，一经认定，取消优秀学位论文称号，追回颁发的荣誉证书和奖金，并按国家和学校有关规定进行处理。

第九条 本办法自公布之日起执行，由研究生院负责解释。

附录 5-9　西南交通大学博士硕士学位论文抽检结果处理办法

编号	XJYZB-5309

西南交通大学

博士硕士学位论文抽检结果处理办法

为进一步加强我校研究生学位论文质量监控，保证学位授予质量，根据国务院学位委员会、教育部《关于加强学位与研究生教育质量保证和监督体系建设的意见》（学位〔2014〕3号）和《关于印发〈博士硕士学位论文抽检办法〉的通知》（学位〔2014〕5号）精神，结合我校实际，制定本办法。

一、本办法适用于教育部、四川省等上级教育行政主管部门以及学校研究生院组织的对我校已授予学位的博士、硕士学位论文送教育部、四川省等上级主管部门认定的“论文送审平台”抽检结果的处理。

二、本办法中“存在问题学位论文”是指教育部、四川省等上级教育行政主管部门以及学校研究生院根据《博士硕士学位论文抽检办法》认定的“存在问题学位论文”。

三、校学位评定委员会办公室（以下简称校学位办）根据上级主管部门的有关文件，将学位论文抽检评议结果通知相关培养单位，并以适当方式向全校公布。

四、学位论文的抽检结果作为研究生教育资源配置、学位授权点评估与动态调整、研究生培养质量的成效评价、研究生导师招生资格等方面的重要依据。

五、对抽检结果中有“存在问题学位论文”的研究生培养单位，按以下条款进行处理：

1. 出现“存在问题学位论文”的培养单位，两年内不得申请学位授权点增列，由分管校领导对其相关领导进行质量约谈；培养单位主要负责人在校学位评定委员会工作会议上做整改检查。

2. 出现“存在问题学位论文”的培养单位，从下一招生年度开始，扣减相应层次研究生招生指标。具体扣减标准如下：

（1）对于出现“存在问题”博士学位论文，每篇扣减2个招生指标，连续扣减两年；

（2）对于出现“存在问题”硕士学位论文，每篇扣减4个招生指标，连续扣减两年。

3. 出现“存在问题学位论文”的培养单位，扣减当年年度绩效津贴。具体扣减标准见附件。

六、对抽检结果中有“存在问题学位论文”的研究生指导教师，按以下条款进行处理：

1. 出现“存在问题学位论文”的研究生导师，由培养单位分管领导对其进行质量约谈，责令限期整改，当年不得被授予院级及以上优秀教师、优秀导师、先进工作者等荣誉称号；当年度考核不得被评为“优秀”。

2. 所指导的学位论文第一次出现“存在问题学位论文”的研究生导师，暂停其相应层次研究生招生资格2年；对于五年内再次出现“存在问题学位论文”的研究生导师，暂停其研究生（含博士和硕士）招生资格5年；对于第三次出现“存在问题学位论文”的研究生导师，取消其研究生导师资格。

3. 出现“存在问题学位论文”的研究生导师，其年度绩效扣减标准由培养单位自行制定。

七、对抽检结果为“存在问题学位论文”的作者，按以下条款进行处理：

1. 由研究生培养单位及时将学位论文抽检结果通知其导师和本人，必要时可通知其所在工作单位。

2. 若评议专家提出学位论文作者存在学术不端、论文作假等行为，经核查属实，将依据《西南交通大学学术道德规范》文件规定，撤销已获得的学位，通报作者所在单位。

八、学校研究生院等相关部门依据本办法相关条款对“存在问题学位论文”的有关单位和个人做出处理决定，并根据需要将处理决定和整改情况及时报上级教育主管部门备案。

九、本办法自发布之日起施行，未尽事宜由学校研究生院负责解释。

“存在问题学位论文”培养单位年度绩效津贴扣减标准

抽检级别	“存在问题” 博士学位论文	“存在问题” 硕士学位论文
教育部、四川省等上级教育行政主管部门组织的抽检	B+及以上学科扣减 30 万/篇 其他学科扣减 20 万/篇	B+及以上学科扣减 20 万/篇 其他学科扣减 15 万/篇
学校研究生院组织的校内抽检	10 万/篇	10 万/篇

附录 5-10　西南交通大学申请博士学位审批表

编号	XJYZB-5610

西南交通大学

申请博士学位审批表

西南交通大学
申请博士学位审批表

申请人姓名____________________

年　　　级____________________

专　　　业____________________

指 导 教 师____________________

年　　月　　日

填 表 说 明

1. 本表包括下列内容：

（a）申请博士学位人员登记表；

（b）西南交通大学研究生成绩单；

（c）西南交通大学博士研究生学位论文答辩申请书；

（d）西南交通大学博士研究生学位论文指导教师学术评议书；

（e）西南交通大学博士研究生学位论文答辩及学位授予决议书。

2. 表（a）、（c）由博士研究生本人填写，经主管人员审核并签字。

3. 表（d）由博士生的指导教师填写。

4. 表（a）、（b）、（c）、（d）全部内容应在申请送外审前完成，表（e）中的前页由答辩委员会秘书在正式答辩前填写。

申请博士学位人员登记表

<table>
<tr><td>姓　名</td><td></td><td>性别</td><td></td><td>出生
年月日</td><td></td><td>民族</td><td></td><td>政治
面貌</td><td></td></tr>
<tr><td>学号</td><td></td><td>籍贯</td><td></td><td colspan="2">何时何大学何专业
本科毕业</td><td colspan="4"></td></tr>
<tr><td colspan="2">何时何大学何专业
获何门类硕士学位</td><td colspan="3"></td><td colspan="2">博士研究生
入学年月</td><td colspan="3"></td></tr>
<tr><td colspan="2">博士在学
专　业</td><td colspan="3"></td><td colspan="2">指导教师姓名
专业技术职务</td><td colspan="3"></td></tr>
<tr><td colspan="2">论文工作
起止日期</td><td colspan="2"></td><td>学位论文
题　目</td><td colspan="5"></td></tr>
<tr><td colspan="10">博士生类别：　□直博　□硕博连读　□普通招考</td></tr>
<tr><td colspan="10">学习年限：　　年　月至　年　月</td></tr>
<tr><td colspan="7">研究生院培养部门签字、盖章
（仅对提前答辩博士研究生进行审核）</td><td colspan="3"></td></tr>
<tr><td colspan="2">论文公开发表（发表刊物名称、发表日期、期卷号）、科研成果（成果名称、鉴定部门及鉴定时间）、教材、发明、获奖等情况</td><td colspan="8"></td></tr>
</table>

毕业后的工作分配和使用情况	

自我鉴定：

本人签名：

年　　月　　日

西南交通大学研究生成绩单

温馨提示：

1. 请各研究生同学登录研究生管理信息系统，打印本人研究生期间的成绩单（用普通A4纸，双面打印），然后用打印的成绩单替换本页，最后进行整本材料的装订。

2. 打印的成绩单由本学院教务员老师终审并签署“该生所修课程及学分满足毕业答辩要求”字样后签名，加盖学院公章。

西 南 交 通 大 学

博士研究生学位论文答辩申请书

论文题目			
博士研究生姓名		专业	
论文的主要内容、论点、意义及主要科研成果（包括已发表情况）:			

申请人签名：　　　　年　　月　　日

指导教师意见：

签名：　　　　年　　月　　日

学位评定分委员会意见：

签名（公章）：　　　　年　　月　　日

西 南 交 通 大 学

博士研究生学位论文指导教师学术评议书

论文题目			
博士研究生姓名		专 业	
指导教师姓名		学术职称	
指导教师学术评语：			

指导教师签名：　　　　　年　　　月　　　日
请您参考以下几个方面审查论文质量，并对论文的学术水平是否达到所攻读学位的要求及可否提交答辩提出意见： 1. 掌握基础理论、专门知识及科学研究技能的水平； 2. 论文有无新的见解，对其学术观点的论证有无错误； 3. 研究成果的理论意义和对国民经济建设的实用价值。

西 南 交 通 大 学

博士研究生学位论文答辩及学位授予

决 议 书

<table>
<tr><td>博士研究生姓名</td><td colspan="2"></td><td>专业</td><td colspan="2"></td></tr>
<tr><td>论文题目</td><td colspan="5"></td></tr>
<tr><td>指导教师
姓名和职称</td><td colspan="2"></td><td colspan="2">教研（研究）室</td><td></td></tr>
<tr><td>论文答辩
日期</td><td colspan="2"></td><td colspan="2">答辩地点</td><td></td></tr>
<tr><td rowspan="6">学位论文评阅人</td><td>姓　名</td><td>职　称</td><td>是否
博导</td><td colspan="2">工　作　单　位</td></tr>
<tr><td rowspan="5">由教育部学位中心学位论文评审平台组织匿名评审</td><td></td><td></td><td colspan="2"></td></tr>
<tr><td></td><td></td><td colspan="2"></td></tr>
<tr><td></td><td></td><td colspan="2"></td></tr>
<tr><td></td><td></td><td colspan="2"></td></tr>
<tr><td></td><td></td><td colspan="2"></td></tr>
</table>

<table>
<tr><td colspan="6">论 文 答 辩 委 员 会 成 员</td></tr>
<tr><td>项目</td><td>姓　名</td><td>职　称</td><td>是否博导</td><td>工　作　单　位</td><td>本人签字</td></tr>
<tr><td>主席</td><td></td><td></td><td></td><td></td><td></td></tr>
<tr><td rowspan="6">委

员</td><td></td><td></td><td></td><td></td><td></td></tr>
<tr><td></td><td></td><td></td><td></td><td></td></tr>
<tr><td></td><td></td><td></td><td></td><td></td></tr>
<tr><td></td><td></td><td></td><td></td><td></td></tr>
<tr><td></td><td></td><td></td><td></td><td></td></tr>
<tr><td></td><td></td><td></td><td></td><td></td></tr>
<tr><td>秘书</td><td></td><td></td><td></td><td></td><td></td></tr>
</table>

<table>
<tr><td rowspan="2">答
辩
委
员
会
决
议</td><td>答辩会员会对论文及答辩情况的评价：</td></tr>
<tr><td>表决结果：

答辩委员会主席签字：
年　　月　　日</td></tr>
<tr><td>院、系学位分委员会关于授予学位的决议</td><td>主席签字：
年　　月　　日</td></tr>
<tr><td>校学位评定委员会关于授予学位的决议</td><td>主席签字：
年　　月　　日</td></tr>
</table>

注：“表决结果”包括：授予学位表决和论文成绩评定的表决两项内容。

附录 5-11　西南交通大学硕士研究生申请学位审批表

编号	XJYZB-5611

西南交通大学

硕士研究生申请学位审批表

西南交通大学
硕士研究生申请学位审批表

申请人姓名____________________

学 科 门 类____________________

专　　　业____________________

指 导 教 师____________________

年　　月　　日

填表说明

1. 本表包括下列内容：

（a）申请硕士学位人员登记表；

（b）西南交通大学研究生成绩单；

（c）西南交通大学研究生学位论文答辩申请书；

（d）西南交通大学研究生学位论文指导教师学术评议书；

（e）西南交通大学研究生学位论文答辩及学位授予决议书。

2. 表（a）由研究生本人填写。

3. 表（b）由硕士生本人打印后交至所在培养单位教务部门签字盖章。

4. 表（d）中的前页由答辩委员会秘书在答辩前填写。

5. 本表内容全部用A4纸双面打印，并按顺序装订，加装封底。

申请硕士学位人员登记表

<table>
<tr><td>姓 名</td><td></td><td>性别</td><td></td><td>出生
年月日</td><td></td><td>民族</td><td></td></tr>
<tr><td>学 号</td><td></td><td>籍贯</td><td></td><td colspan="4"></td></tr>
<tr><td>政治面貌</td><td></td><td colspan="2">何时在何大学
何专业毕业</td><td colspan="4"></td></tr>
<tr><td>研究生
入学年月</td><td colspan="3"></td><td>指导教师
姓名及职称</td><td colspan="3"></td></tr>
<tr><td>专 业</td><td colspan="3"></td><td>论文工作
起止日期</td><td colspan="3"></td></tr>
<tr><td>学位论文
题目</td><td colspan="7"></td></tr>
<tr><td colspan="8">学习年限：　　　　年　　月至　　年　　月</td></tr>
<tr><td colspan="5">研究生院培养部门签字、盖章
（仅对提前答辩硕士研究生进行审核）</td><td colspan="3"></td></tr>
<tr><td rowspan="2">科研成果（论文、著作、教材、发明等）的发表情况</td><td colspan="2">成果名称</td><td colspan="4">发表的刊物或鉴定部门或在何种学术会议上宣读</td><td>时间</td></tr>
<tr><td colspan="2"></td><td colspan="4"></td><td></td></tr>
</table>

自我鉴定：

本人签名：

年　　月　　日

西南交通大学研究生成绩单

温馨提示：

1. 请各研究生同学登录研究生管理信息系统，打印本人研究生期间的成绩单（用普通A4纸，双面打印），然后用打印的成绩单替换本页，最后进行整本材料的装订。

2. 打印的成绩单由本学院教务员老师终审并签署“该生所修课程及学分满足毕业答辩要求”字样后签名，加盖学院公章。

西南交通大学
研究生学位论文答辩申请书

论文题目					
研究生姓名		专　业		申请学位类别	
论文的主要内容、论点、意义及主要科研成果（包括已发表情况）:					

指导教师意见：   签名：　　　　年　　月　　日
学位评定分委员会意见：   签名：　　　　年　　月　　日

西南交通大学
研究生学位论文指导教师学术评议书

论文题目					
研究生姓名		专　业			
攻读何种学位		导师姓名		学术职称	
指导教师学术评语：					

指导教师签名：　　　　　年　　　月　　　日

请您参考以下几个方面审查论文质量，并对论文的学术水平是否达到所攻读学位的要求及可否提交答辩提出意见：

1. 掌握基础理论、专门知识及科学研究技能的水平；
2. 论文有无新的见解，对其学术观点的论证有无错误；
3. 研究成果的理论意义和对国民经济建设的实用价值。

西南交通大学
研究生学位论文答辩及学位授予决议书

<table>
<tr><td colspan="2">研究生学号</td><td colspan="2"></td><td>姓名</td><td colspan="2"></td></tr>
<tr><td colspan="2">专业</td><td colspan="5"></td></tr>
<tr><td colspan="2">论文题目</td><td colspan="5"></td></tr>
<tr><td colspan="2">指导教师姓名及职称</td><td colspan="5"></td></tr>
<tr><td colspan="2">论文答辩日期</td><td colspan="2"></td><td>答辩地点</td><td colspan="2"></td></tr>
<tr><td rowspan="4">学位论文
评阅人</td><td>姓名</td><td>职称</td><td>是否博士生
导师</td><td colspan="3">工作单位</td></tr>
<tr><td></td><td></td><td></td><td colspan="3"></td></tr>
<tr><td></td><td></td><td></td><td colspan="3"></td></tr>
<tr><td></td><td></td><td></td><td colspan="3"></td></tr>
<tr><td colspan="7">论文答辩委员会成员</td></tr>
<tr><td>项目</td><td>姓名</td><td>职称</td><td>是否博士生
导师</td><td colspan="2">工作单位</td><td>本人签字</td></tr>
<tr><td>主席</td><td></td><td></td><td></td><td colspan="2"></td><td></td></tr>
<tr><td rowspan="6">委

员</td><td></td><td></td><td></td><td colspan="2"></td><td></td></tr>
<tr><td></td><td></td><td></td><td colspan="2"></td><td></td></tr>
<tr><td></td><td></td><td></td><td colspan="2"></td><td></td></tr>
<tr><td></td><td></td><td></td><td colspan="2"></td><td></td></tr>
<tr><td></td><td></td><td></td><td colspan="2"></td><td></td></tr>
<tr><td></td><td></td><td></td><td colspan="2"></td><td></td></tr>
<tr><td>秘书</td><td></td><td></td><td></td><td colspan="2"></td><td></td></tr>
</table>

<table>
<tr><td rowspan="2">答
辩
委
员
会
决
议</td><td colspan="2">答辩委员会对论文及答辩情况的评价：</td></tr>
<tr><td colspan="2">表决结果：

答辩委员会主席签字：
年　　月　　日</td></tr>
<tr><td colspan="2">学位评定分委员会
关于授予学位的决议</td><td>主席签字：
年　　月　　日</td></tr>
<tr><td colspan="2">校学位评定委员会
关于授予学位的决议</td><td>主席签字：
年　　月　　日</td></tr>
</table>

注：“表决结果”包括：授予学位表决和论文成绩评定的表决两项内容。

附录 5-12　西南交通大学专业学位硕士研究生申请学位审批表

编号	XJYZB-5612

西南交通大学

专业学位硕士研究生申请学位审批表

西南交通大学
专业学位硕士研究生申请学位审批表

申 请 人 姓 名____________________

专业学位类别____________________

专　　　　业____________________

指 导 教 师____________________

年　　月　　日

填表说明

1. 本表包括下列内容：

（a）申请硕士专业学位人员登记表；

（b）西南交通大学研究生成绩单；

（c）西南交通大学专业学位硕士研究生学位论文答辩申请书；

（d）西南交通大学专业学位硕士研究生学位论文指导教师学术评议书；

（e）西南交通大学专业学位硕士研究生学位论文答辩及学位授予决议书。

2. 表（a）由研究生本人填写。

3. 表（b）由硕士生本人打印后交至所在培养单位教务部门签字盖章。

4. 表（d）中的前页由答辩委员会秘书在答辩前填写。

5. 本表内容全部用 A4 纸双面打印，并按顺序装订，加装封底。

申请硕士专业学位人员登记表

<table>
<tr><td>姓 名</td><td></td><td>性别</td><td></td><td>出生
年月日</td><td></td><td>民族</td><td></td></tr>
<tr><td>学 号</td><td></td><td colspan="2">籍贯</td><td colspan="4"></td></tr>
<tr><td>政治面貌</td><td></td><td colspan="2">何时在何大学
何专业毕业</td><td colspan="4"></td></tr>
<tr><td>研究生
入学年月</td><td colspan="3"></td><td>指导教师
姓名及职称</td><td colspan="3"></td></tr>
<tr><td>专 业</td><td colspan="3"></td><td>论文工作
起止日期</td><td colspan="3"></td></tr>
<tr><td>学位论文
题目</td><td colspan="7"></td></tr>
<tr><td colspan="8">学习年限：　　　　年　　月至　　年　　月</td></tr>
<tr><td colspan="5">研究生院培养部门签字、盖章
（仅对提前答辩硕士研究生进行审核）</td><td colspan="3"></td></tr>
<tr><td rowspan="2">科研成果（论文、著作、教材、发明等）的发表情况</td><td colspan="2">成果名称</td><td colspan="4">发表的刊物或鉴定部门或在何种学术会议上宣读</td><td>时间</td></tr>
<tr><td colspan="2"></td><td colspan="4"></td><td></td></tr>
</table>

自我鉴定：

本人签名：

年　　月　　日

西南交通大学研究生成绩单

温馨提示：

1. 请各研究生同学登录研究生管理信息系统，打印本人研究生期间的成绩单（用普通A4纸，双面打印），然后用打印的成绩单替换本页，最后进行整本材料的装订。

2. 打印的成绩单由本学院教务员老师终审并签署“该生所修课程及学分满足毕业答辩要求”字样后签名，加盖学院公章。

西南交通大学专业学位硕士
研究生学位论文答辩申请书

论文题目					
研究生姓名		专业		专业学位类别	
论文的主要内容、论点、意义及主要科研成果（包括已发表情况）:					

申请人签名：

年　　月　　日

指导教师意见：

签名：

年　　月　　日

学位评定分委员会意见：

签名：

年　　月　　日

西南交通大学专业学位硕士
研究生学位论文指导教师学术评议书

<table>
<tr><td>论文题目</td><td colspan="5"></td></tr>
<tr><td>研究生姓名</td><td colspan="2"></td><td>专业</td><td colspan="2"></td></tr>
<tr><td>专业学位类别</td><td></td><td>导师姓名</td><td></td><td>学术职称</td><td></td></tr>
<tr><td colspan="6">指导教师学术评语：</td></tr>
</table>

指导教师签名：

年　　月　　日

请您参考以下几个方面审查论文质量，并对论文的学术水平是否达到所攻读学位的要求及可否提交答辩提出意见：

1. 掌握基础理论、专门知识及科学研究技能的水平；
2. 论文有无新的见解，对其学术观点的论证有无错误；
3. 研究成果的理论意义和对国民经济建设的实用价值。

西南交通大学
专业学位硕士研究生学位论文答辩及学位授予决议书

<table>
<tr><td colspan="2">研究生姓名</td><td colspan="2"></td><td>学号</td><td colspan="2"></td></tr>
<tr><td colspan="2">专 业</td><td colspan="5"></td></tr>
<tr><td colspan="2">论文题目</td><td colspan="5"></td></tr>
<tr><td colspan="2">导师姓名及职称</td><td colspan="5"></td></tr>
<tr><td colspan="2">论文答辩日期</td><td colspan="2"></td><td>答辩地点</td><td colspan="2"></td></tr>
<tr><td rowspan="3">学位论文
评阅人</td><td>姓 名</td><td colspan="2">职 称</td><td colspan="3">工作单位</td></tr>
<tr><td></td><td colspan="2"></td><td colspan="3"></td></tr>
<tr><td></td><td colspan="2"></td><td colspan="3"></td></tr>
<tr><td colspan="7">论文答辩委员会成员</td></tr>
<tr><td>项目</td><td>姓 名</td><td>职 称</td><td colspan="3">工作单位</td><td>本人签字</td></tr>
<tr><td>主席</td><td></td><td></td><td colspan="3"></td><td></td></tr>
<tr><td rowspan="6">委

员</td><td></td><td></td><td colspan="3"></td><td></td></tr>
<tr><td></td><td></td><td colspan="3"></td><td></td></tr>
<tr><td></td><td></td><td colspan="3"></td><td></td></tr>
<tr><td></td><td></td><td colspan="3"></td><td></td></tr>
<tr><td></td><td></td><td colspan="3"></td><td></td></tr>
<tr><td></td><td></td><td colspan="3"></td><td></td></tr>
<tr><td>秘书</td><td></td><td></td><td colspan="3"></td><td></td></tr>
</table>

<table>
<tr><td rowspan="2">答
辩
委
员
会
决
议</td><td colspan="2">答辩委员会对论文及答辩情况的评价：</td></tr>
<tr><td colspan="2">表决结果：

答辩委员会主席签字：
年　　月　　日</td></tr>
<tr><td colspan="2">学位评定分委员会
关于授予学位的决议</td><td>主席签字：
年　　月　　日</td></tr>
<tr><td colspan="2">校学位评定委员会
关于授予学位的决议</td><td>主席签字：
年　　月　　日</td></tr>
</table>

注："表决结果"包括：授予学位表决和论文成绩评定的表决两项内容。

附录 5-13　西南交通大学优秀博士学位论文推荐表

编号	XJYZB-5613

西南交通大学

优秀博士学位论文推荐表

推荐单位名称：　　　　　　　　　　　　　　　　填表日期：

<table>
<tr><td>学号</td><td></td><td>姓名</td><td></td><td>导师姓名</td><td></td></tr>
<tr><td>入学年月</td><td></td><td>攻读类型</td><td colspan="3">□普通招考　□ 硕博连读　□ 直博</td></tr>
<tr><td>专业名称</td><td></td><td>研究方向</td><td colspan="3"></td></tr>
<tr><td>学位论文题目</td><td colspan="5"></td></tr>
<tr><td colspan="2">获得博士学位日期（填写学位证书上日期）</td><td colspan="2"></td><td>联系电话</td><td></td></tr>
<tr><td rowspan="6">学位论文情况</td><td rowspan="4">学位论文外审意见</td><td>评阅书中论文总分的平均分</td><td colspan="3"></td></tr>
<tr><td rowspan="2">专家评价</td><td colspan="3">优秀（ ）人　良好（ ）人　一般（ ）人</td></tr>
<tr><td>是否有“修改后重审”或“不予答辩”意见</td><td colspan="2">□是　□否</td></tr>
<tr><td>推荐为优秀论文专家评价数（选填）</td><td colspan="3">（ ）人</td></tr>
<tr><td rowspan="2">学位论文答辩意见</td><td>答辩分数</td><td colspan="3"></td></tr>
<tr><td>答辩结果</td><td colspan="3">优（ ）票　良（ ）票　及格（ ）票</td></tr>
<tr><td>学位论文的主要创新点</td><td colspan="5"></td></tr>
</table>

攻博期间及获得博士学位后一年内获得与博士学位论文有关的成果统计

论文成果限填本人第一作者，或导师第一作者、本人第二作者论文，同时要求第一署名单位为西南交通大学

发表论文总数			论文被检索情况										获专利数（排名前2）
			高水平中文期刊	SCI					EI	SSCI	CSCD	CSSCI	
总数	本人一作	导师一作		SCI总篇数	Q1	Q2	Q3	Q4					

代表性成果（限填 5 项）：

序号	作者排名	论文题目（或发明专利、获奖项目名称、出版专著等）	发表刊物、时间、期卷号、页码（或专利号、获奖证书号、出版物 ISBN 号）	发表刊物类别	论文检索号或授奖单位
1					
2					
3					
4					
5					

成果审核意见（请对所填报成果是否属实等情况进行审核并填写意见）：

审核人（签字）：

年　　月　　日

学位评定分委员会意见：

学位评定分委员会主席（签字并加盖公章）：

年　　月　　日

注：1.“论文检索号”一栏请注明检索数据库（SCI、SSCI、EI 等）的检索号；

2. 若是 SCI 期刊，请在该栏注明 JCR 最新期刊分区篇数；

3. 成果应附有关证明材料，包括已发表论文的刊物封面、目录及论文复印件；专著封面和版权页复封件；获奖证书及专利证书复印件等，并另装订成册。

附录 5-14　西南交通大学优秀硕士学位论文推荐表

编号	XJYZB-5614

西南交通大学
优秀硕士学位推荐表

推荐单位名称：　　　　　　　　　　　　　　　　　　填表日期：

学 号		姓名		导师姓名	
入学年月		联系电话			
专业名称		研究方向			
硕士学位类别	□学术型硕士　□工程硕士　□工商管理硕士　□公共管理硕士 □建筑学硕士 □公共管理硕士　□法律硕士　□风景园林硕士 □高级管理人员工商管理硕士 □艺术硕士　□会计硕士　□汉语国际教育硕士　□资产评估硕士 □工程管理硕士　□国际商务硕士　□其他				
学位论文题目					
论文答辩分数					
获得硕士学位日期（填写学位证书上日期）					
硕士学位论文的主要创新点					

攻博期间及获得硕士学位后一年内获得与硕士学位论文有关的成果统计

论文成果限填本人第一作者，或导师第一作者、本人第二作者论文，同时要求第一署名单位为西南交通大学

发表论文总数			论文被检索情况											获专利数（排名前2）
总数	本人一作	导师一作	高水平中文期刊	SCI					EI	SSCI	CSCD	CSSCI	核心期刊	
				SCI总篇数	Q1	Q2	Q3	Q4						

代表性成果（限填3项）：

序号	作者排名	论文题目（或发明专利、获奖项目名称、出版专著等）	发表刊物、时间、期卷号、页码（或专利号、获奖证书号、出版物ISBN号）	发表刊物类别	论文检索号或授奖单位
1					
2					
3					

成果审核意见（请对所填报成果是否属实等情况进行审核并填写意见）：

审核人（签字）：

年　　月　　日

学位评定分委员会意见：

学位评定分委员会主席（签字并加盖公章）：

年　　月　　日

注：1.“论文检索号”一栏请注明检索数据库（SCI、SSCI、EI等）的检索号；

2. 若是SCI期刊，请在该栏注明JCR最新期刊分区篇数；

3. 成果应附有关证明材料，包括已发表论文的刊物封面、目录及论文复印件；专著封面和版权页复印件；获奖证书及专利证书复印件等，并另装订成册。

西南交通大学研究生院　编

西南交通大学学位与研究生教育
质量保障工作手册

学位点建设（第6册）

艾长发　郑海涛　张静◎编著

西南交通大学出版社
·成　都·

图书在版编目（C I P）数据

西南交通大学学位与研究生教育质量保障工作手册. 第 6 册，学位点建设 / 西南交通大学研究生院编；艾长发，郑海涛，张静编著. —成都：西南交通大学出版社，2022.10
ISBN 978-7-5643-8911-6

Ⅰ. ①西… Ⅱ. ①西… ②艾… ③郑… ④张… Ⅲ. ①西南交通大学－研究生教育－教育质量－手册 Ⅳ. ①G643-62

中国版本图书馆 CIP 数据核字（2022）第 188569 号

Xinan Jiaotong Daxue Xuewei yu Yanjiusheng Jiaoyu Zhiliang Baozhang Gongzuo Shouce

西南交通大学学位与研究生教育质量保障工作手册（1—6 册）

西南交通大学研究生院 **编**
（第 1 册）概况、管理体制：周先礼 陈志伟 张薇 **编著**
（第 2 册）招生、奖助体系：邹洋 赵毅 黄亚楠 **编著**
（第 3 册）过程培养：华宝玉 乐佳 刘颖 **编著**
（第 4 册）导师、课程、创新实践、学术素养：朱志武 万浩 刘波 **编著**
（第 5 册）学位论文：陈怡露 宛小强 郭海霞 **编著**
•（第 6 册）学位点建设：艾长发 郑海涛 张静 **编著**

《西南交通大学学位与研究生教育质量保障工作手册》

编 委 会

主　　编：周先礼
副 主 编：朱志武　艾长发　陈志伟
编　　委：邹　洋　华宝玉　陈怡露　郑海涛　赵　毅
　　　　　乐　佳　万　浩　宛小强　张　薇　黄亚楠
　　　　　刘　颖　刘　波　郭海霞　张　静
本册作者：艾长发　郑海涛　张　静

目　录

习近平总书记关于研究生教育工作的重要指示指出，研究生教育在培养创新人才、提高创新能力、服务经济社会发展、推进国家治理体系和治理能力现代化方面具有重要作用。学位点是培养研究生的基地和开展科学研究进行学科建设的实体，是教学和科研的结合点。学位授权点是高校学科建设的基础，是实现人才培养、科学研究和社会服务的基本单元[①]。学位点是大学的基本单元，承载着大学的各种功能，内在建设主要有学术队伍、学科方向、学科文化、资源平台四项任务，外在表现主要有人才培养、科学研究、社会服务、学科声誉四项内容。学位点同时具备学术属性、社会属性和制度属性三项基本属性[②]。学位点建设质量不仅关系我国研究生教育和学位质量，也影响着我国科研实力水平[③]。学位点的发展不是一蹴而就的，有着内在的成长周期与发展阶段[④]。学位点是学科发展到一定程度的表现，先有学科再有学位点，从学科建立到获得学位授权有一个时期，学位点的生命周期可划分为孕育期、生成期、成长期、发展期、成熟期和蜕变期等六个时期。质量是学位与研究生教育的生命线,为保证研究生培养质量,建立一整套评估体系和制度是必不可少的。对学校来说，进行学位点评估，是保证研究生培养质量，强化学科、学位点建设的重要举措，是学校生存发展的必由之路。

一、研究生教育内涵建设的新阶段：学位点评估——评估背景

长期以来，我国很多高校都把学位授权点的数量当作学校实力的体现，甚至超越办学基础盲目扩大学位点规模，重申报轻建设，导致学位点设置与市场脱节，与学校定位发展的主要方向脱节，出现了学位点师资力量薄弱、人才质量难以适应市场需求等问题[⑤]。2013 年，教育部、国家发展改革委、财政部联合颁布《关于深化研究生教育改革的意见》（教研〔2013〕1 号），提出“基本稳定学术学位授予单位和学位授权学科总体规模，建立学科动态调整机制。”2020 年，中共中央、国务院印发了《深化新时代教育评价改革总体方案》。2020 年 7 月 29 日，全国研究生教育会议在北京召开。国家又陆续颁布《关于做好 2020 年博士硕士学位授权审核相关工作的通知》（学位办〔2020〕16 号）、《国务院学位委员会 教育部关于修订印发《学位授权点合格评估办法》的通知》（学位〔2020〕25 号）、《国务院学位委员会 教育部关于开展 2020—2025 年学位授权点周期性合格评估工作的通知》（学位〔2020〕26 号）、《国务院学位委员会 教育部关于开展 2020 年学位授权点专项评估工作的通知》（学位〔2020〕9 号）等文件。这一系列改革政策文件的出台，进一步明确了国家、地方、培养单位在学位授权点建设上的主体意识和责任意识，表明学位授权点动态调整将成为我国优化学科结构和布局、完善研究生教育质量保障体系、提升研究生培养质量的重要途径[⑥]。

---

① 车录彬. 学位授权点自我评估分类管理的思考与探索——基于湖北师范大学的实践[J]. 湖北师范大学学报（哲学社会科学版），2018，38（4）：122-126.

② 王兵. 试论“三位一体”的学位点授权审核制度的构建[J]. 中国高教研究，2009（2）：41.

③ 李长波，张新厂. 大数据视阈下学位点自我评估体系建设研究[J]. 学位与研究生教育，2015（7）：7-11.

④ 张国栋，郁苗苗，张松，王锦. 生命周期视角下的学位点评估体系及动态调整[J]. 学位与研究生教育，2016（7）：1-5.

⑤ 高文华，刘偭喆. 高校学位授权点动态调整的实践与思考[J]. 当代教育理论与实践，2018，10（2）：123-126.

⑥ 范涛，梁传杰，水晶晶. 论高校学位授权点动态调整机制之构建[J]. 研究生教育研究，2016,（2）：14-19.

二、学位点的评估和监督

（一）学位点评估的分类

我国自1981年开始实施学位制度，学位点评估工作可以追溯到1985年，共经过11次学位授权审核评估、6次部分学科的学位授予质量评估、7次部分学位点质量评估、1次5个一级学科评估、1次学位点基本条件合格评估和1次学位授权点定期评估[①]。随着研究生教育规模的不断扩大和学位点数量的大幅增加，国家着力推进建立常态化的学位点合格评估制度。2014年，国务院学位委员会、教育部印发《学位授权点合格评估办法》，标志着我国学位点合格评估制度正式建立。2021年，为进一步完善合格评估制度，修订印发了评估办法，该办法构建了我国学位点合格评估规范和系统框架，是合格评估工作的重要指导性文件[②]。

学位点评估分为专项合格评估和周期性合格评估。新增学位授权点获得学位授权满三年后，均应当接受专项合格评估。周期性合格评估每六年进行一轮次，每轮次评估启动时，获得学位授权满六年的学位授权点和专项合格评估结果达到合格的学位授权点，均应当接受周期性合格评估。周期性合格评估分为学位授予单位自我评估和教育行政部门抽评两个阶段，以学位授予单位自我评估为主。

博士学位授权点周期性合格评估由国务院学位委员会办公室组织实施，硕士学位授权点周期性合格评估由省级学位委员会组织实施。军队所属学位授予单位学位授权点周期性合格评估，由军队学位委员会组织实施。学位授权点周期性合格评估基本条件为启动当期评估时正在执行的学位授权点申请基本条件。

自我评估是对本学位授权点的全面检查，着眼于发现问题、办出特色。学位点自我评估是学位授予单位根据国家相关规定，通过收集各种信息，对学位点是否达到最基本的质量要求和是否具备基本的条件做出判断而进行的一种自我检查和评估。本质上，学位点自我评估属于诊断式评估，是对本单位学位授权点和质量保障体系建设情况的检查[③]。学位点自我评估作为各学位授权单位推动学科建设、保证研究生教育质量的重要手段，最能体现研究生内涵式发展的意义与价值[④]。

随机抽评是在自我评估的基础上，根据《学位授权点抽评要素》，对学位授权点基本条件和人才培养两个方面进行评估，并重点评估学位点的人才培养。

周期性合格评估的周期为六年，前五年是学校自我评估阶段，学校自己根据实际情况、专家建议等方式对自己的学位点进行评估，不断完善与改进。高校自评是合格评估的主体和基础。第六年是抽样评估阶段，由国家教育行政部门对学位点进行评估，国家教育行政部门根据抽评要素对学位点进行评估，不合格的学位点将被撤销学位授权[⑤]。

专项合格评估由国务院学位委员会办公室统一组织，委托学科评议组和专业学位教指委

---

① 罗云，孙志强，甘晖. 完善学位点评估标准需要理念创新[J]. 学位与研究生教育，2012（4）：42-47.

② 陈燕，张瑾. 合格评估和水平评估服务于高校学位点建设协同治理研究[J]. 学位与研究生教育，2021（3）：46-52.

③ 林胜利. 关于学位点自我评估的几点思考[J]. 六盘水师范学院学报，2014，（1）：66-68.

④ 黄宝印，徐维清，郝彤亮. 大学评估：建立自我评估制度健全质量保证体系[J]. 中国高等教育，2015（11）：7-9.

⑤ 杨鑫，王有志. 关于学位点评估标准体系的探究[J]. 黑龙江高教研究，2016（1）：30-34.

实施。专项合格评估标准和要求不低于被评学位授权点增列时所遵循的学位授权点申请基本条件。评估结果按周期性合格评估结果处理方案进行处理，限期整改的学位授权点复评由国务院学位委员会办公室组织。未接受过合格评估（含专项合格评估和周期性合格评估）的学位授权点，正在接受专项合格评估的学位授权点，以及接受专项合格评估但评估结果未达到合格的学位授权点，不得申请撤销学位授权。国家推行外部学位点评估或者相应的外部质量保障，是出于“对院校自利性的假设及在自律不够的判断基础上的”①。

国务院学位委员会办公室向国务院学位委员会报告学位授权点合格评估完成情况及有关学位授权点处理建议审批。国务院学位委员会将会根据学位授权点合格评估的有关材料，分别做出继续授权、限期整改、撤销学位授权的处理决定，并且处理决定会向社会公开②。

（二）学位点评估机制

目前专家学者对学位点评估工作已经形成了统一的共识，进行学位点评估有利于加强政府对高等教育宏观指导和管理，能够保证研究生培养质量，加强学科、学位点建设③。学位点评估是促进高校学科建设、强化研究生培养质量监控的重要手段之一④。针对于此，专家们普遍呼吁建立学位点评估的机制，并且要构建综合评估与专项评估的衔接，高校、社会与政府评估相结合的完整学位点评估体系⑤和基于权责关系的学位点协同评估机制。建立科学的学位点合格评估与监督机制，促进学位点可持续地发展，是学位点建设与发展不可或缺的手段⑥。评估后要跟踪评估结果，并根据评估成绩优良和较差的结果对学位点进行分层建设⑦。在学位点评估中，学校的自我评估作为评估工作的重心，在整个评估机制中占有重要的地位。学位点自我评估具有前瞻性、激励性、监控性，有利于及早发现学位点在设置、师资等方面的问题，以便实行动态调整⑧。对学位点进行自我评估必须确定衡量各个组成要素和各种影响因素的统一尺度，即评估指标体系。科学合理的评估指标体系是开展自我评估的基础，它通过一系列科学、完整、系统的指标衡量学位点的建设情况，保证了评价结果的可靠性和有效性⑨。

（三）学位点评估标准

学位点评估标准是指对一个学科或专业能否获得硕士、博士学位授权以及获得授权后进行评估时所使用的测量工具。它具体地规定着学位点所应该具备的办学条件和所应该达到的

① 韩映雄. 国外学位点外部质量保障体系的架构及机制[J]. 上海教育评估研究，2013，（2）：32－38.

② 李爱彬，郑文奇. 立足人才培养本位多环节促进学位授权点合格评估——基于英国 QAA 学科评估与我国学位点合格评估的比较分析[J]. 研究生教育研究，2016（6）：86-91.

③ 唐秋生，何晓英，单伟光，等. 学位点评估工作的研究与实践[J]. 湖州师范学院学报，2003（1）：116-119.

④ 文大为. 博士、硕士学位授权点评估体系与方法的研究与实践[D]. 长沙：中南大学，2003.

⑤ 梁传杰，张凌云. 论高校学位点自我评估机制之构架[J]. 中国高教研究，2014（8）：29-33.

⑥ 林梦泉，朱金明，唐振福，等. 学位点质量评估协同机制探究[J]. 学位与研究生教育，2013（7）：20-24.

⑦ 张海防. 学位授权点自我评估的研究[J]. 学位与研究生教育，2012（2）：121-122.

⑧ 王金梅. 以学位点自我评估制度推动研究生教育质量保障体系建设[J]. 林区教学，2018（4）：113-114.

⑨ 颜建勇. 高校学位点自我评估指标体系的构建[J]. 山西财经大学学报（高等教育版），2006（3）：70-72.

人才培养水平及学术水准。学位点评估标准是学位点建设的基本依据，也是学位点质量保障的重要条件[①]。

在学位点评估标准方面，专家们也进行了深入的研究，认为学位点评估标准是规范学位点建设行为的框架和学位点建设成效的标尺[②]。但是目前我国的学位点评估标准发展性和递进性不足，不能满足不同类型的学位点的要求，不适合不同发展阶段的学位点的情况。学位点评估标准过分重视科研，忽视了人才培养[③]。针对目前学位点评估标准的问题，专家们也相应地提出了各自的改进意见，如在评估主体，评估过程中注重学科标准、学位标准、行业标准，既包括办学条件等硬性内容，也要包括学术氛围、学生培养及结果等柔性内容，充分吸收借鉴国际国内评估经验[④]。

三、学位点评估的意义

（一）学位点评估的重要性

学位点评估，作为质量监控的一个重要手段，不仅使人们对我国研究生教育的现状和水平有了更加深刻的了解，而且强化了研究生教育工作者的质量意识，促进了学位与研究生教育的健康发展，强化了学科、学位点的建设。通过学位点评估能够及时发现并解决问题，自我评估能够在现状评估过程中逐步明确本所高校学位点建设过程中取得的成就和面临的困境，从而明确今后的改进方向，有利于高校及时发现问题，对症下药，逐步改进学位点的建设；能够发挥积极导向作用，不仅可以及时发现问题，而且还可以指导学位点建设，明确未来工作的方向，实现目标的合理定位，发挥积极的导向作用；有利于赏罚分明，形成良性发展机制。高校学位点的自我评估的目的，就是为了随时掌握学位点的发展现状，及时更新、反馈内部各个学位点的发展情况，以便对发展较好的学位点及时给予奖励，从而激励学位点不断开拓创新，向更大、更好的发展目标前进。同时对发展较差的学位点，及时反馈其发展情况，适当采取惩罚措施，增加学位点的忧患意识，从而形成良性的发展机制，鼓励各个学位点百花齐放。

（二）学位点评估的必要性

学位点评估工作有利于学位点发现自身存在的问题，并能够分析造成这些问题的原因，发现症结所在，研究解决这些问题的制约因素，采取有效的整改措施。学位点评估工作可以找到有关学位点建设的定位坐标，同时也是自我完善和自我发展的一个良好过程。同时，学位点评估工作可以进一步引入竞争机制，有利于促进学科、专业之间比较，增加各学院、学科之间的忧患意识，增加了压力和动力，从而激发活力，有目标地定位及加强自身的建设，超赶先进学科、学位点。通过学位点评估可以使学校充分掌握第一手资料，并进行分析，有

① 甘晖，罗云，孙志强．完善学位点评估标准的策略选择[J]．中国高等教育，2011（24）：16-19.
② 罗云强，孙志强，甘晖．完善学位点评估标准需要理念创新[J]．学位与研究生教育，2012（4）：42-47.
③ 黄文峰．构建国内学位点评估标准的若干思考[J]．西南农业大学学报：社会科学版，2012（9）：154-156.
④ 杨院．构建国内学位点评估标准体系的思考[J]．学位与研究生教育，2013（7）：25-28.

的放矢地引导有关学位点建设，从而加大对某些环节的经费的必要投入，扶植重点。学位点评估还可以作为提高研究生培养质量和学术授予质量的重要手段，起到监控学术队伍建设、科学研究水平、研究生培养条件等重要作用，为改进研究生教育提供有效的依据。

四、西南交通大学学位点评估原则

西南交通大学学位点评估，始终坚持以“立德树人、服务需求、提高质量、追求卓越”为主线，不断优化学位点结构，提升学位点的科学研究水平、人才培养能力和服务社会能力，提高研究生培养质量。

西南交通大学学位点评估，坚持以下原则：

（1）高校自我评估与政府合格评估相结合。高校自我评估与政府合格评估相结合的原则，是指在当前的改革形势下，将高校自我评估与中央和地方两级政府所组成的合格评估形成有机衔接，并将两者整合形成有机整体，共同构建起新型学位授权点质量保障体系。具体而言，就是高校要转变办学观念，增强自我办学意识，切实实行自主办学、自我发展，强化学位点内涵建设，同时将高校自我评估与政府合格评估在评估主体、评估对象、评估内容、评估标准、评估时间、评估结果与反馈、评估结果处理等方面相互协调，形成有机统一体。

（2）学位点自我评估与学科动态调整相结合。学位点自我评估与学科动态调整相结合的原则，是指在当下国家出台了学科专业动态调整管理办法的情形下，各高校按要求也要出台相应的具体实施办法，而学科专业动态调整必须基于学位点自我评估，以学位点自我评估为重要依据，才能组织开展学科专业动态调整工作。

（3）学位点自我评估与学科绩效投入相结合。学位点自我评估与学科绩效投入相结合的原则，是指高校学位点自我评估要与高校所开展的学科绩效投入工作结合起来，将学位点自我评估结果纳入学科绩效投入的标准之一。作为高校进行学科绩效评价与投入的重要依据，只有将学位点自我评估与建设投入相衔接，才能引起高校相关二级单位的高度关注，才能激发各相关单位开展学位点内涵建设的积极性。

（4）综合评估与专项评估相结合。综合评估与专项评估相结合，是指高校在开展学位点自我评估工作时，在评估组成内容的构架上，既要有学位点整体实力和水平的综合评估，又要有与学位点具体内涵的专项评估，尤其是要突出研究生培养的专项评估。学位点设置的目的在于研究生培养，必须要突出人才培养这一关键要素，而学位点自我评估难以全面反映研究生培养这一核心内容。高校所开展的学位点自我评估，往往从师资队伍、科学研究、人才培养、学术交流等方面对学位点基本条件和水平进行评估，这些指标虽然能够从总体上反映学位点整体的实力和水平，但如果没有研究生培养条件、学位论文质量、专业学位研究生实习实践基地等围绕研究生培养质量所开展的专项评估，则很难准确而真实地反映学位点在人才培养方面的具体条件和工作成效。因此，有必要实现综合评估与专项评估的有机结合。

（5）学位点评估与后续建设相结合。学位点自我评估与后续建设相结合的原则，是指高校要将学位点自我评估的结果，尤其是在学位点自我评估工作中所发现的问题及时形成学位点自我评估报告并反馈给高校相关二级单位，要求各相关二级单位结合综合评估和专项评估所发现的突出问题，形成整改和后续建设方案和报告，切实加强后续建设，高校学科建设管理部门要强化监督，做好服务，确保在学位点自我评估工作中所发现的问题得到有效解决，保证研究生教育人才培养质量①。

五、学位点评估机构

（一）学位授予单位自我评估

学位授予单位根据本单位实际情况，建立有学校特色的自我合格评估指标体系，对师资队伍、学科方向、人才培养数量质量和特色、科学研究、社会服务、学术交流、条件建设和制度保障等进行评价。按照诊断式评估要求，统筹考虑学术学位授权点和专业学位授权点、博士学位授权点和硕士学位授权点，合理确定评估方式。自我评估的标准和内容由学位授予单位自主确定。学位授予单位可根据自我评估结果，结合人才需求、学科条件和本单位发展目标，按照学位授权点动态调整的相关规定，对学位授权点进行调整或撤销学位授权点。各学位授权点把编制本单位《研究生教育发展质量年度报告》和《学位授权点建设年度报告》作为自我评估的重要环节之一，贯穿自我评估全过程。《研究生教育发展质量年度报告》和《学位授权点建设年度报告》经脱密处理后，应在本单位门户网站发布。

每轮周期性合格评估的第3年和第6年的3月底前，应当向国务院学位委员会办公室报送参评学位授权点截至上一年底的基本状态信息。

每轮周期性合格评估第6年3月底前，向指定信息平台上传自我评估结果、自我评估总结报告、专家评议意见和改进建议，以及参评学位授权点连续5年的研究生培养方案。

（二）教育行政部门随机抽评

1. 抽评工作的组织。

抽评博士学位授权点的名单由国务院学位委员会办公室确定，委托国务院学位委员会学科评议组（以下简称学科评议组）和全国专业学位研究生教育指导委员会（以下简称专业学位教指委）组织评议。抽评名单确定后，应通知有关省级学位委员会、专家组和学位授予单位。抽评硕士学位授权点的名单及其评议由各省级学位委员会分别组织。

2. 教育行政部门在自我评估结果为“合格”的学位授权点范围内，按以下要求确定抽评学位授权点：

（1）抽评学位授权点应当覆盖所有学位授予单位。

（2）各一级学科和专业学位类别被抽评比例不低于被抽评范围的30%，现有学位授权点数量较少的学科或专业学位类别视具体情况确定抽评比例。

（3）评估周期内有以下情形的，应加大抽评比例。

① 发生过严重学术不端问题的学位授予单位；

② 存在人才培养和学位授予质量方面其他问题的学位授予单位。

（4）评估周期内学位论文抽检存在问题较多的学位授权点。

① 梁传杰，张凌云.论高校学位点自我评估机制之构架[J]. 中国高教研究，2014（8）：29-33.

3. 评议专家组成。

学科评议组、专业学位教指委和省级学位委员会设立的评议专家组（以下统称专家组），是开展学位授权点评议的主要力量。每个专家组的人数应为奇数，可根据评估范围内学位授权点的学科或专业学位类别具体情况，增加同行专家参与评估。评议实行本单位专家回避制。

4. 专家组制定评议方案，确定评议的基本标准和要求，报负责抽评的教育行政部门备案，并通知受评单位。抽评的基本标准和要求不低于周期性合格评估基本条件。

5. 评议方式和评议材料。

专家组应根据本办法制定议事规则。专家评议以通讯评议方式为主，也可根据需要采用会议评议方式开展。评议材料主要有《学位授权点自我评估总结报告》、学位授权点基本状态信息表、学位授予单位《研究生教育发展质量年度报告》《学位授权点建设年度报告》、近 5 年研究生培养方案、自评专家评议意见和改进建议，以及专家组认为必要的其他评估材料。

6. 评议结果。

每位抽评专家审议抽评材料，对照本组学位授权点周期性合格评估标准，对学位授权点提出“合格”或“不合格”的评议意见，以及具体问题和改进建议。专家组应汇总每位专家意见，按照专家组的议事规则，形成对每个学位授权点的评议结果。全体专家的 1/2 以上（不含 1/2）评议意见为“不合格”的学位授权点，评议结果为“不合格”，其他情形为“合格”。

博士学位授权点的评议情况、评议结果及可能产生的后果、存在的主要问题和具体改进建议由学科评议组或专业学位教指委向受评单位反馈，并在规定时间内受理和处理受评单位的异议。硕士学位授权点评议的相关情况、评议结果及可能产生的后果、存在的主要问题和具体改进建议由省级学位委员会向受评单位反馈，并在规定时间内受理和处理受评单位的异议。

7. 学科评议组、专业学位教指委和省级学位委员会根据评议情况和异议处理结果，形成相应学位授权点抽评意见和处理建议，编制评估工作总结报告，向国务院学位委员会办公室报送。

8. 国务院学位委员会办公室可在抽评期间适时组织对抽评工作的专项检查。

六、西南交通大学学位点评估工作流程

（一）确定学位点评建负责人

各单位按一级学科确定一名学位点评建专项工作负责人和联系人，对于有多个单位共建的学位点，由牵头单位确定总负责人和联系人，并请填写《学位点评估专项工作负责人信息表》。学位点评估专项工作负责人主要负责该学位点在自评估阶段的评估材料、问题查找、整改建设等工作的组织实施。

学位点负责人仔细对照本学位点的《学位授权点申请基本条件》，确定是否满足，并在《学位点评估专项工作负责人信息表》的“学位点是否满足基本条件”一栏填写。

（二）自我评估

评估方式以国内同行专家评估为主。

1. 研究制定评估工作方案。

按照教育部要求，学校学位授权点自我评估工作领导小组办公室在广泛征询意见和建议的基础上，完成本单位的评估工作实施方案并上报。学校依据总体方案，结合实际，进一步细化和充实了内容，制定了更科学的指标体系和总结报告提纲。

2. 组成评估专家组。

各学位授权点需提供本学位点评估的专家库名单，专家数量须在拟聘专家人数的2倍以上，最后由校学位授权点自我评估领导小组确定正式专家名单。

根据学校评估工作实施方案的安排，各学位授权点评估专家组由不少于5人的校外同行专家组成。评估专家一般应是本学科领域学术水平较高的研究生导师。其中，学术学位授权点评估专家原则上至少应有1人为国务院学位委员会学科评议组成员，专业学位授权点评议专家中，行业专家一般不少于专家人数的三分之一，且一般应有1名专业学位教育指导委员会委员。

3. 专家沟通。

学校（以学位授权点为主）事先与评估专家进行充分沟通，向专家说明本单位的办学目标、人才培养质量标准、评估目的、评估方式、工作要求和工作流程等，听取专家对评估工作安排的意见。

4. 组织材料。

学位授权点根据最终确定的评估安排和要求，组织自我评估材料。评估材料应提前发送专家，根据专家意见，补充完善自评材料。

各学位授权点自评材料的组织应紧密围绕评估指标体系进行，内容应充分体现本学位授权点的特色和人才培养水平。自评汇报材料采取写实性描述，能用数据定量描述的，不得定性描述。定量数据除总量外，尽可能用师均、生均或比例描述。相关数据统计、清单列表如师资队伍、科研成果等尽可能使用图表表示。

各学位授权点准备的自评材料必须真实、可靠，有据可查，不得弄虚作假。为方便评估工作，相关材料可汇编成册。

5. 专家现场评估。

评估专家通过听取总体汇报、与师生和管理人员座谈、课堂听课、现场考察、查阅有关资料等方式，了解学位授权点基本情况。专家组经过充分讨论，对学位授权点作出“优秀”“良好”“合格”或“不合格”的评判，并提出诊断式评议意见。专家评议意见应具有较强的针对性，从学位授权点建设的各个方面，指出其存在的问题与不足，并提出改进建议。

6. 校学术委员会、学位评定委员会审议表决评估结果。

根据专家评议意见，校学术委员会和学位评定委员会按议事规则对学位授权点自评结果进行审议表决，表决结果分为“合格”和“不合格”两种，同时按学位授权点动态调整的有关办法决定撤销或整改的学位授权点名单。

7. 撰写自我评估总结报告和制定改进提升方案。

在自我评估的基础上，各学位授权点修订《自我评估总结报告》。与此同时，各学位授权点应根据评估过程中发现的问题和不足，结合评估专家意见，制定学位授权点改进提升方案。改进提升方案应具有可操作性，包括未来一段时间的发展目标和保障措施。《自我评估总结报告》初稿和改进提升方案经校评估领导小组办公室审核通过后最终定稿。

8. 评估材料公示并归档保存。

各学位授权点的自评材料和专家评议意见通过学科中心在“全国学位与研究生教育质量信息平台”上向社会公开。学位授权点评估工作产生的所有材料由学位授权点所在单位归档保存，以便国家教育行政部门随机抽评。

七、异议处理

（1）学位授予单位如对具体学位授权点评议结果存有异议，应按评估方案要求，博士学位授权点向学科评议组或专业学位教指委提出申诉，硕士学位授权点向省级学位委员会提出申诉，并在规定时间内提供相关材料。

（2）博士学位授权点的异议，有关学科评议组或专业学位教指委应当会同有关省级学位委员会进行处理，组织本学科评议组或专业学位教指委成员成立专门小组进行实地考察核实，确有必要的可约请学科评议组或专业学位教指委之外的同行专家。实地考察的规程和要求由专门小组制订。硕士学位授权点由省级学位委员会组织专门小组进行实地考察核实。

（3）博士学位授权点异议处理专门小组结束考察后应向本学科评议组或专业学位教指委报告具体考察意见。

（4）学科评议组或专业学位教指委经充分评议后，形成博士学位授权点的抽评意见和处理建议。省级学位委员会根据专家组评议意见及专门小组的考察报告，审议形成硕士学位授权点的抽评意见和处理建议。

国务院学位委员会办公室汇总学位授予单位自我评估结果，以及学科评议组、专业学位教指委、省级学位委员会抽评结果，进行形式审查。

对形式审查发现问题的，请有关学科评议组或专业学位教指委进行核实并补充相关材料；对审查通过的，按以下情形提出处理建议：

（1）对有如下情形之一的学位授权点，提出继续授权建议：

① 自我评估结果为“合格”且未被抽评的学位授权点；

② 抽评专家表决意见为“不合格”的比例不足 1/3 的学位授权点。

（2）对有如下情形之一的学位授权点，提出限期整改建议：

① 自我评估结果为“不合格”的学位授权点；

② 抽评专家表决意见为“不合格”的比例在 1/3（含 1/3）至 1/2（含 1/2）之间的学位授权点。

（3）对抽评专家表决意见为“不合格”的比例在 1/2（不含 1/2）以上的学位授权点，提出撤销学位授权建议。

八、评估结果使用

（1）教育行政部门将各学位授予单位学位授权点合格评估结果作为教育行政部门监测“双一流”建设和地方高水平大学及学科建设项目的重要内容，作为研究生招生计划安排、学位授权点增列的重要依据。

（2）学位授予单位可在周期性合格评估自我评估阶段，根据自我评估情况，结合社会对人才的需求和自身发展情况，按学位授权点动态调整的有关办法申请放弃或调整部分学位授权点。学位授予单位不得在抽评阶段申请撤销周期性合格评估范围内的学位授权点。

（3）对于撤销授权的学位授权点，5年内不得申请学位授权，其在学研究生可按原渠道培养并按有关要求授予学位。

（4）限期整改的学位授权点在规定时间内暂停招生，进行整改。整改完成后，博士学位授权点接受国务院学位委员会办公室组织的复评；硕士学位授权点接受有关省级学位委员会组织的复评。复评合格的，恢复招生；达不到合格的，经国务院学位委员会批准，撤销学位授权。根据抽评结果作限期整改处理的学位授权点，在整改期间不得申请撤销学位授权。

九、学位点评估质量保障文件体系

学位点评估工作是检验高校培养学生质量的重要一关，是下一轮学科评估问诊把脉、清除路障的重要环节，其成功与否将直接影响下一轮学科评估目标的实现和“双一流”建设进程的推进。

学位点评估工作质量保障体系文件如下表所示：

文件类型	文件标题	文件编号	附录编号
管理文件	西南交通大学博士、硕士学位授权学科和专业学位授权类别动态调整实施办法	XJYZB-6301	6-1
评估工具	学位授权点自我评估指南	XJYZB-6402	6-2
	学位授权点抽评要素	XJYZB-6403	6-3
	学位授权点自我评估指标体系	XJYZB-6404	6-4
	西南交通大学拟增列学位授权学科自查表	XJYZB-6605	6-5
	西南交通大学拟增列专业学位授权类别自查表	XJYZB-6606	6-6
表格模板	西南交通大学学位授权点自我评估专家库名单	XJYZB-6607	6-7
	研究生教育发展质量年度报告（提纲）	XJYZB-6608	6-8
	学位授权点基本状态信息表（学术学位）	XJYZB-6609	6-9
	学位授权点基本状态信息表（专业学位）	XJYZB-6610	6-10
	学位授权点自我评估总结报告提纲	XJYZB-6611	6-11
	学位授权点合格评估专家意见表	XJYZB-6612	6-12
	西南交通大学拟增列学位授权学科和专业学位授权类别同行专家信息表	XJYZB-6613	6-13
	西南交通大学拟增列专业学位授权类别同行专家评议意见表	XJYZB-6614	6-14
	西南交通大学拟增列学位授权学科同行专家评议意见表	XJYZB-6615	6-15
	学位授权点自我评估结果汇总表	XJYZB-6616	6-16

十、附　录

附录 6-1　西南交通大学博士、硕士学位授权学科和专业学位授权类别动态调整实施办法

编号	XJYZB-6301

西南交通大学
博士、硕士学位授权学科和专业学位
授权类别动态调整实施办法

西南交通大学博士、硕士学位授权学科和专业学位授权类别动态调整实施办法（试行）

根据国务院学位委员会《国务院学位委员会关于开展博士、硕士 学位授权学科和专业学位授权类别动态调整工作的通知》（学位〔2015〕40号），自2016年起，我校可在本校范围内开展现有经国务院学位委员会批准的博士、硕士学位授权学科和专业学位授权类别（以下统称“现有学位授权点”）动态调整工作。根据国务院学位委员会《关于开展博士、硕士学位授权学科和专业学位授权类别动态调整试点工作的意见》（学位〔2014〕1号）和《博士、硕士学位授权学科和专业学位授权类别动态调整办法》等文件精神，为做好我校博士、硕士学位授权学科和专业学位授权类别动态调整工作，制定本实施办法。

一、指导思想

紧紧围绕国家和地区经济社会发展的现实需求及学校学科发展规划，促进我校主动调整学科专业结构，推动我校学位授权体系建设从规模扩张为特征的外延式发展向质量提升为核心的内涵式发展转变，实现研究生教育转型发展。

加大学校学术委员会、学位评定委员会对学位授权审核工作的统筹力度，通过对学位授权点的质量监督评估和结构调整，着力构建与经济社会发展联系更加紧密的学位授权体系。

培育二级单位的自主质量意识，建立健全学位授权点动态调整的长效机制，更好满足经济建设和社会发展对高层次创新人才的迫切需求，为实现交通特色鲜明的综合性研究型一流大学提供高质量人才保障和支持。

二、基本原则

（一）需求导向、优化结构

学位授权点动态调整，要以满足国家和区域经济社会发展需求为前提，在深入分析区域经济社会发展现状及需求的基础上，结合校内现有学位授权点的布局情况，科学预测学位授权体系建设和人才培养需要，根据总体规划有针对性地对学位授权点进行结构调整。

（二）分类实施、有序推进

学位授权点动态调整将支持符合经济社会发展需要、优势突出、特色鲜明、符合我校学科发展规划要求的学位授权点，特别支持新兴和特色学科发展。以学位授权点动态调整为契机，注重与产业发展、社会就业需求、科技发展前沿趋势相衔接，着力打造新兴、交叉和特色学科，调整优化学科结构，更好地服务经济社会发展。在坚持学位授权点自愿与政策引导相结合的基础上，准确把握调整的方向、重点、力度和节奏，统筹兼顾，精心组织，稳步实施，确保学位授权点动态调整工作平稳有序进行。

（三）统筹引导、质量优先

学位授权点由学校根据学科发展规划统筹实施，以保障学位授权点建设质量为前提，引导和鼓励二级单位及学位授权点深化研究生教育改革，创新人才培养模式，建立以提升质量为导向的研究生教育管理制度。

三、调整方式

我校自主调整学位授权点在校内范围内进行。

1. 撤销现有学位授权点且不增列其他学位授权点。

2. 撤销现有学位授权点并增列其他相应学位授权点。包括：

（1）撤销博士学位授权一级学科，增列其他博士学位授权一级学科（但所增列学科应已为硕士学位授权一级学科或为拟同时增列的硕士学位授权一级学科），或博士专业学位授权类别，或其他硕士学位授权一级学科，或硕士专业学位授权类别，或工程硕士专业学位下的授权工程领域。

（2）撤销硕士学位授权一级学科，增列其他硕士学位授权一级学科，或硕士专业学位授权类别，或工程硕士专业学位下的授权工程领域。

（3）撤销博士专业学位授权类别，增列其他博士专业学位授权类别，或硕士专业学位授权类别，或工程硕士专业学位下的授权工程领域。

（4）撤销硕士专业学位授权类别，增列其他硕士专业学位授权类别，或工程硕士专业学位下的授权工程领域。

撤销某一级学科（尚未获得博士学位一级学科授权）下所有博士学位授权二级学科或撤销某一级学科（尚未获得硕士学位一级学科授权）下所有硕士学位授权二级学科，视同撤销一个博士学位授权一级学科或硕士学位授权一级学科。撤销后仍增列博士、硕士学位授权学科的，应为与撤销授权点所属学科不同的其他一级学科。

3. 按本办法增列下列种类学位授权点的，按以下情况处理：

增列临床医学、口腔医学、中医学专业学位授权类别的，还应满足下述条件：

（1）增列博士专业学位授权类别的，应具有临床医学本科专业和相应的硕士专业学位授权类别，并至少有一所直属附属医院为专科医师规范化培训基地。

增列硕士专业学位授权类别的，应具有临床医学本科专业，并有至少一所附属医院为住院医师规范化培训基地。

（2）增列建筑学硕士专业学位授权类别的，应按有关规定经全国高等学校建筑学专业教育评估委员会评估通过后，方可决定增列。

（3）新增军事学门类授权学科及军事类专业学位授权类别的，需经中国人民解放军学位委员会同意后，方可决定增列。

（4）新增警务硕士专业学位授权类别的，需经全国警务专业学位研究生教育指导委员会同意后，方可决定增列。

四、实施步骤及要求

现有学位授权点动态调整是国家学位授权审核制度和研究生教育综合改革的重要组成部分，要充分认识，审慎操作，严格按照规定程序和要求进行。

（一）调整原则

根据学校学科总体布局优化的需要，以优胜劣汰原则，主动调整学位授权点的布局，构建学位点的动态调整机制。撤销学科综合实力较差、水平不高、建设进展缓慢的学位授权点。遴选综合实力较强、水平较高、发展势头较好的学科申报增列一级学科博硕士学位授权点和专业学位授权类别。动态调整学位授权点分以下三种情况：

1. 凡在学位授权点合格评估中，经同行专家评审，评估结果为不合格的学位点，列为拟撤销的学位点对象（含该一级学科所覆盖二级学科学位点）；或评估结果虽为合格，但学位点水平不高、人才培养质量不高，且经整改建设，进展缓慢，未取得实质性进展者，列为拟撤销的学位点对象，从全校择优遴选出学科综合实力明显较强、水平较高、发展态势较好的学位点申报增列相应的一级学位授权点和专业学位授权类别。

2. 现有二级学科博硕士学位授权点，自本办法发布之日起，在整改建设中，未取得实质性进展者或进展缓慢，列为拟撤销的学位点对象，从全校择优遴选出学科综合实力明显较强、水平较高、发展态势较好的学位点申报增列相应的一级学位授权点（注：博士学位授权点或硕士学位授权点）。

3. 学校从服务经济社会发展和事业整体发展的目标定位，以及优化博硕士学位授权点的结构布局需要，对学科特色和优势不明显，且发展后劲不足的学位授权点予以主动撤销，从全校遴选有较好基础、发展态势良好，对学校推进学科交叉与融合，优化学科布局具有重要意义的学位点申报增列相应的一级学位授权点和专业学位授权类别，由拟被撤销学位点所在学院牵头整合拟撤销学位点的学科资源，并联合相关学院申报增列新的一级学科博硕士学位授权点和专业学位授权类别，或由学校组织有关学院联合申报增列新的一级学科博硕士学位授权点和专业学位授权类别。

主动撤销现有学位授权点并自主增列其他学位授权点的，拟增列学位授权点的数量不得超过主动撤销学位授权点的数量。主动撤销学位授权点后不同时增列学位授权点的，可在今后自主调整中增列。主动撤销的学位授权点，不得在五年内再次通过本动态调整办法增列为学位授权点。

（二）调整程序及要求

1. 学校组织对拟自主增列的学位授权点进行资格评审。

2. 拟自主增列的学位授权点聘请同行专家，根据国务院学位委员会规定的学位授权点基本条件、最低要求及我校规定的其他要求进行评议。

3. 拟撤销和拟自主增列的学位授权点，提交学校学术委员会审定。

4. 审定结果进行不少于15个工作日的公示。

5. 拟撤销和拟自主增列的学位授权点，提交校学位评定委员会审议通过。

6. 将主动撤销和增列的学位授权点以及开展动态调整工作的有关情况报省级学位委员会。

7. 省级学位委员会对学位授予单位调整工作是否符合规定的程序办法进行审查，审查通过的报国务院学位委员会批准。

8. 按本办法增列的学位授权点在批准授权3年后，需接受复核。复核工作按照《学位授权点合格评估办法》第十四条关于专项合格评估的规定进行，由国务院学位委员会办公室统一组织。学位授权点经复核撤销的，不得再按本办法增列其他学位授权点。

9. 按本办法主动撤销的学位授权点在3年内实行有限授权。在有限授权期内停止招生，但保留对已招收研究生的学位授予权。3年期满后完全撤销授权，仍未毕业研究生由学校转由其他学位授权点培养并授予学位，或向其他学位授予单位申请授予学位。

五、保障措施

（一）加强组织领导

学校要加强领导，精心组织，并充分发挥学术委员会、学位评定委员会等学术组织作用，结合学位授权点合格评估和专项评估安排，建立健全学位授权点动态调整规划、原则、程序和争议处理等常态工作机制。

（二）建立长效激励机制

对新增的学位授权点，在研究生招生计划安排、师资队伍建设、科研创新、人才培养、基地建设和专业结构调整改造项目等方面予以政策支持，切实提高新增学位授权点建设水平和服务学校发展的贡献度。

本办法从发文之日起开始实行，由研究生院学科中心负责解释。

附录 6-2　学位授权点自我评估指南

编号	XJYZB-6402

学位授权点自我评估指南

学位授权点自我评估指南

根据《学位授权点合格评估办法》，为指导学位授予单位做好学位授权点自我评估工作，制订本指南。

一、评估内容

自我评估是对本单位学位授权点水平和人才培养质量的全面检查，学位授予单位应根据本单位的办学定位和研究生培养质量标准，建立符合本学科或专业学位类别特点、有学校特色的自我合格评估指标体系，从目标定位、研究方向、师资队伍、学科方向、人才培养数量质量和特色、科学研究、社会服务、学术交流、条件建设和制度保障等方面，真实、准确考察学位授权点的目标达成度。

二、组织方式

学位授予单位要建立自我评估组织协调机制，指定专门机构负责组织实施。根据本单位学位授权点数量、学科结构和院系设置等情况，统筹规划评估工作，研究制订工作方案。评估工作方案应包括自我评估的组织机构、组织形式、评估方式、评估内容、时间安排和工作流程等内容。把编制本单位《研究生教育发展质量年度报告》和《学位授权点建设年度报告》作为自我评估的重要环节之一，贯穿自我评估全过程。

三、评估方式

评估方式由学位授予单位根据本单位实际情况自主确定，鼓励有条件的学位授予单位将自我评估与自主开展或参加的相关学科领域具有公信力的国际评估、教育质量认证等相结合。

1. 专家聘请。学位授予单位根据自主确定的评估方式，聘请相关专家，每个专家组的人数应为奇数。评估专家一般应是本学科领域学术水平较高的研究生导师。专业学位授权点评估专家应包括行业专家。开展国际评估，选聘专家应是本学科领域国际上具有较高学术水平和影响力的境外专家。

2. 专家沟通。学位授予单位应事先与评估专家进行充分沟通，向专家说明本单位的办学目标、人才培养质量标准、评估目的、评估方式、工作要求和工作流程等，听取专家对评估工作安排的意见。

3. 材料组织。学位授予单位根据最终确定的评估安排和要求，组织自我评估材料。评估材料应提前发送专家，根据专家意见，补充完善自评材料。

4. 专家评估。评估专家通过听取总体汇报、与师生和管理人员座谈、查阅有关资料等方式，了解学位授权点基本情况。专家组经过充分讨论，提出诊断式评议意见。专家评议意见应具有较强的针对性，从学位授权点建设的各个方面，指出其存在的问题与不足，并提出改进建议。

四、评估结果

学位授予单位根据专家评议意见确定学位授权点自我评估结果。

五、改进提升方案

学位授予单位根据评估过程中发现的问题和不足，结合评估专家意见，制定各学位授权点改进提升方案。改进提升方案应具有可操作性，包括未来一段时间的发展目标和保障措施。

六、总结报告

学位授予单位应在自我评估的基础上，按照国家规定的撰写提纲和抽评要素，编写《学位授权点自我评估总结报告》，上传“全国学位与研究生教育质量信息平台”。

七、其他

1. 合理安排评估进程。自我评估要根据本单位实际情况，根据学位授权点数量，统筹考虑评估工作安排，不断总结经验，改进做法，确保评估工作有序进行。

2. 确保评估取得实效。学位授予单位应加强评估过程管理，明确评估是手段、诊断是目的，重在发现问题、解决问题，避免评估走过场、形式化，确保自我评估达到预期效果。

3. 严格遵守评估纪律。学位授予单位要严明评估纪律，坚决排除非学术因素的干扰，保证自我评估公平公正。对违反评估纪律和材料作假的单位和人员进行严肃处理。

附录 6-3　学位授权点抽评要素

编号	XJYZB-6403

学位授权点抽评要素

学术学位授权点抽评要素

一级要素	二级要素	主要内容
1 目标与标准	1.1 培养目标	本学位点培养研究生的目标定位
	1.2 学位标准	符合本学科特点，与本单位办学定位及特色相一致的学位授予质量标准的制定及执行情况
2 基本条件	2.1 培养方向	本学位点的主要培养方向简介
	2.2 师资队伍	各培养方向带头人与学术骨干、主要师资队伍情况
	2.3 科学研究	本学位点近5年已完成的主要科研项目以及在研项目情况
	2.4 教学科研支撑	本学位点支撑研究生学习、科研的平台情况
	2.5 奖助体系	本学位点研究生奖助体系的制度建设、奖助水平、覆盖面等情况
3 人才培养	3.1 招生选拔	学位授权点研究生报考数量、录取比例、录取人数、生源结构情况，以及为保证生源质量采取的措施
	3.2 思政教育	思想政治理论课开设、课程思政、研究生辅导员队伍建设、研究生党建工作等情况
	3.3 课程教学	本学位点开设的核心课程及主讲教师。课程教学质量和持续改进机制，教材建设情况
	3.4 导师指导	导师队伍的选聘、培训、考核情况，导师指导研究生的制度要求和执行情况，博士生导师岗位管理制度建设和落实情况
	3.5 学术训练	研究生参与学术训练及科教融合培养研究生成效，包括制度保证、经费支持等
	3.6 学术交流	研究生参与国际国内学术交流的基本情况
	3.7 论文质量	体现本学科特点的学位论文规范、评阅规则和核查办法的制定及执行情况。本学位点学位论文在各类论文抽检、评审中的情况和论文质量分析
	3.8 质量保证	培养全过程监控与质量保证、加强学位论文和学位授予管理、强化指导教师质量管控责任、分流淘汰机制等情况
	3.9 学风建设	本学位点科学道德和学术规范教育开展情况，学术不端行为处理情况
	3.10 管理服务	专职管理人员配备情况，研究生权益保障制度建立情况，在学研究生满意度调查情况等
	3.11 就业发展	本学位点毕业研究生的就业率、就业去向分析，用人单位意见反馈和毕业生发展质量调查情况
4 服务贡献	4.1 科技进步	科研成果转化、促进科技进步情况
	4.2 经济发展	服务国家和地区经济发展情况
	4.3 文化建设	繁荣和发展社会主义文化情况

注：本抽评要素仅供抽评使用，是教育行政部门评价学位授权点的主要内容。各学科评议组应制定符合本学科特点的具体抽评内容。

专业学位授权点抽评要素

一级要素	二级要素	主要内容
1 目标与标准	1.1 培养目标	本学位点培养研究生的目标定位
	1.2 学位标准	符合本专业学位特点，与本单位办学定位及特色相一致的学位授予质量标准的制定及执行情况
2 基本条件	2.1 培养特色	本学位点的主要培养特色简介
	2.2 师资队伍	骨干教师及师资队伍规模、结构情况，包括专任教师及行业教师情况
	2.3 科学研究	本学位点近 5 年已完成的主要应用性科研成果或科研项目情况
	2.4 教学科研支撑	本学位点支撑研究生案例教学、实践教学的软硬件设施，联合培养基地建设情况
	2.5 奖助体系	本学位点研究生奖助体系的制度建设、奖助水平、覆盖面等情况
3 人才培养	3.1 招生选拔	学位授权点研究生报考数量、录取比例、录取人数、生源结构情况，符合专业学位特点的招生选拔机制，以及为保证生源质量采取的措施
	3.2 思政教育	思想政治理论课开设、课程思政、研究生辅导员队伍建设、研究生党建工作等情况
	3.3 课程教学	本学位点开设的核心课程及主讲教师。课程教学质量和持续改进机制，教材建设情况
	3.4 导师指导	导师队伍的选聘、培训、考核情况，行业产业导师选聘，研究生双导师制情况。导师指导研究生的制度要求和执行情况，博士生导师岗位管理制度建设和落实情况
	3.5 实践教学	专业学位研究生参与实践教学，产教融合培养研究生成效，包括制度保证、经费支持，行业企业参与人才培养情况等
	3.6 学术交流	研究生参与国际国内学术交流的基本情况
	3.7 论文质量	体现本专业学位特点的学位论文类型（如调研报告、规划设计、产品开发、案例分析、项目管理、艺术作品等）规范、评阅规则和核查办法的制定及执行情况，强化专业学位论文应用导向的情况。本学位点学位论文在各类论文抽检、评审中的情况和论文质量分析
	3.8 质量保证	培养全过程监控与质量保证、学位论文和学位授予管理、强化指导教师质量管控责任、分流淘汰机制等情况
	3.9 学风建设	本学位点科学道德和学术规范教育开展情况，学术不端行为处理情况
	3.10 管理服务	专职管理人员配备，研究生权益保障制度，在学研究生满意度调查情况等
	3.11 就业发展	本学位点人才需求与就业动态反馈机制建立情况，人才需求和就业状况报告发布情况，用人单位意见反馈和毕业生发展质量调查情况
4 服务贡献	4.1 科技进步	科研成果转化、促进科技进步情况
	4.2 经济发展	服务国家和地区经济发展情况
	4.3 文化建设	繁荣和发展社会主义文化情况

注：本抽评要素仅供抽评使用，是教育行政部门评价学位授权点的主要内容。各专业学位教指委应制定符合本专业学位类别特点的具体抽评内容。

附录 6-4　学位授权点自我评估指标体系

编号	XJYZB-6404

学位授权点自我评估指标体系

学位授权点自我评估要素

毕节	二级要素	主要内容
一、目标与标准	1. 培养目标	培养研究生的目标定位
	2. 学位标准	授予博士或硕士学位的基本标准
二、师资队伍	3. 师资规模和结构	导师数量、年龄结构、生师比情况
	4. 师资水平	导师学历、学位、专业技术职务、承担科研项目、所获学术成果和学术交流情况
三、人才培养	5. 招生选拔	研究生报考数量、录取比例、录取人数、生源结构情况；为保证生源质量采取的措施
	6. 课程教学	开设的核心课程及主讲教师情况；课程教学质量和持续改进机制
	7. 学术训练	研究生参与学术训练的情况，包括制度保证、经费支持等
	8 学术交流	研究生参与国际国内学术交流的基本情况
	9. 分流淘汰	研究生分流淘汰情况
	10. 学位论文质量	学位论文在各类论文抽检、评审中的情况和论文质量分析
四、质量保证和教学支撑	11. 导师管理	导师队伍的选聘、培训、考核情况；导师指导研究生的制度要求和执行情况
	12. 学风建设	科学道德和学术规范教育情况；学术不端行为处罚情况
	13. 教学平台	支撑研究生学习、科研和学术交流的平台情况
	14. 奖助体系	研究生奖助体系的制度建设、奖助水平、覆盖面等情况

附录 6-5　西南交通大学拟增列学位授权学科自查表

编号	XJYZB-6605

西南交通大学拟增列学位授权学科

自查表

西南交通大学拟增列学位授权学科自查表

学位授权点代码：　　　　　学位授权点名称：　　　　　　学位授权点层次：□博士□硕士

序号		核查内容	自查结果（“是”画“○”，“否”画“×”）		备注
1	政策类	是否详细阅读并了解了所有政策文件			
2		是否知晓增列的学位授权学科三年后参加专项评估			
3		是否知晓增列的学位授权学科与已有学术点之间人员不能重复			
4		增列的学位授权学科依托的原有学科或专业学位类别在上一轮学科评估、学位点合格评估、专项评估结果是否属于优秀或良好			
5		是否知晓增列的学位授权学科以后参加学科评估、学位点合格评估、专项评估不通过，将直接撤销，并直接影响学校增列指标			
6	满足基本条件类	增列的学位授权学科是否满足《学位授权审核申请基本条件》中关于学科方向的相关要求			
7		增列的学位授权学科是否满足《学位授权审核申请基本条件》中关于学科特色的相关要求			
8		增列的学位授权学科是否满足《学位授权审核申请基本条件》中关于人员规模的相关要求			
9		增列的学位授权学科是否满足《学位授权审核申请基本条件》中关于人员结构的相关要求			
10		增列的学位授权学科是否满足《学位授权审核申请基本条件》中关于学科带头人与学术骨干的相关要求			
11		增列的学位授权学科是否满足《学位授权审核申请基本条件》中关于培养概况的相关要求			
12		增列的学位授权学科是否满足《学位授权审核申请基本条件》中关于课程与教学的相关要求			
13		增列的学位授权学科是否满足《学位授权审核申请基本条件》中关于培养质量的相关要求			
14		增列的学位授权学科是否满足《学位授权审核申请基本条件》中关于科学研究的相关要求			
15		增列的学位授权学科是否满足《学位授权审核申请基本条件》中关于学术交流的相关要求			
16		增列的学位授权学科或专业学位授权类别是否满足《学位授权审核申请基本条件》中关于支撑条件的相关要求			
17	持续发展及诚信类	增列的学位授权学科是否有近期及长期学科发展规划			
18		学院是否同意为增列的学位授权学科持续地提供软硬件等条件的支撑			
19		增列的学位授权学科所填材料信息是否真实、有效，不存在任何的弄虚作假			
20		增列的学位授权学科所填材料信息中涉及人员归属、成果划分是否已告知本人，无任何争议或异议			

单位负责人（签字）：　　　　　　　　　　　　　　单位盖章

年　　　月　　　日

附录 6-6　西南交通大学拟增列专业学位授权类别自查表

编号	XJYZB-6606

西南交通大学

拟增列专业学位授权类别自查表

西南交通大学拟增列专业学位授权类别自查表

学位类别代码：　　　　　专业学位类别名称：　　　　　学位授权点层次：□博士□硕士

序号		核查内容	自查结果（“是”画“○”，“否”画“×”）		备注
1	政策类	是否详细阅读并了解了所有政策文件			
2		是否知晓增列的专业学位授权类别三年后参加专项评估			
3		是否知晓增列的专业学位类别与已有专业学位之间人员不能重复			
4		增列的专业学位授权类别依托的原有学科或专业学位类别在上一轮学科评估、学位点合格评估、专项评估结果是否属于优秀或良好			
5		是否知晓增列的专业学位授权类别以后参加学位点合格评估、专项评估不通过，将直接撤销，并直接影响学校增列指标			
6	满足基本条件类	增列的专业学位授权类别是否满足《学位授权审核申请基本条件》中关于专业特色的相关要求			
7		增列的专业学位授权类别是否满足《学位授权审核申请基本条件》中关于人员规模的相关要求			
8		增列的学位授权学科或专业学位授权类别是否满足《学位授权审核申请基本条件》中关于人员结构的相关要求			
9		增列的专业学位授权类别是否满足《学位授权审核申请基本条件》中关于人员结构的相关要求			
10		增列的学位授权学科或专业学位授权类别是否满足《学位授权审核申请基本条件》中关于骨干教师的相关要求			
11		增列的专业学位授权类别是否满足《学位授权审核申请基本条件》中关于培养概况的相关要求			
12		增列的专业学位授权类别是否满足《学位授权审核申请基本条件》中关于课程与教学的相关要求			
13		增列的学位授权学科或专业学位授权类别是否满足《学位授权审核申请基本条件》中关于培养质量的相关要求			
14		增列的专业学位授权类别是否满足《学位授权审核申请基本条件》中关于科学水平的相关要求			
15		增列的专业学位授权类别是否满足《学位授权审核申请基本条件》中关于实践教学的相关要求			
16		增列的专业学位授权类别是否满足《学位授权审核申请基本条件》中关于支撑条件的相关要求			

续表

序号		核查内容	自查结果（“是”画“○”，“否”画“×”）		备注
17	持续发展及诚信类	增列的专业学位授权类别是否有近期及长期专业学位类别发展规划			
18		学院是否同意为增列专业学位授权类别持续地提供软硬件等条件的支撑			
19		增列专业学位授权类别所填材料信息是否真实、有效，不存在任何的弄虚作假			
20		增列专业学位授权类别所填材料信息中涉及人员归属、成果划分是否已告知本人，无任何争议或异议			

单位负责人（签字）： 单位盖章

年 月 日

附录 6-7　西南交通大学学位授权点自我评估专家库名单

编号	XJYZB-6607

西南交通大学

学位授权点自我评估专家库名单

西南交通大学学位点评估专家联系方式一览表

学位点名称：　　　　（不少于10人）

专家姓名	所在单位	所在学院或部门	专业技术职务	手机	电子信箱	备注 （国务院学位委员会学科评议组成员/行业专家/专业学位教育指导委员会委员

院长签字：　　　　（单位公章）

附录 6-8　研究生教育发展质量年度报告

编号	XJYZB-6608

研究生教育发展质量年度报告

（提纲）

高校（公章）	名称：
	代码：

202　年　　月　　日

一、总体概况

学位授权点基本情况，学科建设情况，研究生招生、在读、毕业、学位授予及就业基本状况，研究生导师状况（总体规模、队伍结构）。

二、研究生党建与思想政治教育工作

思想政治教育队伍建设，理想信念和社会主义核心价值观教育，校园文化建设，日常管理服务工作。

三、研究生培养相关制度及执行情况

课程建设与实施情况，导师选拔培训、师德师风建设情况，学术训练情况，学术交流情况，研究生奖助情况。

四、研究生教育改革情况

人才培养，教师队伍建设，科学研究，传承创新优秀文化，国际合作交流等方面的改革创新情况。

五、教育质量评估与分析

学科自我评估进展及问题分析，学位论文抽检情况及问题分析。

六、改进措施

针对问题提出改进建议和下一步思路举措。

附录 6-9　学位授权点基础数据信息表（学术学位）

编号	XJYZB-6609

学位授权点基本状态信息表

（学术学位）

说明：1. 本表为样表，正式填报将在系统上填报。2. 如有疑问，请将问题报至省学位办，由省学位办汇总报国务院学位办后，统一解答。

学位授权点基本状态信息表

（博士学术学位授权点）

学位授予单位	全称	
	代码	
授权学科	名称	
	代码	

1. 单位代码按照国务院学位委员会办公室编、北京大学出版社2004年3月出版的《高等学校和科研机构学位与研究生教育管理信息标准》中的代码填写。

2. 一级学科名称及其代码按照国务院学位委员会、教育部2011年颁布、2018年更新的《学位授予和人才培养学科目录》填写。只有二级学科学位授权点的，授权学科名称及代码按照国务院学位委员会和原国家教育委员会1997年颁布的《授予博士、硕士学位和培养研究生的学科、专业目录》填写。

填表说明

1. 除另有说明外，本次（2022 年 3 月）采集的信息，涉及过程信息的数据（如科研获奖、科研项目、学术论文等），统计时间段为 2020 年 1 月 1 日—2021 年 12 月 31 日；涉及状态信息的数据（如师资队伍），统计时间点为 2021 年 12 月 31 日。

2. 除表中另有说明外，本表填写内容涉及的人员均指人事关系隶属本单位的在编人员以及与本单位签署全职工作合同的专任教师（含外籍教师），兼职人员不计在内。

3. 本表不能填写任何涉密内容。涉密信息请按国家有关保密规定进行脱密，处理至可以公开后方可填写。

4. 请按实际情况如实填写，表中内容若无相关情况则不填写。

B01 学位点建设进展

B0101 建设进展

B010101 学位点建设进展情况

内容：统计时间段内本学位点建设的总体情况（学科方向布局、师资引育、平台建设、人才培养及质量保障体系建设、主要成果等），限800字。

B010102 学科建设目标达成和对标达成情况

1. 本项目仅首轮“双一流”建设学科填写。

2. 内容：学科建设目标达成情况和对标达成情况，限500字。

3. 目标达成情况：对照学科“双一流”建设方案中的建设目标，学科在人才培养能力水平提升、自主创新和社会服务能力提高，核心技术攻关和学术贡献、基地建设等方面取得的成效和进展。

4. 对标达成情况：对照学科确定的与之发展特色、类型等相近的国外世界一流学科，在学术贡献和影响等方面对标追赶进展。

B010103 学科建设经费

项目分类	中央专项			地方投入			学科自筹			其他
	预算经费	实际到账	实际支出	预算经费	实际到账	实际支出	预算经费	实际到账	实际支出	
拔尖创新人才培养										
师资队伍建设										
提升自主创新和社会服务能力										
文化传承创新										
国际合作交流										
合计										

1. 本项目仅首轮“双一流”建设学科填写。

2. 内容：2021年用于一流学科建设的经费情况，单位：万元。

3. 中央专项经费：学校从中央专项资金、其他部委明确支持“双一流”建设专项资金中分配给学科的预算经费、实际到账经费和实际用于一流学科建设事业的支出经费。

4. 地方投入经费：地方政府（含省级、地市级）专项支持一流学科建设的预算经费、实际到账经费和实际用于一流学科建设事业的支出经费。

5. 学科自筹经费：除中央专项、地方投入以外，用于一流学科建设事业的其他经费。

6. 其他：除中央专项、地方投入、学科自筹外，用于一流学科建设事业的其他支出经费。

B0102 目标与标准

B010201 培养目标

内容：本学位点研究生培养的目标定位，限300字。

B010202 **培养方向与特色**

学科方向名称	主要研究领域、特色与优势（每个学科方向限300字）

学科方向名称：参照《授予博士、硕士学位和培养研究生的学科、专业目录》（1997年颁布）、《学位授予和人才培养一级学科简介》、备案的自设二级学科或交叉学科的名称填写。

B010203 **学位标准**

内容：上传博士和硕士学位授予质量标准文件。

B02 人才培养

B0201 教书育人

B020101 **导师责任落实情况**

1. 内容：统计时间段内，在提升研究生导师工作水平、营造和谐师生关系，落实《研究生导师指导行为准则》文件精神，发挥导师在研究生思政教育中“第一责任人”作用方面的成效，限300字。

2. 上传博士生导师队伍的选聘、培训、考核情况等规章制度。

B020102 **实验室、科研团队等党建情况**

1. 内容：统计时间段内，在全面推进党的各项工作，着力扩大党组织覆盖面，有效发挥基层党组织战斗堡垒作用和党员先锋模范作用方面采取的创新举措和取得的成效，限300字。

2. 基层党组织：设在院、系、教研室的党的基层组织。

3. 党员先锋模范作用：党员积极履行党员义务，发挥模范带头作用的情况。

B020103 **科学道德和学术规范教育开展情况**

序号	活动名称	活动形式	参加人数	教育内容（限100字）
1				
2				
…				
其他	（若表格中无法填写，可在本栏填写本学位点科学道德和学术规范教育开展情况，预防学术不端行为的措施，学术不端行为处理情况的文字描述，限300字）			

1. 内容：统计时间段内，开展科学道德和学术规范教育的情况，限填10项。

2. 活动形式：报告会、课程或其他（按实际情况填写）。

B020104 **导师培训情况**

序号	培训主题	培训地点	培训时间	培训人数	主办单位
1					
2					
…					
其他	（若表格中无法填写，可在本栏填写导师培训情况的文字描述，300字以内）				

1. 内容：统计时间段内，开展或参与导师培训的情况，限填10项。
2. 培训人数：本学位点导师参加该次培训的人数。

B0202 培养过程

B020201 **课程与教学情况**

内容：上传统计时间点正在执行的博士和硕士培养方案。若本学位点按方向、培养方式等分别制定培养方案，请合并在一个文件中上传。

B020202 **研究生主要课程开设情况**

序号	课程名称	课程类型	学分	授课教师	课程简介（限100字）	授课语言	面向学生层次	课程大纲
1								（上传）
2								
…								

1. 内容：所填课程应是统计时间段内实际开设过或者正在开设的课程，限填20项。
2. 所填课程不含全校公共课。
3. 课程类型：必修课或选修课。
4. 面向学生层次：博士、硕士、博硕。

B020203 **国家级教学成果奖**

序号	成果名称	奖项类型	奖项等级	成果完成人	单位署名次序	完成人署名次序	获奖时间

1. 内容：统计时间段内获得的国家级教学成果奖的情况。
2. 奖项类型：国家级研究生教育教学成果奖、国家级高等教育教学成果奖、国家级基础教育教学成果奖、国家级职业教育教学成果奖。
3. 奖项等级：特等奖、一等奖、二等奖。
4. 单位署名次序：学位授予单位的署名次序。
5. 完成人署名次序：完成人应为本学位授权点专任教师。

B020204 **给本科生上课的正教授人数**

学年度	学位点正教授数	为本科生上课的正教授数
2019—2020		
2020—2021		

1. 内容：学位点教师中正教授总数及为本科生上课的正教授的人数。

2. 为本科生上课的正教授数：依据教学年内公布的课程表计算本学位点给本科生上课的正教授人数。研究员和其他正高级职称人员不统计在内。

B020205 **学生国内外竞赛获奖项目**

序号	年度	奖项名称	获奖作品	获奖等级	获奖时间	组织单位名称	组织单位类型	获奖人姓名	
								硕士生	博士生
1									
2									
…									

1. 内容：统计时间段内，学生在学期间在国内外各类竞赛中的获奖情况，每年获奖奖项限填 20 项以内。

2. 奖项名称：学生参加的国内外大赛名称的全称。

3. 获奖作品：选填项，获奖无作品可不填。

4. 获奖等级：特等奖、一等奖、二等奖、团体奖等（根据实际填写）。

5. 组织单位名称：组织评奖单位的全称。

6. 组织单位类型：政府、学会、协会、其他。

7. 获奖人姓名：在学学生（包含留学生）姓名。

B020206 **奖助学金情况**

项目名称	资助类型	年度	总金额（万元）	资助学生数

1. 内容：统计时间段内，国家助学金、学业奖学金、**奖学金、**企业助学金等分年度情况。

2. 资助类型：奖学金、助学金。

B020207 **人才培养质量保证情况**

内容：统计时间段内，研究生培养全过程监控与质量保证、加强学位论文和学位授予管理、分流淘汰机制等情况。[可参照《关于进一步严格规范学位与研究生教育管理的若干意见》（学位〔2020〕19 号）对照填写]，限 500 字。

B020208 **管理服务支撑情况**

内容：统计时间段内，专职管理人员配备情况，研究生权益保障制度建立情况，在校研究生满意度调查情况等，限300字。

B0203 招生和就业

B020301 **博士招生和学位授予情况**

学科方向名称	项目	2020年	2021年
	研究生招生人数		
	其中：全日制招生人数		
	非全日制招生人数		
	招录学生中本科直博人数		
	招录学生中硕博连读人数		
	招录学生中普通招考人数		
	分流淘汰人数		
	授予学位人数		
…			

1. 内容：按学校招生实际情况填报，如按一级学科招生则按一级学科填报，如按二级学科或方向招生，则按二级学科或方向填报。

2. 本表内容不含同等学力人数。

3. 招生人数：纳入全国研究生统招计划的招生、录取的研究生人数。

B020302 **硕士招生选拔和授予学位情况**

学科方向名称	项目	2020年	2021年
	研究生招生人数		
	其中：全日制招生人数		
	非全日制招生人数		
	招录学生中本科推免生人数		
	招录学生中普通招考人数		
	授予学位人数		
…			

1. 内容：按学校招生实际情况填报，如按一级学科招生则填报总数，如按二级学科或方向招生，则按二级学科或方向填报。本表内容不含同等学力人数。

2. 招生人数：纳入全国研究生统招计划的招生、录取的研究生人数。

B020303 毕业生签约单位类型分布

单位类别	年度	党政机关	高等教育单位	中初等教育单位	科研设计单位	医疗卫生单位	其他事业单位	国有企业	民营企业	三资企业	部队	自主创业	升学	其他
全日制博士	2020													
	2021													
非全日制博士	2020													
	2021													
全日制硕士	2020													
	2021													
非全日制硕士	2020													
	2021													

1. 统计范围不含同等学力研究生、留学生、港澳台生。

2. 毕业后继续攻读博士学位，就业情况按“升学”统计。

B020304 毕业生在相关领域突出贡献者

序号	姓名	毕业年份	层次类型	突出贡献项目
1				
2				
…				

1. 内容：2010 年（含）以来的毕业生在相关领域的突出贡献者，填写 10 人以内。毕业后继续在本学科攻读博士学位的硕士生不计在内。

2. 层次类型：全日制博士、非全日制博士、全日制硕士、非全日制硕士。

3. 突出贡献项目：反映毕业生在学科领域作出突出贡献的代表性成果名称，每人填报 3 项以内。

B0204 国际交流合作

B020401 来本学位点攻读学位的留学生和交流学者人数

学年度	攻读硕士学位		攻读博士学位		交流学者
	当年入学	在校生	当年入学	在校生	
2019—2020					
2020—2021					

1. 内容：本学位点分学年度招收来华攻读硕士、博士学位的国际学生数和来本学位点交流学者人数。

2. 当年入学：学年内来本学位点攻读学位的留学生人数。

3. 在校生：学年内攻读学位的在校留学生总人数。

4. 交流学者：外籍人员在华交流学习的学者人数。

B020402 学生参加本领域国内外重要学术会议情况

序号	年度	学生姓名	学生类别	会议名称	报告题目	报告时间	报告地点
1							
2							
…							

1. 内容：统计时间段内，学生（含留学生）在学期间参加本领域国内外重要学术会议并作学术报告的人员情况。

2. 类别：硕士生、博士生。

3. 报告地点：报告地点填报格式为“国别-城市”，如“中国-上海”，或“线上”。

B020403 国家建设高水平大学公派研究生项目人数及国外合作项目选派人数

序号	年度	项目名称	项目类型	硕士生人数	博士生人数
1					
2					
…					

1. 内容：统计时间段内，国家建设高水平大学公派研究生项目及国外合作项目（研究生类别）选派人数。

2. 高水平大学公派研究生项目：国家留学基金管理委员会组织实施的选派研究生出国留学或联合培养的项目。

3. 国外合作项目：与外方机构签署协议并由中外双方联合评审、联合资助的项目。

B0205 可用于本学位点研究生培养的教学/科研支撑

B020501 仪器设备及实验室情况

仪器设备总值（万元）	
代表性仪器设备名称（限填5项）	
实验室总面积（m^2）	

内容：统计时间段内在用的仪器设备和实验室情况。

B020502 科研平台对本学位点人才培养支撑作用情况

平台名称	平台级别	对人才培养支撑作用（限100字内）

1. 内容：统计时间段内科研平台对本学位点人才培养支撑作用情况。

2. 平台名称：请自主从现有平台中选取支撑人才培养效果较强的平台进行填写，限填10项。

B0299 其他情况

内容：其他反映人才培养成效与特色的数据或写实性描述，限500字。

B03 师资队伍

B0301 师德师风建设

B030101 师德师风建设情况

1. 内容：统计时间段内，在师德教育、宣传、考核、监督、奖励等方面进展；入选全国优秀教师先进典型情况，以及师德师风负面问题情况等，限300字。

2. 全国优秀教师先进典型：全国教书育人楷模、全国最美教师、时代楷模、全国模范教师、全国优秀教师、黄大年式教师团队等。

3. 师德师风负面问题：教师因师德师风不正、违反法律法规、学术不端等被查处或通报的情况。

B0302 专任教师队伍

B030201 专任教师数量及结构

专业技术职务	人数合计	年龄分布					学历结构		博士导师人数	硕士导师人数	最高学位非本单位授予的人数	兼职博导人数
		25岁及以下	26至35岁	36至45岁	46至59岁	60岁及以上	博士学位教师	硕士学位教师				
正高级												
副高级												
中级												
其他												
总计												

1. 内容：统计时间点，专任教师年龄、职称、学历等情况。

2. 博士导师人数：最新《招生简章》中公布的博士指导教师数，或通过当年度招生资格审核的导师人数。

3. 兼职博导：外单位兼职本校博士生导师的人数。

B030202 重大重点项目负责人

序号	姓名	年龄	项目名称	项目编号	项目来源	获批年度	项目起止年月	项目类型	合同经费（万元）

1. 内容：本学位点教师获批国家社会科学基金委员会、国家自然科学基金委员会、科技部、教育部等审批立项的重大、重点项目的主持人清单，同一人有多个项目可重复填写。

2. 仅填报统计时间段内在研的项目，限填10项。

3. 项目类型：国家社科基金重大项目、教育部哲学社会科学研究重大课题攻关项目和重大专项、国家重大专项项目、国家重点研发计划项目、国家自然基金委重点重大项目、国防科技重点重大项目、国家艺术基金、国家文化创新工程项目，以及其他国家级重点重大项目。

4. 涉密信息请按国家有关保密规定进行脱密，处理至可以公开后方可填写

B030203 主要学科方向带头人及中青年学术骨干

学科方向名称	项目		姓名	年龄	职称	代表性学术成果（限3项）
	带头人					
	中青年学术骨干	1				
		2				
		3				
		4				
		5				
	带头人					
	中青年学术骨干	1				
		2				
		3				
		4				
		5				
…						

1. 内容：统计时间点，专任教师数量和结构等情况。

2. 学科带头人限填 1 人，中青年学术骨干限填 5 人。学科带头人和中青年学术骨干没有年龄要求。

3. 学科方向：参照《授予博士、硕士学位和培养研究生的学科、专业目录》(1997 年颁布)、《学位授予和人才培养一级学科简介》、备案的自设二级学科或交叉学科的名称填写。

4. 代表性成果：代表性学术成果以反映其学术水平为原则，可以是正在承担的科研项目，也可以是学术论文、学术专著、研究报告等。

B030204 博士后和科研助理数量

年度	项目		人数	
			总数	当年新增
	博士后	国内毕业博士后		
		境外毕业博士后		
	科研助理	校聘		
		院聘		
		课题聘		

1. 内容：统计时间段内分年度招收博士后人员情况，以及聘任科研助理情况。

2. 国内毕业博士后：在国内院校取得博士学位并入站的博士后。

3. 境外毕业博士后：在境外院校取得博士学位并入站的博士后。

B030205 外籍专任教师数

学年度	总数		语言类外籍专任教师		专业类外籍专任教师	
	数量	正高级职称	数量	正高级职称	数量	正高级职称
2019—2020						
2020—2021						

1. 内容：全职外籍专任教师指学年度内全职从事教学和科研工作 10 个月及以上的各专业领域外籍教师。

2. 语言类外籍专任教师：专门从事语言教学的教师。

3. 专业类外籍专任教师：承担非语言教学的教师。

B0303 师资队伍国际水平

B030301 教师担任国内外重要期刊负责人

序号	教师姓名	任职期刊名称	期刊号		收录情况	任职职位	任职期限
			国际刊号	国内刊号			
1							
2							
…							

1. 内容：统计时间段内专任教师担任主编、副主编、编委的情况。
2. 期刊名称：期刊的中英文名称。
3. 期刊号：国际刊号是期刊的ISSN号，国内刊号是期刊的CN号。
4. 期刊收录情况：CSSCI、CSCD、SCI、SSCI、EI、A&HCI、其他。
5. 担任职位：主编、副主编、编委。
6. 任职期限：任职起止年月。

B030302 教师在国内外重要学术组织任职主要负责人

序号	教师姓名	学术组织名称	担任职务	任职期限
1				
2				
…				

1. 内容：统计时间段内专任教师在国内外重要学术组织担任正副负责人和秘书长的情况。
2. 学术组织：在学术领域或专业领域进行国家间合作而成立的国际性机构，如国际地球化学学会、国际体育舞蹈协会等；我国在民政部注册的和在中国科协注册的国家一级学会。
3. 任职期限：任职起止年月。
4. 担任职务：会长、副会长、理事长、副理事长、秘书长、副秘书长等。

B030303 教师参加本领域重要学术会议并作报告人员

序号	教师姓名	会议名称	报告题目	报告年月	报告地点
1					
2					
…					

1. 内容：统计时间段内专任教师参加本领域国内外重要学术会议并作大会主旨报告的人员情况。每年限填10项。
2. 报告地点：报告地点填报格式为“国别-城市”，如“中国-上海”，或“线上”。

B030304 教师担任国际比赛评委、裁判人员

序号	教师姓名	比赛名称	比赛年月	担任职务
1				
2				
…				

1. 内容：统计时间段内专任教师担任国际重大比赛评委、裁判人员情况。

2. 国际比赛：体育比赛主要指三大赛（奥运会、世界杯、世锦赛），表演类比赛指国际A级竞赛。

3. 担任职务：评委、裁判。

B0399 其他情况

B039901 其他

内容：其他反映师资队伍建设成效与特色的数据或写实性描述，限500字。

B04 科学研究

B0401 科研获奖与发表

B040101 教师获得的国家自然科学奖、技术发明奖、科技进步奖

序号	年度	获奖成果名称	获奖类别	获奖等级	获奖时间	完成单位排名	完成教师姓名（排名）
1							
2							
…							

1. 内容：统计时间段内获得的国家自然科学奖、国家技术发明奖、国家科学技术进步奖。

2. 获奖类别：国家自然科学奖、国家技术发明奖、国家科学技术进步奖。

3. 完成单位：学位授予单位；完成教师：本学位点专任教师。

4. 获奖等级：特等奖、 等奖、二等奖、其他。

B040102 教师获得的国内外重要奖项

序号	奖项名称	获奖成果名称	获奖等级	组织单位	组织单位类型	获奖时间	获奖教师姓名（排名）
1							
2							
…							

1. 内容：统计时间段内分年度获得的国内外重要奖项的情况，奖项每年控制在10项以内。

2. 奖项名称：包括但不限于诺贝尔奖、菲尔兹奖、图灵奖、沃尔夫化学奖、茅盾文学奖、郭沫若史学奖、孙冶方经济学奖、何梁何利奖、吴玉章奖、体育三大赛、表演类国际A级奖、教育部高等学校科学研究优秀成果奖等，各类奖项均不包含人才资助项目。

3. 组织单位类型：政府、学会、协会、其他。

4. 获奖教师姓名（排名）：获奖教师姓名及在获奖人中的排序，获奖人应为本学位点专任教师。

B040103 专任教师公开出版的专著

序号	专著名称	教师姓名	出版社	出版物号	出版时间	学术贡献及影响力
1						
2						
…						

1. 内容：统计时间段内专任教师以第一完成人公开出版的具有较高学术水平的学术专著情况。

2. 专著名称：专著的主副标题，再版以最新版本为准。

3. 学术贡献及影响力：获奖情况等贡献和影响力说明，50 字以内。

B040104 教师在国内外重要期刊发表的代表性论文

序号	论文标题	作者姓名	作者类型	发表期刊	发表年份及卷（期）数	期刊收录情况
1						
2						
…						

1. 内容：统计时间段内专任教师公开发表的代表性论文情况，每年控制在 50 篇以内。

2. 作者类型：第一作者、通讯作者、其他。

3. 发表年份及卷（期）数：文章发表时间的标识，填报格式为“出版年，卷号（期）号”，如期刊无卷号，则为“出版年（期）号”。

4. 期刊收录情况：CSSCI、CSCD、SCI、SSCI、EI、A&HCI、其他。

B0402 科研平台建设

B040201 牵头建设的国家重大科技创新基地

序号	基地名称	基地建设经费	基地类型	主管单位	负责人	成立年月	绩效评估情况	承担项目情况				
								项目名称	项目编号	项目负责人	项目来源	项目经费（万元）
1												
2												
…												

1. 内容：统计时间段内牵头组织建设的国家重大科技创新基地、基地绩效评估情况以及基地承担重大项目情况。

2. 基地类型：国家重大科技基础设施、集成攻关大平台、国家协同创新中心；国家实验室、国家研究中心、国家重点实验室、国家工程研究中心、国家技术创新中心、国家临床医学研究中心、国家科技资源共享服务平台、国家野外科学观测研究平台。

3. 绩效评估情况：主管部门最近一次对基地评估的结果，若未进行评估可不填。

4. 承担项目情况：以基地名义申报、承担的项目，含项目名称、项目负责人、项目经费、项目来源等内容。

B040202 牵头建设的部省级重点研究基地

序号	基地名称	基地建设经费	基地类型	主管单位	负责人	成立年月	绩效评估情况	承担项目情况				
								项目名称	项目编号	项目负责人	项目来源	项目经费（万元）
1												
2												
…												

1. 内容：统计时间段内牵头组织建设的部省级重点研究基地、基地绩效评估情况以及基地承担重大项目情况。

2. 基地类型：教育部重点实验室、教育部工程研究中心、教育部国际合作联合实验室、教育部人文社会科学重点研究基地、省部共建协同创新中心、教育部高等学校学科创新引智基地、教育部高校思想政治工作创新发展中心、其他部省级重点研究基地。

3. 绩效评估情况：主管部门最近一次对基地评估的结果，若未进行评估可不填。

4. 承担项目情况：以基地名义申报、承担的项目，含项目名称、项目负责人、项目经费、项目来源等内容。

B040203 纵向、横向到校科研经费数

年度	数量（万元）			
	纵向科研经费		横向科研经费	
2020				
2021				
地方政府投入超过1000万元的项目清单				
项目名称	投入单位名称	项目经费（万元）	立项时间	项目起止年月

1. 内容：统计时间段内获得的纵向、横向到校科研经费总额。

2. 纵向科研经费：由政府部门下达的，财政资金支持的科研经费。

3. 横向科研经费：本学位点进行技术研发、成果转让、咨询与服务等获得的横向经费。

B040204 主办的国际学术期刊

序号	期刊名称	刊号		收录情况	创刊时间	学术影响力（限50字）	期刊语言
		国际刊号	国内刊号				
1							
2							
…							

1. 内容：统计时间段内学位点正在主办的国际学术期刊清单。
2. 国际学术期刊：由学位点主办的，面向全球发行出版的学术期刊。
3. 期刊刊号：国际刊号是期刊的 ISSN 号，国内刊号是期刊的 CN 号。
4. 期刊收录情况：CSSCI、CSCD、SCI、SSCI、EI、A&HCI、其他。
5. 期刊语言：中文、英文或其他（按实际情况填写）。

B0403 国际影响力

B040301 参与国内外标准制定情况

序号	名称	类型	标准编号	制定时间	参与类型
1					
2					
…					

1. 内容：统计时间段内参与制定专业领域相关规则、制定标准项目情况，包含教育教学评估标准、学术标准、商务标准、科技标准等专业领域的标准与规则。
2. 标准类型：国际标准、国内标准。
3. 标准编号：包含国际标准编号和我国的国家标准编号。
4. 参与类型：牵头、参与。

B040302 国际合作论文数量

<table>
<tr><th>年度</th><th colspan="2">项目</th><th>数量</th></tr>
<tr><td rowspan="3"></td><td rowspan="2">发表论文总数</td><td>中文期刊论文总数</td><td></td></tr>
<tr><td>外文期刊论文总数</td><td></td></tr>
<tr><td colspan="2">其中：国际合作论文</td><td></td></tr>
</table>

1. 内容：统计时间段内专任教师与国外学者合作发表的学术论文情况。
2. 中文期刊论文总数：学位点教师以中文发表的期刊论文总数。
3. 外文期刊论文总数：学位点教师以中文以外的语言发表的期刊论文总数。

B0499 其他情况

内容：其他反映学位点科学研究水平的数据或写实描述，限 500 字。

B05 社会服务

B0501 成果转化

B050101 成果转化和咨询服务到校金额

年度	成果转化和咨询服务到校经费总额（万元）
2020	
2021	

1. 内容：统计时间段内成果转化和咨询服务方面的到校经费总额。

2. 成果转化和咨询服务：本学位点向企业或其他机构专利授权或专利转让获得的资金以及向其他组织机构提供咨询服务获得的资金。

B0502 智库建设

B050201 智库建设与咨政研究情况

内容：统计时间段内在智库建设和咨政研究方面取得的成效，简要说明成果是否被采纳，以及采纳的部门，限 300 字。

B0503 服务社会

B050301 科教协同育人情况

内容：统计时间段内在推进科教协同育人、完善高水平科研支撑拔尖创新人才培养机制等方面的创新举措及取得的成效，限 300 字。

B050302 服务国家战略新兴产业、重大区域发展规划、重大工程、重大科学创新、关键技术突破等标志性成果

内容：统计时间段内取得的标志性重大创新成果。包括从“0 到 1”的基础研究重要突破；具有重大国际学术影响力的成果；在国家重大战略实施、解决国家技术“卡脖子”问题、国家和区域经济社会发展、行业产业重大科技攻关方面取得的标志性成果，说明成果的创新价值和实际贡献、影响力等。限 300 字。

B050303 承担国内外重大设计与展演任务

序号	国内外重大设计、展演名称	参与时间	承担任务
1			
2			
…			

1. 内容：统计时间段内承担或参与的国内外重大设计与展演任务的情况。填写相关活动、比赛、演出名称时应具体完整。

2. 承担任务：牵头、参与。

B0599 其他情况

内容：其他反映学位点社会服务成效与特色的数据或写实，限 500 字。

B99 其他

内容：其他反映学位点建设成效与特色的成果，限 500 字。

说明：1. 本表为样表，正式填报将在系统上填报。2. 如有疑问，请将问题报至省学位办，由省学位办汇总报国务院学位办后，统一解答。

学位授权点基本状态信息表

（硕士学术学位授权点）

学位授予单位	全称	
	代码	
授权学科	名称	
	代码	

1. 未获得博士学位授权的硕士学位授权点填写本表。

2. 单位代码按照国务院学位委员会办公室编、北京大学出版社2004年3月出版的《高等学校和科研机构学位与研究生教育管理信息标准》中的代码填写。

3. 一级学科名称及其代码按照国务院学位委员会、教育部2011年颁布、2018年更新的《学位授予和人才培养学科目录》填写。只有二级学科学位授权点的，授权学科名称及代码按照国务院学位委员会和原国家教育委员会1997年颁布的《授予博士、硕士学位和培养研究生的学科、专业目录》填写。

填表说明

1. 除另有说明外，本次（2022 年 3 月）采集的信息时间段，涉及过程信息的数据（如科研获奖、科研项目、学术论文等），统计时间段为 2020 年 1 月 1 日—2021 年 12 月 31 日；涉及状态信息的数据（如师资队伍），统计时间点为 2021 年 12 月 31 日。

2. 除表中另有说明外，本表填写中涉及的人员均指人事关系隶属本单位的在编人员以及与本单位签署全职工作合同的专任教师（含外籍教师），兼职人员不计在内。

3. 本表不能填写任何涉密内容。涉密信息请按国家有关保密规定进行脱密，处理至可以公开后方可填写。

4. 请按实际情况如实填写，表中内容若无相关情况则不填写。

S01 学位点建设基本情况

S0101 建设进展

S010101 学位点建设进展情况

内容：统计时间段内本学位点建设的总体情况（学科方向布局、师资引育、平台建设、人才培养及质量保障体系建设、主要成果等）。限800字。

S0102 目标与标准

S010201 培养目标

内容：本学位点培养研究生的目标定位，限300字。

S010202 培养方向与特色

学科方向名称	主要研究领域、特色与优势（每个学科方向限300字）

内容：学科方向名称参照《授予博士、硕士学位和培养研究生的学科、专业目录》（1997年颁布）、《学位授予和人才培养一级学科简介》、备案的自设二级学科或交叉学科的名称填写。

S010203 学位标准

内容：上传本学位点学位授予质量标准文件。

S02 人才培养

S0201 教书育人

S020101 导师责任落实情况

1. 内容：统计时间段内，在提升研究生导师工作水平、营造和谐师生关系，落实《研究生导师指导行为准则》文件精神，发挥导师在研究生思政教育中“第一责任人”的作用方面的成效，限300字。

2. 上传研究生导师选聘、培训、考核情况等导师队伍建设方面的规章制度。

S020102 实验室、科研团队等党建情况

1. 内容：统计时间段内，在全面推进党的各项工作，着力扩大党组织覆盖面，有效发挥基层党组织战斗堡垒作用和党员先锋模范作用方面采取的创新举措和取得的成效，限300字。

2. 基层党组织：设在院、系、教研室党的基层组织。

3. 党员先锋模范作用：党员积极履行党员义务，发挥模范带头作用的情况。

S020103 科学道德和学术规范教育开展情况

序号	活动名称	活动形式	参加人数	教育内容（限100字）
1				
2				
…				
其他	（若表格中无法填写，可在本栏填写本学位点科学道德和学术规范教育开展情况，预防学术不端行为的措施，学术不端行为处理情况的文字描述，限300字。）			

1. 内容：统计时间段内，开展科学道德和学术规范教育的情况，限填 10 项。

2. 活动形式：报告会、课程或其他（按实际情况填写）。

S020104 **导师培训情况**

序号	培训主题	培训时间	培训人次	主办单位	备注
1					
2					
…					
其他	（若表格中无法填写，可在本栏填写导师培训情况的文字描述，限 300 字。）				

1. 内容：统计时间段内，开展或参与导师培训的情况，限填 10 项。

2. 培训人数：本学位点导师参加该次培训的人数。

S0202 培养过程

S020201 **课程与教学情况**

内容：上传统计时间点正在执行的培养方案。若本学位点按方向、培养方式等分别制定培养方案，请合并在一个文件中上传。

S020202 **研究生主要课程开设情况**

序号	课程名称	课程类型	学分	授课教师	课程简介 （不超过 100 字）	授课语言	课程大纲
							（上传）

1. 内容：课程应该是在统计时间段内实际开设过或者正在开设的课程。不含全校公共课，限填 20 门。

2. 课程类型：必修课或选修课。

S020203 **国家级、省部级教学成果奖**

序号	成果名称	奖项类型	奖项等级	成果完成人	单位署名次序	完成人署名次序	获奖时间

1. 内容：统计时间段内获得教学成果奖的情况。

2. 奖项类型：国家级研究生教育教学成果奖、国家级高等教育教学成果奖、国家级基础教育教学成果奖、国家级职业教育教学成果奖，及省部级相关奖项。

3. 奖项等级：国家、省部级特等奖、一等奖、二等奖、三等奖。

4. 单位署名次序：学位授予单位的署名次序。

5. 完成人署名次序：完成人应为本学位授权点专任教师。

S020204 学生国内外竞赛获奖项目

序号	年度	奖项名称	获奖作品	获奖等级	获奖时间	组织单位名称	组织单位类型	获奖人姓名

1. 内容：统计时间段，学生在学期间在各年度国内外各类竞赛中的获奖情况。每年获奖奖项限填20项以内。

2. 奖项名称：学生参加的国内外大赛名称的全称。

3. 获奖作品：选填项，获奖无作品可不填。

4. 获奖等级：特等奖、一等奖、二等奖、团体奖等（根据实际填写）。

5. 组织单位名称：组织评奖单位的全称。

6. 组织单位类型：政府、学会、协会、其他。

7. 获奖人姓名：在校生（包含留学生）姓名。

S020205 奖助学金情况

项目名称	资助类型	年度	总金额（万元）	资助学生数

1. 内容：统计时间段内，国家助学金、学业奖学金、××奖学金、××企业助学金等分年度情况。

2. 资助类型：奖学金、助学金。

S020206 人才培养质量保证情况

内容：统计时间段内，研究生培养全过程监控与质量保证、加强学位论文和学位授予管理等情况。（可参照《关于进一步严格规范学位与研究生教育管理的若干意见》（学位〔2020〕19号）对照填写），限500字。

S020207 管理服务支撑情况

内容：统计时间段内，专职管理人员配备情况，研究生权益保障制度建立情况，在校研究生满意度调查情况等写实，限300字。

S0203 招生和就业

S020301 招生和学位授予情况

学科方向名称	项目	2020 年	2021 年
	研究生招生人数		
	其中：全日制招生人数		
	非全日制招生人数		
	招录学生中本科推免生人数		
	招录学生中普通招考人数		
	授予学位人数		
…			

1. 内容：按学校招生实际情况填报，如按一级学科招生则按一级学科填报，如按二级学科或方向招生，则按二级学科或方向填报。

2. 本表内容不含同等学力人数。

3. 招生人数：纳入全国研究生统招计划的招生、录取的研究生人数。

S020302 毕业生签约单位类型分布

单位类别	年度	党政机关	高等教育单位	中初等教育单位	科研设计单位	医疗卫生单位	其他事业单位	国有企业	民营企业	三资企业	部队	自主创业	升学	其他
全日制硕士	2020													
	2021													
非全日制硕士	2020													
	2021													

1. 统计范围不含同等学力研究生、留学生、港澳台生。

2. 毕业后继续攻读博士或硕士学位，就业情况按“升学”统计。

S020303 毕业生在相关领域突出贡献者

序号	姓名	毕业年份	类型	突出贡献项目
1				
2				
…				

1. 内容：2010 年（含）以来的毕业生在相关领域的突出贡献者，填写 10 人以内。

2. 突出贡献项目：反映毕业生在学科相关领域作出突出贡献的代表性成果名称，每人填报 3 项以内。

3. 层次类型：全日制、非全日制。

S0204 国际交流合作

S020401 来本学位点攻读学位的留学生和交流学者人数

学年度	当年入学	在校生	交流学者
2019—2020			
2020—2021			

1. 内容：本学位点分学年度招收来华攻读硕士学位的国际学生数和来本学位点交流学者人数。

2. 当年入学：学年内来本学位点攻读学位的留学生人数。

3. 在校生：学年内攻读学位的在校留学生总人数。

4. 交流学者：外籍人员在华交流学习的学者人数。

S020402 学生参加本领域国内外重要学术会议情况

序号	年度	学生姓名	会议名称	报告题目	报告时间	报告地点
1						
2						
…						

1. 内容：统计时间段内，学生（含留学生）在学期间参加本领域国内外重要学术会议并作学术报告的人员情况。

2. 报告地点：报告地点填报格式为“国别-城市”，如“中国-上海”，或“线上”。

S0205 本一级学科点研究生培养的教学/科研支撑

S020501 仪器设备及实验室情况

仪器设备总值（万元）	
代表性仪器设备名称（限填 5 项）	
实验室总面积（M^2）	

内容：统计时间段内在用的仪器设备和实验室情况。

S020502 科研平台对本学科人才培养支撑作用情况

平台名称	平台级别	对人才培养支撑作用（限 100 内）

1. 内容：统计时间段内科研平台对本学位点人才培养支撑作用情况。

2. 平台名称：请自主从现有平台中选取支撑人才培养效果较强的平台进行填写。限填10项。

S0299 其他情况

内容：其他反映人才培养成效与特色的数据或写实性描述，限500字。

S03 师资队伍

S0301 师德师风建设

S030101 师德师风建设情况

1. 内容：统计时间段内，在师德教育、宣传、考核、监督、奖励等方面进展；入选全国优秀教师先进典型情况，以及师德师风负面问题情况等，限300字。

2. 全国优秀教师先进典型：全国教书育人楷模、全国最美教师、时代楷模、全国模范教师、全国优秀教师、黄大年式教师团队等。

3. 师德师风负面问题：教师因师德师风不正、违反法律法规、学术不端等被查处或通报的情况。

S0302 专任教师队伍

S030201 专任教师数量及结构

专业技术职务	人数合计	年龄分布					学历结构		硕士导师人数	最高学位非本单位授予的人数	兼职硕导人数
		25岁及以下	26至35岁	36至45岁	46至59岁	60岁及以上	博士学位教师	硕士学位教师			
正高级											
副高级											
中级											
其他											
总计											

1. 内容：统计时间点，专任教师年龄、职称、学历等情况。

2. 硕士导师人数：最新《招生简章》中公布的博士指导教师数，或通过当年度招生资格审核的导师人数。

3. 兼职硕导：外单位兼职本校博士生导师的人数。

S030202 代表性项目负责人清单

序号	姓名	年龄	项目名称	项目来源	获批年度	项目起止年月	项目类型	合同经费（万元）

1. 内容：本学位点教师获批国家社会科学基金委员会、国家自然科学基金委员会、科技部、教育部等审批立项的重大、重点项目的主持人清单，同一人有多个项目可重复填写。

2. 仅填报统计时间段内在研的项目，限填10项。

3. 项目类型：国家社科基金重大项目、教育部哲学社会科学研究重大课题攻关项目和重大专项、国家重大专项项目、国家重点研发计划项目、国家自然基金委重点重大项目、国防科技重点重大项目、国家艺术基金、国家文化创新工程项目，以及其他国家级重点重大项目。

4. 涉密信息请按国家有关保密规定进行脱密，处理至可以公开后方可填写。

S030203 学科主要方向、学科带头人及中青年学术骨干

<table>
<tr><th>学科方向名称</th><th colspan="2">项目</th><th>姓名</th><th>年龄</th><th>职称</th><th>代表性学术成果（3项）</th></tr>
<tr><td rowspan="6"></td><td colspan="2">带头人</td><td></td><td></td><td></td><td></td></tr>
<tr><td rowspan="5">中青年
学术骨干</td><td>1</td><td></td><td></td><td></td><td></td></tr>
<tr><td>2</td><td></td><td></td><td></td><td></td></tr>
<tr><td>3</td><td></td><td></td><td></td><td></td></tr>
<tr><td>4</td><td></td><td></td><td></td><td></td></tr>
<tr><td>5</td><td></td><td></td><td></td><td></td></tr>
<tr><td rowspan="6"></td><td colspan="2">带头人</td><td></td><td></td><td></td><td></td></tr>
<tr><td rowspan="5">中青年
学术骨干</td><td>1</td><td></td><td></td><td></td><td></td></tr>
<tr><td>2</td><td></td><td></td><td></td><td></td></tr>
<tr><td>3</td><td></td><td></td><td></td><td></td></tr>
<tr><td>4</td><td></td><td></td><td></td><td></td></tr>
<tr><td>5</td><td></td><td></td><td></td><td></td></tr>
<tr><td>…</td><td></td><td></td><td></td><td></td><td></td><td></td></tr>
</table>

1. 内容：统计时间点，专任教师数量和结构等情况。

2. 学科带头人限填1人，中青年学术骨干限填5人。学科带头人和中青年学术骨干没有年龄要求。

3. 学科方向：参照《授予博士、硕士学位和培养研究生的学科、专业目录》（1997年颁布）、《学位授予和人才培养一级学科简介》、备案的自设二级学科或交叉学科的名称填写。

4. 代表性成果：代表性学术成果以反映其学术水平为原则，可以是正在承担的科研项目，也可以是学术论文、学术专著、研究报告等。

S0399 其他情况

内容：其他反映学位点师资队伍建设成效与特色的数据或写实性描述。

S04 科学研究

S040101 教师获得的国内外重要奖项

序号	奖项名称	获奖成果名称	获奖等级	组织单位	组织单位类型	获奖时间	获奖教师姓名（排名）
1							
2							
…							

1. 内容：统计时间段内分年度获得的国内外重要奖项的情况，奖项每年控制在10项以内。

2. 奖项名称：包括但不限于诺贝尔奖、菲尔兹奖、图灵奖、沃尔夫化学奖、茅盾文学奖、郭沫若史学奖、孙冶方经济学奖、何梁何利奖、吴玉章奖、体育三大赛、表演类国际A级奖、教育部高等学校科学研究优秀成果奖等，各类奖项均不包含人才资助项目。

3. 组织单位类型：政府、学会、协会、其他。

4. 获奖教师姓名（排名）：获奖教师姓名及在获奖人中的排序，获奖人应为本学位点专任教师。

S040102 专任教师公开出版的专著

序号	专著名称	教师姓名	出版社	出版物号	出版时间	学术贡献及影响力

1. 内容：统计时间段内学位点专任教师以第一完成人公开出版的具有较高学术水平的学术专著情况。

2. 专著名称：专著的主副标题，再版以最新版本为准。

3. 学术贡献及影响力：获奖情况等贡献和影响力说明，限50字。

S040103 教师在国内外重要期刊发表的代表性论文

序号	论文标题	作者姓名	作者类型	发表期刊	发表年份及卷（期）数	期刊收录情况

1. 内容：统计时间段内专任教师公开发表的代表性论文情况，每年限填50篇。

2. 作者类型：第一作者、通讯作者、其他。

3. 发表年份及卷（期）数：文章发表时间的标识，填报格式为“出版年，卷号（期）号”，如期刊无卷号，则为“出版年（期）号”。

4. 期刊收录情况：CSSCI、CSCD、SCI、SSCI、EI、A&HCI、其他。

S040104 纵向、横向到校科研经费数

<table>
<tr><td rowspan="2">年度</td><td colspan="4">数量（万元）</td></tr>
<tr><td colspan="2">纵向科研经费</td><td colspan="2">横向科研经费</td></tr>
<tr><td>2020</td><td colspan="2"></td><td colspan="2"></td></tr>
<tr><td>2021</td><td colspan="2"></td><td colspan="2"></td></tr>
<tr><td colspan="5">地方政府投入超过500万元的项目清单</td></tr>
<tr><td>项目名称</td><td>投入单位名称</td><td>项目经费（万元）</td><td>立项时间</td><td>项目起止年月</td></tr>
<tr><td></td><td></td><td></td><td></td><td></td></tr>
</table>

1. 内容：统计时间段内获得的纵向、横向到校科研经费总额。
2. 纵向科研经费：由政府部门下达的，财政资金支持的科研经费。
3. 横向科研经费：本学位点进行技术研发、成果转让、咨询与服务等获得的横向经费。

S0499 其他情况

内容：其他反映学位点科学研究水平的数据或写实描述。限500字。

S05 社会服务

S0501 成果转化

S050101 成果转化和咨询服务到校金额

年度	成果转化和咨询服务到校经费总额（万元）
2020	
2021	

1. 内容：统计时间段内学位点成果转化和咨询服务方面的到校经费总额。
2. 成果转化和咨询服务：本学位点向企业或其他机构专利授权或专利转让获得的资金以及向其他组织机构提供咨询服务获得的资金。

S0502 智库建设

S050201 智库建设与咨政研究情况

内容：统计时间段内学位点在智库建设和咨政研究方面取得的成效。简要说明成果是否被采纳，以及采纳的部门，限300字。

S0503 服务社会

S050301 科教协同育人情况

内容：统计时间段内，在推进科教协同育人、完善高水平科研支撑拔尖创新人才培养机制等方面的创新举措及取得的成效，限300字。

S050302 **承担国内外重大设计与展演任务**

序号	国内外重大设计、展演名称	参与时间	承担任务

1. 内容：统计时间段内承担或参与的国内外重大设计与展演任务的情况。填写相关活动、比赛、演出名称时应具体完整。

2. 承担任务：牵头、参与。

S0599 **其他情况**

内容：其他反映学位点社会服务成效与特色的数据或写实，限500字。

S99 其他

内容：其他反映学位点建设成效与特色的成果，限500字。

附录 6-10　学位授权点基础数据信息表（专业学位）

编号	XJYZB-6610

学位授权点基本状态信息表

说明：1. 本表为样表，正式填报将在系统上填报。2. 如有疑问，请将问题报至省学位办，由省学位办汇总报国务院学位办后，统一解答。

学位授权点基本状态信息表

（专业学位授权点）

学位授予单位	全称	
	代码	
授权专业学位类别	名称	
	代码	

1. 单位代码按照国务院学位委员会办公室编、北京大学出版社 2004 年 3 月出版的《高等学校和科研机构学位与研究生教育管理信息标准》中的代码填写。

2. 专业学位类别名称及其代码按照国务院学位委员会、教育部 2011 年颁布、2018 年更新的《学位授予和人才培养学科目录》填写。

3. 授权级别填写“博士”“硕士”，如果同时获得了该专业学位类别博士和硕士学位授权的，则填写“博士和硕士”。

填表说明

1. 除另有说明外，本次（2022 年 3 月）采集的信息时间，涉及过程信息的数据（如科研获奖、科研项目、学术论文等），统计时间段为 2020 年 1 月 1 日—2021 年 12 月 31 日；涉及状态信息的数据（如师资队伍），统计时间点为 2021 年 12 月 31 日。

2. 除表中另有说明外，本表填写中涉及的人员均指人事关系隶属本单位的在编人员以及与本单位签署全职工作合同的专任教师（含外籍教师），兼职人员不计在内。

3. 本表不能填写任何涉密内容。涉密信息请按国家有关保密规定进行脱密，处理至可以公开后方可填写。

4. 同时获得该专业学位类别博士和硕士学位授权的学位授权点，如需区分博士点和硕士点填写的，表中均有说明，请按要求填写。

5. 请按实际情况如实填写，表中内容若无相关情况则不填写。

Z01 学位点建设基本情况

Z0101 建设进展

Z010101 学位点建设进展情况

内容：统计时间段内本学位点建设的总体情况（领域或方向布局、师资引育、平台建设、人才培养及质量保障体系建设、主要成果等），限 800 字。

如同时有该专业学位类别的博士授权和硕士授权，则博士点和硕士点应分别填写。

Z0102 目标与标准

Z010201 培养目标

1. 内容：本学位点研究生培养的目标定位，限 300 字。

2. 博士点和硕士点应分别填写。

Z010202 学位标准

1. 内容：上传本学位点学位授予质量标准文件。

2. 博士点和硕士点应分别上传。

Z02 人才培养

Z0201 教书育人

Z020101 导师责任落实情况

1. 内容：统计时间段内，在提升研究生导师工作水平、营造和谐师生关系，落实《研究生导师指导行为准则》文件精神，发挥导师在研究生思政教育中“第一责任人”的作用方面的成效，限 300 字。

2. 上传研究生导师选聘、培训、考核情况等导师队伍建设方面的规章制度。

Z020102 科学道德和学术规范教育开展情况

序号	活动名称	活动形式	参加人数	教育内容（限 100 字）
1				
2				
…				
其他	（若表格中无法填写，可在本栏填写本学位点科学道德和学术规范教育开展情况，预防学术不端行为的措施，学术不端行为处理情况的文字描述，限 300 字）			

1. 内容：统计时间段内，学位点开展科学道德和学术规范教育的情况，限填 10 项。

2. 活动形式：报告会、课程或其他（按实际情况填写）。

Z020103 导师培训情况

序号	培训主题	培训时间	培训人次	主办单位	备注
1					
2					
…					
其他	（若表格中无法填写，可在本栏填写导师培训情况的文字描述，限300字）				

1. 内容：统计时间段内，开展或参与导师培训的情况，限填10项。

2. 培训人数：本学位点导师参加该次培训的人数。

Z0202 培养过程

Z020201 课程与教学情况

1. 内容：上传统计时间点正在执行的培养方案。若本学位点按领域、培养方式等分别制定培养方案，请合并在一个文件中上传。

2. 博士点和硕士点应分别上传。

Z020202 研究生主要课程开设情况

层次	序号	课程名称	课程类型	学分	授课教师	课程简介（限100字）	授课语言	课程大纲
博士	1							（上传）
	2							
	…							
硕士	1							
	2							
	…							

1. 内容：所填课程应是统计时间段内实际开设过或者正在开设的课程。

2. 博士点、硕士点分别填写入上表相应位置，分别限填20项。

3. 所填课程不含全校公共课。

4. 课程类型：必修课或选修课。

Z020203 专业实践基地

序号	基地名称	合作单位	设立时间	接收专业实践学生人数及基地导师人数						基地类别	基地评选情况	基地建设成效	备注
				2020年			2021年						
				学生		导师	学生		导师				
				硕士	博士		硕士	博士					
1													
2													
…													

1. 内容：统计时间段内，本单位与合作单位签订过合作协议，且接收过本专业学位学生开展专业实践的基地。限填 10 个。

2. 接收专业实践学生人数及基地导师人数：“学生”指该基地当年接收本专业学位学生开展专业实践的人数，“导师”限填写该基地当年实际指导本专业学位学生开展专业实践的基地导师人数。

3.基地类别：国家级示范基地、省级基地（含研究生工作站）、校级基地、院级基地

4.基地评选情况：该基地获评的省部级及以上称号、获奖、项目等情况，没有可填写“无”。

5.基地建设成效：该基地在支撑本专业学位人才培养中发挥的作用及取得的成效等。（每项限填写 100 ~ 200 字）

6. 备注：临床医学、口腔医学、护理专业应填列隶属关系，如直属附属医院、非直属附属医院、其他（如社区实践基地等）。

Z020204 教学成果获奖情况

序号	成果名称	奖项类型	奖项等级	成果完成人	单位署名次序	完成人署名次序	获奖时间
1							
2							
…							

1. 内容：统计时间段内获得教学成果奖的情况。

2. 奖项类型：国家级研究生教育教学成果奖、国家级高等教育教学成果奖、国家级基础教育教学成果奖、国家级职业教育教学成果奖，及省部级或学会、教指委评比的相关奖项。

3. 奖项等级：一等奖、二等奖、三等奖（按实际情况填写）。

4. 单位署名次序：学位授予单位的署名次序。

5. 完成人署名次序：完成人应为本学位授权点教师。

Z020205 校外专家参与的课程或讲座

序号	类型	课程/讲座名称	主讲人		开设时间	授课学时	授课对象
			姓名	工作单位			
1							
2							
3							

1. 内容：统计时间段内，校外专家为本专业学位开设（参与）的代表性课程或讲座情况，限填 10 项。

2. 类型：开设课程、参与课程、开设讲座。

3. 主讲人：限填写实际开设（参与）课程或讲座的校外专家姓名及工作单位，同一门次课程或同一场次讲座有多位校外专家参与的，应一一列举。

4. 授课学时：课程中由校外专家实际授课的学时。

5. 授课对象：博士、硕士、博硕。

Z020206 代表性专业实践活动与成果

序号	活动或成果名称	活动或取得成果的年月	活动或成果简介（限200字）
1			
2			
3			

1. 内容：统计时间段内组织或开展的专业实践活动，或取得的专业实践成果，限填10项。

2. 活动或成果简介：原创教学案例、自建案例库、创新实践教学形式、创业教育活动、职业能力培训、参加竞赛获奖或其他荣誉称号的介绍。如有学生参与，应写清学生参与情况及贡献。

Z020207 学生参加本领域国内外重要赛事情况

层次	序号	赛事名称	学生姓名	组织单位名称	组织单位类型	获奖等级	获奖时间
博士	1						
	2						
	…						
硕士	1						
	2						
	…						

1. 内容：统计时间段内，在校生在参加本领域国内外重要赛事。每年获奖奖项限制20项。
2. 赛事名称：学生参加的国内外大赛名称的全称。
3. 学生姓名：在校生（包含留学生）姓名。
4. 组织单位名称：组织评奖单位的全称。
5. 组织单位类型：政府、学会、协会、其他。
6. 获奖等级：特等奖、一等奖、二等奖、团体奖等（根据实际填写）。

Z020208 奖助学金情况

项目名称	资助类型	年度	总金额（万元）	资助学生数

1. 项目名称填写：统计时间段内，国家助学金、学业奖学金、××奖学金、××企业助学金等分年度情况。

2. 资助类型：奖学金、助学金。

Z020209 **考取资格证书情况**

层次	资格证书名称	年度	通过人数
博士			
硕士			

1. 内容：统计时间段在校生考取本专业学位相关的职业资格证书的情况。

2. 相关资格考试应在《国家职业资格目录》内。

Z020210 **人才培养质量保证情况**

1. 内容：统计时间段内，培养全过程监控与质量保证、加强学位论文和学位授予管理、分流淘汰机制等情况。(可参照《关于进一步严格规范学位与研究生教育管理的若干意见》，对照填写)，限300字。

2. 博士点和硕士点应分别填写。

Z020211 **管理服务支撑情况**

1.内容：统计时间段内，专职管理人员配备情况，研究生权益保障制度建立情况，在校研究生满意度调查情况等写实，限300字。

Z0203 招生和就业

Z020301 **博士招生和学位授予情况**

专业学位类别或领域名称	项目	2020年	2021年
	研究生招生人数		
	其中：全日制招生人数		
	非全日制招生人数		
	招录学生中本科直博人数		
	招录学生中硕博连读人数		
	招录学生中普通招考人数		
	分流淘汰人数		
	授予学位人数		
…			

1. 内容：按学校招生实际情况填报，如按类别招生则按类别填报，如按领域招生，则按领域填报。本表仅博士学位授权点填写。

2. 招生人数：纳入全国研究生统招计划的招生、录取的研究生人数。

Z020302 硕士招生选拔和授予学位情况

专业学位类别或领域名称	项目	2020年	2021年
	研究生招生人数		
	其中：全日制招生人数		
	非全日制招生人数		
	招录学生中本科推免生人数		
	招录学生中普通招考人数		
	授予学位人数		
…			
招生总人数			
授予学位总人数			

1. 内容：按学校招生实际情况填报，如按类别招生则按类别填报，如按领域招生，则按领域填报。本表仅硕士学位授权点填写。

2. 招生人数：纳入全国研究生统招计划的招生、录取的研究生人数。

Z020303 毕业生签约单位类型分布

单位类别	年度	党政机关	高等教育单位	中初等教育单位	科研设计单位	医疗卫生单位	其他事业单位	国有企业	民营企业	三资企业	部队	自主创业	升学	其他
全日制博士	2020													
	2021													
非全日制博士	2020													
	2021													
全日制硕士	2020													
	2021													
非全日制硕士	2020													
	2021													

1. 统计范围不含同等学力研究生、留学生、港澳台生。

2. 毕业后继续攻读博士学位，就业情况按“升学”统计。

Z0299 其他情况

内容：其他反映人才培养成效与特色的数据或写实性描述，限500字。

Z03 师资队伍

Z0301 师德师风建设

Z030101 师德师风建设的情况

1. 内容：统计时间段内，在师德教育、宣传、考核、监督、奖励等方面进展；入选全国优秀教师先进典型情况，以及师德师风负面问题情况等，限 300 字。

2. 全国优秀教师先进典型：全国教书育人楷模、全国最美教师、时代楷模、全国模范教师、全国优秀教师、黄大年式教师团队等。

3. 师德师风负面问题：教师因师德师风不正、违反法律法规、学术不端等被查处或通报的情况。

Z0302 教师队伍

Z030201 专任教师数量及结构

专业技术职务	人数合计	年龄分布					学历结构		博士导师人数	硕士导师人数	行业经历教师
		25 岁及以下	26 至 35 岁	36 至 45 岁	46 至 59 岁	60 岁及以上	博士学位教师	硕士学位教师			
正高级											
副高级											
中级											
其他											
总计											

1. 行业经历：统计时间点，拥有 1 年及以上行业工作经历，单次时长大于 3 个月。

2. 临床医学、口腔医学、护理专业专任教师是指在本单位编制内（含附属医院），从事临床医学教学工作的人员。

3. 博士导师人数：博士学位授权点填写。

4. 硕士导师人数：硕士学位授权点填写。

Z030202 行业教师数量及结构

专业技术职务	人数合计	35 岁及以下	36 至 45 岁	46 至 60 岁	61 岁及以上	博士学位教师	硕士学位教师
正高级							
副高级							
中　级							
其　他							
总　计							

1. 内容：统计时间点，本表限填本单位正式聘任的、与本专业学位相关的行业教师。

2. 临床医学、口腔医学、护理专业行业教师是指非本单位编制内（含附属医院），从事临床医学教学工作的人员。

Z0303 师资队伍国际水平

Z030301 教师在国内外重要学术或行业组织任职情况

序号	教师姓名	学术组织名称	担任职务	任职期限

1. 内容：统计时间段内，专任教师在国内外重要学术组织或行业组织担任委员以上的情况。

2. 学术组织：在学术领域或专业领域进行国家间合作而成立的国际性机构，如国际地球化学学会、国际体育舞蹈协会等；我国在民政部注册的和在中国科协注册的国家一级、二级学会，省级一级学会。

3. 任职期限：任职起止年月。

4. 担任职务：会长、副会长、理事长、副理事长、秘书长、副秘书长、委员等。

Z0399 其他情况

内容：其他反映学位点师资队伍建设成效与特色的数据或写实性描述，限500字。

Z04 科学研究

Z040101 纵向、横向到校科研经费数

<table>
<tr><td rowspan="2">年度</td><td colspan="4">数量（万元）</td></tr>
<tr><td colspan="2">纵向科研经费</td><td colspan="2">横向科研经费</td></tr>
<tr><td>2020</td><td colspan="2"></td><td colspan="2"></td></tr>
<tr><td>2021</td><td colspan="2"></td><td colspan="2"></td></tr>
<tr><td colspan="5">地方政府投入超过500万元的项目清单</td></tr>
<tr><td>项目名称</td><td>投入单位名称</td><td>项目经费（万元）</td><td>立项时间</td><td>项目起止年月</td></tr>
<tr><td></td><td></td><td></td><td></td><td></td></tr>
</table>

1. 内容：统计时间段内获得的纵向、横向到校科研经费总额。

2. 纵向科研经费：由政府部门下达的，财政资金支持的科研经费。

3. 横向科研经费：本学位点进行技术研发、成果转让、咨询与服务等获得的横向经费。

Z040102 教师获得的国内外重要奖项

序号	奖项名称	获奖成果名称	获奖等级	组织单位	组织单位类型	获奖时间	获奖教师姓名（排名）
1							
2							
…							

1. 内容：统计时间段内分年度获得的国内外重要奖项的情况，奖项每年控制在 10 项以内。

2. 奖项名称：包括但不限于诺贝尔奖、菲尔兹奖、图灵奖、沃尔夫化学奖、茅盾文学奖、郭沫若史学奖、孙冶方经济学奖、何梁何利奖、吴玉章奖、体育三大赛、表演类国际 A 级奖、教育部高等学校科学研究优秀成果奖、全国学位与研究生教育学会及教指委所评比的相关奖项等，各类奖项均不包含人才资助项目。

3. 组织单位类型：政府、学会、协会、其他。

4. 获奖教师姓名（排名）：获奖教师姓名及在获奖人中的排序，获奖人应为本学位点专任教师。

Z040103 参与国内外标准制定情况

序号	标准名称	类型	标准编号	制定时间	参与类型

1. 内容：统计时间段内学位点参与制定专业领域相关规则、制定标准项目情况，包含教育教学评估标准、学术标准、商务标准、科技标准、临床指南等专业领域的标准与规则。

2. 标准类型：国际标准、国内标准。

3. 标准编号：包含国际标准编号和我国的国家标准编号。

4. 参与类型：牵头、参与。

Z049901 其他

内容：其他反映学位点科学研究水平的数据或写实描述，限 500 字。

Z05 社会服务

Z050101 成果转化和咨询服务到校金额

年度	成果转化和咨询服务到校经费总额（万元）
2020	
2021	

1. 内容：统计时间段内成果转化和咨询服务方面的到校经费总额。

2. 成果转化和咨询服务：本学位点向企业或其他机构专利授权或专利转让获得的资金以及向其他组织机构提供咨询服务获得的资金。

Z050102 智库建设与咨政研究情况

内容：统计时间段内学位点在智库建设与咨政研究方面取得的成效。简要说明成果是否被采纳，以及采纳的部门，限 300 字。

Z050103 产教协同育人情况

内容：统计时间段内学位点在推进产教协同育人方面的创新举措及取得的成效，限 300 字。

Z050104 **承担国内外重大设计与展演任务**

序号	国内外重大设计、展演名称	参与时间	承担任务

1. 内容：统计时间段内承担或参与的国内外重大设计与展演任务的情况。填写相关活动、比赛、演出名称时应具体完整。

2. 承担任务：本单位主要参与人及其贡献等。

Z050105 **艺术创作设计获奖**

序号	获奖作品/节目名称	所获奖项	获奖等级	获奖时间	相关说明
1					
2					
3					

1. 内容：统计时间段内艺术创作设计获奖情况。

2. 相关说明：本单位主要获奖人及其贡献等，限 100 字。

Z059901 **其他**

内容：其他反映学位点社会服务成效与特色的数据或写实，限 500 字。

Z99 其他

内容：其他反映学位点建设成效与特色的成果，限 500 字。

附录 6-11　学位授权点自我评估总结报告提纲

编号	XJYZB-6611

学位授权点自我评估总结报告提纲

学位授权点自我评估总结报告

（式样及要求）

学位授予单位	名称： 代码：
授权学科 （类别）	名称： 代码：
授权级别	□ 博 士 □ 硕 士

202 年 月 日

编写说明

一、本报告是在学位授权点完成自我评估后，根据自我评估结果和专家评议意见，对学位授权点的全面总结，分为三个部分：学位授权点基本情况、自我评估工作开展情况和持续改进计划。

二、本报告按学术学位授权点和专业学位授权点分别编写，同时获得博士、硕士学位授权的学科或专业学位类别，只编写一份总结报告。

三、封面中单位代码按照《高等学校和科研机构学位与研究生管理信息标准》（国务院学位委员会办公室编，2004 年 3 月北京大学出版社出版）中教育部《高等学校代码》（包括高等学校与科研机构）填写；学术学位授权点的学科名称及代码按照国务院学位委员会和教育部 2011 年印发、2018 年修订的《学位授予和人才培养学科目录》填写，只有二级学科学位授权点的,授权学科名称及代码按照国务院学位委员会和原国家教育委员会 1997 年颁布的《授予博士、硕士学位和培养研究生的学科、专业目录》填写；专业学位授权点的类别名称及代码按照国务院学位委员会、教育部 2011 年印发的《专业学位授予和人才培养目录》填写；同时获得博士、硕士学位授权的学科，授权级别选“博士”。

四、本报告采取写实性描述，能用数据定量描述的，不得定性描述。定量数据除总量外，尽可能用师均、生均或比例描述。报告中所描述的内容和数据应确属本学位点，必须真实、准确，有据可查。

五、本报告的各项内容须是本学位点合格评估自评阶段 5 年内的情况，统计时间以自评阶段第 5 年 12 月底为截止时间。

六、本报告所涉及的师资内容应区分目前人事关系隶属本单位的专职人员和兼职导师（同一人员原则上不得在不同学术学位点或不同专业学位点重复统计或填写）。

七、本报告中所涉及的成果（论文、专著、专利、科研奖励、教学成果奖励等）应是署名本单位,且同一人员的同一成果不得在不同学术学位点或不同专业学位点重复统计或填写。引进人员在调入本学位点之前署名其他单位所获得的成果不填写、不统计。

八、涉及国家机密的内容一律按国家有关保密规定进行脱密处理后编写。

九、本报告文字使用四号宋体，字数不超过 8000 字，纸张限用 A4。

一、学位授权点基本情况

【本部分由学位授权点根据《学位授权点抽评要素》的主要内容进行编写，但不局限于抽评要素中所列的主要内容。编写时应体现本学位授权点的特色和人才培养水平，相关数据统计可以使用图表表示。博士学位授权点涉及博士、硕士内容不同的部分可分别描述。已列入《学位授权点基本状态信息表》的内容，仅描述整体情况和亮点特色即可，无需罗列详细清单。】

二、自我评估工作开展情况

【描述自我评估的组织机构、工作流程、日程安排等情况；提供自我评估所选聘的外单位同行评估专家名单；概括描述同行专家对本学位授权点的意见，包括目前存在的问题及相关改进建议。】

三、持续改进计划

【针对存在的问题，提出本学位授权点的持续改进计划，包括未来一段时间的发展目标和保障措施。】

附录 6-12　学位授权点合格评估专家意见表

编号	XJYZB-6612

学位授权点合格评估专家意见表

学位授权点合格评估专家意见表

学位授权点名称	
学位点类别 （学术学位授权点、专业学位授权点）	
评估结果 （优秀、良好、合格、不合格）	
专家意见	
专家签名	

附录 6-13　西南交通大学拟增列学位授权学科和专业学位授权类别同行专家信息表

编号	XJYZB-6613

西南交通大学

拟增列学位授权学科和专业学位授权类别

同行专家信息表

西南交通大学拟增列学位授权学科和专业学位授权类别同行专家信息表

学位授权点代码：　　　　　　　　　　学位授权点名称：

学位授权点层次：　☐博士　☐硕士　　　　学位授权点类别：　☐学位授权一级学科　☐专业学位类别

序号	姓名	单位	职称及职务	学科方向	身份证号	银行卡号（工行或建行）	开户行	签名	备注
									组长

学校经办人（签字）：________________(此表留存校存档备查)

附录 6-14　西南交通大学拟增列专业学位授权类别同行专家评议意见表

编号	XJYZB-6614

西南交通大学

拟增列专业学位授权类别同行专家

评议意见表

西南交通大学拟增列专业学位授权类别同行专家评议意见表

专业学位类别代码：　　专业学位类别名称：　　学位授权点层次：□博士□硕士

评议内容											评议结论
要素	专业特色（25分）	师资队伍（25分）			人才培养（25分）		培养环境与条件（25分）			总分（满分100分）	
	专业特色	人员规模	人员结构	骨干教师	课程与教学	培养质量	科研水平	实践教学	支撑条件		
是否满足基本条件											
评分											

专家组评议意见

（重点说明拟增列学位授权学科设置的必要性、可行性，方案是否合理、是否同意增列等）

专家组组长（签字）：

专家组成员（签字）：

年　　月　　日

注：1. 评议：评议该专业学位授权类别是否满足《国务院学位委员会学位授权审核申请基本条件》，满足基本条件画“○”，不满足基本条件画“×”。

2. 评分：小数点后保留一位，总分满分100分。不要留空白项。

3. 结论：同意增列画“○”，不同意增列画“×”，弃权不作任何标记。

附录 6-15　西南交通大学拟增列学位授权学科同行专家评议意见表

编号	XJYZB-6615

西南交通大学

拟增列学位授权学科同行专家评议意见表

西南交通大学拟增列学位授权学科同行专家评议意见表

学位授权点代码：　　　　　学位授权点名称：　　　　　学位授权点层次：□博士□硕士

评议内容												评议结论
要素	学科方向与特色（25 分）		学科队伍（25 分）			人才培养（25 分）			培养环境与条件（25 分）			总分（满分 100 分）
	学科方向	学科特色	人员规模	人员结构	学科带头人与学术骨干	培养概况	课程与教学	培养质量	科学研究	学术交流	支撑条件	
是否满足基本条件													
评分													

专家组评议意见

（重点说明拟增列学位授权学科设置的必要性、可行性，方案是否合理、是否同意增列等）

专家组组长（签字）：

专家组成员（签字）：

年　　　月　　　日

注：1. 评议：评议该学位授权学科是否满足《国务院学位委员会学位授权审核申请基本条件》，满足基本条件画“○”，不满足基本条件画“×”。

2. 评分：小数点后保留一位；总分满分 100 分。不要留空白项。

3. 结论：同意增列画“○”，不同意增列画“×”，弃权不作任何标记。

附录 6-16　学位授权点自我评估结果汇总表

编号	XJYZB-6616

学位授权点自我评估结果汇总表

学位授权点自我评估结果汇总表

学位授予单位名称（代码）：　　　　　　　　　　　　　　　　202　年　　月　　日填

授权学科（类别）		授权级别[①]	自我评估结果[②]
代码	名　　称		

注：① 填写“博士”或“硕士”。
　　② 填写“合格”或“不合格”。